首都师范大学秋韵文库

SHOUDU SHIFAN DAXUE QIUYUN WENKU

汉官风范

——古代100位清官廉吏

HANGUAN FENGFAN

李勤印◎编著

首都师范大学出版社
CAPITAL NORMAL UNIVERSITY PRESS

图书在版编目(CIP)数据

汉官风范 / 李勤印编著. —北京：首都师范大学出版社，2019.3
ISBN 978-7-5656-4908-0

Ⅰ.①汉… Ⅱ.①李… Ⅲ.①反腐倡廉—中国—汉代—学习参考资料
Ⅳ.①D630.9

中国版本图书馆 CIP 数据核字(2019)第 011755 号

HANGUAN FENGFAN
汉官风范
李勤印 编著

责任编辑 钱 浩
首都师范大学出版社出版发行
地 址 北京西三环北路 105 号
邮 编 100048
电 话 68418523(总编室) 68982468(发行部)
网 址 http://cnupn.cnu.edu.cn
印 刷 北京九州迅驰传媒文化有限公司
经 销 全国新华书店
版 次 2019 年 3 月第 1 版
印 次 2019 年 3 月第 1 次印刷
开 本 710mm×1 000mm 1/16
印 张 16.25
字 数 299 千
定 价 42.00 元

目　录

前　言

在中国古代，公正廉洁的官吏有很多，他们的故事脍炙人口，为近人所熟知者，如宋代的包青天包拯、铁面御史赵抃，如明代民众披麻戴孝夹岸送丧的海瑞、唯有两袖清风的于谦，再比如清代被康熙皇帝相继誉为“天下廉吏第一”“天下清官第一”的于化龙与张伯行等。可以说，这些廉吏或清官是古代优秀官吏中最杰出的代表，在他们身上，寄寓着天下百姓的理想和厚望，也体现着绵延数千年的官场文化的主导精神。

其实，吏治清明、社会和谐的良好的政治生态和激浊扬清、浩气长存的已经固化的任官舆论早在两千多年前的汉代就已经成型了。班固在《汉书·循吏传序》中，曾总结概括过汉宣帝励精图治以至中兴局面出现的内在成因：

> (宣帝)常称曰：“庶民所以安其田里而亡(无)叹息愁恨之心者，政平讼理也。与我共此者，其唯良二千石乎!”以为太守，吏民之本也，数变易则下不安，民知其将久，不可欺罔，乃服从其教化。故二千石有治理效，辄以玺书勉厉，增秩赐金，或爵至关内侯，公卿缺则选诸所表以次用之。是故汉世良吏，于是为盛，称中兴焉。若赵广汉、韩延寿、尹翁归、严延年、张敞之属，皆称其位，然任刑罚，或抵罪诛。王成、黄霸、朱邑、龚遂、郑弘、召信臣等，所居民富，所去见思，生有荣号，死见奉祀，此廪廪(风采)庶几德让君子之遗风矣。

这里所谓“政平讼理”，就是政治清平，诉讼公正，社会谐和安泰。在文景之治和汉武帝之后形成这种小康局面的原因，汉宣帝和班固似乎都归结为任官用人一方面。二千石，是汉代太守、诸侯相一级官员的年俸，特别优异的郡守侯相或可增秩为中(满)二千石，而朝廷九卿的年俸，一般亦皆为中二千石。此外，还有比二千石等名目。由此看来，汉宣帝赖以成治的主要官员是分掌各地的地方官和中央各部的官员。“二千石”，是汉代职官机构的主要构成部分，是连通皇帝、丞相与天下百姓的纽带和桥梁，而“良二千石”则是整个统治机器里面最为精干、最为纯粹、最为活跃、最有生命力，因而最值得国家信赖和倚重的成员。

就班固所列举的“良二千石”的名单来看，十一个人主要都任职于宣帝前后，而其主要治绩和具体表现则详细载录在《汉书》各篇传记里，所以作者只就其共同特征做出粗略描述，说是“所居民富，所去见思，生有荣号，死见奉祀”，说他们有“德让君子之遗风”。这就是说，这些官员，大多勇于作为，绩效突出，他们往往为官一任，造福一方，施惠于民，泽流后世。他们永远活在当地老百姓心中，生而立祠，死而庙祀。他们具有高尚纯洁的人品和特异独出的精神风操，他们是官员，同时也是君子。

事实上，汉代的“良二千石”，绝对不限于班固所提到的十一个人，而是数量甚众甚夥；“良二千石”的共同特征，还有很多很重要的方面。要知道，汉代是中国古代历史中时间最为久长的朝代，前后汉加起来，历时竟有 415 年，而能与之并称于世的王朝，唐代不过享国 289 年，宋代不过享国 320 年，明清两代也不过各有 270 多年。漫长的历史岁月，真正的长治久安，汉代的“良二千石”，本是林林总总，层出不穷，本有众多可歌可泣的令人嘘唏感喟的事迹。

在我们看来，汉代的“良二千石”具有三大主体特征，已经塑造成型为汉官风范，或者称作清官模式。下面，我们就从自持自重、爱民如子、直道事君等三个观察视角，在稍为宽泛点的范围里对是书所选数十位“良二千石”的思想修为和治理政绩做些阐发和评述。

一、自持自重

做学问或做官，皆与做人相联系，这是传统儒家文化的精髓之一。荀子《劝学》的前半部分讲学无止境，讲锲而不舍，金石可镂，而其后半部分则强调了刻苦学习的终极目标，那就是提升人生的境界层次，要做好人，做君子，及至做圣人。他特别反对那种耳入耳出、学与言行完全脱节的学习路数。这就是所谓君子之学与小人之学的区别。大家熟知的《礼记·大学》，所谓修身齐家治国平天下，也是把修身做人视作人生的首要大事，是基础，是起点，人都做不好，偏狭自私，心术不正，认知水平又低，思想修养又差，遑论齐家治国平天下了。我们的古人，那些在历史上留下辉煌业绩的人，都是既能做人，也能治好学或做好官的人。清人张伯行著有《困学录集粹》，其卷一有如下一节议论，很好地阐述了做人与治学或做官的辩证关系，对今天的我们也颇有启示：

> 今之学者，只求做官，不求做人。盖务举业，饰文辞，博科第，拾青紫，此求做官者也；以立身行己为先，以纲常名教为重，以孝弟忠信为实修，以礼义廉耻为防检，此求做人者也。求做官，自不暇求做人；求做人，自不暇求做官。此两事也。而做人好，做官自好；做官好，必由于做人好。此又相因者也。若不求做人，只求做官，决不能为好官；不求做官，但求做人，断未有不为好人者也。学者须是急求做人，莫要急求做官。

我们选录的汉代的“良二千石”，就都是做人好，做官自好，或是做官好，必由于做人好的人物。文帝时的郎官直不疑，买金代偿误持者，人称长者。王吉早年求学长安，其妇隔墙摘取东邻大枣数颗，吉知之，竟有休妻之举。御史大夫丙吉私下保全了武帝戾太子孙刘询，托人寄养，自三岁养至十八岁，又与霍光谋立为帝，是为汉宣帝，而丙吉口不言功，宣帝自己竟也不知其详情。清人章邦元《读通鉴札记》说丙吉有“大学问”，可与孔子弟子冉求、闵子骞相比。这所谓“大学问”，就是大胸怀，大涵养，大计较，大节操。当年保全了皇帝的性命，养活成人，又立之为帝，其功何人能及？在丙吉竟不言之，不争之，这岂不是德让君子之遗风？

身为小民，做人好，其实并不难。难的是进入仕途，随着身份地位的巨大变化，而日益深陷荣名利禄之中而无以自拔。他们面对花花世界的各种诱惑，面对随处可见的谄媚讨好的小人，不能再坚持做好人的原则，不能再持守做君子的底线。古往今来，有多少本是做人好的人，中道改弦易辙，欲生无度，邪生无禁，好恶不节，争名于朝，争利于市，最终为物所役，为物所累，由好人变成坏人，由君子变成小人，由人上人变成了阶下囚！他们的人生本该是喜剧，是正剧，是发愤图强、努力进取、鼓舞人心的熠熠赫赫的发迹史，到后来却蜕变成一出令人扼腕叹息的悲剧，这其中的原因，恐怕就在“只求做官，不求做人”二句。充其量，他们只做得半截好人，半截坏人，而半截坏人的恶名也多半会浸污半截好人的美名，到最后只能落个大坏蛋、大贪官的恶名。

可喜的是，汉代的“良二千石”，已就此给出了非常完美的答案，给两千年后的人们，提供了借鉴仿效的榜样。疏广是宣帝太子太傅，他哥哥的儿子疏受是太子少傅，一老一少，皆是太子的老师，皆是二千石的高官。正是春风得意马蹄疾的时刻，而叔侄两人记起了《老子》的哲理名言：“知足不辱，知止不殆。功遂身退，天之道。”于是即日辞官归乡了，皇帝赐金二十斤，太子赐金五十斤。返乡之后，疏广每天都要盛宴请客，与故旧宾客相与为乐，还不时地询问家人，七十斤黄金还剩多少？儿孙们拜托疏广老友出面劝止，说是不要把金子都花光了，应留点给子孙添置房产地产。疏广说：“我难道是老糊涂了，一点也不惦念子孙？我家原有不少田产地产，如果子孙们勤快努力，足以供衣供食，绝不会比常人的生活差。如果一下子给他们增加很多财产，只会使子孙懒惰懈怠。”所谓“贤而多财，则损其志；愚而多财，则益其过(过错，罪孽)。且夫富者，众人之怨也；吾既亡(无)以教化子孙，不欲益其过而生怨。又此金者，圣主所以惠养老臣也，故乐与乡党宗族共飨(享)其赐，以尽吾余日，不亦可乎！”二疏知足，见事明理。其不恋权位，及时隐退，见好就收，没有贪心，不怀侥幸，在名利场中已属罕见；其不留赐金，不欲以多财给子孙辈平添过失或罪孽，在大家庭中尤为难得。千古清风，人当服膺。

杨震做荆州刺史的时候曾举荐王密为茂才，后来杨震做东莱太守，路过昌邑，已做昌邑令的王密在夜里怀揣黄金十斤谒见杨震。“震曰：‘故人知君，君不知故人，何也?’密曰：‘暮夜无知者。’震曰：‘天知，神知，我知，子知。何谓无知!’密愧而出。”这就是有名的“四知”的故事，是拒收馈赠的典型事例。昌邑县时属北海国，不归东莱郡管辖，所以王密赠金的举动应是门生酬谢座主的知遇之恩的意思，是事后之报答，还不好笼统归入贿赂买官或逢迎讨好之流，而杨震终究回绝了。这在杨震，是天性公廉，不受私谒，换句话说，他是严于律己，在人生操守等大是大非上不容有一丝一毫的苟且妥协。明人唐顺之《两汉解疑》评论说：“如关西(杨震精通儒学，人称关西孔子)四知之言，拒暮夜之金也。昭察今古，万代凛凛，廉顽立懦，莫此为甚。”清人赵翼《入耳赃》诗则谓：“四知金到虽麾(挥)去，已是人间入耳赃。”诗的第二句用许由洗耳的典故。据《庄子·逍遥游》和《史记·伯夷列传》，尧曾让天下于许由，不受，又召为九州长，许由认为这些话脏污了自己的耳朵，于是就跑到颍水河边去洗。许由是世外高士，所谓九州长或天子的崇高官位，对他来说只是世累，只是羁绊，一文不值；而杨震则是仕宦名流，他能在无人知晓的情形下拒收馈赠，靠的恐怕就是自持自守的定力。《礼记·大学》有所谓“君子必慎其独”，大意是说，人在独处的时候一定要谨慎小心，因为这种时候最容易放纵自己，最容易被欲望所驱使，没人在旁边看着，不会被人知道，可以为所欲为，可以不那么严格地要求自己。明人李贽《四书评》说：“《大学》枢要(关键)全在于此。先儒以为人鬼关。”确实，是人是鬼，经得起考验，还是经不起考验，最关键的时候就是独处，就是无人知道的时候。杨震是当时著名的儒家学者，具有儒家正心诚意的真功夫。

在我们附录的材料里，还给大家载录了一节宋代铁面御史赵抃的典型事例：“日所为事，入夜必衣冠露香以告于天，不可告，则不敢为也。”(《宋史·赵抃列传》)在夜里穿戴整齐焚香祷告，郑重而严肃地向老天爷禀报明天要干的事情，不可告，则不敢为。这种举动，在一般人看来，恐怕会讥笑其迂腐痴傻，抑或是作秀，骗人，是为了赢得一个好名声；而在我们看来，每夜向老天爷袒露心迹，实际上是在拷问自己的良知和良心，是在人鬼关上游走徘徊，是在做慎独正心的真功夫！汉代的杨震与宋代的赵抃，一前一后，相距千年，而作为清官廉吏的两个典型人物，竟都有这样一段记载其心路历程的原始文字。

杨震晚年相继做过司徒、太尉，这是所谓的三公。仕宦已极，富贵已极，该考虑子孙后代的事了。《后汉书》本传说：“子孙常蔬食步行，故旧长者或欲令为开产业，震不肯，曰：‘使后世称为清白吏子孙，以此遗之，不亦厚乎!’”让子孙平日就过俭朴生活，不给他们创立产业，说是让后人都称赞他们是“清白吏子孙”，说是把一代清名留给子孙是最为丰厚的遗产。在杨震看来，遗产有两类，一类是物质财富，是房产地产，是金银财宝；一类是精神财富，是清官廉吏的好名声，是民间百姓的好口碑，是激励勖勉子孙上进图强的催化剂。前者为实，后者为虚。前者易逝，不久便会幻化为过眼之烟云；后者宜存，能够传之久远，青史流芳。

杨震的子孙果然没有辜负乃父乃祖的苦心和希望。我们选录的“三不惑”，写他儿子杨秉亦官至太尉，坚决反对宦官专权，竟条奏弹劾五十多人，是好官，亦是好人。史书说他计日受俸，余禄不入私门。他的名言是：“我有三不惑：酒，色，财也。”其刚正廉洁，颇有父风；其自持自守，亦如其父。

我们还收录了许多非常生动的辞封辞禄或廉洁自律的人物故事。汉哀帝欲封丞相平当为关内侯，而平当病重不起，不能应召，其室家说：“为了子孙，你就不能勉强起身去接受侯印吗？”平当说：“我做丞相，已经有人指责我尸位素餐了。现在带病去接受侯印，抱回家就倒床死去，真是死有余辜！现在我不起身，正是为了不给子孙后代留下骂名。”贡禹年老辞官上书朝廷，历数自八百石仕至二千石以来家庭生活的巨大变化，说自己禄赐越多，家境越富，官位越尊，越觉得对不起朝廷，所以日夜惭愧者，只是因为八十一岁了，血气衰竭，不能多所补益。他为自己多拿俸禄而出不了多少力感到非常羞辱。洛阳令董宣执法公正，不避豪强，当地民歌曰：“枹鼓不鸣董少平。”说县衙大堂从此不再有鸣鼓称冤的事情发生，这都是董宣的治理功绩。他死后，光武帝刘秀派使者前去吊唁。“唯见布被覆尸，妻子对哭，有大麦数斛，敝(破)车一乘。帝伤之，曰：‘董宣廉洁，死乃知之！’”孔奋为西北姑臧长，而姑臧称为富邑，与羌胡通商，市场交易至每日四次，过去在此做县令的人，不数月就会获得丰厚的私财。奋在职四年，财产无所增，调走的时候，单车上路，姑臧吏民与羌胡说：“孔君清廉仁贤，举县蒙恩，如何今去，不共报德？”遂自愿献出牛马器物千万以上，追送数百里，孔奋致谢而已，一无所受。南阳太守羊续，力矫奢丽之风，带头穿破旧衣服，吃寡淡食物，乘破车，骑瘦马。其属官府丞送给他几条活鱼，他把鱼高悬在庭中。几天后，府丞又送鱼上门，羊续拿出已经发臭的鱼给他看，从此府丞就不再送鱼。他的妻子与儿子来到郡府，羊续关上门不让进，其妻与子只好悻悻地离开。他的全部资产，只有布衾、破汗衫，以及盐、麦数斛而已。他曾对其子说过：“我自己的生活是如此，用什么来养活你们母子呢？”张堪为蜀郡太守，平定公孙述以后，珍宝山积，卷握之物，一旦攫为己有，足富十世，而堪离职之日，坐着辕子折断的车子，装着粗布行李卷而已。汉明帝时，交阯太守张恢以贪赃定罪，其全部财产没收，而朝廷随即就把这些珍宝赏赐给大臣，钟离意不拜赐，把所得珠玑全都扔到地上，说：“当年孔子忍着口渴而不喝盗泉之水，其弟子曾参回转车子而绕过胜母之里。他们师徒是厌恶盗泉、胜母这两个不好听的地名。我得的珠玑是贪污犯的赃物，实在不愿拜受！”

在汉代，二千石算是高官了，做郡守侯相的，可以生杀予夺，可以荐举人才，权力既重，人脉亦广，拥有非常丰富的社会资源，因此，干谒请托的事情亦最多。卖人情，收贿赂，利用公权力而进行赤裸裸的利益交换者，大有人在。可以说，似乎每个二千石的官员，一生都会面临无数次的受贿与拒贿、公与私、情与理的缠斗，都会不断经受做君子或做小人的考验，这就是上文一再强调的人鬼关。官场人物，人人都得过人鬼关。过不去，就是小人；过去的，就是君子。这里，我们再举几个例子，当然，都是安然过关的“良二千石”。

第五伦本性忠厚，奉公尽节，言事皆持守原则，绝不模棱两可，他的儿子们都怕因此惹祸而不断劝他，他每次都大声地把儿子们骂出去。曾有人问他：“公有私乎?”他回答说：“昔人有与吾千里马者，吾虽不受，每三公有所选举，心不能忘，而亦终不用也。吾兄子常病，一夜十往，退而安寝；吾子有疾，虽不省视，而竟(终)夕不眠。若是者，岂可谓无私乎?”这是第五伦晚年做三公时的事，送千里马者，必是看重三公的权位声望，请他在选官的时候帮忙说好话。厚礼到了，面子有了，是人都会心动，是公是私，是情是理，是坚持原则，还是虚应故事？第五伦虽不受而“心不能忘，而亦终不用”。他安然闯过人鬼关了，自然是君子。史书简陋，没有更为细腻的心理描写，但可以想象到，在很普通的两句话里面，一定掩藏着较为复杂的心理波澜，抑或是浪涛汹涌的内在世界。人人都有私心，如果是事出人情，虽私而正当无害，就如第五伦的兄子病往而安寝而己子疾不省视而竟夕不眠；如果是事出理外，逾越了公法与原则，超过了做好人的底线，就不应踌躇迟疑，犹如第五伦的心虽不能忘而亦终究不用。

车骑将军赵忠重新论定讨伐黄巾之功，有人说傅燮前在东军，有功而不封侯，天下失望。赵忠派遣其弟城门校尉赵延找到傅燮说：“你若帮我做得中常侍，我便保你做得万户侯。”傅燮严词拒绝说：“遇与不遇，命也；有功不论，时也。傅燮岂求私赏哉!”傅燮宁可认命，宁可自认与功名富贵无缘，也不愿与当权的龌龊小人在私下做利益交换。在万户侯与人之尊严、人之品格面前，他更看重后者。

史弼做河东太守，奉诏举孝廉，他知道会有权贵的请托，就提前下令断绝一切书信往来。宦官头子中常侍侯览派个在校就读的学生送来一封信，好多天进不了门，就假装说有别的事要见太守，乘机把侯览的信送到史弼手里。史弼大怒说：“太守肩负重任，当选士报国。你是何人如此诡计多端!”命人箠楚数百，随后关入狱中拷打致死。侯览大怒，诬告史弼诽谤，押上囚车，欲关入京师的廷尉诏狱。前孝廉裴瑜送到崤山、渑池之间，在道边大声勉励史弼说：“太守您摧折奸臣，选贤报国，如果因此获罪，足以垂名千古。希望您不忧不惧。”史弼说：“我虽然入狱受点苦，但有你等的支持和鼓励，内心顿感欣慰。古人为了维护正义，不改节操，虽死无憾。”入狱以后，史弼部下吏民奔走朝廷替他申冤，前孝廉魏劭甚至毁容变服假作仆人到他身边来伺候保护。史弼被判死罪，魏劭与人把郡邸（在京办事处）变卖了行贿给侯览，结果死罪减刑一等，被押解边地做苦役去了。

凉州刺史梁鹄畏惧贵戚，也要摆脱自己纠察失职的责任，就想杀掉揭发武威太守罪恶的苏正和，定罪之前征询老友盖勋的意见。盖勋原先和苏正和有仇，有人劝他可借机报怨。盖勋说：“不可。为人出主意而杀害贤良，是不忠；乘人之危，是不仁。”他谏止梁鹄说：“把老鹰拴着喂养，又耐心驯化，是为了让它能搏击长空去捕猎，现在却把它杀了，煮着吃了，那捕猎时又靠什么呢？”这个比喻是说，苏正和为官刚直敢作为，正是国家需要的人才，是绝对不能杀的。苏正和免去一劫，前来拜谢，盖勋不见，说：“我只是为梁使君出主意，不是为了你苏正和！”怨之如初。还有一则故事，说武威太守黄隽奉命征讨黄巾军，错过军期，梁鹄欲奏斩黄隽，盖勋为之求请得免。事后，黄隽拿出三十斤黄金答谢盖勋，盖勋说：“我认为你的罪在量刑要考虑的八个方面之内，应该再斟酌，所以才为你说了几句好话。我难道是出卖评语的人吗？”终辞不受。

司隶校尉左雄曾举荐周举做尚书，而很快周举亦升为司隶校尉。左雄又举荐冀州刺史冯直为将帅，而很快冯直就因贪污而被定罪，周举即刻上书弹劾左雄，左雄非常高兴地说：“我曾经事奉过冯直的父亲，而冯直也是我最好的朋友。现在你因此劾奏我，这和春秋时晋国大夫韩厥公而忘私、大义灭亲的举动是一样的。”清人章邦元《读通鉴札记》谓左雄与周举：“两人俱有古君子之风，唐宋以后不数觏（不多见）矣。”事实的确如此。

二、爱民如子

汉代的“良二千石”，不仅能做到自持自重，修为自我，而且还深谙爱民如子、官民一体的道理。为了百姓的安危，他们甚至甘愿献出自己的身家性命。在这方面，我们选录的感人故事也有很多。

隽不疑做京兆尹，京师吏民皆敬佩其威信。每当他巡视属县检查甄别在监犯人回到家里，老母都迎上去问：“这次有多少人得到平反了，你又搭救了几个人的性命呢？”如果多所平反，老母就非常高兴，连吃喝说话等日常行为都明显异于往日。有时一个平反的都没有，老母就发怒生气，甚至连饭都不吃。所以隽不疑做京兆尹，既严格公正而又不残酷，不苛刻。赵广汉做京兆尹，对待士夫百姓和颜悦色，对待属官殷勤周到。每当一件公事办完要论功行赏的时候，赵广汉都把功绩推给属官，说：“这都是某君所为，不是我这京兆尹能做到的事。”态度既谦逊，又诚恳，完全发自内心。无论属官，还是百姓，凡是看到听到这些事的人，都对他输写心腹，坦诚相待，都乐意听从他的指挥派遣，甚至赴汤蹈火也在所不惜。王尊做东郡太守的时候，黄河暴涨，浸蚀堤岸，老弱惊恐，四处奔走。王尊带领当地官民投沉白马祭祀水神河伯，又手执圭璧使巫师祷告，请求神灵允许他把自己填埋在大堤上以为祭品。他还搭建了草庐席棚，吃住在堤上，数千万百姓叩头劝止，他就是不下堤。水漫堤决，吏民惶恐散走，王尊屹立不动，在他身边就剩下一个感泣不已的主簿(秘书)。最后大水退去，百姓安居，圣旨褒奖："王尊身为太守，亲当水冲，不顾性命危险，以安众心。官民很快恢复往日生活，大水而不成灾。朕赞赏他的行为，特破格升秩中二千石，加赐黄金二十斤。"

盖宽饶拜司马，负责宫门守卫。接到任命，还未走出殿门，就把自己身上穿的单衣扯断一大截，"令短离地"，以便行走。平日头顶高大的武冠，腰佩长剑，出入士兵营房宿舍，亲自检查他们的吃住状况，有谁病了，又亲手送来医药，百般抚慰。到年底了，向后任移交公务也结束了，汉宣帝驾临，酒筵犒赏完毕，依惯例要遣散这些士卒，结果几千名卫卒叩头自请，愿意再服兵役一年，以报答盖宽饶的厚德。朱邑年轻时曾做过桐乡啬夫(乡官)，廉洁公正，一点也不苛刻，存孤问寡，把仁爱施惠作为行政的最高准则。做乡长数年，从来没有打过人，骂过人，待百姓有恩，自然赢得吏民的爱敬。后来他做北海太守，以治行第一升任大司农(农业部长)，仍然保持着那种淳厚慈爱、公正不可交以私的本性。身列九卿，生活俭朴，禄赐都送给乡里乡亲，死后家无余财。宣帝下诏表彰说："朱邑廉洁守节，奉公循法，不拉帮结派，不收馈赠礼物，可谓淑人君子。不幸患病去世，我非常痛心。特赐其子黄金百斤，以延续他的祭祀。"朱邑在病危的时候，特意叮嘱其子说："我过去做桐乡小吏，当地百姓都爱我，死后，一定要把我葬在桐乡。我看后代子孙祭祀我，未必能赶得上桐乡的老百姓。"及死，其子果然葬之于桐乡西城外，当地百姓果然一起动手为他建造了坟墓和祠堂。每到岁时年节，皆要祠祭，香火至今不绝。

虎渡江和蝗过境，以及带牛佩犊、召父杜母的故事，在古代文化史，乃至文学史中影响极为深远，已经成为常见的典故。九江郡多有虎豹出没，为民大患，官府募人设置了不少陷阱和笼栅，虎患仍然未除。新任太守宋均，下车便发布了一道公文："虎豹生活在山林里，甲鱼鳄鱼生活在水泽里，灵物各有所居。江淮之间有猛兽，犹如北方之有鸡猪。现在最大的民患，其实就在官吏之贪残盘剥。劳民张网捕捉，不是关爱民众的关键。如果加大打击奸贪的力度，竭力提拔重用忠良之士，可尽去槛阱，减除赋税。"不久，百姓传言老虎东游，渡江而去。不久，山阳、楚、沛等地蝗灾大起，其飞至九江者，皆东西散去，绕境而过。渤海郡连年灾荒，百姓饥寒，官吏不恤，以致盗贼并起，二千石不能平定。有人举荐龚遂做太守，他面见宣帝说："您是想让我用武力镇压呢，还是以德来安抚呢?"

宣帝说："选用贤良，当然是想安抚地方。"龚遂赴任，地方上派兵来迎接，他当即遣散兵卒，并发公文命令各县把逐捕盗贼的官兵也全都遣散。龚遂单车独行至府，一郡安宁，群盗亦弃其兵弩悄悄散去。他开仓赈济，选用良吏，劝民农桑，还带头儿过俭约的生活。命令渤海官民每人种一棵榆树，一百个薤头，五十棵葱，一畦韭菜，每家养两头母猪，五只鸡。看见有人带刀持剑，就劝他们卖剑买牛，卖刀买犊，说："为何要把长大了能下地干活儿的牛犊子佩带在身上呢?"南阳太守召信臣，勤劳努力，好兴利民之事，所在务必使百姓生活富裕。他下乡巡视的时候，鼓励农耕，出入田间小路，天晚了就住在荒郊小店。在很短的时间里，开挖沟渠创立水闸数十处，浇灌田地多至三万余顷。他禁止嫁娶送丧讲奢侈的风气，对嬉游闲逛的官宦子弟严加约束。教化大行，户口倍增，盗贼狱讼渐无，当地官民亲切地称呼他为"召父"。他迁官河南太守，绩效常为全国第一。官拜少府，列于九卿，奏省上林苑偏僻宫馆和各类倡优杂要，看见御园冬天用高大的暖房种葱韭菜茹，便以不时之物有伤于人为借口，即刻奏罢。这些举措，每年为国家节省费用数千万。在他之后，杜诗也做南阳太守，减省民役，造作水排(水力鼓风机)，铸为农器，用力少，见功多，百姓以为便利。又修治陂池，广拓土田，郡内家家富足。南阳人经常把他和召信臣并称，说："前有召父，后有杜母。"

山东安丘县男子毌丘长与母亲逛集市，有醉汉辱其母，长一怒之下杀死醉汉，逃向远方，旋即被捕。胶东相吴祐对他说："自己的母亲被人侮辱，是人都会觉得耻辱。但愤怒之余也要考虑后果，举动不要连累亲人。现在你逞怒杀人，我放了你觉得不合法律；杀了你又有点不忍心。"毌丘长自己把枷锁套在身上，说："我已经犯了国法，您虽然怜悯我，恐怕也不好格外开恩。"吴祐听他说有妻而无子，就发公文把他妻子逮捕，使同宿狱中，其妻遂怀孕。至冬末行刑，毌丘长哭着对母亲说："我负母杀人当死，只是该怎么来报答吴君呢?"于是咬掉手指带血吞之，发誓说："妻若生子，起名就叫吴生。告诉孩子，是我临死吞指为誓，待他长大了一定要替我报恩!"

洛阳令王涣病逝，洛阳百姓凑钱举行祭奠仪式，全城男女老少举酒酹地者以千数。棺柩西归，路过弘农郡，百姓在路边摆满了祭祀用的木盘。随行官吏问其故，他们抢着回答说："以前我们运米到洛阳，惨遭哨岗检查者的劫掠盘剥，经常会损失一半的米。自王君做洛阳令，再也没有此类事件。现在他病逝了，我们都来报恩。"百姓在此修建了祠堂，每当吃饭的时候，有人还记起他，献上点祭品，然后操琴而歌。五六十年后，朝廷下令拆毁全国各地的祠堂庙宇，特准保留两处，一处是前密县令卓茂庙，一处是前洛阳令王涣祠。

会稽太守刘宠升任将作大匠(建设部长)，山阴县有五六个龙眉皓发的老人从若邪山中赶来送行，每人还送钱一百。刘宠慰劳说："老人家何必自找劳累?"对老人说："山野书生，从来没有见过太守。前任太守治民的时候，不断地征求索取，深夜还有官吏在催逼，有时候闹得狗吠终夜，百姓没有安生的日子。自君下车以来，狗不夜吠，民不见吏，我们年老了却赶上盛世明时。现在听说你要走了，所以才拄着拐杖互相搀扶着来送你。"刘宠说："我干得并不像您老说得那样好，辛苦老人家了!"最后，只好从老人那里各选一个质量较好的大钱受之。

仇览刚被选为蒲亭长(乡长或镇长)，有一老妇便状告儿子陈元不孝，仇览感到惊诧，说："我前几天去过你家，见院落齐整，田地耕耘，陈元不像恶人，怕是耐心教育没有及时跟上。你守寡养孤一辈子，又上了岁数，为何逞怒一时，陷子于不仁不义之境地呢?"老妇也有后悔之心，涕泣而去。仇览还不放心，就跑到陈元家里，请老妇与儿子饮酒，又讲了一些人伦孝行的道理，多方劝导。陈元最终成为当地有名的孝子。县令王涣听到这个以德化人的故事，就让仇览暂任主簿，并对他说："你听到陈元不孝的事，不定罪而感化他，怕是缺少雄鹰那样的刚猛之气吧?"仇览回答："我认为治民如雄鹰那样严厉惨酷，不如像鸾凤那样祥和平静。"王涣谢罪说："荆棘丛不是鸾凤所栖之处，一县百里之地怎能施展大贤的才干？现在京师太学里面，那些身拖长裾、名声飞扬的人，其才干怕是都在主簿之后。"于是就拿出自己一个月的俸禄做生活费用，勉励他去就学深造。

二千石的官员，上要秉承皇帝和丞相的旨意，要对朝廷和国家负责，而下要治理士农工商，发展地方，维护治安，和睦百姓，打击豪强，其维系大局的重要性是显而易见的。而一般说来，他们的行政抉择也不外乎四种状态：第一，上令下宣，下情上达，采取搪塞敷衍的态度，当一天和尚撞一天钟，混个资历和年头，不求有功，但求无过，这是典型的尸位素餐者；第二，不知谦逊谨慎为何物，过度自信，盲目作为，既不管自然法则，也不顾地理条件的限制，邀功讨赏，扰民百端，政绩显赫，却大而无当，这是典型的蠹民害政者；第三，贪赃枉法，胡作非为，把权力当作攫取民脂民膏的利器，把官位认作中饱私囊的大旗，刻剥搜刮，欲壑难填，这是典型的奸恶邪僻者；第四，在循法守治、兴利除弊之外，更加注重自身的品德修养和表率躬行的示范作用，注重教化熏陶和民心向背，能够晓之以理，动之以情，急民所急，想民所想，移风易俗，润物无声，忧在民先，乐在民后，大概也只有这才是为官执政的正确抉择。儒家所谓仁政，所谓德治，古语所谓父母官，所谓遗爱，其本质就是官吏要有爱民之心，要有一片菩萨心肠，而具有菩萨心肠，便有普济众生的祈愿，便有普惠人间的大爱，会爱得真切，爱得周到，爱到细微之处，自会赢得天下百姓的信赖和爱戴，迎来和谐欢乐的承平气象。一旦真的这样做了，自然会在生前就被人立碑立祠，死后也要修庙祭祀，永远享受老百姓们的香火供养。汉代的"良二千石"，从某种意义上来说，其实就是儒家仁政理想的忠实践行者，他们把以德施政这一传统理念推向了一个新的阶段。

元人张养浩有几节比较精辟的论述，曾深刻揭示出这种官爱民与民爱官的内在逻辑：

> 赤子（百姓）之生，无有知识，然母（抚育）之者，常先意（料想）得其所欲（愿望与需求）焉。其理无他，诚然（诚笃）而已矣。诚生爱，爱生智。惟其诚，故爱无不周；惟其爱，故智无不及。吏之于民，与是（母）奚异哉！诚（如果）有子民（以民为子）之心，则不患其才智之不及矣。（《为政忠告·牧民忠告》“心诚爱民智无不及”条）
>
> 民之有讼如己有讼，民之流亡如己流亡，民在缧绁（监狱）如己在缧绁，民陷水火如己陷水火。凡民疾苦皆如己疾苦也，虽欲因仍（因循，不作为），可得乎？（同上“民病如己病”条）
>
> 古之为政者，身任其劳，而贻百姓以安；今之为政者，身享其安，而贻百姓以劳。己劳，则民（安）逸；己逸，则民劳。此必然之理也。惮一己之劳，而使阖境之民不靖（安），仁人君子，其忍尔（如此）乎？昔子路问政，而圣人告以先之劳之无倦。呜呼，此真万世为政之格言也欤？（同上“先劳”条）

母亲爱儿子无微不至，无所不为，什么主意都会有，什么事情都做得出，什么苦都可以吃得，劳累终生而无怨无悔，这是一种血脉相连的纯天然的发自内心的私爱；推己及人，由小及大，由近及远，把诚挚的深切的自觉自愿的一己之私爱延展扩充为诚挚的深切的自觉自愿的博爱兼爱公爱大爱，而且也是劳累终生而无怨无悔，这是一种最为高尚纯洁的最为淡荡无私的人生境界和思想修为，也是古往今来那些清官廉吏们所具有的最伟大的人格魅力！

张养浩是著名的散曲作家，所作《山坡羊·潼关怀古》的结尾说：“兴，百姓苦；亡，百姓苦。”他凭吊沧桑巨变的汉唐古迹，感慨古今兴废，深刻认识到无论朝代是兴盛或衰亡，遭受苦难的总是处在社会最底层的老百姓。他就是那种怀有菩萨般的悲天悯人心地的官员，是挚情大爱，是大慈大悲，否则，是绝对不可能深刻揭示出封建社会的本质特征的。他早年做堂邑县令，去职十年，百姓还为之立碑颂德。晚年关中大旱，饥民相食，朝廷选派他前往救灾，临行把全部家财都发散给乡里贫乏者。登车上路，遇饿者则赈之，遇死者则葬之。闻民间有杀子以奉母者，为之大恸，出私钱以济之。到官四月，未尝家居，止宿公署，夜则祷于天，昼则出赈饥民。每当想到灾民的惨状，就拊膺痛哭。终于累死在救灾第一线，关中之人，哀之如失亲父亲母。这是有元一代的名臣，对比汉代的“良二千石”，对比我们选录的春秋时候的郑民哭子产，对比公仪休的拔葵出妇绝不与下民争利，以及西门豹治邺开渠等，可以说，能不能为民父母确实是衡定一个官员是否优异的第一要素。

三、直道事君

汉代“良二千石”的第三个特征是直言敢谏，不畏强权。这大体表现在两个层面，一是如何对待皇帝及依附于皇权的贵戚豪强，二是如何对待宰相及恃势专权的执政者。

东汉初期的九真太守任延，正直有为，政绩突出，于是光武帝拜之为武威太守，临行觐见之际，光武怕他处理不好与上司的关系，就善意提醒他说：“善事上官，无失名誉。”而任延却不以为然，回答说：“臣闻忠臣不私，私臣不忠。履正奉公，臣子之节。上下雷同，非陛下之福。善事上官，臣不敢奉诏。”光武帝叹息道：“卿言是也。”

这里，“善事上官”的关键是什么叫“善事上官”，“善事上官”的原则是什么？在任延看来，谄媚讨好，曲意逢迎，一味地去附和上司，绝不是正常的正当的臣子行为，这样做，自己虽然不失名誉，也维持了融洽团结的上下级的关系，但是会有损于国事和公道。“善事上官”的原则只有一个，那就是要看上官是忠臣还是私臣，是秉忠报国，还是一心谋私。“履正奉公”是做大臣的基本觉悟和基本行为准则。有私心，不公正，有失误，背离道义和国家的根本利益，即使是皇帝或权臣，也能不留情面，拉下脸来进行劝谏和批评，甚至不避生命危险，舍生取义。

下面我们举些例子。

汉文帝以德化民，而偏偏宠爱奉承讨好的小臣邓通，赐钱好几万，又跑到邓家去宴饮，后来干脆把一座铜山赐给他让他自己去铸钱，邓氏钱，遂布满天下。丞相申屠嘉谏止文帝，不听，罢朝回到府中，就用檄文召通，声言不来就杀之。邓通来至丞相府，摘下冠帽，光着两脚走到近前，叩头谢罪。申屠嘉厉声呵责：“我朝是高祖刘邦建立的，你一个宦官小臣竟敢戏弄于殿上，大不敬，当斩。”遂命令手下人推出斩首，邓通不停地叩首，头上血都流出来了，申屠嘉就是不饶。文帝估计邓通已是狼狈不堪，派使者持节赦免了邓通，还向丞相谢罪说：“他是我的弄臣，君且饶之。”事后，邓通对文帝哭诉说：“丞相差点儿就杀了我！”申屠嘉是好大臣，因为他有勇气摧折皇帝的宠臣；而汉文帝也是好皇帝，因为他度量大能容忍臣子的不礼行为。

汉文帝巡幸上林苑，皇后与慎夫人随行。在宫中，二人常同席而坐，而在苑中，袁盎却把慎夫人的座席摆放到后边，慎夫人大怒，文帝亦大怒，起身走入禁中。袁盎近前谏曰：“尊卑有序上下和。陛下既然已确定了皇后，慎夫人就是妾，妾与主岂可同席而坐呢？这就没有尊卑之分了。况且，陛下宠幸慎夫人，完全可以多加赏赐。陛下本来为了她好，反而会因此害了她。您没有听过吕后把高祖宠幸的戚夫人断手足去眼熏耳置厕中而变为人彘的故事吗?”文帝脸露喜色，慎夫人也赐金五十斤。

文帝路过中渭桥，有一人突然从桥下跑出，惊了御马，于是派兵捕得交给廷尉张释之。张廷尉审得实情定罪罚金若干，文帝大怒说：“此人惊厥我马，我马仗着温驯柔和，如果是别的烈马，早就把我摔坏了，而你却判他罚金!”张廷尉说：“在法律面前，天子与天下人是平等的。法律规定如此，而重判重罚，是法律不能取信于民了。况且事发之时，陛下马上把他杀了也就算了，既然交给廷尉来处置，廷尉是代表国家来公正执法的人，稍不公平，天下的执法者都会随意而为，那老百姓们还怎么循法守纪呢?”文帝默然良久，说：“廷尉定罪有理。”后来又有人把汉高祖刘邦陵庙前的玉环偷走了，张廷尉按律定罪死刑，文帝大怒，非要定罪灭族，张释之说：“同样都是死罪，需因具体情况而作区别。假如有人到长陵挖坟掘墓，陛下又该怎么量刑呢?”结果文帝与太后都认可了这个案件的处理。

冯唐年老了才做到掌管宫门的中郎署长。有一天，文帝乘辇路过郎署大门，君臣二人闲聊起来。文帝说：“我当年做代王的时候，听人说过赵国名将李齐巨鹿大战的故事，现在吃饭的时候，心神经常驰往巨鹿。”冯唐说：“李齐为将，远不如廉颇、李牧。我爷爷与李牧为友，我父亲与李齐为友，所以我很了解他们的为人。”文帝非常高兴，拍着大腿说：“我要有廉颇、李牧这样的将帅，怎会忧虑匈奴的大军呢!”冯唐说：“陛下即使得到廉颇、李牧，也不能用!”文帝大怒，起入禁中，许久，召唐责备道：“公为何当众辱我，让我丢脸，你就不会找个僻静无人的地方说吗?”冯唐谢罪说：“粗野之人不知忌讳。”

朱云两为县令，以上书斥责丞相韦玄成下狱，出来以后废锢终生。至成帝时，又上书求见，说：“现在的朝廷大臣，上不能匡正君主的得失，下不能有益于天下百姓，尸位素餐之流，正孔子所谓浅陋之人不可与之事君。我希望皇上赐我一把尚方斩马剑，断佞臣一人以警戒其余。”成帝问要斩谁，对曰：“帝师特进安昌侯丞相张禹。”成帝大怒，说：“你身为小民，竟敢诽谤大臣，众辱师傅，罪死不赦!”旋即命令御史把朱云拉出去，朱云死拽着殿上栏杆不松手，栏杆都折断了。朱云一边挣扎一边说：“我跟随夏桀杀死的龙逄、商纣杀死的比干游于黄泉之下，一生亦足矣，只是未知圣朝国运如何罢了!”左将军辛庆忌免冠解印绶叩头流血为之求请，成帝怒气渐消。后来要修理折断的栏杆的时候，成帝说：“不要换新栏，稍加修葺即可，以此来旌扬忠臣。”

光武帝姐姐湖阳公主的仆人白日杀人，并藏匿在公主家里。洛阳令董宣乘公主出行的机会，等候在夏门亭，拦车叩马，用刀在地上画了个监狱，大声斥责公主之失，同时命令杀人的仆人下车，当场乱棍打死。公主跑到宫中告状，光武帝大怒，把董宣召来，想把他当廷打死。董宣叩头说：“陛下圣德中兴，而纵奴杀良民，将何以治天下？陛下不必派人打我，请得自杀。”话说完，就一头撞向大殿柱子，满脸都是鲜血。光武帝让小宦官扶着他向湖阳公主叩头谢罪，宣不从，帝令人强按着他的脖颈低头服软，宣两手撑地就是不肯俯身。公主对光武帝说：“你穿白衣做百姓的时候，藏匿逃亡的罪犯，吏不敢至门。现在做天子，其威严就不能体现在一个县令身上？”帝呵呵笑曰：“天子不与白衣同。”于是命令强项令出殿，并赐钱三十万。

汉明帝的同母弟广陵王刘荆嫉妒其兄欲谋反，事发，帝派长水校尉樊鯈与羽林监任隗会审定案，二人奏请诛之。明帝大怒，说：“你们认为他是我的弟弟，关系较疏，所以才判刑死罪，如果是我的儿子，你们敢这样定罪吗？”樊鯈等仰首回答说：“我们认为刘荆是太后叮咛嘱托要陛下照顾好的同母弟，应该多加关照，所以才慎重请示。如果是陛下的儿子谋反，我们不请示就杀了他。”明帝叹息良久。

汉武帝即位，信任招用文学儒者，整天嚷嚷着说我要如何如何行仁政，主爵都尉汲黯对曰：“陛下内心有这么多欲望，而只在嘴上说仁义，又怎能仿效尧舜之治呢？”武帝大怒，脸色顿变，罢朝而去，公卿都为汲黯担忧。武帝回到宫里，对身边人说：“太过分了，汲黯说话忒直，一点儿弯儿都不会拐！”有人责备汲黯，汲黯说：“天子设置公卿辅弼之臣，难道是让他们来奉承讨好，使君主陷于不义的吗？既在其位，如果只计较自身利害，辱没了朝廷谁来负责？”

顺帝时，冀州刺史苏章巡视检查属下官员奸贪的情况。他设置了酒筵请老友清河太守，席间谈到平生的深厚友谊，非常留恋，清河太守也高兴地说：“别人的头顶上只有一个天，而我却有两个天。一个是青天大老爷，一个是现任刺史苏章。”苏章说：“今夜我请老友喝酒聊天，是怀念私恩；明日刺史审察案件，是执行公法。”于是依法给清河太守定了贪赃之罪。

韩非子曾作有《说难》一文，一口气数说了十几种游说君主的困难与危险，同时也设想了很多种游说的手段和技巧，而说到底其办法也不外乎百般揣摩其心理、竭力迎合其爱憎等等，在韩非子看来，只要讨得君主的欢心，取得对方的信任，游说自然会成功。正所谓“凡说之难，在知所说之心，可以吾说当(顺应)之。”文章的题目是说难，其行文也处处围绕“难”字展开，层层洗发，描写曲尽。在文章结尾处，作者以龙比喻君主，特意警告人们说：“其喉下有逆鳞径尺，若人有婴(触犯)之者，则必杀人。人主亦有逆鳞，说者能无婴人主之逆鳞，则几(庶几，差不多)矣。”这篇文章，讲的是游说进身之术，同时也是在讲全身远害之法，是对战国时纵横游说之风的理论概括和经验总结。

如果对比上文述说的不惧龙颜、敢批逆鳞的若干事例，我们不得不说，汉代的“良二千石”，与战国时如韩非子那样的士大夫有很大的区别，他们显得非常纯朴憨厚，显得非常直率坦荡，向皇帝或宰相进谏陈说，竟然张嘴就说，不分场合，不留情面，直来直去，毫无顾忌，任杀任剐，死而无憾。这既是古君子之遗烈，也是历史新时期所铸造雕凿的具有崭新政治风貌的一代英才。

现在的学者都很怀念战国时诸子百家争先鸣放的自由宽松的学术氛围，也非常艳羡先秦诸子所创造的至为深刻而影响极为久远的思想学说，但是如果冷静而理智地作些分析，我们就会发现诸子百家中的若干学派，其实是极端自私的、极为偏激的、过分注重现实功利而缺乏国家与民族整体关爱与忠诚的没有多少正能量的必然走向没落的思想流派。《孟子·滕文公下》说：“杨朱、墨翟之言盈天下，天下之言不归杨则归墨。”《孟子·尽心上》则说：“杨子取为我，拔一毛(从身上拔一根毛发)而利天下，不为也。”杨氏为我，鼓倡的是极端自私的思想学说，虽为显学，影响一时，而很快就被不断演进的历史淘洗殆尽了。《战国策》和《史记》等书所记载的苏秦、张仪等纵横家，奔走于各国之间，鼓动着三寸不烂之舌，今天为秦谋灭六国，明天又纠结六国反抗暴秦，朝秦暮楚，朝三暮四，孰为正义？谁是谁非？为人还要不要一些基本的操守和道德规范？这些全不讲了，所有行为的目标只有一个，就是追逐个人的富贵功名。《战国策·秦一》：“(苏秦)读书欲睡，引锥自刺其股，血流至足。曰：‘安有说人主不能出其金玉锦绣，取卿相之尊者乎？’”这就是有名的锥刺股的故事，苏秦刻苦攻读的目的一目了然。最终，他游说成功了，出门的时候，身佩六国相印，身后跟随着一百辆战车，拉着锦绣千匹，白璧百双，黄金万镒。“将说楚王，路过洛阳，父母闻之，清宫除道(清扫屋子和道路)，张乐设饮，郊迎三十里；妻侧目而视，侧耳而听；嫂蛇行匍伏，四拜自跪而谢(罪)。苏秦曰：‘嫂何前倨(傲慢)而后卑也？’嫂曰：‘以季子(苏秦之字)之位尊而多金。’苏秦曰：‘嗟乎！贫穷则父母不子(不以为己子)，富贵则亲戚畏惧，人生世上，势位富贵，盖(何)可忽(轻视)乎哉！’”这些极为生动的文字，描摹出一个奋斗成功者的发迹变泰史。其失败后的落魄寒酸与成功后的威严显赫，以及父母妻嫂的前倨后恭的态度，皆构成鲜明的对比，更加突出强化了作为纵横家的苏秦的典型性格。

《战国策·燕一》，则记载了一段很有意思的对话：“苏代(苏秦之弟，一说为其兄)谓燕昭王曰：‘今有人于此，孝如曾参、孝己，信如尾生高，廉如鲍焦、史鳅，兼此三行以事王，奚(何)如？’王曰：‘如是足矣。’对曰：‘足下以为足，则臣不事足下矣。臣且处无为之事，归耕乎周之上地(沃土)，耕而食之，织而衣之。’王曰：‘何故也？’对曰：‘孝如曾参、孝己，则不过养其亲耳。信如尾生高，则不过不欺人耳。廉如鲍焦、史鳅，则不过不窃人之财耳。今臣为进取者也。臣以为廉不与身俱达(不苟取，故多穷)，义不与生俱立。仁义者，自完之道也，非进取之术也。'"在苏代看来，孝信廉仁义等传统美德只是自我完善之道，是提高自身思想修养的毫无实际功用的东西。一个国君，以自完为足，则秦不出崤塞，齐不出营丘，楚不出疏章。三王代位，五霸改政，皆以不自完之故。换句话说，作为国君，要想建立霸业，最需要的人才是有进取之术的人；同样的道理，一个人，如果只以自完为足，不苟取，不苟容，不苟生，有廉耻，有气节，有品格，则很可能会穷困潦倒一生，甚至会轻易地为了一个虚名而把自己最宝贵的生命奉献出去。这里，所谓的"自完之道"与"进取之术"，实质上体现的是两种截然不同的价值取向和人生抉择。

汉初的一些学者和政治家都程度不同地看到了这些思想学说对世道人心的侵蚀瓦解作用，也认识到了秦朝仁义不施而攻守之势有异的历史的教训和弊端，因而极力倡导民心教化，要移风易俗，使天下人皆回心向道，极力主张重新确立传统儒家的执政理念和道德规范，使天下人皆行有旨归。贾谊的《陈政事疏》说："化成俗定，则为人臣者主耳忘身，国耳忘家，公耳忘私，利不苟就，害不苟去，唯义所在。"这就是后代臣子奉为行为圭臬的国尔公尔的信条的文字起源，是士大夫家国观念在历史新时期的重新确立；董仲舒的《贤良对策》说："《春秋》大一统者，天地之常经，古今之通谊(义)也。今师异道，人异论，百家殊方，指意不同，是以上亡(无)以持一统；法制数变，下不知所守。臣愚以为诸不在六艺(指儒家典籍《诗》《书》《易》《礼》《乐》《春秋》)之科孔子之术者，皆绝其道，勿使并进。邪辟之说灭息，然后统纪可一而法度可明，民知所从矣。"这就是政治文化史上赫赫有名的罢黜百家、独尊儒术的思想理念的最早提出，是意识形态领域或舆论导向、核心价值观方面的拨乱世而反之正。其理念的核心是大一统的国家必须有相对统一的思想道德规范或人人皆要遵守的行为底线，否则天下就会大乱；贡禹疏谏元帝说："亡(无)义而有财者显于世，欺谩而善书者尊于朝，悖逆而勇猛者贵于官。故俗皆曰：'何以孝弟(悌)为？财多而光荣。何以礼义为？史书(善写当时通用的隶书)而仕宦。何以谨慎为？勇猛而临官。'故黥劓而髡钳者(蹲牢受刑者)犹复攘臂为政于世，行虽犬彘，家富势足，目指气使，是为贤耳。故谓居官而置富(发财)者为雄桀，处奸而得利者为壮士，兄劝其弟，父勉其子，俗之坏败，乃至于是!"这就是让一切正直有操守的人士感到痛心疾首而意欲彻底洗刷之的浇薄世俗。

汉代的"良二千石"，大多是孝廉或贤良方正出身，大多是精通儒家经典的学者型的政治家，人品正，学问大，通世务，明文法，所以能以经术润饰吏事，能以教化挽救人心，自觉地义无反顾地投身于延续汉朝国运长久的浩荡潮流之中，并最终在历史上留下了彪炳千秋的汉官风范。

这里，需要说明的有四点：

其一，本书一共选录了100个典型事例，并逐条进行必要的注解。其中，编排在前的十几个则属于春秋战国时代的人物，稍后的80多个均为汉代官吏，而所有事例都是先秦两汉典籍当中的片断；原先并没有题目，文题赫然在目者，则是编者根据原文而斟酌拟定的。

其二，与这些典型事例有关的评论和歌咏，乃至遗闻轶事，凡是能够彰显其人之深远影响，能够给后人研究作参考之文字资料，编者则尽量搜集迻录，并专门开列“参考资料”一栏。

其三，全书末尾另辟有“附录”，则选编辑录了若干有关循吏的稍成系统的论述，以及历代名臣的嘉言懿行等，其目的则是为了在本书有限的篇幅里尽量显示出古代官场一脉正气自有前后相承的内在联系。

其四，作者原是有感于反腐倡廉、重振国学的时代氛围，希望能够为广大读者提供一部兼顾学术性和普及性的较为适当的参考书籍，因本人学识有限，加之成书仓促，资料搜集难免挂一而漏万，注释部分也难免有不当之处。凡此，皆敬请读者谅解和指教。

编　者

董狐笔

赵穿攻灵公于桃园[①]，宣子未出山而复[②]。大史书曰[③]："赵盾弑其君[④]。"以示于朝[⑤]。宣子曰："不然[⑥]。"对曰："子为正卿[⑦]，亡不越竟[⑧]，反不讨贼[⑨]，非子而谁[⑩]？"宣子曰："乌呼[⑪]！'我之怀矣，自诒伊戚[⑫]。'其我之谓矣[⑬]。"孔子曰："董狐，古之良史也[⑭]，书法不隐[⑮]。赵宣子，古之良大夫也，为法受恶[⑯]。惜也，越竟乃免[⑰]。"宣子使赵穿逆公子黑臀于周而立之[⑱]。（《左传》宣公二年）

【注释】

① 赵穿：春秋时晋国的将军。旧注："赵盾之从父昆弟子。"亦即赵盾伯父、叔父的后代子孙。灵公：晋灵公，名夷皋。晋襄公之子，晋文公之孙。襄公卒，赵盾迎立为君。既壮，奢侈无度。《左传》宣公二年："晋灵公不君，厚敛以雕墙，从台上弹人而观其辟丸也。宰夫胹熊蹯不熟，杀之，置诸畚，使妇人载以过朝。"赵盾、士季先后谏言，不听，灵公遂派力士鉏麑行刺，鉏麑不忍，触槐自杀。又置酒筵，埋伏甲士与犬獒，欲再次杀死赵盾。赵盾被身边人救出，遂逃亡境内。事详见《左传》及《史记·晋世家》。桃园：旧注，"园名。"其地当在晋都绛(今山西翼城)附近。按，事件发生在公元前607年。 ② 宣子：即赵盾。春秋时晋国的执政大臣。赵衰之子。曾任中军元帅，后执掌国政。避灵公害出走，灵公死，又拥立晋成公，继续执政。卒谥宣子。未出山：旧注，"晋竟之山也。盾出奔，闻公弑而还。" ③ 大史：即太史，官名。此指晋国史官董狐。周人辛有的后裔，世袭太史之职。按，西周、春秋，乃至两汉，太史职权较重，为朝廷大臣之一，而且父子兄弟世代相袭。其职责除了记载朝廷大事、编写史书、起草文件之外，还兼管国家典籍、天文历法、主持祭祀等。历代沿置，名称或异，而其职责亦渐专，级别亦渐低。书：写，记载。 ④ 弑：古代专指臣杀君、子杀父母。 ⑤ 示：明示。 ⑥ 不然：不是这样，不对，记载有误。 ⑦ 正卿：上卿。西周春秋之际，天子、诸侯国都置卿，分为上、中、下三等，上卿是最高执政大臣，权力仅次于国君。 ⑧ 亡：逃亡。竟：通"境"。 ⑨ 反：通"返"。归，还。 ⑩ 非子而谁：不是你，又是谁呢？ ⑪ 乌呼：感叹词。 ⑫ "我之怀矣"两句：大意是说，我从此心怀烦忧，这都是自己一时糊涂留下的祸患啊。诒，通"贻"，遗留。伊，此。戚，悲戚，忧伤。《诗经·小雅·小明》："心之忧矣，自诒伊

戚。"朱熹《诗集传》谓此诗写大夫在外思念故人，且自言其畏罪而不敢归国。《左传》旧注谓："逸诗也。言人多所怀恋，则自遗忧。" ⑬"其我"句：这两句诗所说的情境，大概就是我现在的状况吧！ ⑭良史：优秀的史官。指能秉笔直书、记事信实而有征者。 ⑮书法：指书写史书的原则、惯例、宗旨。不隐：不隐瞒赵盾的罪责。 ⑯为法受恶：因为史官坚持书法而蒙受委屈。恶，恶名。⑰越竟乃免：如果赵盾逃亡出境，彻底断绝君臣之义，那么讨不讨贼，也就没有什么关系了。 ⑱逆：迎接。公子黑臀：晋文公少子，襄公之弟。立之：立之为君。即晋成公。

【参考资料】

汉·班固《汉书·司马迁传》引太史公曰："《春秋》上明三王之道，下辨人事之经纪，别嫌疑，明是非，定犹与，善善恶恶，贤贤贱不肖，存亡国，继绝世，补弊起废，王道之大者也。"又曰："拨乱世反之正，莫近于《春秋》。"

汉·班固《汉书·司马迁传》："自刘向、扬雄博极群书，皆称迁有良史之材，服其善序事理，辨而不华，质而不俚，其文直，其事核，不虚美，不隐恶，故谓之实录。"

晋·葛洪《抱朴子·吴失》："若苟讳国恶，纤芥不贬，则董狐无贵于直笔，贾谊将受讥于《过秦》乎？"

唐·刘知几《史通·直书》："夫人禀五常，士兼百行，邪正有别，曲直不同。若邪曲者，人之所贱，而小人之道也；正直者，人之所贵，而君子之德也。然世多趋邪而弃正，不践君子之迹，而行由小人者何哉？语曰：'直如弦，死道边。曲如钩，反封侯。'故宁顺从以保吉，不违忤以受害也。况史之为务，申以劝诫，树之风声，其有贼臣逆子，淫君乱主，苟直书其事，不掩其瑕，则秽迹彰于一朝，恶名被于千载。言之若是，吁可畏乎？"

"夫为于可为之时则从，为于不可为之时则凶。如董狐之书法，不隐赵盾之为法受屈，彼我无忤，行之不疑，然后能成其良直，擅名今古。至若齐史之书崔弑，马迁之述汉非，韦昭仗正于吴朝，崔浩犯讳于魏国，或身膏斧钺，取笑当时，或书填坑窖，无闻后代。夫世事如此，而责史臣不能申其强项之风，励其匪躬之节，盖亦难矣。是以张俨发愤，私存嘿记之文；孙盛不平，窃撰辽东之本。以兹避祸，幸获两全，足以验世途之多隘，知实录之难遇耳。"

宋·秦观《司马迁》："高辞振幽光，直笔诛隐恶。驰骋数千载，贯穿百家作。"

清·赵翼《廿二史札记》卷二九："按宋濂等修史时，刘基等方同在朝，而其先仕于元之处，直书不讳，此亦为直笔。"

清·方中德《古事比》卷十六“不挠”一文：“吴竞撰《武后实录》，直书张昌宗诱张说事，说为相，以情求改，不从也。孔至撰《百家类例》，以张说为近代新门，驸马埳求改，不得也。说父子宰相尚主之贵不能挠，直笔可畏哉！司马温公不改《通鉴》，范文正不改碑铭。”原注：“光作《鉴》，至唐太宗之世，忽有衣黄者曰：‘先生善书。’公曰：‘陛下秽德多矣。头可取，笔不可夺。’”又注：“铭及一贵人阴事，梦贵人求易。公谢曰：‘隐公此事，则某当受恶名。我非诬人者，不可改也。’”

太史简

大史书曰[①]：“崔杼弑其君[②]。”崔子杀之[③]。其弟嗣书而死者[④]，二人。其弟又书，乃舍之[⑤]。南史氏闻大史尽死[⑥]，执简以往[⑦]。闻既书矣[⑧]，乃还。(《左传》襄公二十五年)

【注释】

① 大史：齐国太史。名字不详。 ② 崔杼：春秋时齐大夫。齐灵公卒，杼迎故太子光而立之，是为齐庄公。庄公六年(前548年)，杼以庄公与自己所取棠公妻私通，怒而杀之。又立景公，与庆封为左右相。不久，被庆封逼迫，自杀。事详见《史记·齐太公世家》。 ③ 崔子：即崔杼。之：指齐太史。 ④ 嗣书：接着写。旧注，“嗣，续也。并前有三人死。” ⑤ 舍：释放。 ⑥ 南史氏：亦为齐国史官。尽死：都死，全死。 ⑦ 简：用以记事的竹简。 ⑧ 既书：已经书写完毕了。

【参考资料】

南朝宋·范晔《后汉书·臧洪列传》：“昔晏婴不降志于白刃，南史不曲笔以求存，故身传图象，名垂后世。”

南朝梁·萧子显《南齐书·崔祖思传》：“世无董狐，书法必隐。时阙南史，直笔未闻。”

宋·文天祥《正气歌》：“天地有正气，杂然赋流形。下则为河岳，上则为日星；于人曰浩然，沛乎塞苍冥。皇路当清夷，含和吐明庭；时穷节乃见，一一垂丹青。在齐太史简，在晋董狐笔。在秦张良椎，在汉苏武节。为严将军头，为嵇侍中血。为张睢阳齿，为颜常山舌。或为辽东帽，清操厉冰雪。或为《出师表》，鬼神泣壮烈。或为渡江楫，慷慨吞胡羯。或为击贼笏，逆竖头破裂。是气所旁薄，凛烈万古存。当其贯日月，生死安足论！地维赖以立，天柱赖以尊。三纲实系命，道义为之根。”（节录）

清·程善之《和孟硕狱中诗》：“常山舌在心犹壮，南史书存手自持。”

清·述古斋主人《史论汇函》甲编所录清王夫之《续左传博议》“晋杀赵同赵括”一文：“古之为史者，莫不有奖善惩恶之情，随小大而立之鉴，故足以动人心，而垂之久。若左氏、史迁、班固之书，记祸败之隙，纤曲猥鄙之无遗，皆此意也。”

清·尤侗《艮斋续说》卷九：“唐以前作史者皆有祸。左丘失明，马迁腐刑，班固党祸，范晔反诛。魏收虽生免刑戮，而死遭伐掘。若崔浩，则被罚尤酷者也；唐以后作史者皆富贵。思廉显达，子京荣华，延寿令闻，德芬标致。脱脱虽出身沙漠，而位望尊隆。若欧公，则受福尤厚者也。此无他，前史多出一人私笔，后史则奉敕所撰，故不同尔。”

人臣有六正六邪

人臣之行有六正六邪。行六正则荣①，犯六邪则辱。夫荣辱者，祸福之门也。何谓六正六邪？六正者，一曰萌芽未动，形兆未见②，昭然独见存亡之几③，得失之要④，预禁乎未然之前⑤，使主超然立乎显荣之处⑥，天下称孝焉⑦，如此者圣臣也⑧；二曰虚心白意⑨，进善通道⑩，勉主以礼义，谕主以长策⑪，将顺其美⑫，匡救其恶，功成事立，归善于君，不敢独伐其劳⑬，如此者良臣也；三曰卑身贱体⑭，夙兴夜寐⑮，进贤不解⑯，数称于往古之行事⑰，以厉主意⑱，庶几有益⑲，以安国家社稷宗庙，如此者忠臣也；四曰明察幽⑳，见成败，早防而救之，引而复之㉑，塞其间㉒，绝其源，转祸以为福，使君终以无忧，如此者智臣也；五曰守文奉法㉓，任官职事㉔，辞禄让赐，不受赠遗㉕，衣服端齐㉖，饮食节俭，如此者贞臣也㉗；六曰国家昏乱，所为不谀㉘，敢犯主之严颜㉙，面言主之过失㉚，不辞其诛㉛，身死国安，不悔所行，如此者直臣也。是为六正也。六邪者，一曰安官贪禄㉜，营于私家㉝，不务公事，怀其智㉞，藏其能，主饥于论，渴于策㉟，犹不肯尽节㊱，容容乎与世沉浮㊲，上下左右观望，如此者具臣也㊳；二曰主所言，皆曰善，主所为，皆曰可，隐而求主之所好即进之㊴，以快主之耳目㊵，偷合苟容[41]，与主为乐，不顾其后害，如此者谀臣也[42]；三曰中实颇险[43]，外貌小谨[44]，巧言令色[45]，又心嫉贤，所欲进则明其美而隐其恶[46]，所欲退则明其过而匿其美[47]，使主妄行过任[48]，赏罚不当，号令不行，如此者奸臣也；四曰智足以饰非[49]，辩足以行说[50]，反言易辞而成文章[51]，内离骨肉之亲[52]，外妒乱于朝廷[53]，如此者谗臣也；五曰专权擅势，持抔国事以为轻重[54]，于私门成党以富其家[55]，又复增加威势，擅矫主命以自贵显[56]，如此者贼臣也[57]；六曰谄主以邪[58]，坠主不义[59]，朋党比周[60]，以蔽主明[61]，入则辩言好辞[62]，出则更复异其言语[63]，使白黑无别，是非无间[64]，伺侯可推，因而附然[65]，使主恶布于境内[66]，闻于四邻[67]，如此者亡国之臣也。是谓六邪。贤臣处六正之道，不行六邪之术，故上安而下治，生则见乐[68]，死刑见思[69]，此人臣之术也[70]。（刘向《说苑・臣术》）

【注释】

① 行：践行。 ② 形兆：征兆，迹象。 ③ 昭然：明白，洞察。几：隐微。指关系到国家存亡的迹象、先兆。 ④ 要：要点，关键。 ⑤ 预禁：预先防止。未然：没有发生。 ⑥ 主：君主。显荣：显赫荣耀。 ⑦ 孝：大孝，指忠君报国。《孝经》卷一："夫孝始于事亲，中于事君，终于立身。" ⑧ 圣臣：指德行智能超群出众之臣。圣者，无所不通之谓也。 ⑨ 虚心白意：态度谦虚，心怀坦诚。白，明白，清楚。 ⑩ 进善通道：进献善政，致达治道。通，到达，至。 ⑪ 谕：晓谕。 ⑫ 将顺其美：积极支持君主的善政。将顺，顺势促成。⑬ 伐：自我夸耀。 ⑭ 卑身贱体：不顾身卑体贱。 ⑮ 夙兴夜寐：早起晚睡。⑯ 解：松懈，懈怠。解，通"懈"。 ⑰ 数(shuò)：屡次。称：称引。往古之行事：历史的经验教训。 ⑱ 以厉主意：来巩固君主的意图。厉，通"励"，劝勉。⑲ 庶几：希望，渴望。 ⑳ 明察幽：聪明智慧，能察觉幽隐之事。 ㉑ 引而复之：加以引导，使之归正。复，恢复，回归。 ㉒ 塞其间：弥补施政的不足。间，缝隙。 ㉓ 守文奉法：持守既定的法令制度。 ㉔ 任官职事：尽心公务。任，负责任。职，执掌，主管。 ㉕ 遗(wèi)：赠送。 ㉖ 端齐：端庄整齐。㉗ 贞臣：忠贞不贰之臣。 ㉘ 不谀：不谄媚，不迎合。 ㉙ 犯：冒犯。严颜：严肃凝重的脸色。 ㉚ 面言：当面直言。 ㉛ 不辞其诛：不避死罪，不怕被杀。辞，推辞，躲避。 ㉜ 安官贪禄：安于官位，贪图俸禄。 ㉝ 营：钻营，谋求。㉞"怀其智"二句：谓其不动脑，不出力。怀，怀藏，掩藏。 ㉟"主饥于论"二句：谓君主十分渴望臣子进纳有关的论述和方策。 ㊱ 节：臣子之节，臣下应有的责任。节，名节，气节。 ㊲ 容容乎：随波逐流的样子。 ㊳ 具臣：备位之臣，聊以充数的臣子。 ㊴ 隐：暗中，私下。好：喜好，爱好。即：即刻，马上。 ㊵ 快：愉悦，娱乐。 ㊶ 偷合苟容：苟合取容。 ㊷ 谀臣：谄谀之

臣。㊸ 中实颇险：骨子里非常阴险。中，心中，本性。实，实在，其实。颇，很，甚。㊹ 外貌小谨：外表却显得谨于小事。㊺ 巧言令色：花言巧语，假装和善的样子。㊻“所欲进”句：自己想提拔的人就尽量彰显其优长，而尽量隐藏其短处和不足。㊼“所欲退”句：自己想排挤的人就尽量彰显其过错，而尽量掩盖其美德和优长。㊽ 妄行过任：指用人不当，以致有误。㊾ 饰非：掩饰过错。㊿ 辩：口辩，口才。行说：推行其谬论或谎言。(51)“反言”句：不断变化词语而成就华美之文。反，反复。易，改变。文章，文采华丽之文。(52) 内：宫内。离：离间。(53) 外：宫外，指朝廷。(54) 抔：手捧，把持。以为轻重：自为轻重，随便处置。(55) 私门成党：私结帮派。以富其家：以使其家富。(56) 擅矫主命：擅自发布君主的命令，假传圣旨。矫，假托，诈称。以自贵显：以使自身贵显。(57) 贼臣：奸臣，乱臣。(58) 谄主以邪：以邪讨好君主。(59) 坠主不义：陷主于不义。(60) 朋党比周：结成私党。朋，结党。比周，密切连结。(61) 蔽：遮蔽。(62)“入则”句：入朝则花言巧语。(63) 出：出朝。复异其言语：又变换一番言辞。(64) 是非无间：是非不分。(65)“伺侯”二句：等待机会，认为可以推行其奸计了，就乘势而为。侯，通“候”。附然，顺势而从。(66) 布：传布。(67) 四邻：周边国家，邻国。(68) 生则见乐：活着的时候，自身可以享福享乐。(69) 死刑见思：死了以后，也会被百姓思念。刑，通“则”。(70)“此人臣”句：这才是做臣子的正道。术，道，途径。

【参考资料】

汉·刘向《说苑·臣术》：“从命（服从命令）利君谓之顺，从命病（害）君谓之谀。逆（违背）命利君谓之忠，逆命病君谓之乱。君有过失而不谏诤，将危国家，殒社稷也。有能尽言于君，用则留，不用则去，谓之谏。用则可生，不用则死，谓之诤。有能比知（并智）同力，率群下相与彊矫君（一起矫正君过），君虽不安，不能不听，遂解国之大患，除国之大害，成于尊君安国，谓之辅。有能亢（抗）君之命，反君之事，窃君之重（权），以安国之危，除主之辱，攻伐足以成国之大利，谓之弼。故谏诤辅弼之人，社稷之臣也。明君之所尊礼，而暗（昏）君以为己贼（害）。故明君之所赏，暗君之所杀也。明君好问，暗君好独。明君上贤使能而享其功，暗君畏贤妒能而灭其业。罚其忠而赏其贼，夫是之谓至暗（最昏庸），桀纣之所以亡也。《诗》云：‘曾是莫听，大命以倾。’此之谓也。”

以百姓为天

齐桓公问管仲曰①：“王者何贵③？”曰：“贵天③。”桓公仰而视天。管仲曰：“所谓天者，非谓苍苍莽莽之天也④。君人者⑤，以百姓为天。百姓与之则安⑥，辅之则强，非之则危⑦，背之则亡⑧。”《诗》云⑨：“民而无良，相怨一方⑩。”民怨其上，不遂亡者⑪，未之有也。（刘向《说苑·建本》）

【注释】

① 齐桓公：春秋时齐国君主。公元前685～前643年在位。姜姓，名小白。襄公之弟。曾任用管仲，综合国力日益强盛。尊王攘夷，多次大会诸侯，遂成为春秋时第一个霸主。管仲：名夷吾，字仲。齐国颍上(今安徽颍上县)人。初事公子纠，后相齐桓公。主张改革，通货积财，富国强兵，九合诸侯，一匡天下，助桓公成就霸业。与齐景公相晏婴，皆名显诸侯。《史记》合二人事迹为《管晏列传》。后言大臣善治者，亦常以管晏并称。按：此条，《晏子春秋·内篇问上》记作齐景公与晏子之事。《韩非子·外储说右上》《韩诗外传》卷七之九，亦有记载，文字略异。 ② 王者何贵：君王以何为贵？ ③ 贵天：以天为贵。 ④ 苍苍莽莽：空旷邈远的样子。天：天空。 ⑤ 君人者：为人之君者，统治人民的人。 ⑥ 与：帮助，亲附。 ⑦ 非：非难，指责。 ⑧ 背：背叛，造反。 ⑨《诗》：指《诗经·小雅·角弓》。原诗八章，每章四句，管仲所引仅为其中的两句。朱熹《诗集传》谓《角弓》主旨：“此刺王不亲九族，而好谗佞，使宗族相怨之诗。” ⑩“民而”二句：百姓家庭不和，兄弟各执一词，互相怨恨。这里是以兄弟反目来比喻君民关系破裂。无良，不善，不睦。一方，彼此各为一方。 ⑪ 遂亡：灭亡。遂，通“坠”。

【参考资料】

《尚书·夏书·五子之歌》：“民惟邦本，本固邦宁。”

《管子·牧民》：“政之所兴在顺民心，政之所废在逆民心。”

《孟子·尽心下》：“民为贵，社稷次之，君为轻。”

《荀子·王制》：“庶人安政，然后君子安位。《传》曰：‘君者，舟也；庶人者，水也。水则载舟，水则覆舟。’此之谓也。”

社鼠与猛狗

齐桓公问于管仲曰[①]："国何患？"管仲对曰："患夫社鼠[②]。"桓公曰："何谓也[③]？"管仲对曰："夫社束木而涂之[④]，鼠因往托焉[⑤]，熏之则恐烧其木，灌之则恐败其涂[⑥]。此鼠所以不可得杀者，以社故也。夫国亦有社鼠，人主左右是也[⑦]。内则蔽善恶于君上[⑧]，外则卖权重于百姓[⑨]，不诛之则为乱，诛之则为人主所案据[⑩]，腹而有之[⑪]，此亦国之社鼠也。人有酤酒者[⑫]，为器甚洁清[⑬]，置表甚长[⑭]，而酒酸不售，问之里人其故[⑮]，里人云：'公之狗猛。人挈器而入[⑯]，且酤公酒[⑰]，狗迎而噬之[⑱]，此酒所以酸不售之故也。'夫国亦有猛狗，用事者是也[⑲]。有道术之士[⑳]，欲明万乘之主[㉑]，而用事者迎而龁之[㉒]，此亦国之猛狗也。左右为社鼠，用事者为猛狗，则道术之士不得用矣。此治国之所患也。"（刘向《说苑·政理》）

【注释】

① 齐桓公问：按，此条《晏子春秋·问上》记为齐景公问晏子事，《韩诗外传》卷七之九亦同。《韩非子·外储说右上》则作桓公问管仲。各家所记之文字亦略异。 ② 社鼠：土地庙中的老鼠。旧时多用以比喻有所依恃的坏人。社，土地神。古代祭祀社神的日子在立春和立秋之后，故又称作春社、秋社。 ③ 何谓也：谓何也，你的话是什么意思呢？ ④ 社束木而涂之：建祭坛要把树木捆扎树立在一起，然后在内外都涂满泥巴。束，或作"树"，树立。 ⑤ 托：托身，寄身，住宿。 ⑥ 灌：用水浇灌。败：毁坏。 ⑦ 人主左右：指常在君主身边的人，多是亲信，宠臣。 ⑧ 蔽：隐藏，掩盖。善恶：指朝政的好坏。 ⑨ 卖：卖弄。权重：犹权力，权势，大权。 ⑩ 案据：依赖，倚靠。 ⑪ 腹而有之：藏在心腹之中。 ⑫ 酤酒：卖酒。 ⑬ 器：盛酒的器皿。 ⑭ 表：标识，标记，酒幌子、酒旗之类。 ⑮ 里人：同里的人，近邻。 ⑯ 挈：提着，拿着。 ⑰ 且：将，准备。酤：买。 ⑱ 噬(shì)：咬。 ⑲ 用事者：当权者。 ⑳ 有道术之士：有治国方略的贤士。 ㉑ 明：发明，开导。万乘(shèng)之主：君主。周制，王畿方千里，能有兵车万乘，后因以万乘代指帝王。乘，一车四马。万乘，即万辆兵车。 ㉒ 龁(hé)：咬。

【参考资料】

宋·洪迈《容斋四笔》卷二"城狐社鼠"条："城狐不灌，社鼠不熏，谓其所栖穴者得所凭依，此古语也，故议论者率指人君左右近习为城狐社鼠。予读《说苑》所载孟尝君之客曰：'狐者，人之所攻也；鼠者，人之所熏也。臣未尝见稷狐见攻，社鼠见熏，何则？所托者然也。''稷狐'之字，甚奇且新。"按，刘向《说苑·善说》所谓"稷狐社鼠"之称，后世遂衍为"城狐社鼠"之语。《晋书·谢鲲列传》："及王（敦）将为逆，谓鲲曰：'刘隗奸邪，将危社稷。吾欲除君侧之恶，匡主济时，何如？'对曰：'隗诚始祸，然城狐社鼠也。'"意谓掘狐恐坏城垣，熏鼠恐毁社庙。

以不贪为宝

宋人或得玉①，献诸子罕②，子罕弗受③。献玉者曰："以示玉人④，玉人以为宝也，故敢献之。"子罕曰："我以不贪为宝，尔以玉为宝⑤，若以与我⑥，皆丧宝也。不若人有其宝⑦。"稽首而告曰⑧："小人怀璧⑨，不可以越乡。纳此以请死也⑩。"子罕置诸其里⑪，使玉人为之攻之⑫，富而后使复其所⑬。（《左传》襄公十五年）

【注释】

① 或：有。按，这件事发生在公元前558年。 ② 诸：犹"之于"。子罕：春秋时宋国的贤臣。《史记·邹阳列传》，司马贞《索隐》："案《左氏》，司城子罕，姓乐，名喜，乃宋之贤臣也。"司城，官名，即司空。《公羊传》文公八年："宋司城来奔。"何休注，"宋变司空为司城者，辟先君武公名也。"周为六卿之一，掌管工程。春秋时亦为诸侯国之卿，职掌各异。 ③ 弗受：不收，拒绝。 ④ 以示玉人：把它拿给琢玉工匠看过。旧注，"玉人，能治玉者。" ⑤ 尔：你。 ⑥ 若以与我：如果把它送给我。 ⑦ 不若：不如。人有其宝：各有其宝，每人都有珍宝。 ⑧ 稽首：叩头至地多时，是九拜中最为恭敬的礼节。 ⑨"小人"二句：我怀揣着珍贵的玉璧，很危险，不能到其他地方去。越乡，远离故乡。旧注，"言必为盗所害。" ⑩ 纳：献。请死：旧注，"请免死。"请您免我一死。 ⑪ 置诸其里：把他安置在自家附近。里，里巷。 ⑫ 为之攻之：进行雕琢、加工。旧注，"攻，治也。" ⑬ 富：旧注，"卖玉得富。"使复其所：才让他返回原先的住所。

【参考资料】

唐·黄滔《以不贪为宝赋》："以玉为宝兮，宝之常名；以不贪为宝兮，宝其可惊。彼空矜其纯粹，此特禀其清贞。洁已虚中，既处(留)一言而落落；飞声擅价，终倾众宝以铿铿。宋人获希代之珍，子罕当连城之贽。且曰：‘伊我之宝，非君莫遗。提携而日月耀手，跪拜而丘山属意’。‘殊不知饮冰砺节，如冰之色；何烦匪石推心，剖石之姿！足(身)弃如此，则别号琼瑰，得之非荆山者哉？独为奇美，种之乃情田而已。莫不埽(扫)埃垢于嗜欲，扩规模于廉耻。器之于国，雕锼皆让剑之流；利之于人，贸鬻悉投钱之士。由是焕烂群目，锵洋一时。自叶(合)至珍之比，永辞凡口之嗤。岂可轻重贵贱，诹议磷緇？衒实矜华，尔则以琬琰当也；辉今映古，我则以惇素称之。卒使民知返朴之风，俗靡攫金之过；岂惟清白以足谓，固亦温良而大播；所以不润屋而润身，盖非货而曰货；则知以非货而为宝者少，以所货而为宝者多；少则与珪璋而合美，多则与瓦砾而同科。故其涤以芜秽，加诸琢磨。采于已而不采于彼，贵于我而不贵于他。纵饶秦氏，当时曾欺赵地；争奈楚君，昔日载刖荆和。’宋人于是辞默而惭，颜赪而走。斯言既得以佩服，吾宝乃分其妍丑。谁能持确论，秉贞姿？问贪夫之信不？”

清·陈宏谋《从政遗规·王朗川言行汇纂》：“人只一念贪私，便销刚为柔，塞知为昏，变恩为惨，染洁为污，坏了一生人品，故古人以不贪为宝。”

死以尸谏

昔者卫大夫史鱼病且死①，谓其子曰：“我数言蘧伯玉之贤而不能进②，弥子瑕不肖而不能退③。为人臣生不能进贤而退不肖④，死不当治丧正堂⑤，殡我于室足矣⑥。”卫君问其故⑦，其子以父言闻⑧。君造然召蘧伯玉而贵之⑨，而退弥子瑕，徙殡于正堂⑩，成礼而后去⑪。生以身谏，死以尸谏，可谓直矣。《诗》曰：“静恭尔位，好是正直⑫。”(韩婴《韩诗外传》卷七)

【注释】

① 史鱼：名鰌，字子鱼，春秋时卫国大夫。以正直敢谏而闻名于世。且：将。 ② 数(shuò)：屡次，多次。蘧伯玉：名瑗，字伯玉。卫国大夫。孔子周游列国，至卫，三次都借住其家。其处世名言，如《淮南子·原道训》所谓“年五十而知四十九年非”，如《庄子·则阳》所谓“行年六十而六十化”，等等，认为人生不断获得新知，日新月异，感悟无穷，涵蕴十分深刻。不能进：不得君主重用。 ③ 弥子瑕：卫灵公的宠臣，以谄媚讨好人君而著称。不肖：不贤。不能

退：君主不能疏远。 ④ 生：生前，活着。 ⑤ 治丧正堂：在正堂停柩吊唁。⑥ 殡：殓而未葬。室：侧室。 ⑦ 卫君：指卫灵公。名元，卫襄公之子。公元前534～前493年在位。在古史当中向为无道之君的代表。《论语·宪问》："子言卫灵公之无道也，康子曰：'夫如是，奚而不丧(丧国，失位)?'孔子曰：'仲叔圉治宾客，祝鮀治宗庙，王孙贾治军旅。夫如是，奚其丧?'"李贽《四书评注》批语："贫家勤扫地，丑女净梳头，也救得一半。" ⑧ 闻：传达，告诉。 ⑨ 造然：突然，立刻，随后。造，通"猝"。《韩非子·难二》："景公造然变色。"他本或作"戚然""蹙然""蹴然"。贵之：使之贵显。 ⑩ 徙：移。 ⑪ 成礼：使丧礼完备。⑫"静恭"二句：敬慎地奉守你的职位，而又持守正直的人品。《诗经·小雅·小明》："靖共尔位，好是正直。"高亨注："靖，犹敬也。共，奉也。"朱熹《诗集传》："好是正直，爱此正直之人也。"

【参考资料】

《论语·卫灵公》："子曰：直哉史鱼！邦有道如矢，邦无道如矢。君子哉蘧伯玉！邦有道则仕，邦无道则可卷而怀之。"

汉·刘向《说苑·权谋》："安陵缠以颜色美壮得幸于楚共王。江乙往见安陵缠曰：'子之先人岂有矢石之功于王乎?'曰：'无有。'江乙曰：'子之身岂亦有乎?'曰：'无有。'江乙曰：'子之贵何以至于此乎?'曰：'仆不知所以。'江乙曰：'吾闻之，以财事人者，财尽而交疏；以色事人者，华落而爱衰。今子之华有时而落，子何以长幸无解于王乎?'安陵缠曰：'臣年少愚陋，愿委智于先生。'江乙曰：'独从为殉可耳。'安陵缠曰：'敬闻命矣。'江乙去，居期年，逢安陵缠，谓曰：'前日所谕子者，通之于王乎?'曰：'未可也。'居期年，江乙复见安陵缠曰：'子岂谕王乎?'安陵缠曰：'臣未得王之间也。'江乙曰：'子出与王同车，入与王同坐，居三年，言未得王之间，子以吾之说未可耳。'不悦而去。其年，共王猎江渚之野，野火之起若云蜺，虎狼之嗥若雷霆，有狂兕从南方来，正触王左骖，王举旌旄而使善射者射之，一发，兕死车下。王大喜，拊手而笑，顾谓安陵缠曰：'吾万岁之后，子将谁与斯乐乎?'安陵缠乃逡巡而却，泣下沾衿，抱王曰：'万岁之后，臣将从为殉，安知乐此者谁!'于是共王乃封安陵缠于车下三百户。故曰：江乙善谋，安陵缠知时。"

汉·刘向《说苑·杂言》："弥子瑕爱于卫君。卫国之法，窃驾君车罪刖。弥子瑕之母疾，人闻，夜往告之，弥子瑕擅驾君车而出。君闻之，贤之曰：'孝哉，为母之故，犯刖罪哉!'君游东园，弥子瑕食桃而甘，不尽而奉君，君曰：'爱我而忘其口味。'及弥子瑕色衰而爱弛，得罪于君，君曰：'是故尝矫驾吾车，又尝食我以余桃。'故子瑕之行，未必变初也，前见贤后获罪者，爱憎之生变也。"

汉·司马迁《史记·酷吏列传》："（杜）周为廷尉，其治大放张汤而善候伺。上所欲挤者，因而陷之；上所欲释者，久系待问而微见其冤状。客有让周曰：'君为天子决平，不循三尺法，专以人主意指为狱。狱者，固如是乎？'周曰：'三尺安出哉？前主所是著为律，后主所是疏为令，当时为是，何古之法乎！'"

汉·司马迁《史记·佞幸列传》："文帝尝病痈，邓通常为帝唶吮之。文帝不乐，从容问通曰：'天下谁最爱我者乎？'通曰：'宜莫如太子。'太子入问病，文帝使唶痈，唶痈而色难之。已而闻邓通常为帝唶吮之，心惭，由此怨通矣。及文帝崩，景帝立，邓通免，家居。居无何，人有告邓通盗出徼外铸钱。下吏验问，颇有之，遂竟案，尽没入邓通家，尚负责数巨万。长公主赐邓通，吏辄随没入之，一簪不得著身。于是长公主乃令假衣食。竟不得名一钱，寄死人家。"

君谨守此三者

孙叔敖为楚令尹①，一国吏民皆来贺②。有一老父衣粗衣③，冠白冠④，后来吊⑤。孙叔敖正衣冠而出见之⑥，谓老父曰："楚王不知臣不肖⑦，使臣受吏民之垢⑧，人尽来贺，子独来吊，岂有说乎？"父曰："有说。身已贵而骄人者⑨，民去之⑩；位已高而擅权者，君恶之⑪；禄已厚而不知足者，患处之⑫。"孙叔敖再拜曰："敬受命⑬，愿闻余教⑭。"父曰："位益高而意益下⑮，官益大而心益小⑯，禄益厚而慎不敢取⑰。君谨守此三者，足以治楚矣。"（刘向《说苑·敬慎》）

【注释】

① 孙叔敖：春秋时楚国期思（今河南淮滨东南）人。蔿氏，名敖，字孙叔。蔿贾之子。虞丘相荐于楚庄王以自代。施教导民，上下和合，世俗盛美，政缓禁止，吏无奸邪，盗贼不起。曾助楚王打败晋人，又曾大修水利。《史记·循吏列传》共收录五人，孙叔敖被列为第一人，并谓其："三得相而不喜，知其材自得之也；三去相而不悔，知非己之罪也。"事迹又散见《左传》《吕氏春秋》等先秦秦汉典籍。在古史中，向为贤相的代表人物之一。令尹：春秋战国时楚国所设官职，掌全国军政大权，其地位与职掌皆相当于他国之宰相。 ② 一：全。 ③ 衣：穿。作动词。 ④ 冠白冠：头戴白帽。第一个"冠"字，亦作动词。 ⑤ 吊：吊唁，慰问，抚慰。 ⑥ 正：端正。 ⑦ 臣：我。表示谦卑的自称。 ⑧ 垢：通"诟"，诟病，指责，批评。 ⑨ 骄人：轻视他人。 ⑩ 去：离开，疏远。

⑪ 恶(wù)：厌恶，憎恶。 ⑫ 处：居，聚，来。 ⑬ 敬受命：谨奉命。敬，谦辞。受命，闻命，听命。 ⑭ 余教：其他教诲。 ⑮“位益高”句：官位越高而意态越要谦卑。益，愈，越。 ⑯ 心：心志，欲望。小：狭小，有限制。⑰ 慎：谨慎小心。不敢取：不敢妄取。

【参考资料】

汉·司马迁《史记·循吏列传》：“孙叔敖者，楚之处士也。虞丘相进之于楚庄王，以自代也。三月为楚相，施教导民，上下和合，世俗盛美，政缓禁止，吏无奸邪，盗贼不起。秋冬则劝民山采，春夏以水(利用水涨之机外运木材等)，各得其所便，民皆乐其生。庄王以为币轻，更以小为大，百姓不便，皆去其业。市令(市场管理者)言之相曰：‘市乱，民莫安其处，次行(秩序)不定。’相曰：‘如此几何顷(多长时间)乎？’市令曰：‘三月顷。’相曰：‘罢，吾今令之(恢)复矣。’后五日，朝，相言之王曰：‘前日更币，以为轻。今市令来言曰市乱，民莫安其处，次行之不定。臣请遂令复如故。’王许之，下令三日而市复如故。楚民俗好庳(低矮)车，王以为庳车不便马，欲下令使高之。相曰：‘令数下，民不知所从，不可。王必欲高车，臣请教闾里使高其梱(门槛)。乘车者皆君子，君子不能数下车。’王许之。居半岁，民悉自高其车。此不教而民从其化，近者视而效之，远者四面望而法之。故三得相而不喜，知其材自得之也；三去相而不悔，知非己之罪也。”

孙叔敖之子

楚相孙叔敖知其(优孟)贤人也，善待之。病且死[①]，属其子曰[②]：“我死，汝必贫困[③]。若往见优孟[④]，言我孙叔敖之子也。”居数年，其子穷困负薪[⑤]，逢优孟，与言曰：“我，孙叔敖子也。父且死时，属我贫困往见优孟。”优孟曰：“若无远有所之[⑥]。”即为孙叔敖衣冠[⑦]，抵掌谈语[⑧]。岁余，像孙叔敖，楚王及左右不能别也[⑨]。庄王置酒，优孟前为寿。庄王大惊，以为孙叔敖复生也，欲以为相[⑩]。优孟曰：“请归与妇计之[⑪]，三日而为相。”庄王许之。三日后，优孟复来，王曰：“妇言谓何[⑫]？”孟曰：“妇言慎无为[⑬]，楚相不足为也。如孙叔敖之为楚相，尽忠为廉以治楚，楚王得以霸[⑭]。今死，其子无立锥之地[⑮]，贫困负薪以自饮食[⑯]。必如孙叔敖，不如自杀。”因歌曰：“山居耕田苦，难以得食。起而为吏，身贪鄙者余财，不顾耻辱。身死家室富，又恐受赇枉法[17]，为奸触大罪[18]，身死而家灭。贪吏安可为也[19]！念为廉吏[20]，奉法守职，竟死不敢为非[21]。廉吏安可为也！楚相孙叔敖持廉至死，方今妻子穷困负薪而食，不足为也！”于是庄王谢优孟[22]，乃召孙叔敖子，封之寝丘四百户[23]，以奉其祀[24]。（司马迁《史记·滑稽列传》）

【注释】

① 且：将。 ② 属(zhǔ)：通“嘱”，嘱咐。 ③ 汝：你。 ④ 若：尔，汝，你。优孟：优，倡优、优伶。在古代专指以歌舞娱乐为职业的艺人。孟，为楚庄王时某艺人的字，其姓名不详。优孟多辩，常以谈笑讽谏。事迹见《史记·滑稽列传》。 ⑤ 负薪：背柴、担柴。 ⑥“若无”句：你不要远行到其他地方去。之，往，至。司马贞《索隐》：“按：谓优孟语孙叔敖之子曰‘汝无远有所之，适他境，恐王后求汝不得’者也。” ⑦“即为”句：就穿戴起孙叔敖昔日用过的衣服帽子，装成孙叔敖的模样。 ⑧ 抵掌：击掌。一说以一手覆按另外一手的手掌。 ⑨ 别：区分，辨别。 ⑩ 欲以为相：想让他继续做宰相。 ⑪ 计：计议，商量。 ⑫ 妇言谓何：你夫人都说什么了？ ⑬ 慎无为：千万不要做相。慎，禁戒之辞。 ⑭ 得以霸：以此称霸一时。 ⑮ 无立锥之地：极言其贫困潦倒之状。 ⑯ 以自饮食：而自供饮食，要靠自己干活而获取衣食。 ⑰ 受赇枉法：即贪赃枉法。赇，贿赂。 ⑱ 触：犯。 ⑲ 安可为：何可为，怎能做。 ⑳ 念：欲，想。 ㉑ 竟死：到死。竟，终。为非：为恶，为非作歹。 ㉒ 谢：谢罪。 ㉓ 寝丘：邑名，春秋楚地。在今安徽临泉县境。张守节《正义》：“今光州固始县，本寝丘邑也。《吕氏春秋》云：楚孙叔敖有功于国，疾将死，戒其子曰：‘王数欲封我，我辞不受。我死，必封汝。汝无受利(肥沃)地，荆楚间有寝丘者，其为地不利，而前有妒谷，后有戾丘，其名恶，可长有也。’其子从之。楚功臣封二世而收，唯寝丘不夺也。” ㉔ 奉：进献，供养。祀：宗祀，宗庙，宗祠。

【参考资料】

宋·李焘《续资治通鉴长编》，太宗淳化五年：“遂诏(吕)蒙正以下至知制诰，各举有器业可任以事者一人。蒙正奏曰：‘臣备位宰相，可以进退百官，今独举一二人，是示天下不广也。’上曰：‘前代亦合有宰相举官故事，可令史官检讨之。’既而有司具以历代故事来上，上复召蒙正等谓曰：‘虞邱子举孙叔敖，崔祐甫举吏八百，狄仁杰自举其子光嗣，何谓无也？’因书优孟对楚王录孙叔敖之嗣故事为一幅，以赐蒙正，蒙正等退而各举所知以闻。”

近代·李景星《史记评议》谓《滑稽列传》：“《滑稽传》是太史公游戏文字，唐人小说之祖也。写极鄙极亵之事，而开头却从六艺说入，在史公之意，以为常经常法之外，乃有此一种诙谐人物，于世无害，而于事有益。可见天地之大，无奇不有也。‘谈言微中，亦可以解纷’。即此二语，已得滑稽要领。一篇主意，正在于此。以下杂采诸书，涉笔成趣，只叙淳于髡、优孟、优旃三人事迹，而局阵开拓，若写数百年事者。所谓狮子搏兔，亦用全力也。”

郑民哭子产

子产者①，郑之列大夫也②。郑昭君之时③，以所爱徐挚为相④，国乱，上下不亲，父子不和。大宫子期言之君⑤，以子产为相。为相一年，竖子不戏狎⑥，斑白不提挈⑦，僮子不犁畔⑧。二年，市不豫贾⑨。三年，门不夜关，道不拾遗。四年，田器不归⑩。五年，士无尺籍⑪，丧期不令而治⑫。治郑二十六年而死，丁壮号哭⑬，老人儿啼⑭，曰：“子产去我死乎！民将安归⑮？”(《史记·循吏列传》)

【注释】

① 子产：春秋时郑成公之少子。名侨，字子产。公子之子称公孙，故名公孙侨。以父字为氏，故又名国侨。因居东里，又称东里子产。自郑简公时始执政，历定、献、声公三朝。时晋、楚争霸，郑国弱小，子产周旋其间，积极实行政治改革，整治田地沟渠，作丘赋，铸刑书于鼎，不毁乡校，听取国人意见等，使郑国出现一片繁荣气象。亦为古代贤相之一。事迹散见《左传》《史记·郑世家》《说苑》诸书。 ② 列大夫：爵位名。列第七级，亦称七大夫、公大夫。 ③ 郑昭君：按，郑有昭公，早于子产一百多年，恐有讹误。司马贞《索隐》：“《郑系家》云：子产，郑成公之少子。事简公、定公。简公封子产以六邑，子产受其半。子产不事昭君，亦无徐挚作相之事。盖别有所出，太史记异耳。” ④ 徐挚：生平不详。 ⑤ 大宫子期：职掌郑国祖庙的官员子期。大宫，即太宫，太庙。子期，司马贞《索隐》谓：“子期亦郑之公子也。《左传》《国语》亦无其说。案《系家》，郑相子驷、子孔与子产同时，盖亦子期之兄弟也。”言之君：荐于君。 ⑥ 竖子：小子，小孩。戏狎：嬉戏打闹。 ⑦ 斑白：头发花白的老人。不提挈：谓老人身体好，不需别人搀扶照顾。 ⑧ 僮子：年少的僮仆。不犁畔：耕地时不会越过田界。 ⑨ 市不豫贾：市场上的货物不预先定价。豫，预先。贾，同“价”。司马贞《索隐》：“谓临时评其贵贱，不豫定也。”一说为不虚定高价以欺骗顾客，即商人不要谎价。《荀子·儒效》：“鲁之粥（鬻）牛马者，不豫贾。”杨倞注：“豫

贯，定为高价也。”《说文·象部·豫》，段玉裁注：“凡大皆称豫。故《淮南子》《史记·循吏传》《魏都赋》，皆云‘市不豫价’。《周礼·司市》注云‘防诳豫’。皆谓卖物者大其价以愚人也。” ⑩ 田器不归：农具就放在地头，不用带回家去。⑪ 士无尺籍：士民没有打过仗的记录。尺籍，书写军令、军功的簿籍。张守节《正义》：“言士民无一尺方板之籍书。”又，《史记·张释之冯唐列传》：“夫士卒尽家人子，起田中从军，安知尺籍伍符。”司马贞《索隐》：“尺籍者，谓书其斩首之功于一尺之板。伍符者，命军人伍伍相保，不容奸诈。” ⑫“丧期”句：不用官府催促命令，百姓都会谨守服丧期限。治，合理，有秩序。与“乱”相对。⑬ 丁壮：壮年男子，壮汉。 ⑭ 儿啼：似小孩一般啼哭。 ⑮ 民将安归：民将何归，百姓将依靠谁呢？归，归依，归附，依赖。司马贞《索隐》：“《左传》及《系家》云子产死，孔子泣曰：‘子产，古之遗爱也。’又《韩诗》称子产卒，郑人耕者辍耒，妇人捐其佩玦也。”

【参考资料】

汉·司马迁《史记·循吏列传》：“太史公曰：‘法令所以导民也，刑罚所以禁奸也。文武不备，良民惧然身修者，官未曾乱也。奉职循理，亦可以为治，何必威严哉？’”

近代·李景星《史记评议》谓《循吏列传》：“能导民之谓循吏，能禁奸之谓循吏，能奉职循理之谓循吏。太史公之传循吏，只举孙叔敖、子产、公仪休、石奢、李离五人，盖以五人皆具爱民心肠；其所行事，皆可为后世规模。借五人以为循吏榜样，非只为五人作连传也。”

节养以先齐国之人

晏子朝①，乘弊车②，驾驽马③。景公见之曰④：“嘻⑤，夫子之禄寡耶⑥？何乘不佼之甚也⑦！”晏子对曰：“赖君之赐⑧，得以寿三族及国交游皆得生焉⑨。臣得暖衣饱食，弊车驽马，以奉其身⑩，于臣足矣。”晏子出，公使梁丘据遗之辂车乘马⑪，三返不受⑫。公不悦，趣召晏子⑬。晏子至，公曰：“夫子不受，寡人亦不乘⑭。”晏子对曰：“君使臣临百官之吏⑮，臣节其衣服饮食之养⑯，以先齐国之人⑰，然犹恐其侈靡而不顾其行也⑱。今辂车乘马，君乘之上，臣亦乘之下，民之无义⑲，侈其衣食而不顾其行者，臣无以禁之⑳。”遂让不受也。（刘向《说苑·臣术》）

【注释】

① 晏子：春秋时齐国夷维（今山东高密）人。名婴，字平仲。继其父弱（桓子）为齐卿，历事灵公、庄公，齐景公时为相，曾奉命使晋联姻。以节俭力行名闻诸侯。为古代贤相之一。有《晏子春秋》传世。朝：朝拜，上朝。 ② 弊车：破车。 ③ 驽马：劣马。 ④ 景公：齐国君主，名杵臼。齐庄公异母弟，大夫崔杼弑庄公，立之为君。公元前 547～前 490 年在位。 ⑤ 嘻：惊叹词。 ⑥ 夫子：对男子的敬称，犹“您”。 ⑦“何乘”句：您所乘车马怎么这么差啊！佼，美好。 ⑧ 赖君之赐：倚仗着您的恩赐。 ⑨ 寿三族：保全三族。三族，指父族、母族、妻族。一说指父、子、孙，或指父母、兄弟、妻子。生：生养蕃息。 ⑩ 奉：奉养。 ⑪ 梁丘据：齐大夫。与裔款同为齐景公宠臣。遗（wèi）：赠送。辂（lù）车：帝王所乘的车子。 ⑫ 三返不受：三次归还，就是不接受。 ⑬ 趣（cù）：立刻，马上。 ⑭ 寡人：古代诸侯的自称。 ⑮ 临：居高临下，领导，统领。 ⑯ 节：节俭，节制。养：供养。 ⑰ 先：率先，带头。 ⑱ 犹：犹且，尚且。侈靡：奢侈浪费。 ⑲ 无义：不善，不良。 ⑳ 无以禁之：无法禁止他们。

【参考资料】

汉·司马迁《史记·管晏列传》，太史公曰：“吾读管氏《牧民》《山高》《乘马》《轻重》《九府》，及《晏子春秋》，详哉其言之也。既见其著书，欲观其行事，故次其传。至其书，世多有之，是以不论，论其轶事。管仲，世所谓贤臣，然孔子小之，岂以为周道衰微，桓公既贤，而不勉之至王，乃称霸哉！语曰：‘将顺其美，匡救其恶，故上下能相亲也。’岂管仲之谓乎！方晏子伏庄公尸，哭之成礼然后去，岂所谓见义不为无勇者邪！至其谏说犯君之颜，此所谓进思尽忠、退思补过者哉！假令晏子而在，余虽为之执鞭，所忻慕焉。”

面訾而不面誉

简子有臣尹铎、赦厥[①]。简子曰：“厥爱我，谏我必不于众人中[②]；铎也不爱我，谏我必于众人中。”尹铎曰：“厥也爱君之丑[③]，而不爱君之过也[④]；臣爱君之

过[⑤]，而不爱君之丑[⑥]。”孔子曰：“君子哉尹铎！面訾不面誉也[⑦]。”（刘向《说苑·臣术》）

【注释】

① 简子：赵简子，名鞅。春秋末年晋国卿大夫。败范氏、中行氏，专晋国政，其封地侔于诸侯，为此后赵国的建立奠定了基础。其事迹散见《史记·赵世家》《左传》《说苑》等书。尹铎：与赦厥皆为简子家臣。 ②“谏我”句：向我进谏的时候一定不会当着众人的面儿。 ③ 爱君之丑：掩饰君的丑行和不足。 ④“而不”句：而不重视君的缺憾和失误。 ⑤ 爱：重视。 ⑥ 不爱：不顾，轻视。丑：当众出丑。 ⑦ 面訾(zǐ)：当面批评指责。面誉：当面称誉。

【参考资料】

先秦·吕不韦《吕氏春秋·达郁》：“赵简子曰：‘厥也爱我，铎也不爱我。厥之谏我也，必于无人之所；铎之谏我也，喜质(正)我于人中，必使我丑。’尹铎对曰：‘厥也爱君之丑也，而不爱君之过也；铎也爱君之过也，而不爱君之丑也。’”

汉·司马迁《史记·赵世家》：“赵简子有臣曰周舍，好直谏。周舍死，简子每听朝，常不悦，大夫请罪。简子曰：‘大夫无罪。吾闻千羊之皮，不如一狐之腋。诸大夫朝，徒闻唯唯(顺从听命貌)，不闻周舍之鄂鄂(同“谔谔”，直言谏诤貌)，是以忧也。’简子由此能附赵邑而怀晋人。”裴骃《集解》引《韩诗外传》曰：“周舍立于门下三日三夜，简子使问之曰：‘子欲见寡人何事？’对曰：‘愿为鄂鄂之臣，墨笔操牍，从君之过，而日有所记，月有所成，岁有所效也。’”

为相能自给鱼

公仪休者[①]，鲁博士也[②]。以高弟为鲁相[③]。奉法循理[④]，无所变更，百官自正。使食禄者不得与下民争利[⑤]，受大者不得取小[⑥]。客有遗相鱼者[⑦]，相不受。客曰：“闻君嗜鱼，遗君鱼，何故不受也[⑧]？”相曰：“以嗜鱼，故不受也。今为相，能自给鱼[⑨]；今受鱼而免[⑩]，谁复给我鱼者[⑪]？吾故不受也。”食茹而美[⑫]，拔其园葵而弃之[⑬]。见其家织布好[⑭]，而疾出其家妇[⑮]，燔其机[⑯]，云：“欲令农士工女安所雠其货乎[⑰]？”（《史记·循吏列传》）

【注释】

① 公仪休：复姓公仪，名休。春秋时鲁国人。 ② 博士：鲁国学官名。战国亦有，传授诸子学、方伎、术数、诗赋等。汉代以后，始以教授儒家典籍为主，旁及诸子、律、算、医等。历代皆沿用不废。 ③ 高弟：即高第。此指官吏的考核成绩为优等，后世则往往指科举及第。 ④ 奉法循理：奉行既定的法令，遵循原先的治理策略。 ⑤ 食禄者：做官拿俸禄的人。食，享受。 ⑥“受大”句：享受厚禄的人不得再攫取小利。 ⑦ 遗(wèi)：赠送。 ⑧ 何故：什么原因，为什么。 ⑨ 能自给(jǐ)鱼：所得俸禄足够自己买鱼吃了。给，供给。 ⑩ 免：免官，罢官。 ⑪“谁复”句：谁还送鱼给我呢？ ⑫ 茹：蔬菜的统称。美：鲜美。 ⑬ 园葵：后园中的葵菜。葵，冬葵，在古代为百菜之主。 ⑭ 其：语气助词，无义。 ⑮“而疾”句：就立刻把自家善于织布的妻子赶出门去。疾，急速，即刻。出，出妻，休妻。 ⑯ 燔：烧。机：织布机。 ⑰ 安所：何处。雠(chóu)：售。

【参考资料】

汉·刘向《说苑·政理》："公仪休相鲁，鲁君死，左右请闭门。公仪休曰：'止！池渊吾不税，蒙山吾不赋，苛令吾不布，吾已闭心矣，何闭于门哉！'"

汉·班固《汉书·董仲舒传》载其贤良对策，谓曰："夫天亦有所分予，予之齿者去其角，傅其翼者两其足，是所受大者不得取小也。古之所予禄者，不食于力，不动于末，是亦受大者不得取小，与天同意者也。夫已受大，又取小，天不能足，而况人乎！此民之所以嚣嚣苦不足也。"又谓："受禄之家，食禄而已，不与民争业，然后利可均布，而民可家足。此上天之理，而亦太古之道，天子之所宜法以为制，大夫之所当循以为行也。故公仪子相鲁，之其家见织帛，怒而出其妻，食于舍而茹葵，愠而拔其葵，曰：'吾已食禄，又夺园夫红女利虖！'"又谓："夫皇皇求财利常恐乏匮者，庶人之意也；皇皇求仁义常恐不能化民者，大夫之意也。《易》曰：'负且乘，致寇至。'乘车者君子之位也，负担者小人之事也，此言居君子之位而为庶人之行者，其患祸必至也。若居君子之位，当君子之行，则舍公仪休之相鲁，亡可为者矣。"

南朝宋·范晔《后汉书·何敞列传》，载敞奏记太尉宋由曰："使百姓歌诵，史官纪德，岂但子文(春秋楚令尹)逃禄，公仪退食之比哉！"

南朝宋·范晔《后汉书·谢夷吾列传》，载班固疏荐荆州刺史谢夷吾："昔为陪隶，与臣从事。奋忠毅之操，躬史鱼之节。(略)爰牧荆州，威行邦国。奉法作政，有周召之风；居俭履约，绍公仪之操。"

清·述古斋主人《史论汇函》甲编所录宋黄震《读史日钞》“循吏”一文：“孙叔敖使民自高其车，得诱民之术也。公仪休不受鱼，谨律身之常也。石奢以父杀人，李离以过听杀人，皆自杀。皆难能之节也。”

纵父自刎

石奢者[①]，楚昭王相也[②]。坚直廉正[③]，无所阿避[④]。行县[⑤]，道有杀人者，相追之，乃其父也。纵其父而还自系焉[⑥]。使人言之王曰[⑦]：“杀人者，臣之父也。夫以父立政[⑧]，不孝也；废法纵罪，非忠也。臣罪当死。”王曰：“追而不及[⑨]，不当伏罪[⑩]，子其治事矣[⑪]。”石奢曰：“不私其父[⑫]，非孝子也；不奉主法[⑬]，非忠臣也。王赦其罪，上惠也[⑭]；伏诛而死，臣职也[⑮]。”遂不受命，自刎而死。（《史记·循吏列传》）

【注释】

① 石奢：春秋时楚国大夫。 ② 楚昭王：楚平王之子。芈姓，名熊珍。公元前515～前488年在位。曾灭顿、胡，病重时五让君位于其弟。事见《史记·楚世家》。 ③ 坚直廉正：坚毅正直，清廉守正。 ④ 阿避：曲从回避。 ⑤ 行县：巡视郡县。 ⑥“纵其”句：把他父亲放了，而返回后却把自己捆绑起来。系，拘系，拴缚。 ⑦ 使人：派人。言之王：言于王，告诉楚王。 ⑧ 夫：发语词，无义。以父立政：拿自己的父亲来树立政誉。 ⑨ 追而不及：没有追捕到杀人犯。 ⑩ 伏罪：伏法，因犯法而受惩罚。 ⑪“子其”句：你还是赶快处理国事吧！其，表示希冀。 ⑫ 私：偏爱。 ⑬ 不奉主法：不遵守国法。主，君主。 ⑭ 上惠：是朝廷的恩惠。 ⑮ 臣职：是我应尽的职责。

【参考资料】

汉·司马迁《史记·循吏列传》赞：“太史公曰：孙叔敖出一言，郢市复。子产病死，郑民号哭。公仪子见好布，而家妇逐。石奢纵父而死，楚昭名立。李离过杀而伏剑，晋文以正国法。”

唐·司马贞《索隐》述赞：“奉职循理，为政之先。恤人体国，良史述焉。叔孙、郑产，自昔称贤。拔葵一利，赦父非愆。李离伏剑，为法而然。”

过听伏剑

李离者，晋文公之理也①。过听杀人②，自拘当死③。文公曰："官有贵贱，罚有轻重。下吏有过④，非子之罪也。"李离曰："臣居官为长⑤，不与吏让位⑥；受禄为多，不与下分利。今过听杀人，傅其罪下吏⑦，非所闻也。"辞不受令。文公曰："子则自以为有罪⑧，寡人亦有罪邪？"李离曰："理有法⑨，失刑则刑⑩，失死则死⑪。公以臣能听微决疑⑫，故使为理。今过听杀人，罪当死。"遂不受令，伏剑而死⑬。(《史记·循吏列传》)

【注释】

① 晋文公：春秋五霸之一。公元前636～前628年在位。名重耳，晋献公之子。献公宠幸骊姬，欲立其子奚齐为太子，遂谮杀太子申生，诸公子重耳、夷吾皆出奔。十九年后，重耳由秦护送回国，即位为君。整顿内政，增强军队，使国力强盛。又平定周朝内乱，迎接周襄王复位，以尊王为号召。城濮之战，大胜楚军，并在践土大会诸侯。事详见《史记·晋世家》。理：狱官。 ② 过听：误听。 ③ 自拘当死：把自己捆起来，判了死罪。当，定罪。 ④ 下吏有过：下属官吏有过错。 ⑤ 臣居官为长：我做官是首长。 ⑥ 不与吏让位：没有让位给下属官吏。 ⑦ 傅其罪下吏：却想尽办法把罪名推加到下属官吏的身上。傅，傅会，附会，谓虚构或强加比附。 ⑧"子则"句：你如果自认为有罪。则，犹"若"。 ⑨ 理有法：狱官有常规。 ⑩ 失刑则刑：量刑有失则获刑。后一"刑"字，作动词。 ⑪ 失死则死：定死罪有失则获死罪。后一"死"字，作动词。 ⑫"公以"句：您认为我能听察纤微、决断疑案。司马贞《索隐》："言能听察微理，以决疑狱。故《周礼》司寇以五听察狱，词气色耳目也。" ⑬ 伏剑：用剑自杀。

【参考资料】

清·吴见思《史记论文》谓《循吏列传》："所列五人传，循吏耳。而其政绩事实，一概略开，有空序者，有序其逸事者，止写性情气度。而循吏一片恻恒(怛)，全副精神，于中现出，与随行数墨者，相去万万，是《史记》中一篇极脱胎文字。此当与《酷吏传》参看，其得其失，可以了然。然酷吏十数，无非汉人，而循吏寥寥，反欲借才异代。史公于此，其有慨世之心乎？"

西门豹治邺

魏文侯时[①]，西门豹为邺令[②]。豹往到邺，会长老[③]，问之民所疾苦。长老曰："苦为河伯娶妇[④]，以故贫。"豹问其故，对曰："邺三老、廷掾常岁赋敛百姓[⑤]，收取其钱得数百万，用其二三十万为河伯娶妇，与祝巫共分其余钱持归[⑥]。当其时，巫行视小家女好者[⑦]，云是当为河伯妇[⑧]，即娉取[⑨]。洗沐之，为治新缯绮縠衣[⑩]，闲居斋戒；为治斋宫河上[⑪]，张缇绛帷[⑫]，女居其中。为具牛酒饭食[⑬]，十余日。共粉饰之[⑭]，如嫁女床席，令女居其上，浮之河中[⑮]。始浮，行数十里乃没[⑯]。其人家有好女者，恐大巫祝为河伯取之，以故多持女远逃亡[⑰]。以故城中益空无人[⑱]。又困贫，所从来久远矣。民人俗语曰'即不为河伯娶妇[⑲]，水来漂没，溺其人民'云。"西门豹曰："至为河伯娶妇时，愿三老、巫祝、父老送女河上，幸来告语之[⑳]，吾亦往送女。"皆曰："诺[㉑]。"

至其时，西门豹往会之河上[㉒]。三老、官属、豪长者、里父老皆会[㉓]，以人民往观之者三二千人。其巫，老女子也，已年七十。从弟子女十人所[㉔]，皆衣缯单衣[㉕]，立大巫后。西门豹曰："呼河伯妇来，视其好丑。"即将女出帷中[㉖]，来至前。豹视之，顾谓三老、巫祝、父老曰[㉗]："是女子不好[㉘]，烦大巫妪为入报河伯[㉙]，得更求好女[㉚]，后日送之。"即使吏卒共抱大巫妪投之河中[㉛]。有顷[㉜]，曰："巫妪何久也？弟子趣之[㉝]！"复以弟子一人投河中。有顷，曰："弟子何久也？复使一人趣之！"复投一弟子河中。凡投三弟子[㉞]。西门豹曰："巫妪弟子是女子也，不能白事[㉟]，烦三老为入白之。"复投三老河中。西门豹簪笔磬折[㊱]，向河立待良久[㊲]。长老、吏傍观者皆惊恐[㊳]。西门豹顾曰："巫妪、三老不来还，奈之何[㊴]？"欲复使廷掾与豪长者一人入趣之[㊵]。皆叩头，叩头且破[㊶]，额血流地，色如死灰[㊷]。西门豹曰："诺，且留待之须臾[㊸]。"须臾，豹曰："廷掾起矣[㊹]。状河伯留客之久[㊺]，若皆罢去归矣[㊻]。"邺吏民大惊恐，从是以后，不敢复言为河伯娶妇。

西门豹即发民凿十二渠[㊼]，引河水灌民田[㊽]，田皆溉[㊾]。当其时，民治渠少烦苦[㊿]，不欲也。豹曰："民可以乐成，不可与虑始[51]。今父老子弟虽患苦我[52]，然百岁后期令父老子孙思我言[53]。"至今皆得水利，民人以给足富[54]。十二渠经绝驰道[55]，到汉之立[56]，而长吏以为十二渠桥绝驰道[57]，相比近[58]，不可。欲合渠水[59]，且至驰道合三渠为一桥。邺民人父老不肯听长吏，以为西门君所为也[60]，贤君之法式不可更也[61]。长吏终听置之[62]。故西门豹为邺令，名闻天下，泽流后世，无绝已时[63]，几可谓非贤大夫哉[64]！

传曰[65]："子产治郑，民不能欺；子贱治单父[66]，民不忍欺；西门豹治邺，民不敢欺。"三子之才能谁最贤哉[67]？辨治者当能别之[68]。（《史记·滑稽列传》）

【注释】

① 魏文侯：战国时魏国的建立者。名斯。公元前445～前396年在位。曾任用李悝为相，吴起为将，西门豹为邺令。奖励耕战，兴修水利，进行政治经济改革，一度西取秦之河西，北灭中山，南败楚国，使魏成为战国初期强国之一。② 西门豹：复姓西门，名豹。邺：邺县，战国魏置，治所即今河北临漳县西南邺镇。令：县令。 ③ 会长老：会见年高者。 ④ 苦：苦恼，痛苦。河伯：传说中的黄河水神。张守节《正义》："河伯，华阴潼乡人。姓冯氏，名夷。浴于河中而溺死，遂为河伯也。"顾炎武《日知录》卷二十五《河伯》有详考。 ⑤ 三老：古时掌管教化的乡官，后于县郡亦设三老。一般以年岁较老，有修行，可以率众者为之。廷掾：县令的属吏。常岁：常年。赋敛：征收各种赋税。 ⑥ 祝巫：管祭祀仪礼的人和巫师。持归：持归己家，据为己有。 ⑦ 行视：巡视。小家：小户人家，穷苦人家。 ⑧ 云是：谓此，指称这个女孩儿。 ⑨ 娉取：同"聘娶"，聘娶为妻。 ⑩ 缯绮縠衣：绫罗丝绸之类的衣服。 ⑪ 斋宫：斋戒用的宫室屋舍。 ⑫ 张缇绛帷：张设橘红色的帷幕。缇，张守节《正义》："顾野王云：'黄赤色也。'" ⑬ 具：备。 ⑭ 共粉饰之：届时众人一起妆扮她。 ⑮ 浮之河中：在河中顺流漂浮。 ⑯ 没：沉没。 ⑰ 持女远逃亡：带着女孩子逃亡到远方去。 ⑱ 益：更。 ⑲ 即：倘若，如果。 ⑳ 幸来告语之：希望你们来告诉我一声。幸，表示希冀。之，语气词。 ㉑ 诺：答应声。 ㉒ 会之河上：在河边会合。 ㉓ 官属：即县令属官廷掾之类。豪长者：有钱有势的人。里父老：乡里有声望的老人。 ㉔"从弟"句：跟随女巫的女弟子约有十几人。所，表示大概数目。 ㉕ 衣缯单衣：穿着丝绸礼服。单衣，朝服之外的盛服。《资治通鉴·晋纪》，咸安元年："(桓)温帅百官，具乘舆法驾，迎会稽王于会稽邸。王于朝堂变服，著平巾帻、单衣，东向流涕，拜受玺绶。是日，即皇帝位。"胡三省注："单衣，江左诸人所以见尊者之服。" ㉖ 将：带领。 ㉗ 顾：转头，回头。㉘ 是：此。 ㉙"烦大巫"句：麻烦大巫婆就此事入河，向河伯禀报一声。妪，老妇。 ㉚ 更求：更寻，再找。 ㉛ 即使：就派。 ㉜ 有顷：不久，一会儿。㉝ 趣(cù)：催促。 ㉞ 凡：总共。 ㉟ 白：禀白，报告。 ㊱ 簪笔磬折：插笔于冠，弯腰作揖，显得非常恭敬虔诚。张守节《正义》："簪笔，谓以毛装簪头，长五寸，插在冠前。谓之为笔，言插笔备礼也。磬折，谓曲体揖之，若石磬之形曲折也。" ㊲"向河"句：面对大河站着等待了很久。 ㊳ 傍：通"旁"。 ㊴ 奈

之何：如之何，怎么办。 ㊵ 欲复使：打算再派。 ㊶ 且：将。 ㊷ 色如死灰：比喻脸色惨白难看。 ㊸ 须臾：片刻。 ㊹ 起：起身，起来。 ㊺ 状：看情状。作动词。 ㊻ 若：尔，汝，你们。 ㊼ 发：征发，征调。 ㊽ 引河水：张守节《正义》引《括地志》云："横渠首接漳水，盖西门豹、史起所凿之渠也。《沟洫志》云：魏文侯时，西门豹为邺令，有令名。至文侯曾孙襄王，与群臣饮，祝曰：'令吾臣皆如西门豹之为人臣也。'史起进曰：'魏氏之行田也以百亩，邺独二百亩，是田恶也。漳水在其傍，西门不知用，是不智；知而不兴，是不仁。仁智，豹未之尽，何足法也！'于是史起为邺令，遂引漳水溉邺，以富魏之河内。左思《魏都赋》云'西门溉其前，史起濯其后'也。" ㊾ 溉：灌溉。 ㊿ 治渠：凿渠，挖渠。少：稍，略。烦苦：繁劳辛苦。烦，多，繁剧。 51"民可"二句：大意是说，百姓可以共享欢乐的成果，而却很难让他们参与创业阶段的谋划与建设。 52 患苦：憎恨，厌恶。 53 期令：希望，料想。 54 给(jǐ)足富：即人给家富的省称。给，丰足，富裕。亦可解为供给、供养。 55 经绝：经过，穿过。绝，断绝，横断。驰道：此处泛指车马驰行的大道。 56 到汉之立：到汉朝建立以后。 57 长(zhǎng)吏：地位较高的官员。 58 比近：邻近，紧靠。 59 合：合并。 60 所为：所开凿。 61 法式：规划，规格。更：更改。 62 置之：置之不理，没有动工并渠。 63 已：止。 64"几可"句：这难道还不能称作贤大夫吗！几，通"岂"。 65 传(zhuàn)：指解释儒家著作的典籍。 66 子贱：孔子弟子宓子贱。名不齐，字子贱。曾为单父宰，甚得民心，孔子美之。单父(shàn fǔ)：春秋时鲁邑。故址在今山东单县南。《孔子家语·辨政》："孔子谓宓子贱曰：'子治单父，众悦，子何施而得之也？子语丘所以为之者。'对曰：'不齐之治也，父其父，子其子，恤诸孤而哀丧纪(丧事)。'孔子曰：'善。小节也，小民附矣，犹未足也。'曰：'不齐所父事者三人，所兄事者五人，所友事者十一人。'孔子曰：'父事三人，可以教孝矣；兄事五人，可以教悌矣；友事十一人，可以举善矣。中节也，中人附矣，犹未足也。'曰：'此地民有贤于不齐者五人，不齐事之而禀度(受教)焉，皆教不齐之道。'孔子叹曰：'其大者，乃于此乎有矣！昔尧、舜听天下，务求贤以自辅。夫贤者，百福之宗也，神明之主也。惜乎，不齐之所治者小也！'"又，《吕氏春秋·察贤》："宓子贱治单父，弹鸣琴，身不下堂，而单父治。巫马期以星出，以星入，日夜不居，以身亲之，而单父亦治。巫马期问其故于宓子，宓子曰：'我之谓任人，子之谓任力。任力者故劳，任人者故逸。'宓子则君子矣，逸四肢，全耳目，平心气，而百官以治，义(宜)矣，任其数而已矣。巫马期则不然，弊生事精，劳手足，烦教诏(令)，虽治，犹未至也。"此外，《韩诗外传》《说苑·政理》诸书，亦有约略类似之记载。 67 贤：善，优，好。 68 辨治者：辨别治绩的人，明白治道的人。别：区别，辨别。

【参考资料】

汉·司马迁《史记·滑稽列传》，裴骃《集解》："魏文帝(曹丕)问群臣：'三不欺，于君德孰优?'太尉钟繇、司徒华歆、司空王朗对曰：'臣以为君任德，则臣感义而不忍欺；君任察，则臣畏觉(觉察)而不能欺；君任刑，则臣畏罪而不敢欺。任德感义，与夫导德齐礼、有耻且格等趋者也；任察畏罪，与夫导政齐刑、免而无耻同归者也。孔子曰：为政以德，譬如北辰，居其所而众星共(拱卫环绕)之。考以斯言，论以斯义，臣等以为不忍欺、不能欺，优劣之县(悬)在于权衡，非徒低印之差，乃钧铢之觉也。且前志称仁者安仁，智者利仁，畏罪者强仁。校其仁者，功则无以殊；核其为仁者，则不得不异。安仁者，性善者也；利仁者，力行者也；强仁者，不得已者也。三仁相比，则安仁优矣。《易》称：神而化之，使民宜之。若君化使民然也。然则安仁之化与夫强仁之化，优劣亦不得不相县(悬)绝也。然则三臣之不欺虽同，所以不欺异矣。则纯以恩义崇不欺，与以威察成不欺，既不可同概而比量，又不得错综而易处。'"又，司马贞《索隐》："此三不欺，自古传记先达共所称述，今褚先生因记西门豹而称之以成说也。《循吏传》记子产相郑，仁而且明，故人不能欺之也；子贱为政清净，唯弹琴，三年不下堂而化，是人见思，故不忍欺之；豹以威化御俗，故人不敢欺。其德优劣，钟、华之评实为允当也。"

宋·王安石《三不欺》："昔论者曰：'君任德，则下不忍欺；君任察，则下不能欺；君任刑，则下不敢欺。'而遂以德、察、刑为次。盖未之尽也。此三人者之为政，皆足以有取于圣人矣，然未闻圣人为政之道也。夫未闻圣人为政之道，而足以有取于圣人者，盖人得圣人之一端耳。且子贱之政使人不忍欺，古者任德之君宜莫如尧也，然则驩兜犹或以类举于前，则德之使人不欺，岂可独任也哉？子产之政使人不能欺，夫君子可欺以其方，故使畜鱼而校人烹之，然则察之使人不欺，岂可独任也哉？西门豹之政使人不敢欺，夫不及于德而任刑以治，是孔子所谓'民免而无耻'者也，然则刑之使人不敢欺，岂可独任也哉？故曰：此三人者，未闻圣人为政之道也。

"然圣人之道有出此三者乎？亦兼用之而已。昔者尧、舜之时，比屋之民皆足以封，则民可谓不忍欺矣。放齐以丹朱称于前，曰：'嚚讼，可乎?'则民可谓不能欺矣。四罪而天下咸服，则民可谓不敢欺矣。故任德则有不可化者，任察则有不可周者，任刑则有不可服者。然则子贱之政无以正暴恶，子产之政无以周隐微，西门豹之政无以渐柔良。然而三人者能以治者，盖足以治小具而高乱世耳，使当尧、舜之时所大治者，则岂足用哉？盖圣人之政，仁足以使民不忍欺，智足以使民不能欺，政足以使民不敢欺，然后天下无或欺之者矣。

“或曰：刑亦足任以治乎？曰：所任者，盖亦非专用之而足以治也。豹治十二渠以利民，至乎汉，吏不能废，民以为西门君所为，不从吏以废也，则豹之德，亦足以感于民心矣。然则尚刑，故曰任刑焉耳。使无以怀之而惟刑之见，则民岂得或不能欺之哉？”

宋·洪迈《容斋三笔》卷十“河伯娶妇”条：“予按此事，盖出于一时杂传记，疑未必有实。而《六国表》秦灵公八年，‘初以君主妻河’。言初者，自此年而始，不知止于何时，注家无说。司马贞《史记索隐》乃云：‘初以君主妻河，谓初以此年取他女为君主，君主犹公主也。妻河，谓嫁之河伯，故魏俗犹为河伯娶妇，盖其遗风。’然则此事，秦、魏皆有之矣。”

清·吴见思《史记论文》谓《滑稽列传》：“褚先生文笔，较之史公，虽稍曼弱，然外戚中金王孙一段，与此篇西门豹一段，序来楚楚如生，历历如画，读之如亲见其事。若再加劲肆，当不失史公之后尘。”

清·述古斋主人《史论汇函》甲编所录宋黄震《读史日钞》“滑稽”一文：“西门豹为邺令，除河伯娶妇，曲尽其术。盖愚民久已成俗，若徒论之以理，制之以威，虽暂止，必复作，杀人将终不已。故使巫妪、三老先自赴水问河伯，为之首者自畏死而不敢为，后无为之首，自不待禁而绝。此仁者之术，而智之事也。褚先生以附《滑稽》，何哉？”

宁令从谀承意

当是时[①]，太后弟武安侯蚡为丞相[②]，中二千石来拜谒[③]，蚡不为礼[④]。然(汲)黯见蚡未尝拜[⑤]，常揖之[⑥]。天子方招文学儒者[⑦]，上曰吾欲云云[⑧]，黯对曰：“陛下内多欲而外施仁义[⑨]，奈何欲效唐虞之治乎[⑩]！”上默然，怒，变色而罢朝[⑪]。公卿皆为黯惧[⑫]。上退，谓左右曰：“甚矣[⑬]，汲黯之戆也[⑭]！”群臣或数黯[⑮]，黯曰：“天子置公卿辅弼之臣，宁令从谀承意[⑯]，陷主于不义乎[⑰]？且已在其位[⑱]，纵爱身[⑲]，奈辱朝廷何[⑳]！”(略)

郑庄、汲黯始列为九卿[㉑]，廉，内行修洁[㉒]。此两人中废[㉓]，家贫，宾客益落[㉔]。及居郡[㉕]，卒后家无余赀财[㉖]。庄兄弟子孙以庄故[㉗]，至二千石六七人焉。

太史公曰[㉘]：夫以汲、郑之贤，有势则宾客十倍，无势则否[㉙]，况众人乎！下邽翟公有言[㉚]，始翟公为廷尉[㉛]，宾客阗门[㉜]；及废，门外可设雀罗[㉝]。翟公复为廷尉，宾客欲往，翟公乃大署其门曰[㉞]：“一死一生，乃知交情。一贫一富，

乃知交态[35]。一贵一贱，交情乃见[36]。"汲、郑亦云[37]，悲夫！(《史记·汲郑列传》)

【注释】

① 当是时：值此时，在此时。 ② 蚡：田蚡。长陵(今陕西咸阳东北)人。汉景帝王皇后同母弟。景帝晚年，始贵幸，为太中大夫。武帝即位初期，封为武安侯，拜太尉。建元六年(前135年)，窦太后崩，拜为丞相。专权朝政，骄奢自恣。事迹详见《史记·魏其武安侯列传》。 ③ 中(zhòng)二千石：汉代官秩名。《汉书·宣帝纪》："颍川太守黄霸以治行尤异，秩中二千石。"颜师古注："汉制，秩二千石者，一岁得一千四百四十石，实不满二千石也。其云中二千石者，一岁得二千一百六十石，举成数言之，故曰中二千石。中者，满也。"汉代郡守俸禄多为二千石，九卿多为中二千石。拜谒：拜见。 ④ 不为礼：不回礼，不答礼。⑤ 汲黯：字长孺，濮阳(今河南濮阳市西南)人。景帝时，以父任为太子洗马，以庄见惮。武帝即位，为谒者，迁为荥阳令，病归，召为中大夫。多次切谏，不得久留朝内，出迁东海太守，清静，责大指，治绩上闻，召为主爵都尉，列于九卿。好直谏，主张和亲，反对征讨匈奴，数犯主之颜色。又与张汤、公孙弘不和，被谮，徙为右内史，不久免官家居。楚地民多盗铸钱，又召拜淮阳太守，政清。 ⑥ 揖之：给他作揖。 ⑦ 天子：指汉武帝。方：正。招：招用。 ⑧ 吾欲云云：我打算如何如何。裴骃《集解》："张晏曰：'所言欲施仁义也。'"⑨"陛下"句：陛下心中欲望无穷，而表面上却做出要施行仁义的样子。按，此话有讽刺挖苦的味道，是说武帝有点儿口是心非，是在装门面。 ⑩ 奈何：如何，怎么。效：效法，取法。唐虞之治：儒家所推许的唐尧、虞舜的治理盛世。在古史传说中，尧为陶唐氏，名放勋，故称唐尧。舜为有虞氏，名重华，故称虞舜。 ⑪ 变色：因为生气，脸色顿变。 ⑫ 皆为黯惧：都替汲黯担忧。 ⑬ 甚矣：太过分了！ ⑭ 戆(zhuàng)：愚而刚直。司马贞《索隐》："戆，愚也。"⑮ 或：有的。数：数落，谴责。 ⑯ 宁令：岂使，难道使。从谀承意：奉承讨好。从，通"怂"，怂恿，鼓动。 ⑰ 陷主于不义：使主陷于不义之地。 ⑱ 且：况且。 ⑲ 纵爱身：如果怜爱自身。纵，即使。 ⑳ 奈辱朝廷何：奈何使朝廷受辱！ ㉑ 郑庄：郑当时，字庄。陈(今河南淮阳县)人。景帝时为太子舍人。武帝立，稍迁为鲁中尉、济南太守、江都相，至九卿为右内史。后为大农令、汝南太守。好任侠，广交游，推心荐贤。九卿：中央各行政机关的总称。秦汉时，一般以太常、光禄勋、卫尉、太仆、廷尉、大鸿胪、宗正、大司农、少府为九卿。 ㉒ 内行修洁：品行廉洁醇正。 ㉓ 中废：曾被贬官。 ㉔ 落：零落，稀疏。 ㉕ 及居郡：一直到遭贬，居郡为守。 ㉖ 卒：死。赀财：资财，财产。㉗ 以庄故：凭借着郑庄的身份名望。故，缘故，原因。 ㉘ 太史公曰：司马迁

在《史记》之本纪、世家、列传等叙述人物事迹各卷末尾，往往会直接表示一下自己的感慨，或进行一番评论，因总称之为“太史公曰”。 ㉙ 否：无。 ㉚ 下邽：县名，秦置，治所在今陕西渭南北下邽镇东南。一作“下邳”。 ㉛ 廷尉：官名，掌刑狱。为九卿之一。 ㉜ 阗(tián)门：满门。 ㉝ 可设雀罗：可以设置捕雀之罗网，即成语“门可罗雀”。多用以形容门庭冷落。 ㉞ 大署其门：用大字题写在家门上。署，题字。 ㉟ 交态：交友之态，世态人情。 ㊱ 见：显现。 ㊲ 亦云：也是如此。

【参考资料】

三国魏·曹操《以徐奕为中尉令》：“昔楚有子玉，文公为之侧席而坐；汲黯在朝，淮南为之折谋。《诗》称：‘邦之司直。’君之谓与！”

宋·苏轼《苏轼文集·史评》“西汉风俗谄媚”条：“西汉风俗谄媚，不为流俗所移，惟汲长孺耳。司马迁至伉简，然作《卫青传》，不名青，但谓之大将军。贾谊何等人也，而云爱幸于河南太守吴公。此等语甚可鄙，而迁不知，习俗使然也。本朝太宗时，士大夫亦有此风，至今未衰。吾尝发策学士院，问两汉所以亡者，难易相反，意在此也，而答者不能尽。吾亦尝于上前论之。”

宋·李焘《续资治通鉴长编》，太宗淳化四年：“上曰：‘清静致治，黄老之深旨也。夫万务自有为以至于无为，无为之道，朕当力行之。至如汲黯卧治淮阳，宓子贱弹琴治单父，此皆行黄老之道也。’”

清·张廷玉等《明史·海瑞传》赞曰：“海瑞秉刚劲之性，戆直自遂，盖可希风汉汲黯、宋包拯。苦节自厉，诚为人所难能。”

清·述古斋主人《史论汇函》甲编所录宋黄震《读史日钞》“汲郑”一文：“汲黯论帝多欲，劝帝无起兵，谏帝迎浑邪王，切责张汤苛法，而拳拳愿出入禁闼，补过拾遗，切直忠荩，汉廷第一。帝稍听之，何至下轮台之诏耶？郑庄委曲礼下，虽少鲠谅之风，然内行修洁，没无余财，与汲黯等，此太史公以之同传欤？”又有“汲黯”一文：“黯以纯刚至正之气，卓出汉庭之右，自天子以下，皆严惮之。黯言虽不用，汉鼎之增重，亦多矣。子曰：‘枨也，欲，焉得刚？’黯，庶几无欲者欤？后世士大夫，一为利禄所汩，虽饰以仁义，累千万言，岂复有是痛快，令人心开目明者哉！呜呼，黯，所谓人中龙也。”

清·述古斋主人《史论汇函》甲编所录清章邦元《读通鉴札记》“王吉谢病归”一文：“王吉之言，皆务本之言也，宣帝以为迂阔，而吉即谢病而归，得进退之义矣。帝尝言，汉家之法参以杂霸，不纯用王道。夫王道岂可杂？杂即霸矣。盖古帝王皆以正心修身为本，杨子所谓大器先治己而后治人者也。帝自知不能如此，故以吉言为迂。汲黯之面折孝武也，曰：‘陛下内多欲，而外施仁义，奈何欲效唐虞之治？'斯言也，不独为孝武言，直足发汉唐以后贤君之覆矣。"

清·吴见思《史记论文》谓《汲郑列传》："汲长孺在汉廷，是第一流人物。其戆直犯颜处，极好铺张，史公偏借武安侯，借庄助，借大将军，借张汤，借公孙弘，借淮南王，借司马安，反从他人身上形容出来。而汲长孺意思情性，气概节谊，无不全现，反强于只写一汲黯，如画家写像，绝无神气也。此所谓绿叶扶花之法。"

近代·李景星《史记评议》谓《汲郑列传》："赞语突引翟公之言，说尽交通淡(炎)凉之态。而以一句转到汲郑，使一篇热闹之文，变成太息之声，真是神妙不测。"

丞相几杀臣

(申屠)嘉为人廉直①，门不受私谒②。是时太中大夫邓通方隆爱幸③，赏赐累巨万④。文帝尝燕饮通家⑤，其宠如是。是时丞相入朝⑥，而通居上傍⑦，有怠慢之礼。丞相奏事毕⑧，因言曰："陛下爱幸臣⑨，则富贵之⑩；至于朝廷之礼，不可以不肃⑪。"上曰："君勿言，吾私之⑫。"罢朝坐府中，嘉为檄召邓通诣丞相府⑬，不来，且斩通⑭。通恐，入言文帝。文帝曰："汝第往⑮，吾今使人召若⑯。"通至丞相府，免冠⑰，徒跣⑱，顿首谢⑲。嘉坐自如⑳，故不为礼㉑，责曰："夫朝廷者，高皇帝之朝廷也㉒。通小臣㉓，戏殿上㉔，大不敬，当斩。吏今行斩之㉕！"通顿首，首尽出血，不解㉖。文帝度丞相已困通㉗，使使者持节召通㉘，而谢丞相曰㉙："此吾弄臣㉚，君释之㉛。"邓通既至，为文帝泣曰："丞相几杀臣㉜。"(《史记·张丞相列传》)

【注释】

① 申屠嘉：梁(今河南商丘)人。初以勇健从高祖击项羽、英布等，为都尉。惠帝时，为淮阳守。文帝即位，迁御史大夫、丞相，封故安侯。景帝时，与晁错不和，因呕血而死。廉直：廉洁正直。 ② 私谒：因私事而干谒请托。 ③ 太中大夫：官名。据《汉书·百官公卿表》，郎中令属官有太中大夫、中大夫、谏大夫等，掌论议，无定员，多至数十人。邓通：蜀郡南安(今四川乐山)人。初以善行船为黄头郎，谨身媚上，曾为文帝吮痈，故深得宠幸，赏赐巨万。又赐蜀严道铜山，得自铸钱，"邓氏钱"遂流布天下。景帝立，免官，尽没入家财。事见《史

记·佞幸列传》。方：正。隆：盛，多。 ④ 累：累积。巨万：数万，万万，形容数目极大。 ⑤ 文帝：汉文帝刘恒。公元前180～前157年在位。高祖中子，母薄姬。初为代王，吕后死后，周勃等平定诸吕之乱，遂以代王入为皇帝。鼓励耕种，减轻租赋刑狱，与民休息。又削弱诸侯王势力，巩固中央集权。古史把他同景帝并举，称之为文景之治。班固《汉书·文帝纪》："赞曰：孝文皇帝即位二十三年，宫室苑囿车骑服御无所增益。有不便，辄弛以利民。尝欲作露台，召匠计之，直百金。上曰：'百金，中人十家之产也。吾奉先帝宫室，常恐羞之，何以台为！'身衣弋绨，所幸慎夫人衣不曳地，帷帐无文绣，以示敦朴，为天下先。治霸陵，皆瓦器，不得以金银铜锡为饰，因其山，不起坟。南越尉佗自立为帝，召贵佗兄弟，以德怀之，佗遂称臣。与匈奴结和亲，后而背约入盗，令边备守，不发兵深入，恐烦百姓。吴王诈病不朝，赐以几杖。群臣袁盎等谏说虽切，常假借纳用焉。张武等受赂金钱，觉，更加赏赐，以愧其心。专务以德化民，是以海内殷富，兴于礼义，断狱数百，几致刑措。呜呼，仁哉！"燕饮通家：在邓通家里宴饮。 ⑥ 丞相：指申屠嘉。 ⑦ 居上傍：待在文帝身旁。傍，通"旁"。⑧ 毕：完毕。 ⑨ 爱幸臣：宠幸臣下。 ⑩ 富贵之：使之富贵。 ⑪ 肃：肃敬，严肃。 ⑫ 吾私之：我喜欢他。私，偏爱，亲幸。 ⑬ 檄：古代专门用来声讨或诫告的文体。诣：前往，到，至。 ⑭ 且：将。 ⑮ 汝第往：你尽管去。第，但，只。 ⑯ 若：汝，你。 ⑰ 免冠：去冠表示谢罪。 ⑱ 徒跣(xiǎn)：赤脚步行。 ⑲ 顿首：叩头，头触地即起，为古礼九拜之一，仅次于稽首。谢：谢罪。 ⑳ 自如：自若，如常，照常。 ㉑ 故不为礼：故意不答礼。 ㉒ 高皇帝：汉高祖刘邦。 ㉓ 小臣：在宫中执役的宦官。 ㉔ 戏殿上：在大殿上戏耍。㉕ 行：行将，准备。裴骃《集解》引如淳曰："嘉语其吏曰：'今便行斩之。'"㉖ 不解：不释放。 ㉗ 度(duó)：估计，估量。困通：使邓通困窘不堪。㉘ 使使者：派遣使者。持节：古代使臣奉君命出行办事，必持符节以为凭证。㉙ 谢：谢罪，道歉。 ㉚ 弄臣：皇帝亲昵狎弄之臣。 ㉛ 释之：把他放了吧。㉜ 几：几乎。

【参考资料】

汉·司马迁《史记·张丞相列传》，太史公曰："申屠嘉可谓刚毅守节矣，然无术学，殆与萧、曹、陈平异矣。"

清·述古斋主人《史论汇函》甲编所录宋葛洪《涉史随笔》"申屠嘉召责邓通"一文："按嘉本传，嘉以材官蹶张从高帝击项籍，不过军行间勇健有材力人耳。及其为相，而风采号令威重乃如此！然则宰相之职业，其所关系，顾不重耶？汉置丞相，仍秦之旧，其职号为无所不统。自高帝至于景帝，自萧何至于嘉，阅四世，而相继为相者，无非高帝之旧臣。其人望之重，皆识权柄之所归，故其君亦不敢以庸常视之，而使得伸其威。帝虽不能因嘉之言以远通，终帝之世，嘉为相而通不敢辄启谗慝之口。其潜销密移于冥冥之中者，盖亦多矣。其后，公孙宏相武帝，遇事往往退逊于帝左右之臣。严安、枚乘之徒，发言盈庭，宏未尝不屈，遂以给事谒者为帝私人，而以外朝之臣自处。丞相之职自是分而权亦轻矣。宏以儒得政，其风采反不及一申屠嘉，宜其见轻于淮南，而以发蒙振落视之也。继嘉者，其惟本朝忠献韩公乎？然其坐政事堂，以头子勾任守忠者立庭下，数其罪而竟逐之，则又过于嘉一等矣。然则相权之轻重，顾不以其人哉！”

清·方中德《古事比》卷十六“方正”一文：“申屠嘉欲斩邓通，文帝驰召救之乃免。宋璟欲斩张昌宗，武后驰召救之乃免。权怀恩迁尚乘奉御，驭人安毕罗为高宗所宠，见帝不恭，恩退杖罗四十。然申屠困通，广平困张，犹以宰相。怀恩，奉御耳，并能行之帝宠，不怒且罪，反为迁官，足称令主。他如阿师（薛怀义）批颊，南衙戒行，女巫斩首，祷寺屏息，良嗣囚珰，横阉弃竹，许孟容抗诏，骄将偿钱，韦澳击吏，帝舅输税，皆大快人意事，往往于唐代见之。”

丞相如有骄主色

绛侯为丞相①，朝罢趋出②，意得甚③。上礼之恭④，常自送之⑤。袁盎进曰⑥：“陛下以丞相何如人⑦？”上曰：“社稷臣⑧。”盎曰：“绛侯所谓功臣，非社稷臣。社稷臣主在与在⑨，主亡与亡⑩。方吕后时⑪，诸吕用事⑫，擅相王⑬，刘氏不绝如带⑭。是时绛侯为太尉⑮，主兵柄⑯，弗能正⑰。吕后崩⑱，大臣相与共畔诸吕⑲，太尉主兵，适会其成功⑳，所谓功臣，非社稷臣。丞相如有骄主色㉑，陛下谦让，臣主失礼，窃为陛下不取也㉒。”后朝㉓，上益庄㉔，丞相益畏㉕。已而绛侯望袁盎曰㉖：“吾与而兄善㉗，今儿廷毁我㉘！”盎遂不谢㉙。及绛侯免相之国㉚，国人上书告以为反，征系清室㉛，宗室诸公莫敢为言㉜，唯袁盎明绛侯无罪㉝。绛侯得释㉞，盎颇有力。绛侯乃大与盎结交㉟。（《史记·袁盎列传》）

【注释】

① 绛侯：绛侯周勃，沛（今江苏沛县）人。初以织苇席、吹箫给丧事为生。从高祖刘邦起兵，为将军，常攻杀在前。灭秦，战项羽，定天下，赐爵列侯，号绛侯。又从刘邦平定韩王信、陈豨和卢绾的叛乱。惠帝时，任太尉。吕后死，与

陈平谋诛诸吕而立文帝，为右丞相。以人上书诬告欲反，下狱，得释。事详见《史记·绛侯周勃世家》。 ② 朝罢趋出：朝散急出。趋，快步而行。 ③ 意得甚：很得意。 ④ 上礼之恭：文帝待他非常恭敬。礼，礼遇，以礼待之。 ⑤ 自：一作“目”。 ⑥ 袁盎：字丝，楚人，后徙安陵（今陕西咸阳东北）。吕后时尝为吕禄舍人。文帝即位，以兄任为中郎将，直言敢谏，言削诸侯地以防患，廷辱宦者赵同，引却慎夫人坐，劝宰相申屠嘉礼贤等，皆为慷慨识大体之举。调陇西都尉，仁爱士卒，迁齐相，徙吴相，力说吴王勿反。景帝时，晁错为御史大夫，使吏案其受吴王财物，抵罪，赦为庶人。吴楚反，晁错欲治其隐匿罪，盎恐，遂与窦婴谋清君侧。为太常、楚相，病免居家。以得罪梁王，被刺杀。 ⑦ 以：认为。何如人：是什么样的人。 ⑧ 社稷臣：能够治理国家的大臣。社稷，帝王或诸侯所祭的土地神和谷神，因用作国家的代称。 ⑨ 主在与在：司马贞《索隐》引如淳云：“人主在时，与共理在时之事也。” ⑩ 主亡与亡：司马贞《索隐》引如淳云：“不以人主亡而不行其政令。” ⑪ 方：当，值。吕后：名雉，字娥姁，单父（今山东单县南）人。从刘邦于微贱时，佐定天下，助杀韩信、彭越等。高祖崩，惠帝立，为皇太后。杀害戚夫人与其子赵王如意，专权，诸吕用事。死后，太尉周勃、丞相陈平等诛诸吕，而迎立代王，是为汉文帝。 ⑫ 诸吕：刘邦死，吕后大封吕姓子侄。长兄吕泽先为周吕侯，死封悼武王，其子台为吕王，台子通为燕王，又封台弟产为梁王，次兄吕释之为建成侯，其子吕禄为赵王。吕禄以上将军掌北军，吕产以相国掌南军。后皆被诛。 ⑬ 擅相王：擅自任命丞相、分封王侯。 ⑭ 不绝如带：同不绝如缕。形容局势危急，就如将断的丝带一样。 ⑮ 太尉：官名。秦汉时为最高军政首脑，与丞相、御史大夫并称三公。汉武帝时一度改称大司马，东汉则与司徒、司空并称三公。历代沿置，渐为加官，无实权。 ⑯ 主兵柄：主掌兵权。 ⑰ 弗能正：不能匡正。 ⑱ 崩：死。依古代礼制，帝王、皇后之死曰崩，诸侯王之死曰薨，一般大臣之死曰卒曰终，庶人之死曰死。 ⑲ 畔：通“叛”。 ⑳ 适会：适逢，恰巧，偶然。 ㉑ 如有骄主色：似有轻视您的脸色。 ㉒ 窃为：私下认为，我个人认为。 ㉓ 后朝：以后每次上朝。 ㉔ 益：更加。庄：庄严，威严。 ㉕ 益：更加。 ㉖ 已而：不久。望：责备，埋怨。 ㉗ 而：通“尔”，汝，你。 ㉘ 儿：轻蔑之词，犹言小子。廷毁我：当廷诋毁我。 ㉙ 遂：竟，终，到底。不谢：没有谢罪道歉。 ㉚ 免相之国：罢相回到自己的封国。之，往，至。 ㉛ 征系清室：被朝廷逮捕关入监狱。征，召。系，拴缚，拘囚。清室，《汉书》作“请室”。裴骃《集解》引应劭曰：“请室，请罪之室，若今钟下也。”贾谊《新书·阶级》：“造清室而请其罪尔。”钟下，关押有罪官员的特别监狱。《后汉书·孝顺帝纪》：“迎济阴王于德阳殿西钟下。”王先谦《集解》引惠栋曰：“太子既废，囚于请室，（孙）程等就钟下迎之也。” ㉜ 宗室诸公：谓同宗同族的人。 ㉝ 明：表明，证明。
㉞ 释：释放。 ㉟ 大：厚，深。

【参考资料】

清·述古斋主人《史论汇函》甲编所录宋黄震《读史日钞》“袁盎晁错”一文：“绛侯，元勋也。淮南王，弟（帝）亲弟也。盎晚出为郎，皆斥其失。既而明绛侯无罪，谏止淮南王迁蜀者，亦盎也，盎以故名重朝廷。下赵同之参乘，却夫人之同坐，申屠相稍不为礼，则折胁之，盎殆以强直自矜者欤？沮梁王之谋，虽以忠见贼，迹其平昔，亦非自全之道矣。晁错峭刻纷更，与盎素相疾，轻挑六国之祸，盎卒得以计诛之，死又其分也。”

廷辱宦者赵同

袁盎常引大体慷慨①。宦者赵同以数幸②，常害袁盎，袁盎患之。盎兄子种为常侍骑③，持节夹乘④，说盎曰⑤：“君与斗⑥，廷辱之⑦，使其毁不用⑧。”孝文帝出，赵同参乘⑨，袁盎伏车前曰：“臣闻天子所与共六尺舆者⑩，皆天下豪英。今汉虽乏人⑪，陛下独奈何与刀锯余人载⑫！”于是上笑，下赵同⑬。赵同泣下车。（《史记·袁盎列传》）

【注释】

① 引：引导，劝导。大体：大义，重要的义理。慷慨：慷慨激昂，情绪激烈。 ② 赵同：《史记·佞幸列传》载，文帝时宠臣，士人则邓通，宦者则赵同、北宫伯子。赵同以星气幸，常为参乘。司马贞《索隐》：“《汉书》作‘赵谈’，此云‘同’者，避太史公父名也。”司马迁之父名谈，故改称“同”。以数（shuò）幸：因为经常受宠。 ③ 种：袁种。常侍骑：官名。司马贞《索隐》引《汉旧仪》云：“持节夹乘舆车骑从者云常侍骑。” ④ 持节夹乘：在乘舆两边骑马持节的侍卫。
⑤ 说（shuì）：游说，劝说。一作“谋”。谋划，出主意。 ⑥ 君与斗：您与他争斗。 ⑦ 廷辱之：当廷侮辱他。 ⑧ 毁：毁弃，抛弃，疏远。 ⑨ 参乘（shèng）：陪乘的人。 ⑩ 共六尺舆者：共乘车舆的人。 ⑪ 乏人：缺少人才。 ⑫ 独：却，又。作副词，表转折。奈何：怎能够。刀锯余人：被刀锯割剩下的人，指宦官，含有鄙视的味道。宦官曾受腐刑，遭阉割，故称。 ⑬ 下赵同：命令赵同下车。

【参考资料】

清·述古斋主人《史论汇函》甲编所录宋黄震《读史日钞》“袁盎”一文：“谏赵谈(同)骖乘，正论也，实则恐其害己；戒申屠嘉礼士，善言也，实则愧其轻己。盎平生狡诈，率此类也。”

引却慎夫人坐

上幸上林[①]，皇后、慎夫人从[②]。其在禁中[③]，常同席坐。及坐，郎署长布席[④]，袁盎引却慎夫人坐[⑤]。慎夫人怒，不肯坐。上亦怒，起，入禁中。盎因前说曰[⑥]：“臣闻尊卑有序则上下和[⑦]。今陛下既已立后，慎夫人乃妾，妾主岂可与同坐哉[⑧]！适所以失尊卑矣[⑨]。且陛下幸之[⑩]，即厚赐之[⑪]。陛下所以为慎夫人，适所以祸之[⑫]。陛下独不见‘人彘’乎[⑬]?”于是上乃说[⑭]，召语慎夫人[⑮]。慎夫人赐盎金五十斤。(《史记·袁盎列传》)

【注释】

① 上：指汉文帝。幸：游幸，游览。上林：上林苑，在今陕西西安市西及周至、户县界内，周匝三百余里。秦汉时为帝王射猎游乐之所。 ② 皇后：窦皇后，清河(今山东临清东北)人。吕后时以良家子选入宫，被赐代王为姬，得幸，生景帝。代王被拥立为帝，窦姬遂为皇后。文帝崩，景帝立，遂为皇太后。事见《汉书·外戚传》。慎夫人：文帝宠姬，河北邯郸人，无子。从：跟从。 ③ 其：她们。禁中：宫中。 ④ 郎署长：官名，负责上林守卫。张守节《正义》引苏林云：“郎署，上林中直卫之署。”布席：铺席。 ⑤ 引却：往后拉拽。却，退却。裴骃《集解》引如淳曰：“盎时为中郎将，天子幸署，豫设供帐待之，故得却慎夫人坐。” ⑥ 因前：于是进前。说(shuì)：劝说。 ⑦ 序：秩序，区分。 ⑧ 妾主：侍妾与主子。 ⑨ 适：正。 ⑩ 且：况且。幸之：宠幸她。 ⑪ 即：当，则。 ⑫“陛下”二句：您本来是为慎夫人好，反而因此害了她。这里，两个“所以”，皆表示因果关系。适，恰巧，却。祸，害。 ⑬ 独：岂，难道。人彘(zhì)：指高祖宠姬戚夫人。据《史记·吕后本纪》，高祖死，吕后将戚夫人断手足，去眼，熏耳，饮喑药，置厕中，称为人彘。彘，猪。 ⑭ 说：通“悦”。⑮ 语：告语，告诉。

【参考资料】

汉·司马迁《史记·袁盎列传》，司马贞《索隐》述赞："袁丝公直，亦多附会。揽辔见重，却席翳赖。朝(晁)错建策，屡陈利害。尊主卑臣，家危国泰。悲彼二子，名立身败。"

自闭钳天下之口而日益愚

盎告归[①]，道逢丞相申屠嘉，下车拜谒，丞相从车上谢袁盎[②]。袁盎还，愧其吏[③]，乃之丞相舍上谒[④]，求见丞相。丞相良久而见之[⑤]。盎因跪曰："愿请间[⑥]。"丞相曰："使君所言公事[⑦]，之曹与长史掾议[⑧]，吾且奏之[⑨]；即私邪[⑩]，吾不受私语。"袁盎即跪说曰[⑪]："君为丞相，自度孰与陈平、绛侯[⑫]？"丞相曰："吾不如。"袁盎曰："善，君即自谓不如[⑬]。夫陈平、绛侯辅翼高帝[⑭]，定天下，为将相，而诛诸吕，存刘氏；君乃为材官蹶张[⑮]，迁为队率[⑯]，积功至淮阳守[⑰]，非有奇计攻城野战之功。且陛下从代来[⑱]，每朝[⑲]，郎官上书疏[⑳]，未尝不止辇受其言[㉑]，言不可用置之[㉒]，言可受采之[㉓]，未尝不称善。何也？则欲以致天下贤士大夫[㉔]。上日闻所不闻[㉕]，明所不知[㉖]，日益圣智[㉗]；君今自闭钳天下之口而日益愚[㉘]。夫以圣主责愚相[㉙]，君受祸不久矣。"丞相乃再拜曰："嘉鄙野人[㉚]，乃不知，将军幸教[㉛]。"引入与坐[㉜]，为上客。(《史记·袁盎列传》)

【注释】

① 告归：告假回乡。 ② 谢：问候。 ③ 愧其吏：以其吏为愧，认为作丞相属吏有些羞愧。 ④ 之：往，至。舍：房舍，住处。上谒：谓通名进见尊长。 ⑤ 良久：许久，很久。 ⑥ 请间(jiàn)：请给一点儿空隙来奏报事情，不好当众言之。《史记·孝文本纪》："代王下车拜。太尉(周)勃进曰：'愿请间言。'"司马贞《索隐》："言欲向空间处语。颜师古云：'间，容也，犹言中间。请容暇之顷，当有所陈，不欲即公论也。'" ⑦ 使君所言公事：假使你说的是公事。 ⑧ 之：往，至。曹：曹司，官府衙门，丞相府。长史掾：西汉时丞相、太尉、御史大夫的高级属官有长史，职任颇重，号为三公辅佐。掾，则属于较低级别的属官。 ⑨ 且：将。 ⑩ 即私邪：要是谈私事呢。即，假若。邪，同"耶"。用在句末，表示疑问语气。 ⑪ 即：则，就。说(shuì)：劝说。 ⑫ 自度(duó)：自

己估量。孰与陈平绛侯：你的出身、资历、治绩等能与开国功臣丞相陈平、绛侯周勃相比吗？孰与，犹言何如，带有比较意味，多用于反诘语气。陈平，阳武(今河南原阳东南)人。少时家贫，好读书。初从项羽破秦，为都尉，后归汉。为都尉，典护军，拜护军中尉。楚军围汉王荥阳，纵反间计，得出。又劝汉王封淮阴侯韩信为齐王。多奇计谋，终佐汉王灭楚，定天下。又从平反者韩王信、陈豨、黥布等，先后六益封。惠帝时，为左丞相、右丞相。吕后死，与太尉周勃合谋诛诸吕，立汉文帝。事详见《史记·陈丞相世家》。 ⑬ 即：通“则”。自谓：自认为。 ⑭ 辅翼：辅佐。 ⑮ 材官蹶张：负责训练士卒的低级武官。《后汉书·光武帝纪》李贤注引《汉官仪》云：“高祖命天下郡国选能引关蹶张，材力武猛者，以为轻车、骑士、材官、楼船。常以立秋后讲肄课试，各有员数。平地用车骑，山阻用材官，水泉用楼船。”又，《汉书·申屠嘉传》：“申屠嘉，梁人也。以材官蹶张从高帝击项籍。”颜师古注引如淳曰：“材官之多力，能脚踏强弩张之，故曰蹶张。” ⑯ 迁：迁官，升官。队率：即队帅，军中小官，为一队士兵的首领。 ⑰ 积功：积累战功。淮阳守：淮阳太守。淮阳，郡名，治所在今河南淮阳县。 ⑱ 陛下从代来：汉文帝本为代王，诸吕被诛，群臣拥立为帝。 ⑲ 每朝：每次朝会。 ⑳ 郎官：帝王侍从官的通称，有议郎、中郎、侍郎、郎中等名目。秦汉时属郎中令(后改光禄勋)，无定员。上书疏：递上大臣的各类奏疏。书疏，有关朝政的专用文体。书与疏，区别不大。 ㉑ 止辇：停车。辇，帝辇，君主所乘的车子。 ㉒ 置：搁置一旁。 ㉓ 采：采纳。 ㉔“则欲”句：就是想要以此来招致天下的贤才。 ㉕ 上日闻所不闻：皇上每日都能听到在宫内听不到的各种国事。 ㉖ 明所不知：明白在宫内不易知道的道理。 ㉗ 日益圣智：一天比一天聪明。 ㉘“君今”句：您现在自己不给众人说话的机会就会一天比一天愚笨。闭钳，钳制，禁止。 ㉙ 责：要求，期望。 ㉚ 鄙野人：鄙陋粗野之人。 ㉛ 幸教：赐教。 ㉜ 引入与坐：用手拉起跪着的申屠嘉，然后到里面一起坐下。引，引导，牵拉。《史记·魏公子列传》：“公子引侯生坐上坐。”与，同，作介词。

【参考资料】

汉·司马迁《史记·袁盎列传》：“太史公曰：袁盎虽不好学，亦善傅会，仁心为质，引义慷慨。遭孝文初立，资(才)适逢世。时以变易(谓景帝立)，及吴楚一说，说虽行哉，然复不遂。好声矜贤，竟以名败。晁错为家令时，数言事不用；后擅权，多所变更。诸侯发难，不急匡救，欲报私仇，反以亡躯。语曰：‘变古乱常，不死则亡。’岂错等谓邪！”

劝拜啬夫为上林令

（张）释之从行①，登虎圈②。上问上林尉诸禽兽簿③，十余问，尉左右视④，尽不能对⑤。虎圈啬夫从旁代尉对上所问禽兽簿甚悉⑥，欲以观其能口对响应无穷者⑦。文帝曰："吏不当若是邪⑧？尉无赖⑨！"乃诏释之拜啬夫为上林令⑩。释之久之前曰⑪："陛下以绛侯周勃何如人也⑫？"上曰："长者也⑬。"又复问："东阳侯张相如何如人也⑭？"上复曰："长者。"释之曰："夫绛侯、东阳侯称为长者，此两人言事曾不能出口⑮，岂斅此啬夫谍谍利口捷给哉⑯！且秦以任刀笔之吏⑰，吏争以亟疾苛察相高⑱，然其敝徒文具耳⑲，无恻隐之实⑳。以故不闻其过㉑，凌迟而至于二世㉒，天下土崩㉓。今陛下以啬夫口辩而超迁之㉔，臣恐天下随风靡靡㉕，争为口辩而无其实。且下之化上疾于景响㉖，举错不可不审也㉗。"文帝曰："善。"乃止不拜啬夫。上就车㉘，召释之参乘㉙，徐行，问释之秦之敝㉚。具以质言㉛。至宫，上拜释之为公车令㉜。

顷之㉝，太子与梁王共车入朝㉞，不下司马门㉟，于是释之追止太子、梁王无得入殿门㊱。遂劾不下公门不敬㊲，奏之。薄太后闻之㊳，文帝免冠谢曰㊴："教儿子不谨㊵。"薄太后乃使使承诏赦太子、梁王㊶，然后得入。文帝由是奇释之㊷，拜为中大夫㊸。（《史记·张释之列传》）

【注释】

① 张释之：南阳堵阳（今河南方城东）人。文帝时，以赀为郎，中郎将袁盎请徙谒者，拜谒者仆射。劝拜啬夫，历公车令。劾太子、梁王不下公门不敬，拜中大夫、中郎将、廷尉。执法平允，天下皆称张廷尉。景帝立，为淮南王相。事迹详见《史记·张释之列传》。 ② 虎圈：养虎之所。其地大体有两说。《史记·孝武本纪》记载建章宫："其西则唐中，数十里虎圈。"《汉书·郊祀志》："建章宫西有虎圈。"颜师古注云："于菟，亦西方之兽，故于此置其圈也。"《三辅黄图》卷六："汉兽圈九，彘圈一，在未央宫中。文帝问上林尉，及冯媛当熊，皆此处。兽圈上有楼观。" ③ 上林尉：上林苑主管之一。司马贞《索隐》："《汉书》表上林有八丞十二尉。"诸禽兽簿：有关各类禽兽的簿册。 ④ 左右视：环顾左右，左看右看。《汉书·张释之传》，颜师古注："视其属官，皆不能对也。" ⑤ 尽：全，都。对：答对，回答。 ⑥ 啬夫：小官名。张守节《正义》："掌虎圈。《百官

表》有乡啬夫，此其类也。”代：代替，代表。甚悉：非常详尽。 ⑦ 观：显示，表现。响应：好似回声必有应和。《汉书·张释之传》颜师古注：“观，犹示也。如响应声，言其疾也。” ⑧ 不当若是邪：难道不应当像啬夫这样吗？若是，若此，如此，这样。 ⑨ 无赖：没有才能。裴骃《集解》引张晏曰：“才无可恃。” ⑩ 诏：下诏，命令。上林令：官名，掌管有关上林苑的单一事项。据《汉书·百官公卿表》，武帝时方置衡水都尉为上林苑总管，其属官有上林、均输、禁圃、六厩等九令丞。 ⑪ 久之：很久。 ⑫ 何如人：是什么样的人。 ⑬ 长者：年高有德的人。 ⑭ 张相如：高祖时为中大夫，以河间守击陈豨，力战，封东阳武侯。文帝时，尝为太子太傅，又曾为大将军，与诸将一起迎击匈奴。事迹散见《史记》《汉书》。 ⑮ 曾：乃。不能出口：形容二人嘴笨，不善言辞。 ⑯ 斅：同“学”。《汉书·张释之传》作“效”。谍谍：口多言。同“喋喋”。喋喋不休。利口捷给(jǐ)：口齿伶俐，能言善辩。捷给，应对敏捷。 ⑰ 刀笔之吏：职掌文案的官吏。刀笔，书写用具。古时字写于竹简，有误则用刀削去重写，故称。 ⑱ 以亟疾苛察相高：以办事迅速、苛刻明察相互标榜。亟，急速。高，比高，争胜。 ⑲ 敝：通“弊”，弊病。徒文具耳：空有许多文法条例罢了。徒，徒然。文具，司马贞《索隐》：“谓空具其文而无其实也。”《汉书·张释之传》颜师古注：“文具，谓具文而已。”具，备。 ⑳ 恻隐：怜悯，伤心。 ㉑ 以故：因此。过：朝政过失。 ㉒ 凌迟：衰败。二世：两代。秦始皇死，宦官赵高与丞相李斯矫诏令长子扶苏自杀，拥立其弟胡亥，即秦二世。公元前 210～前 207 年在位。继续修建阿房宫和驰道，赋税徭役日益繁重，不久即有陈胜、吴广起义，秦朝亦葬送在浩浩荡荡的反秦浪潮当中。 ㉓ 土崩：比喻崩溃破败，无法收拾。 ㉔ 超迁：越级升迁，破格提拔。 ㉕ 随风靡靡：就如大风吹草一般成片倒下。形容其影响极大。靡靡，风吹草偃貌。 ㉖ 下之化上：下之受化于上，下面百姓的风气受上面执政者决策的影响。下，民。上，执政者。化，化育，滋润。疾：急，很快。景响：影响，如影随身，如声有响。 ㉗ 举错：举措。错，通“措”。审：审慎，慎重。 ㉘ 就车：登车，上车。 ㉙ 参乘(shèng)：陪乘的人。 ㉚ 敝：通“弊”。 ㉛ 具以质言：俱以实言，把自己的真实想法全都告诉了文帝。具，通“俱”。质，诚。 ㉜ 公车令：官名，又名公车司马令。始于秦，汉沿置，属卫尉。《汉书·百官公卿表》颜师古注引《汉官仪》云：“公车司马掌殿司马门，夜徼宫中，天下上事及阙下凡所征召，皆总领之。令秩六百石。” ㉝ 顷之：不久。 ㉞ 太子：文帝长子刘启，母为窦皇后。文帝崩，即皇帝位，是为汉景帝。公元前 157～前 141 年在位。继续实行与民休息的政策，改田赋十五税一为三十税一，削藩，平定吴楚七国之乱，巩固中央集权制。旧史常与文帝统治时期并举，称为文景之治。事迹详见《史记·孝景帝本纪》和《汉书·景帝纪》。梁王：刘揖，刘启之弟。共车：同车。㉟ 司马门：皇宫外门。《史记·项羽本纪》，裴骃《集解》："凡言司马门者，宫垣之内，兵卫所在，四面皆有司马，主武事。总言之，外门为司马门也。"裴骃《集解》引如淳曰："宫卫令：'诸出入殿门公车司马门，乘轺传者皆下，不如令，罚金四两。'" ㊱ 无得：不得。 ㊲ 劾：弹劾，揭发罪状。不敬：怠慢，无礼。汉代罪名之一。 ㊳ 薄太后：高祖薄姬，文帝之母。初为代王后，代王既为帝，遂尊为皇太后。 ㊴ 免冠谢：去冠表示谢罪。 ㊵ 教儿子不谨：我教育刘启、刘揖不够严格。儿子，指太子和梁王。不谨，不敬慎，不小心。 ㊶ 使使：派遣使者。承诏：奉诏旨。 ㊷ 由是：由此，从此。奇：赏识，看重。 ㊸ 中大夫：据《汉书·百官公卿表》，郎中令(光禄勋)属官有太中大夫、中大夫、谏大夫，掌论议。至武帝时曾改称中大夫为光禄大夫，秩比二千石。

【参考资料】

清·述古斋主人《史论汇函》甲编所录宋葛洪《涉史随笔》"张释之谏超迁啬夫"一文："昔孔子恶利口之覆邦家者，而答颜渊为邦之问，亦终戒之以远佞人。彼其词色巧令而无情实，应对捷给而矜小慧，惟惧疾之不深，去之不亟，讵可以是而超迁之乎？当是时，从帝行者，使无释之之高见绝识，则帝于是举，谁其正之？下之化上，甚于影响之应形声，其为害可胜道哉！古之君子，所以于侍御仆从之臣，不使一憸人间厕于其间者，政复虑此。"

法者天子所与天下公共也

上行出中渭桥①，有一人从桥下走出②，乘舆马惊③。于是使骑捕④，属之廷尉⑤。释之治问⑥。曰："县人来⑦，闻跸⑧，匿桥下。久之，以为行已过，即出⑨，见乘舆车骑，即走耳。"廷尉奏当⑩，一人犯跸⑪，当罚金⑫。文帝怒曰："此人亲惊吾马，吾马赖柔和⑬，令他马⑭，固不败伤我乎⑮？而廷尉乃当之罚金！"释之曰："法者天子所与天下公共也⑯。今法如此而更重之，是法不信于民也。且方其时⑰，上使立诛之则已⑱。今既下廷尉，廷尉，天下之平也⑲，一倾而天下用法皆为轻重⑳，民安所措其手足㉑？唯陛下察之㉒。"良久，上曰："廷尉当是也。"

其后有人盗高庙坐前玉环㉓，捕得，文帝怒，下廷尉治。释之案律盗宗庙服御物者为奏㉔，奏当弃市㉕。上大怒曰："人之无道㉖，乃盗先帝庙器㉗，吾属廷尉者，欲致之族[28]，而君以法奏之[29]，非吾所以共承宗庙意也[30]。”释之免冠顿首谢曰：“法如是足矣[31]。且罪等[32]，然以逆顺为差[33]。今盗宗庙器而族之，有如万分之一[34]，假令愚民取长陵一抔土[35]，陛下何以加其法乎[36]？”久之，文帝与太后言之，乃许廷尉当[37]。是时，中尉条侯周亚夫与梁相山都侯王恬开见释之持议平[38]，乃结为亲友。张廷尉由此天下称之。（《史记·张释之列传》）

【注释】

① 行出：路过。中渭桥：秦始皇建，在今陕西咸阳市东北秦咸阳城南渭河上。本名横桥，西汉名渭桥，武帝后名中渭桥、横门桥、石柱桥。后坍塌。唐贞观中改建于今西安市北，西去故址十余里。唐末废。司马贞《索隐》：“今渭桥有三所。一所在城西北咸阳路，曰西渭桥。一所在东北高陵道，曰东渭桥。其中渭桥在古城之北也。” ② 走：跑。 ③ 乘舆：帝王所乘车舆，銮驾。 ④ 使骑捕：派骑兵搜捕。 ⑤ 属：通“嘱”，托付，交给。廷尉：官名，掌刑狱。为九卿之一。《汉书·百官公卿表》应劭曰：“听狱必质诸朝廷，与众共之，兵狱同制，故称廷尉。”颜师古曰：“廷，平也。治狱贵平，故以为号。”按，时释之为廷尉。 ⑥ 治问：审理，问案。 ⑦ 县人：县官，天子的别称。《史记·绛侯周勃世家》：“庸知其盗买县官器。”司马贞《索隐》：“县官，谓天子也。所以谓国家为县官者，《夏官》：王畿内县，即国都也。王者，官天下，故曰县官也。”古称天子所居之地曰县。《史记·张释之列传》，裴骃《集解》引如淳曰：“长安县人。”疑误。 ⑧ 闻跸：听到开路清道的声音。跸，警跸，皇帝出行所经严加戒备，禁绝行人。 ⑨ 即：则，便。 ⑩ 当：定罪。司马贞《索隐》引崔浩曰：“当，谓处其罪也。” ⑪ 犯跸：冲撞皇帝的车驾。 ⑫ 当罚金：判罪罚金若干。 ⑬ 赖：依赖，倚仗着。柔和：温顺。 ⑭ 令他马：假使其他马。 ⑮ 固：岂。败伤：摔伤。 ⑯“法者”句：面对法律，天子与天下人是一样的。 ⑰ 且：作语助，犹“夫”。方其时：当其时，在事发之际。 ⑱“上使”句：皇上派人立刻杀了他，也就罢了。已，止。 ⑲ 平：公平。 ⑳ 一倾：稍一倾斜，稍不公平。用法：执法者。皆为轻重：就都会因此而或轻或重，言外之意是说，其他执法者都会受此影响，而随意轻判重判。 ㉑ 安所：何所，何处。措其手足：安放其手足。按，这句话的意思是说，由于法律不公，带有很大的随意性，就会给百姓的日常行为造成混乱，以致不知如何是好。 ㉒ 唯：希望。察：明辨，明察。 ㉓ 高庙：高祖刘邦的陵寝，即下文之长陵，在今陕西咸阳东。 ㉔ 案律：依据法律。服御物：服饰车马器皿之类。 ㉕ 弃市：古代死刑的一种。在闹市执行死刑，并将尸体暴露街头，故称。 ㉖ 无道：不走正道，做坏事。 ㉗ 先帝：前代已故帝王。 ㉘ 欲致之族：想把他全家都杀掉。致，达到。族，灭族。一人有罪，刑及父母

兄弟妻子。 ㉙ 君：您，尊称。以法：依照常法。司马贞《索隐》："法者，依律以断也。" ㉚"非吾"句：这就违背了我敬奉宗庙的本意。共承，恭敬地承奉。共，通"恭"。 ㉛ 法如是足矣：执法如此就可以了。足，一作"止"。 ㉜ 且罪等：况且死罪相同。裴骃《集解》引如淳曰："俱死罪也，盗玉环不若盗长陵土之逆也。" ㉝ 以逆顺为差：按照事情的逆与顺作出区别。逆顺，指顺与不顺、情节的轻与重等。差，《汉书》作"基"，则可解为定罪的基本原则。 ㉞ 有如万分之一：盗玉环与盗墓掘坟相比，其罪过只如万分之一而已。 ㉟ 假令：假使。取长陵一抔土：盗墓掘坟的讳称。一抔土，一捧土。抔，用手捧。司马贞《索隐》："张晏云'不欲指言，故以取土譬'者，盖不欲言盗开长陵及说伤迫近先帝故也。"《汉书·张释之传》颜师古注："不忍言毁彻，故止云取土耳。" ㊱ 何以加其法乎：又怎么给他量刑定罪呢？ ㊲ 许：认可，同意。 ㊳ 中尉：官名。《汉书·百官公卿表》："中尉，秦官，掌徼循京师。"周亚夫：绛侯周勃之子。勃死，子胜之袭绛侯，有罪，国除。文帝择勃子贤者，皆推亚夫，乃续绛侯后，封条侯。初为河内守，以御匈奴，为将军，军细柳，文帝赞之为"真将军"，还拜中尉。景帝立，拜车骑将军，不久，以太尉平定吴楚之乱。迁丞相，以谮被疏远，告病免相。被诬欲反，入狱，不食，呕血而死。事迹详见《史记·绛侯周勃世家》。王恬开：高祖时，曾为郎中、郎中令、柱下令，以卫将军击陈豨。后任梁王相，封山都侯。开，一作"启"。持议平：持论平允公正。

【参考资料】

汉·司马迁《史记·张释之列传》："太史公曰：张季（释之字季）之言长者，守法不阿意；冯公（唐）之论将率（帅），有味哉！语曰：'不知其人，视其友。'二君之所称诵，可著廊庙。《书》（《尚书·洪范》）曰：'不偏不党（公正，不偏袒），王道荡荡（开辟）；不党不偏，王道便便（言治理有序。便便，今本作"平平"）。'张季、冯公近之矣。"又，司马贞《索隐》述赞："张季未偶，见识袁盎。太子惧法，啬夫无状。惊马罚金，盗环悟上。冯公白首，味哉论将。因对李齐，收功魏尚。"

宋·洪迈《容斋五笔》卷一"张释之柳浑"条："汉张释之为廷尉，文帝出行，有人惊乘舆马，使骑捕之，属廷尉。释之奏当此人犯跸，罚金。上怒，释之曰：'方其时，上使使诛之则已。'颜师古谓：'言初执获此人，天子即令诛之，其事即毕。'唐柳浑为相，玉工为德宗作带，误毁一銙，工私市它玉足之。帝识不类，怒其欺，诏京兆论死，浑曰：'陛下遽杀之则已，若委有司，须详谳乃可。于法，罪当杖，请论如律。'由是工不死。予谓张、柳之论，可谓善矣。然张云'上使使诛之则已'，柳云'陛下遽杀之则已'，无乃启人主径杀人之端乎！斯一节未为至当也。"

清·述古斋主人《史论汇函》甲编所录宋黄震《读史日钞》“张释之”一文：“释之守法，识大体，为汉廷尉第一，于定国非其比也。”

鄙人不知忌讳

（冯）唐以孝著[①]，为中郎署长[②]，事文帝。文帝辇过[③]，问唐曰：“父老何自为郎[④]？家安在[⑤]？”唐具以实对[⑥]。文帝曰：“吾居代时[⑦]，吾尚食监高祛数为我言赵将李齐之贤[⑧]，战于巨鹿下[⑨]。今吾每饭[⑩]，意未尝不在巨鹿也[⑪]。父知之乎？”唐对曰：“尚不如廉颇、李牧之为将也[⑫]。”上曰：“何以[⑬]？”唐曰：“臣大父在赵时[⑭]，为官率将[⑮]，善李牧[⑯]。臣父故为代相[⑰]，善赵将李齐，知其为人也。”上既闻廉颇、李牧为人，良说[⑱]，而搏髀曰[⑲]：“嗟乎[⑳]！吾独不得廉颇、李牧时为吾将，吾岂忧匈奴哉[㉑]！”唐曰：“主臣[㉒]！陛下虽得廉颇、李牧，弗能用也[㉓]。”上怒，起入禁中。良久，召唐让曰[㉔]：“公奈何众辱我[㉕]，独无间处乎[㉖]？”唐谢曰：“鄙人不知忌讳[㉗]。”

当是之时，匈奴新大入朝那[㉘]，杀北地都尉印[㉙]。上以胡寇为意[㉚]，乃卒复问唐曰[㉛]：“公何以知吾不能用廉颇、李牧也？”唐对曰：“臣闻上古王者之遣将也，跪而推毂[㉜]，曰阃以内者[㉝]，寡人制之[㉞]；阃以外者，将军制之。军功爵赏皆决于外[㉟]，归而奏之。此非虚言也。臣大父言，李牧为赵将居边，军市之租皆自用飨士[㊱]，赏赐决于外，不从中扰也[㊲]。委任而责成功[㊳]，故李牧乃得尽其智能，遣选车千三百乘[㊴]，彀骑万三千[㊵]，百金之士十万[㊶]，是以北逐单于[㊷]，破东胡[㊸]，灭澹林[㊹]，西抑强秦[㊺]，南支韩魏[㊻]。当是之时，赵几霸[㊼]。其后会赵王迁立[㊽]，其母倡也[㊾]。王迁立，乃用郭开谗[㊿]，卒诛李牧[51]，令颜聚代之[52]。是以兵破士北[53]，为秦所禽灭[54]。今臣窃闻魏尚为云中守[55]，其军市租尽以飨士卒[56]，出私养钱[57]，五日一椎牛[58]，飨宾客军吏舍人[59]，是以匈奴远避，不近云中之塞[60]。虏曾一入，尚率车骑击之，所杀甚众。夫士卒尽家人子[61]，起田中从军，安知尺籍伍符[62]。终日力战，斩首捕虏，上功莫府[63]，一言不相应[64]，文吏以法绳之[65]。其赏不行，而吏奉法必用[66]。臣愚，以为陛下法太明[67]，赏太轻，罚太重。且云中守魏尚坐上功首虏差六级[68]，陛下下之吏[69]，削其爵[70]，罚作之[71]。由此言之，陛下虽得廉颇、李牧，弗能用也。臣诚愚[72]，触忌讳，死罪死罪！”文帝说[73]。是日令冯唐持节赦魏尚[74]，复以为云中守，而拜唐为车骑都尉[75]，主中尉及郡国车士[76]。（《史记·冯唐列传》）

【注释】

① 冯唐：安陵（今陕西咸阳东北）人。文帝时为中郎署长、车骑都尉。景帝时为楚相。武帝立，求贤良，举冯唐，时年九十余，不能复为官。著：著名，显名。 ② 中郎署长：官名。司马贞《索隐》："谓为郎署之长也。"《汉书·百官公卿表》，掌管宫殿掖门之郎中令属官有中郎。署，官署。《汉书·冯唐传》作"郎中署长"。 ③ 辇过：乘辇路过郎署。 ④ 父老：对老年人的尊称。何自：何从，何以，因何。 ⑤ 安：何。 ⑥ 具：通"俱"，都。 ⑦ 居代时：未即位，居代为王的时候。代，高祖时刘恒的封地，在今河北蔚县东北。 ⑧ 尚食监：官名，掌帝王膳食。高祛：人名，他事不详。李齐：他事不详。 ⑨ 巨鹿：巨鹿邑，战国赵地，在今河北平乡县西南。为著名古战场之一。 ⑩ 每饭：每当吃饭的时候。 ⑪ 意：心思，思绪。裴骃《集解》引张晏曰："每食念监所说李齐在巨鹿时。" ⑫ 尚：尚且，还。廉颇：战国时赵之名将。赵惠文王时任上卿，屡次战胜齐、魏等国。长平之战，坚壁固守三年，后因赵孝成王改用赵括为将，致遭大败。后又胜燕，任相国，封信平君。赵悼襄王时不得志，奔魏，居大梁。后老死于楚。事详见《史记·廉颇蔺相如列传》。李牧：亦赵之名将。常居代、雁门，以备匈奴。十余年，匈奴不敢近赵边城。赵悼襄王时，廉颇亡魏，赵使牧破燕军，遂为大将军，又击破秦军，南距韩魏，封武安君。赵王迁中秦反间计，以谗被害。事详见《史记·廉颇蔺相如列传》。 ⑬ 何以：以何，因何。 ⑭ 大父：祖父。 ⑮ 官率将：军中小官名，率领百卒的队长。裴骃《集解》引晋灼曰："百人为彻行，亦皆帅将也。"司马贞《索隐》引贾逵云："百人为一队也。官师（帅），队大夫也。" ⑯ 善李牧：与李牧交好。 ⑰"臣父"句：我父亲过去曾经做过代相。故，昔日。代，古国名，在今河北蔚县东北。公元前475年为赵襄子所灭，以其地封其侄赵周，称为代成君。前228年秦攻破赵国，赵公子嘉出奔到代，又自立为代王。后六年，为秦所灭。 ⑱ 良说（yuè）：甚悦，很高兴。 ⑲ 搏髀（bì）：拍击大腿。 ⑳ 嗟乎：感叹词。 ㉑ 匈奴：亦称胡，战国时活动于燕、赵、秦以北地区。秦汉之际，冒顿单于统一各部，国力强盛，遂统治了大漠南北广大地区。汉初，不断南下侵扰，构成主要外患。至武帝时，经多次攻伐，势力渐衰。宣帝时，呼韩邪单于归汉。此后六七十年间，汉、匈之间大体相安无事。至东汉初年，匈奴分为南匈奴和北匈奴两部。东汉末年，又分为五部。详见《史记·匈奴列传》和《汉书·匈奴传》。 ㉒ 主臣：犹言惶恐，表示惊怖之意。司马贞《索隐》引乐彦云："人臣进对前称'主臣'，犹上书前云'昧死'。"又，《史记·陈丞相世家》："上曰：'苟各有主者，而君所主者何事也？'平谢曰：'主臣！陛下不知其驽下，使待罪宰相。'"裴骃《集解》引张晏曰："若今人谢曰'惶恐'也。" ㉓ 弗能：

不能。 ㉔ 让：责备。 ㉕ 奈何众辱我：为什么当众侮辱我！ ㉖ 间处：空隙之处，僻静无人的地方。《汉书》本传，颜师古曰："何不间隙之处而言。" ㉗ 鄙人：鄙野之人，粗陋之人。自称的谦辞。 ㉘ 大入：大肆入侵。朝那：汉代县名，治所在今宁夏固原县东南。按，《史记·匈奴列传》："汉孝文皇帝十四年，匈奴单于十四万骑入朝那、萧关，杀北地都尉印，虏人民畜产甚多，遂至彭阳。使奇兵入烧回中宫，候骑至雍甘泉。于是文帝以中尉周舍、郎中令张武为将军，发车千乘，骑十万，军长安旁以备胡寇。而拜昌侯卢卿为上郡将军，宁侯魏遬为北地将军，隆虑侯周灶为陇西将军，东阳侯张相如为大将军，成侯董赤为前将军，大发车骑往击胡。单于留塞内月余乃去，汉逐出塞即还，不能有所杀。匈奴日已骄，岁入边，杀略人民畜产甚多，云中、辽东最甚，至代郡万余人。汉患之，乃使使遗匈奴书。单于亦使当户报谢，复言和亲事。" ㉙ 北地：北地郡，秦置，治所在义渠县(今甘肃庆阳县西南)。西汉移治马岭县(今庆阳西北马岭镇)。东汉以后，治所屡移。都尉印：司马贞《索隐》："都尉姓孙名印。" ㉚ 以胡寇为意：以胡寇为怀，把外敌放在心上。 ㉛ 卒：终究。 ㉜ 推毂(gǔ)：亲自推车前进。古代帝王任命将帅时的隆重礼遇。毂，车轮中心的圆木，周围与车辐的一端相接。《老子》："三十辐共一毂。"因用为车轮的代称。 ㉝ 阃以内者：郭门以内的事情。阃，门槛。裴骃《集解》引韦昭曰："此郭门之阃也。"与此相对的"阃外"，则指郭门之外，一般皆专指在外打仗的军职。 ㉞ 寡人制之：由我本人负责。寡人，诸侯王自称。制，控制。 ㉟ 决：决断，决定。 ㊱ 军市之租：司马贞《索隐》："谓军中立市，市有税。税，即租也。"飨士：犒赏士卒。飨，用酒食款待人。 ㊲ 不从中扰：不烦扰朝廷。 ㊳ 责：要求，督责。 ㊴ 选车：精选的兵车。乘(shèng)：用作量词，用以计算车子。一车四马为一乘。 ㊵ 彀(gòu)骑：使用弓弩的骑兵。司马贞《索隐》引如淳云："彀骑，张弓之骑也。"彀，张满弓弩。 ㊶ 百金之士：指杀敌猛士。裴骃《集解》引服虔曰："良士直百金也。"司马贞《索隐》引刘氏云："其功可赏百金者。" ㊷ 逐：驱逐，追击。单(chán)于：匈奴最高首领的称号，即匈奴王。《史记·匈奴列传》，裴骃《集解》引《汉书音义》曰："单于者，广大之貌，言其象天单于然。"司马贞《索隐》引《玄晏春秋》云："士安读《汉书》，不详此言。有胡奴在侧，言之曰：'此胡所谓天子。'" ㊸ 东胡：古代少数民族。因居于匈奴之东，故称东胡。司马贞《索隐》引崔浩云："乌丸之先也。国在匈奴之东，故云东胡也。"春秋战国之际，南邻燕国，为燕所破，迁于今西辽河上游一带。秦末渐强，后为匈奴冒顿单于击败，余众退居乌桓山和鲜卑山，分别称为乌桓、鲜卑。见《史记·匈奴列传》。 ㊹ 澹林：东北方少数民族。㊺ 抑：遏止，抵御。 ㊻ 支：应付，应对。 ㊼ 几霸：几乎称霸。 ㊽ 会：恰逢，赶上。赵王迁：赵王名迁。立：立为王。 ㊾ 倡：乐家之女。司马贞《索隐》

引《列女传》云："邯郸之倡。" ㊿ 用郭开谗：按，《史记·廉颇蔺相如列传》："赵王迁七年，秦使王翦攻赵，赵使李牧、司马尚御之。秦多与赵王宠臣郭开金，为反间，言李牧、司马尚欲反。赵王乃使赵葱及齐将颜聚代李牧。李牧不受命，赵使人微捕得李牧，斩之。废司马尚。后三月，王翦因急击赵，大破杀赵葱，虏赵王迁及其将颜聚，遂灭赵。" 51 卒：终。 52 代之：代替李牧领军。 53 北：败。 54 禽灭：灭亡。禽，通"擒"。 55 魏尚：槐里(今陕西兴平东南)人。云中守：云中郡太守。秦汉时云中治所在今内蒙古托克托县东北。 56 尽：全都。飨：《汉书·冯唐传》作"给"。 57 私养钱：私人养家的俸钱。司马贞《索隐》引《汉书》："市肆租税之入为私奉养。"又引服虔曰："私廪假钱是也。"或云："官所别廪给也。"《汉书·冯唐传》，服虔曰："私假钱也。"据此，所谓私养钱，似指官俸之外由军市租税中提取的属于主管官员的钱，是额外之酬金。假钱，即假税，亦即租税。 58 椎牛：击牛，杀牛。 59 舍人：太守的属官。战国及汉初王公贵官都有舍人，是左右亲近之人的通称。 60 塞：边塞。 61 家人子：普通百姓的孩子。司马贞《索隐》："谓庶人之家子也。" 62 安知：何知，怎知。尺籍伍符：司马贞《索隐》："尺籍者，谓书其斩首之功于一尺之板。伍符者，命军人伍伍相保，不容奸诈。"《汉书·冯唐传》，李奇注："尺籍所以书军令。伍符，军士伍伍相保之符信也。" 63 上功：报功。莫府：幕府，将军的府署。司马贞《索隐》引崔浩曰："古者出征无常处，以幕为府舍，故云莫府。" 64 一言不相应：一个数字不太准确。相应，相合。司马贞《索隐》："谓数不同也。" 65 以法绳之：严格按照法令条文来要求。绳，衡量。 66 奉法必用：必然按法执行。 67 明：严明，严格。 68 坐：坐罪，定罪。首虏：所斩首级和俘虏。差六级：差六个数。《后汉书·光武帝纪》："光武奔之，斩首数十级。"李贤注："秦法，斩首一赐爵一级，故因谓斩首为级。" 69 下之吏：下于吏，把他下交给狱吏。 70 削其爵：夺其爵，革除官爵。 71 罚作：汉代刑罚之一，处轻罪犯以一年苦役。 72 诚：确实，的确。 73 说：通"悦"。 74 是日：此日，当天。持节：手持符节。 75 车骑都尉：疑为加官名号，与后代之车骑将军类似。 76 主：掌管，兼管。中尉：负责京师治安。车士：善于车战的士兵。

【参考资料】

汉·班固《汉书·张冯汲郑传》，赞曰："张释之之守法，冯唐之论将，汲黯之正直，郑当时之推士，不如是，亦何以成名哉！扬子(扬雄)以为孝文亲诎帝尊以信(周)亚夫之军，曷为不能用颇、牧？彼将有激云尔。"颜师古注曰："谓冯唐欲理魏尚，故以此言激文帝也。"

晋·左思《咏史》之二："郁郁涧底松，离离山上苗。以彼径寸茎，荫此百尺条。世胄蹑高位，英俊沉下僚。地势使之然，由来非一朝。金张藉旧业，七叶珥汉貂。冯公岂不伟，白首不见招。”

唐·杜甫《哭王彭州抡》：“冯唐毛发白，归兴日萧萧。”

唐·杜甫《续得观书迎就当阳居止正月中旬定出三峡》：“冯唐虽晚达，终觊在皇都。”

宋·苏轼《江城子·密州出猎》下片：“酒酣胸胆尚开张，鬓微霜，又何妨。持节云中，何日遣冯唐？会挽雕弓如满月，西北望，射天狼！”

清·宋琬《冯唐墓》：“冯公昔未遇，执戟叹淹留。一荐云中守，能宽汉主忧。古碑荒藓合，高柳暮鸦秋。自笑为郎拙，萧萧欲白头。”

清·述古斋主人《史论汇函》甲编所录宋黄震《读史日钞》“张释之冯唐”一文：“张释之论长者，及其守法不阿，冯唐论将，皆质直有古大臣之风焉。”又有“冯唐郑当时”一文，曰：“冯唐论将数语，我朝艺祖尝用之西北诸将，可为万世法。郑庄推毂，本立朝第一事，然四郊置驿，本战国四豪之余风，非孔子举尔所知之意矣。庄事君无所臧否，而所引又皆兴利之人，故庄盗名者也，非为国者也，不足以玷张冯汲黯诸贤之后。”

清·述古斋主人《史论汇函》甲编所录清章邦元《读通鉴札记》“赦魏尚”一文：“文吏以法绳战将，使有功不赏，无罪见戮，古今同慨。然在汉世已然，宋明以后，其法更密，武臣何所措手哉！”

近代·李景星《史记评议》谓《张释之冯唐列传》：“张释之、冯唐，俱以犯颜谏诤者名汉代，故以之合传。因二人生平以谏诤胜，故篇中载其言论独详，而叙次处却又极有变化。”又谓：“张、冯皆一代名臣，文帝又千载明主，读此一传，令人不复作后世之想。固是时会好，亦因摹绘入妙耳。”

称病不赴太子宴

(卫)绾以戏车为郎[①]，事文帝，功次迁为中郎将[②]，醇谨无他[③]。孝景为太子时，召上左右饮[④]，而绾称病不行[⑤]。文帝且崩时[⑥]，属孝景曰[⑦]：“绾长者，善遇之[⑧]。”及文帝崩，景帝立，岁余不噍呵绾[⑨]，绾日以谨力[⑩]。景帝幸上林[⑪]，诏中郎将参乘，还而问曰[⑫]：“君知所以得参乘乎[⑬]？”绾曰：“臣从车士幸得以功次迁为中郎将[⑭]，不自知也。”上问曰：“吾为太子时召君，君不肯来，何也？”对曰：“死罪，实病！”上赐之剑。绾曰：“先帝赐臣剑凡六[⑮]，剑不敢奉诏[⑯]。”上曰：

"剑，人之所施易[17]，独至今乎?"绾曰："具在[18]。"上使取六剑，剑尚盛[19]，未尝服也[20]。郎官有谴[21]，常蒙其罪[22]，不与他将争；有功，常让他将。上以为廉，忠实无他肠[23]，乃拜绾为河间王太傅[24]。(《史记·万石张叔列传》)

【注释】

① 卫绾：代郡大陵(今山西文水县东北)人。文帝时，由郎迁中郎将。景帝立，为河间王太傅。将河间兵击吴楚有功，拜中尉，封建陵侯。景帝立胶东王为太子，召拜太子太傅，迁御史大夫、丞相。武帝立，以不任职免官。戏车：弄车之戏，杂技的一种。裴骃《集解》引应劭曰："能左右超乘也。"郎：郎中令的低级属官，管宫中门户，出充车骑。 ② 功次：按功绩大小、升官顺序。中郎将：郎中令的高级属官，有五官、左、右三将，秩皆比二千石。 ③ 醇谨：淳厚谨慎。 ④ 上：指文帝。 ⑤ 称病不行：借口生病未去。裴骃《集解》引张晏曰："恐文帝谓豫有二心以事太子。" ⑥ 且崩时：将死时。 ⑦ 属：同"嘱"。 ⑧ 善遇之：善待他。 ⑨ 噍呵：厉声责备。司马贞《索隐》："一作'谯呵'。谯，责让也，言不嗔责绾也。" ⑩ 谨力：谨慎尽力。《汉书·卫绾传》颜师古注："自勉力为谨慎，日日益甚。" ⑪ 幸：指帝王驾临。 ⑫ 还：回宫。 ⑬"君知"句：知道为什么要让你陪乘吗? ⑭ 幸：侥幸。 ⑮ 凡：总共。 ⑯ 剑不敢奉诏：皇上新赐之剑，我不敢收受。 ⑰ 施易：移易交换。裴骃《集解》引如淳曰："施读曰移。言剑者人之所好，故多数移易贸换之也。" ⑱ 具在：都在。 ⑲ 盛：美，新。 ⑳ 服：服用，使用。 ㉑ 谴：谴责，批评。 ㉒ 蒙：受，主动承担其罪责。 ㉓ 无他肠：没有一点坏心眼儿。司马贞《索隐》引小颜云："心肠之内，无他恶也。" ㉔ 河间王：河间献王刘德，景帝栗姬子。好学修古，山东诸儒多从之游。太傅：官名，负责辅佐太子。汉代分设太子太傅、少傅，其属官尚有太子门大夫、庶子、先马、舍人等。

【参考资料】

汉·司马迁《史记·万石张叔列传》："太史公曰：仲尼有言曰：'君子欲讷于言，而敏于行。'其万石、建陵(建陵侯卫绾)、张叔之谓邪？是以其教不肃而成，不严而治。塞侯(直不疑)微巧，而周文(名仁)处谄，君子讥之，为其近于佞也。然斯可谓笃行君子矣!"

清·述古斋主人《史论汇函》甲编所录宋黄震《读史日钞》"万石卫直周张"一文："石庆、卫绾，皆所谓忠信之人，特未学耳。以之为三老，助教化，厉薄俗可也，宰相非其任矣。直不疑之偿金，周仁之溺裤，类不近于人情。而仁以密见狎，出入宫禁，殆阉宦之靡，又非不疑比也。"

买金偿误持者

塞侯直不疑者①，南阳人也。为郎，事文帝。其同舍有告归②，误持同舍郎金去，已而金主觉③，妄意不疑④，不疑谢有之⑤，买金偿⑥。而告归者来而归金，而前郎亡金者大惭⑦，以此称为长者。文帝称举⑧，稍迁至太中大夫⑨。朝廷见⑩，人或毁曰⑪“不疑状貌甚美，然独无奈其善盗嫂何也⑫！”不疑闻，曰：“我乃无兄。”然终不自明也⑬。（《史记·万石张叔列传》）

【注释】

① 直不疑：南阳（今河南南阳市）人。初为郎，渐迁至太中大夫。景帝时，吴楚反，以二千石将兵击之，拜御史大夫，封塞侯。武帝初，与丞相卫绾俱以过免。张守节《正义》：“古塞国，今陕西桃林县以西至潼关，皆桃林塞地也。”司马贞《索隐》：“直，姓也；不疑，名也。与隽不疑同字。” ② 同舍：同屋，同宿舍。告归：请假回家。 ③ 已而金主觉：不久失金的人发觉了。 ④ 妄意：料想，猜测，怀疑。司马贞《索隐》：“谓妄疑其盗取将也。” ⑤ 谢有之：向他道歉，并承认有此事。 ⑥ 买金偿：并兑换成黄金偿还失主。 ⑦ 亡：失。大惭：非常惭愧。 ⑧ 称举：称赞举荐。 ⑨ 稍：逐渐。 ⑩ 见：见面，遇见。 ⑪ 毁：诋毁。 ⑫ 盗嫂：私通其嫂。司马贞《索隐》引小颜云：“盗，谓私之。” ⑬ 不自明：自己不加辩解。明，表明。

【参考资料】

宋·苏轼《苏轼文集·史评》有“直不疑买金偿亡”一文，谓曰：“以德报怨，行之美者也。然孔子不取者，以其不情也。直不疑买金偿亡，不辨盗嫂，亦士之高行矣。然非人情。其所以蒙垢受诬，非不求名也，求名之至者也。太史公窥见之，故其赞曰：‘塞侯微巧，周文处谄，君子讥之，为其近于佞也。’不疑蒙垢以求名，周文秽迹以求利，均以为佞。佞之为言智也。太史公之论，后世莫晓者，吾是以疏解之。”

清·述古斋主人《史论汇函》甲编所录清章邦元《读通鉴札记》“直不疑为御史大夫”一文：“不疑偿金，亦是老子以德报怨流弊。然当无可辨口时，苦加寻究，更滋事端，且愈加彰扬，不如直认之为妙也。卓茂之予牛，亦然。性急不能受诬者，当可以此为法。”

田叔相鲁

梁孝王使人杀故吴相袁盎[①]，景帝召田叔案梁[②]，具得其事[③]，还报[④]。景帝曰：“梁有之乎?”叔对曰：“死罪！有之。”上曰：“其事安在?”田叔曰：“上毋以梁事为也[⑤]。”上曰：“何也?”曰：“今梁王不伏诛[⑥]，是汉法不行也；如其伏法，而太后食不甘味[⑦]，卧不安席，此忧在陛下也。”景帝大贤之[⑧]，以为鲁相[⑨]。

鲁相初到，民自言相，讼王取其财物百余人[⑩]。田叔取其渠率二十人[⑪]，各笞五十[⑫]，余各搏二十[⑬]，怒之曰[⑭]：“王非若主邪[⑮]？何自敢言若主[⑯]!”鲁王闻之大惭，发中府钱[⑰]，使相偿之。相曰：“王自夺之[⑱]，使相偿之，是王为恶而相为善也。相毋与偿之[⑲]。”于是王乃尽偿之。

鲁王好猎，相常从入苑中，王辄休相就馆舍[⑳]，相出，常暴坐待王苑外[㉑]。王数使人请相休[㉒]，终不休，曰：“我王暴露苑中，我独何为就舍[㉓]!”鲁王以故不大出游。

数年，叔以官卒[㉔]，鲁以百金祠[㉕]，少子仁不受也[㉖]，曰：“不以百金伤先人名[㉗]。”(《史记·田叔列传》)

【注释】

① 梁孝王：刘武，文帝子，景帝弟，与景帝皆窦皇后所生。初封代王，徙淮阳王、梁王。平吴楚有功，又以后之少子，得赏赐甚多，其封地有四十余城，皆为天下膏腴之地。筑东苑，方三百余里，大治宫室，府库金钱百巨万，其富盛与威势几拟于天子。景帝废栗太子，梁王欲求为嗣，袁盎谏言不宜立弟，遂怨盎，派人杀之。事详见《汉书·文三王传》。故：原，前。 ② 田叔：赵陉城(今河北定县东南)人。司马贞《索隐》：“案下文，字少卿。”疑误，下文者，当指褚先生所补文字，而其所称少卿，实系田叔少子仁之字。初从赵王张敖，入汉，拜为郡守、诸侯相。文帝即位前后，曾为汉中守十余年。坐法失官。景帝召为鲁相。案：案验，查明案情，以定其罪。 ③ 具：俱。 ④ 还报：还奏，回奏。⑤“上毋”句：皇上不要认真办理梁王案子，言外之意是劝文帝搪塞敷衍一下即可。毋，无。 ⑥ 伏诛：判处死刑。 ⑦ 太后：窦太后，即景帝与梁王的母亲。

⑧ 大贤之：认为他甚贤。 ⑨ 鲁相：鲁王相国。张守节《正义》："鲁共王，景帝子，都兖州曲阜县故鲁城中。"据《汉书·景十三王传》，景帝程姬生鲁共王刘余。好治宫室苑囿狗马，好音乐，为人口吃难言。 ⑩ 讼：诉讼，告状。 ⑪ 渠率：首领。 ⑫ 笞：用竹板或荆条打人脊背或臀部，即笞刑。 ⑬ 搏：搏颊，打嘴巴。 ⑭ 怒之曰：愤怒地对他们说。 ⑮ 若：尔，汝，你。主：主人，主子。 ⑯ 言：诉讼，揭发。 ⑰ 中府钱：王府内库。张守节《正义》："王之财物所藏也。" ⑱ 王自夺之：您自己掠夺的财物。 ⑲ 相毋与偿之：我不能替您偿还给他们。 ⑳ "王辄"句：每次从猎，王就让鲁相到馆舍休息。辄，则。 ㉑ 暴(pù)坐：在太阳暴晒下久坐。暴，晒。 ㉒ 请相休：请鲁相到馆舍去休息。 ㉓ 何为：为何。 ㉔ 以官卒：在鲁相任上去世。 ㉕ 以百金祠：欲花费百金建祠祭祀。 ㉖ 仁：田仁，字少卿。少贫，与任安为友。武帝朝，曾从大将军卫青击匈奴，后为二千石丞相长史，拜京辅都尉、司直。坐太子事，被杀。不受：拒绝。 ㉗ 伤：毁伤，毁损。

【参考资料】

汉·司马迁《史记·田叔列传》："太史公曰：孔子称曰：'居是国必闻其政。'田叔之谓乎！义不忘贤，明主之美以救过。仁与余善，余故并论之。"

近代·李景星《史记评议》谓《田叔列传》："太史公为田叔立传处，不过以案梁狱及为鲁相两事耳。案梁狱，可谓善处人骨肉之间；为鲁相，可谓善事骄主。凡此，皆可为后世法。"

先正三河以警天下奸吏

田仁上书言[①]："天下郡太守多为奸利，三河尤甚[②]，臣请先刺举三河[③]。三河太守皆内倚中贵人[④]，与三公有亲属[⑤]，无所畏惮，宜先正三河以警天下奸吏[⑥]。"是时河南、河内太守皆御史大夫杜父兄子弟也[⑦]，河东太守石丞相子孙也[⑧]。是时石氏九人为二千石，方贵盛。田仁数上书言之。杜大夫及石氏使人谢，谓田少卿曰[⑨]："吾非敢有语言也[⑩]，愿少卿无相诬污也。"仁已刺三河，三河太守皆下吏诛死。仁还奏事，武帝说[⑪]，以仁为能不畏强御[⑫]，拜仁为丞相司直[⑬]，威振天下。(《史记·田叔列传》所附褚先生曰)

【注释】

① 田仁：田叔之少子。 ② 三河：指下文之河南、河内、河东三郡。③ 刺举：刺探举发人之过恶。张守节《正义》引《百官表》："监御史，秦官，掌监郡。汉省，丞相遣御史分刺州，不常置也。"按，时田仁正为丞相长史。 ④ 中贵人：指宫中受宠的宦官或侍从等显贵。 ⑤ 三公：西汉时以丞相（大司徒）、太尉（大司马）、御史大夫（大司空）合称三公，为掌管全国军政的最高长官。后代逐渐衍为虚衔，而无实际职权。 ⑥ 警：警戒，告诫。 ⑦ 河南：郡治在今河南洛阳市东北。河内：郡治在今河南武陟县西南。御史大夫：汉为三公之一，秩比丞相。受公卿奏事，劾举纠察各级官员，治大狱等，主要负责全国吏治的整肃。杜：杜周，南阳杜衍（今河南南阳市西南）人。初为酷吏张汤廷尉史，既而为廷尉。善揣测天子意旨，上所欲挤者，因而陷之；上所欲释者，久系待问而微显其冤状。为天下决平，不循三尺法，而专以人主意指为狱。后为执金吾，逐捕桑弘羊、卫皇后昆弟子刻深，上以为尽力无私，迁御史大夫。两子夹河为太守，家赀累巨万。事迹详见《汉书·杜周传》。 ⑧ 河东：郡治在今山西夏县西北。石丞相：石庆，石奋之少子。父子五人皆官二千石，人臣尊崇乃举其门，号为万石君。武帝初，庆为内史、太仆，出为齐相。元狩元年，立太子，自沛守为太子太傅，迁御史大夫、丞相，封牧丘侯。后以老谨不任职，乞归，不许。寻卒。庆为相时，诸子孙为小吏至二千石者十三人，及庆死后，稍以罪去，其一门孝谨渐衰。事见《汉书·万石传》。 ⑨ 田少卿：田仁，字少卿。 ⑩"吾非"句：我等被劾，不敢多说什么。 ⑪ 说：同"悦"。 ⑫ 强御：有权势的人，豪强。⑬ 司直：官名，佐助丞相纠举违法官吏。《汉书·百官公卿表》："武帝元狩五年，初置司直，秩比二千石，掌佐丞相举不法。"

【参考资料】

汉·司马迁《史记·田叔列传》，司马贞《索隐》述赞："田叔长者，重义轻生。张王（赵王张敖）既雪，汉中是荣。孟舒见废，抗说相明。按梁以礼，相鲁得情。子仁坐事，刺举有声。"

愿赐尚方剑断佞臣一人

至成帝时[①]，丞相故安昌侯张禹以帝师位特进[②]，甚尊重。（朱）云上书求见③，公卿在前。云曰："今朝廷大臣上不能匡主④，下亡以益民⑤，皆尸位素餐⑥，孔子所谓'鄙夫不可与事君⑦'，'苟患失之，亡所不至⑧'者也。臣愿赐尚方斩马剑⑨，断佞臣一人以厉其余⑩。"上问："谁也？"对曰："安昌侯张禹。"上大怒，曰："小臣居下讪上⑪，廷辱师傅⑫，罪死不赦！"御史将云下⑬，云攀殿槛⑭，槛折。云呼曰："臣得下从龙逄、比干游于地下⑮，足矣！未知圣朝何如耳⑯？"御史遂将云去。于是左将军辛庆忌免冠解印绶⑰，叩头殿下曰："此臣素著狂直于世⑱。使其言是⑲，不可诛；其言非，故当容之。臣敢以死争。"庆忌叩头流血。上意解⑳，然后得已㉑。及后当治槛㉒，上曰："勿易㉓！因而辑之㉔，以旌直臣㉕。"(班固《汉书·朱云传》)

【注释】

① 成帝：汉成帝刘骜，元帝子，母为王皇后。公元前 32～前 7 年在位。任用元舅侍中卫尉阳平侯王凤为大司马大将军，领尚书事，又大封诸舅为列侯。王氏专权。减徭役赋税，诏举贤良方正，先后平定广汉郑躬、尉氏樊并、山阳苏令等乱。晚年，封舅曼子侍中骑都尉光禄大夫王莽为新都侯。 ② 张禹：字子文，河内轵(今河南济源南)人。少从学《易》《论语》，举为郡文学。试博士，以荐授太子《论语》，由是迁光禄大夫。出为东平内史。成帝即位，向心经学，敬重师傅，遂用禹与王凤并领尚书事。河平四年，代王商为丞相，封安昌侯。鸿嘉元年，以老病乞罢，加位特进。为人谨厚，但多殖货财田业，生活奢侈。事见《汉书·张禹传》。特进：加官名，以授列侯中之有特殊地位者，得以自辟僚属。 ③ 朱云：字游，平陵(今陕西咸阳西北)人。少时任侠，以勇力闻。年四十，乃从博士白子友学《易》，又从萧望之受《论语》。元帝时以荐与少府五鹿充宗辩《易》，大胜，为博士。迁杜陵令，坐故纵亡命，会赦，举方正，为槐里令。上疏言丞相韦玄成容身保位，下狱，减死为城旦。终元帝世，废锢。成帝时，上疏乞斩张禹，自是不复仕，常居鄠田教授，时乘牛车从诸生游。 ④ 匡：正。 ⑤ 亡：通"无"。 ⑥ 尸位素餐：谓居位食禄而不尽职。尸，代表死者受祭的活人，因以比喻人居其位而不干事。颜师古注："尸，主也。素，空也。尸位者，不举其事，但主其位而已；素餐者，德不称官，空当食禄。" ⑦"鄙夫"句：不能同鄙夫一起奉事君主。鄙夫，庸俗浅陋的人，轻蔑之词。《论语·阳货》："子曰：鄙夫可与事君也与哉？其未得之也，患(不)得之；既得之，患失之。苟患失之，无所不至矣。" ⑧"苟患"二句：如果自己只担心失去禄位，那么什么事都可能做出来。颜师古注："皆《论语》所载孔子之言也。苟患失其宠禄，则言行僻邪，无所不至也。" ⑨ 愿：希望。尚方：颜师古注："尚方，少府之属官也，作供御器物，故有斩马剑，剑利可以斩马也。" ⑩ 佞臣：奸臣。厉：通"励"，劝勉，激励，警戒。

⑪ 小臣：犹小吏，职位甚低的官员。朱云只任过两任县令，便被下狱禁锢，上疏时连一官半职皆无。居下讪上：身份卑微，而却敢诽谤丞相。 ⑫ 廷辱：当廷侮辱。师傅：张禹曾为做太子时的皇上教授《论语》，故称师傅。 ⑬ 御史：汉制，御史大夫内领侍御史员十五人。侍御史中，又有指事而行之绣衣直指，出讨奸猾，治大狱等。将：拽，拉。 ⑭ 攀殿槛：抓住殿前栏杆。 ⑮ 下：黄泉之下。龙逄：颜师古注，"关龙逄，桀臣。王子比干，纣之诸父。皆以谏而死，故云然。" ⑯ 未知圣朝何如耳：不知我朝会有什么样的名声。颜师古注："言杀直臣，其声恶。" ⑰ 辛庆忌：狄道(今甘肃临洮)人。字子真，破羌将军辛武贤之子。少以父任为右校丞，以边功拜侍郎、校尉、谒者。元帝初，补金城长史，举茂才，迁郎中车骑将军，转校尉，迁张掖、酒泉太守。成帝时，历光禄大夫、左曹中郎将、执金吾、右将军、左将军。以勇武正直闻名于世。事见《汉书·辛庆忌传》。印绶：官印和系印的绶带。 ⑱"此臣"句：此人平素就有狂直名于世。⑲ 使其言是：假使其言有道理。是，正确。与下文"非"相对。 ⑳ 上意解：成帝怒意渐消。 ㉑ 已：止，平息。 ㉒ 治槛：修理殿槛。 ㉓ 勿易：不要完全换掉。 ㉔ 因而辑之：就原样稍加修补即可。辑，通"缉"，连缀。 ㉕ 旌：旌扬，表彰。

【参考资料】

唐·杜甫《折槛行》："呜呼房魏不复见，秦王学士时难羡。青衿胄子困泥涂，白马将军若雷电。千载少似朱云人，至今折槛空嶙峋。娄公不语宋公语，尚忆先皇容直臣。"

宋·洪迈《容斋续笔》卷三，谓杜诗："此篇专为谏争而设，谓娄师德、宋璟也。人多疑娄公既无一语，何得为直臣，钱伸仲云：'朝有阙政，或娄公不语，则宋公语。'"又云："至今宫殿正中一间横槛，独不施栏楯，谓之折槛，盖自汉以来相传如此矣。"

宋·石介《汉成帝》："郁郁朱云志不伸，上方宝剑欲生尘。空留折槛旌忠直，左右何尝去佞臣。"

宋·李焘《续资治通鉴长编》，太宗至道元年："(寇)准尝奏事切直，上怒而起，准攀上衣，请复坐，事决乃退。上嘉叹曰：'此真宰相也。'又语左右曰：'朕得寇准，犹唐太宗之得魏郑公也。'"

清·述古斋主人《史论汇函》甲编所录宋黄震《读史日钞》"朱云"一文："云狂直，未得进退之中道。愿斩张禹一语，万世而下，读元城史书闷闷者，至此未尝不心开目明，若执热之濯清风也。呜呼，云亦一时英杰也哉！"

活几何人

久之，武帝崩，昭帝即位①，而齐孝王孙刘泽交结郡国豪杰谋反②，欲先杀青州刺史③。(隽)不疑发觉④，收捕，皆伏其辜⑤。擢为京兆尹⑥，赐钱百万。京师吏民敬其威信。每行县录囚徒还⑦，其母辄问不疑："有所平反，活几何人⑧?"即不疑多有所平反⑨，母喜笑，为饮食语言异于他时⑩；或亡所出⑪，母怒，为之不食。故不疑为吏，严而不残⑫。(《汉书·隽不疑传》)

【注释】

① 昭帝：汉昭帝刘弗陵，武帝少子，母为赵婕妤。公元前86～前74年在位。即位时年八岁，大司马大将军霍光受遗诏辅政。始元元年，益州廉头等二十四邑皆反，齐孝王孙刘泽亦反，皆平之。元凤元年，上官桀、桑弘羊等谋反，伏诛。不久，辽东乌桓反。在位时间不久，而其内忧外患则不断。 ② 齐孝王：据《汉书·高五王传》，孝文十六年，文帝怜悯齐悼惠王刘肥嫡嗣断绝，乃分齐为六国，尽立前所封悼惠王子列侯见在者六人为王，其中有齐孝王刘将闾。至景帝时，吴楚反，齐孝王初预其谋，后狐疑闭城自守。汉军至，齐围解，预谋事泄，齐孝王惶恐自杀。景帝以其初无反心，召立孝王太子寿，是为懿王。二十三年薨，子厉王次昌嗣。刘泽或为其后。 ③ 青州刺史：武帝时分全国为十三部州，部置刺史。刺史职责，主要为循行监察郡县治状，按朝廷所颁六条例问事核查。本为监察官性质，其官阶低于郡守。后来权限渐大，执掌州郡军政大权，遂与太守、知州并称。关于汉刺史之职责，详见《汉书·百官公卿表》，以及颜师古注所引《汉官典职仪》。青州，东汉治所在今山东淄博市东北。 ④ 隽不疑：字曼倩，渤海(今河北沧县东)人。治《春秋》，为郡文学，名闻州郡。武帝末，以荐征诣公车，拜为青州刺史。历京兆尹，以病免归，终于家。在任，常以儒家经术决事。 ⑤ 伏其辜：承担他们的罪责。 ⑥ 擢：升，提拔。京兆尹：官名，掌治京畿地区。据《汉书·百官公卿表》，武帝初年，分京畿之地为左内史(左冯翊)、右内史(右扶风)、京兆尹三地，是为三辅。颜师古注："京，大也。兆者，众数。言大众所在，故云京兆也。"左冯翊，张晏注："冯，辅也。翊，佐也。"右扶风，张晏注："扶，助也。风，化也。"服虔注："皆治在长安城中。"颜师古注："长安以东为京兆，长陵以北为左冯翊，渭城以西为右扶风也。" ⑦ 行县：巡行属县。录囚

徒：省察、甄别在监囚徒的罪状。颜师古注："省录之，知其情状有冤滞与不也。" ⑧ 活几何人：救了多少人的命？活，存活，拯救。 ⑨ 即：倘若，如果。⑩"为饮食"句：其吃喝说话等日常行为都与他时不同。为，则，而。 ⑪ 或亡所出：有时一个犯人都未释放。亡，无。 ⑫ 残：残酷，严苛。

【参考资料】

汉·班固《汉书·隽不疑传》，赞曰："隽不疑学以从政，临事不惑，遂立名迹，终始可述。疏广行止足之计，免辱殆之累，亦其次也。于定国父子哀鳏（哀怜鳏寡）哲狱（知狱情），为任职臣。薛广德保县车之荣，平当逡遁有耻，彭宣见险而止，异乎'苟患失之'者矣！"

卖金置酒

（疏）广谓（疏）受曰[①]："吾闻'知足不辱，知止不殆'[②]，'功遂身退，天之道'也[③]。今仕宦至二千石，宦成名立，如此不去，惧有后悔，岂如父子相随出关[④]，归老故乡，以寿命终，不亦善乎？"受叩头曰："从大人议。"即日父子俱移病[⑤]。满三月赐告[⑥]，广遂称笃[⑦]，上疏乞骸骨[⑧]。上以其年笃老，皆许之，加赐黄金二十斤，皇太子赠以五十斤[⑨]。公卿大夫故人邑子设祖道[⑩]，供张东都门外[⑪]，送者车数百两[⑫]，辞决而去[⑬]。及道路观者皆曰："贤哉二大夫！"或叹息为之下泣。

广既归乡里，日令家共具设酒食[⑭]，请族人故旧宾客[⑮]，与相娱乐。数问其家金余尚有几所[⑯]，趣卖以共具[⑰]。居岁余，广子孙窃谓其昆弟老人广所爱信者曰[⑱]："子孙几及君时颇立产业基址[⑲]，今日饮食费且尽[⑳]。宜从丈人所[㉑]，劝说君买田宅。"老人即以闲暇时为广言此计，广曰："吾岂老悖不念子孙哉[㉒]！顾自有旧田庐[㉓]，令子孙勤力其中[㉔]，足以共衣食[㉕]，与凡人齐[㉖]。今复增益之以为赢余[㉗]，但教子孙怠惰耳[㉘]。贤而多财，则损其志；愚而多财，则益其过[㉙]。且夫富者[㉚]，众人之怨也[㉛]；吾既亡以教化子孙[㉜]，不欲益其过而生怨[㉝]。又此金者，圣主所以惠养老臣也[㉞]，故乐与乡党宗族共飨其赐[㉟]，以尽吾余日[㊱]，不亦可乎！"于是，族人说服[㊲]。皆以寿终[㊳]。（《汉书·疏广传》）

【注释】

① 疏广：字仲翁，东海兰陵（今山东苍山县西南兰陵镇）人。少好学，明《春

秋》，家居教授，学者自远方至。征为博士太中大夫。宣帝初，立太子，选丙吉为太傅，广为少傅。数月，迁太傅。广兄子受，字公子，亦以贤良举为太子家令。不久，受拜少傅。太子每朝进见，太傅在前，少傅在后，父子并为师傅，朝廷以为荣。五年后，太子年十二，已通《论语》《孝经》，广与受毅然辞官归乡，以悠游卒岁。 ②“知足”二句：自己知道满足，就不会招致羞辱。知道适可而止，就能避免危险。《老子》第四十四章：“知足不辱，知止不殆，可以长久。”又，《老子》第四十六章：“罪莫大于可欲，祸莫大于不知足，咎莫大于欲得。故知足之足，常足矣。”殆，危。 ③“功遂”二句：功成名就之后就辞官退隐，才是顺应自然之道。《老子》第九章：“金玉满堂，莫之能守。富贵而骄，自遗其咎。功遂身退，天之道。”遂，成。天，自然规律。 ④ 岂如：怎如，不如。父子：古时叔侄亦称父子。关：古函谷关，在今河南灵宝东北，战国秦置。因关在谷中，深险如函得名。号称天险。武帝元鼎三年(前 114 年)，徙关于河南新安东，去旧关三百里。汉都长安在函谷关之西，而二疏则为东海人，故须东出函谷关。 ⑤ 即日：当日。移病：颜师古注：“移病，即移书言病也。一曰以病而移居。” ⑥ 赐告：官吏休假称告。赐告，谓假期已满赐予续假。《史记·高祖本纪》，裴骃《集解》引孟康曰：“汉律，吏二千石有予告、赐告。予告者，在官有功最，法所当得者也。赐告者，病满三月当免，天子优赐，复其告，使得带印绶、将官属，归家治疾也。” ⑦ 称笃：声称病笃。笃，病重。 ⑧ 乞骸骨：主动请求使骸骨得以归葬故乡，亦自请年老退职之意。 ⑨ 皇太子：宣帝太子刘奭，母为许皇后。是为汉元帝。公元前 48～前 33 年在位。柔仁好儒，即位之初，省刑罚，轻徭役，减膳省乐，罢黄门乘舆狗马，诏令郡国举茂才异等贤良直言之士等。竟宁元年，匈奴呼韩邪单于来朝，赐待诏掖庭王昭君为阏氏。事见《汉书·元帝纪》。
⑩ 邑子：同邑的人，同乡。祖道：为出行者祭祀路神，并设置酒筵送行，引申为饯行。《史记·五宗世家》：“荣行，祖于江陵北门。”司马贞《索隐》：“祖者，行神，行而祭之，故曰祖。”《汉书·刘屈氂传》：“贰师将军李广利将出兵击匈奴，丞相为祖道，送至渭桥。”颜师古注：“祖者，送行之祭，因设宴饮焉。” ⑪ 供张：供帐，陈设祭神和宴饮用的帷帐、器皿、蔬果酒食等物。东都门：苏林曰：“长安东郭门也。” ⑫ 两：通“辆”。 ⑬ 辞决：辞别。 ⑭ 共具：摆设酒食用具。共，通“供”。 ⑮ 故旧：故人，旧友。 ⑯ 余：剩余。几所：犹言几许，多少。 ⑰ 趣(cù)：催促。 ⑱“广子孙”句：疏广的子孙私下对广比较亲近而又比较信任的老哥哥说。窃，私下。昆弟，兄弟。 ⑲ 几：通“冀”，希望。君时：君在世之时。君，指疏广。下文之“君”字，同。颇：稍微。基址：基础，根基。 ⑳ 费：消费，耗费。且：将。 ㉑“宜从”句：应该会听从丈人您所说的话。丈人，对年长者的尊称。颜师古注：“丈人，庄严之称也，故亲而老者皆称

焉。”还有一种解释，亦通。《汉书》本传，邓展曰：“宜令意自从丈人所出，无泄吾言也。”意思是说，丈人要装作是说自己的心里话，不要把出主意的子孙给泄露出来。 ㉒“吾岂”句：我难道是老糊涂了不惦记自己的子孙了吗！悖，悖谬，迷惑。 ㉓“顾自”句：但是我家原有不少田产房屋。顾，但。颜师古注解作“思念”，亦可。 ㉔令：倘若，假使。 ㉕共：供给。 ㉖与凡人齐：与常人的生活水平一样。 ㉗“今复”句：现在又额外给子孙增加了许多财产。 ㉘但教：只会让。 ㉙益其过：给子孙增添不少过失。 ㉚且夫：犹况且、何况，表示进层的连词。 ㉛众人之怨：众人都仇恨嫉妒富人。之，助词。 ㉜“吾既”句：我已然没有很好地教育子孙了。亡，无。 ㉝“不欲”句：不想让子孙再添一些过失，而又结怨于人。 ㉞惠养：加恩抚养。老臣：年老之臣的自称。 ㉟乡党：乡里，乡亲。周制以五百家为党，一万二千五百家为乡，后因以乡党泛指乡里。飨：通“享”，享受。 ㊱以尽吾余日：以此来打发我的风烛残年。尽，竭尽。 ㊲说(yuè)服：心悦诚服。说，通“悦”。 ㊳寿终：自然死亡。

【参考资料】

晋·张协《咏史》：“昔在西京时，朝野多欢娱。蔼蔼东都门，群公祖二疏。朱轩曜金城，供帐临长衢。达人知止足，遗荣忽如无。抽簪解朝衣，散发归海隅。行人为陨涕，贤哉此大夫。挥金乐当年，岁暮不留储。顾谓四座宾，多财为累愚。清风激万代，名与天壤俱。咄此蝉冕客，君绅宜见书。”

唐·魏征《隋书·韦世康传》：“尝因休暇，谓子弟曰：‘吾闻功遂身退，古人常道。今年将耳顺，志在悬车，汝辈以为云何?’子福嗣答曰：‘大人澡身浴德，名立官成，盈满之诫，先哲所重。欲追踪二疏，伏奉尊命。’”

唐·护国《归山作》：“喧静各有路，偶遂心所安。纵然在朝市，终不忘林峦。四皓将拂衣，二疏能挂冠。窗前《隐逸传》，每日三时看。靳尚那可论，屈原亦可叹。至今黄泉下，名及青云端。松牖见初月，花间礼古坛。何处论心怀，世上空漫漫。”

唐·韩愈《送杨少尹序》：“昔疏广、受二子，以年老一朝辞位而去。于时公卿设供张祖道都门外，车数百两，道路观者多叹息泣下，共言其贤。汉史既传其事，而后世工画者，又图其迹，至今照人耳目，赫赫若前日事。国子司业杨君巨源，方以能诗训后进，一旦以年满七十，亦白丞相去，归其乡。世常说古今人不相及，今杨与二疏，其意岂异也？余忝在公卿后，遇病不能出，不知杨侯去时，城门外送者几人，车几两，马几匹，道边观者，亦有叹息，知其为贤以(与)否？而太史氏又能张大其事，为传继二疏踪迹否？不落莫(寞)否？见今世无工画者，而画与不画，固不论也。然吾闻杨侯之去，丞相有爱而惜之者，白以为其都少尹，不绝其禄，又为歌诗以劝之，京师之长于诗者，亦属而和之。又不知当时二疏之去，有是事否？古今人同不同，未可知也。

“中世士大夫以官为家，罢则无所于归。杨侯始冠，举于其乡，歌《鹿鸣》而来也。今之归，指其树曰：‘某树，吾先人之所种也。某水某丘，吾童子时，所钓游也。’乡人莫不加敬，诫子孙以杨侯不去其乡为法。古之所谓乡先生，没而可祭于社者，其在斯人欤！其在斯人欤！”

宋·李焘《续资治通鉴长编》，太宗端拱元年：“闰五月己丑，以襄州衙内都虞侯赵承煦为六宅使。承煦，(赵)普次子也。普再入相，未始为求官，上特命之。普常戒其子弟曰：‘吾本书生，偶逢昌运，受宠逾分，固当以身许国，私家之事，吾无预焉。尔等宜各勉励，勿重吾过。’故自宥密升宰辅，出入三十余年，未始为其亲属求恩泽者。”

宋·李焘《续资治通鉴长编》，太宗淳化二年：“(刘福)在雄州五年，境内宁谧，百姓遮转运使，愿追述治迹，以其状闻，诏许立遗爱碑于牙门外。福既贵，诸子尝劝福建大第，福怒曰：‘我受禄甚厚，足以僦舍庇汝曹，固当以身许国，未有尺寸之效以报恩，岂可营居第为自安计乎！’卒不许。没后，上闻其言，以白金五千两赐其子，令市宅以居焉。”

宋·范仲淹《告诸子书》：“吾贫时与汝母养吾亲，汝母躬执爨(亲自烧火做饭)，而吾亲甘旨未尝充(足)也。今而得厚禄，欲以养亲，亲不在矣，汝母亦已早世(逝)。吾所最恨者，忍令(容忍放纵)若曹(你们)享富贵之乐也！”

宋·范仲淹《告子弟书》：“吾吴中宗族甚众，于吾固有亲疏，然吾祖宗视之，则均是子孙，固无亲疏也。苟(如)祖宗之意无亲疏，则饥寒者，吾安得不恤也？自祖宗来，积德百余年，而始发(迹)于吾，得至大官。若独享富贵而不恤宗族，异日何以见祖宗于地下，今何颜(脸面)入家庙乎？”

《四部丛刊初编集部·范文正公集·范文正公年谱》：“(皇祐元年己丑，年六十一岁)置义庄于苏州。按《言行录》云：公在杭，子弟以公有退志，乘间请治第(修建宅第)洛阳，树园圃，以为逸老之地。公曰：‘人苟有道义之乐，形骸可外，况居室乎？吾今年逾六十，生且无几，乃谋治第，树园圃，顾何待而居乎？吾之所患，在位高而艰(难)退，不患退而无居也。且西都士大夫园林相望，为主人者莫得常游，而谁独障(阻拦)吾游者？岂必有诸己，而后为乐耶？俸赐之余，宜以赒(救济)宗族，若曹遵吾言，毋以为虑。’又按：《程氏遗书》云：‘横渠张先生(载)言：有欲为公买绿野堂，公不肯，曰：在唐如晋公(裴度)者，谁可尊也？一旦取其物而有之，如何得安？宁使耕坏及他人有之，己则不可取也。’”

明·何景明《蹇赋》：“予羡夫二疏之鉴止兮，齐县舆(悬车)而脱驾。”

明·张燧《千百年眼》卷五“二疏之去以许伯”一文：“萧望之为元帝傅，与石显为仇，卒为石显所陷。疏广亦为元帝傅，与许伯为恶，而许伯莫能肆其毒。萧、疏事体一同，而安危异者，去就之势异也。且元帝仁柔不断，疏傅盖熟察其为人，故一且(旦)引知足之分，父子相携而去之。人徒知疏傅之去为高，而不知所以去者，盖以此耳。”

清·顾炎武《日知录》：“唐张嘉贞在定州，所亲有劝立田业者，嘉贞曰：‘吾忝历官荣，曾任国相。未死之际，岂忧饥馁？若负谴责，虽富田庄何用？比见朝士广占良田，及身殁后，皆为无赖子弟作酒色之资，甚无谓也。’闻者叹服。此可谓得二疏之遗意者。”

清·述古斋主人《史论汇函》甲编所录宋黄震《读史日钞》“疏广”一文：“二疏知足，千古清风。不欲以多财益子孙过，尤人当服膺者。”

东海孝妇

东海有孝妇①，少寡，亡子②，养姑甚谨③，姑欲嫁之，终不肯。姑谓邻人曰：“孝妇事我勤苦④，哀其亡子守寡⑤。我老，久累丁壮⑥，奈何？”其后姑自经死⑦，姑女告吏：“妇杀我母。”吏捕孝妇，孝妇辞不杀姑⑧。吏验治⑨，孝妇自诬服⑩。具狱上府⑪，于公以为此妇养姑十余年⑫，以孝闻，必不杀也。太守不听，于公争之，弗能得，乃抱其具狱，哭于府上，因辞疾去。太守竟论杀孝妇⑬。郡中枯旱三年。后太守至，卜筮其故⑭，于公曰：“孝妇不当死，前太守强断之⑮，咎党在是乎⑯？”于是太守杀牛自祭孝妇冢⑰，因表其墓⑱，天立大雨⑲，岁孰⑳。郡中以此大敬重于公㉑。(《汉书·于定国传》)

【注释】

① 东海：郡名，治所在今山东郯城北。 ② 亡：无。 ③ 姑：婆婆。谨：恭谨，孝顺。 ④ 事：侍奉，伺候。 ⑤ 哀：哀怜，惋惜。 ⑥ 丁壮：少壮的人。 ⑦ 自经：自缢，自己上吊死。颜师古注：“不欲累妇，故自杀。” ⑧ 辞：辞状，口供。 ⑨ 验治：查验处治。 ⑩ 诬服：无辜而服罪，受屈招认，屈招。诬，妄言，欺骗。 ⑪ 具狱：备文定案，全部案卷。颜师古注：“具狱者，狱案已成，其文备具也。”上府：上报郡府主管部门。颜师古注：“府，郡之曹府也。” ⑫ 于公：于定国之父，东海郯(今山东郯城)人。曾为县狱史、郡决曹，决狱公平，郡中为之立生祠，号曰于公祠。其子于定国，字曼倩，少学法于父，后亦为

狱史、郡决曹，补廷尉史，迁侍御史、御史中丞。宣帝时为光禄大夫、水衡都尉、廷尉。身为九卿，而迎师学《春秋》，身执经，北面备弟子礼。治狱审慎平正，朝廷称之曰："张释之为廷尉，天下无冤民；于定国为廷尉，民自以不冤。"为廷尉十八岁，迁御史大夫。宣帝末年为丞相，封西平侯。 ⑬ 论杀：判处死刑。 ⑭ 卜筮：预测吉凶，用龟甲称卜，用蓍草称筮。 ⑮ 强断：勉强判决。 ⑯"咎党"句：灾祸也许就是因为这个原因吧！党，通"傥"，或者。 ⑰ 冢：坟墓。 ⑱ 表其墓：在她的墓前刻石，以彰其善。表，旌表，表彰。 ⑲ 天立大雨：天立刻下大雨。 ⑳ 岁孰：每年庄稼都丰熟。 ㉑ 大：甚，非常。

【参考资料】

汉·班固《汉书·于定国传》："始定国父于公，其闾门坏，父老方共治之。于公谓曰：'少高大闾门，令容驷马高盖车。我治狱多阴德，未尝有所冤，子孙必有兴者。'至定国为丞相，永(定国之子)为御史大夫，封侯传世云。"

宋·苏辙《次韵子瞻吴中田妇叹》："久雨得晴唯恐迟，既晴求雨来何时？今年舟楫委平地，去年蓑笠为裳衣。不知天公谁怨怒，弃置下土尘与泥。丈夫强健四方走，妇女齷齪将安归？榻然四壁倚机杼，收拾遗粒吹糠粃。东邻十日营一炊，西邻谁使救汝饥？海边唯有盐不旱，卖盐连坐收婴儿。传闻四方同此苦，不关东海诛孝妇。"

清·述古斋主人《史论汇函》甲编所录宋黄震《读史日钞》"于定国"一文："定国身为九卿，犹迎师，身执弟子礼，今无是矣。为廷尉十八岁，不迁，今亦无是矣。"

拦驾叩谏

(薛)广德为人温雅有酝藉[①]。及为三公，直言谏争。始拜旬日间[②]，上幸甘泉[③]，郊泰畤[④]，礼毕[⑤]，因留射猎。广德上书曰："窃见关东困极[⑥]，人民流离。陛下日撞亡秦之钟[⑦]，听郑卫之乐[⑧]，臣诚悼之[⑨]。今士卒暴露，从官劳倦，愿陛下亟反宫[⑩]，思与百姓同忧乐，天下幸甚[⑪]。"上即日还[⑫]。其秋，上酎祭宗庙[⑬]，出便门[⑭]，欲御楼船[⑮]，广德当乘舆车[⑯]，免冠顿首曰："宜从桥[⑰]。"诏曰："大夫冠[⑱]。"广德曰："陛下不听臣，臣自刎，以血污车轮，陛下不得入庙矣！"上不说[⑲]。先驱光禄大夫张猛进曰[⑳]："臣闻主圣臣直。乘船危，就桥安，圣主不乘

危。御史大夫言可听。”上曰：“晓人不当如是邪[21]！”乃从桥。（《汉书·薛广德传》）

【注释】

① 薛广德：字长卿，沛郡相（今安徽濉溪县西北）人。以《鲁诗》教授楚国，荐为博士，迁谏大夫、长信少府、御史大夫。乞骸骨，归老。酝藉：宽和大量。颜师古注引服虔曰：“宽博有余也。” ② 始拜旬日间：拜御史大夫才十天左右。旬日，十天。 ③ 上：指汉元帝。甘泉：甘泉宫，又名林光宫、云阳宫。秦置，在今陕西淳化县西北甘泉山上。 ④ 郊泰畤：到南郊祭天。周代于冬至日祭天于南郊称为“郊”，夏至日祭地于北郊称为“社”，合称“郊社”。泰畤，天子祭天神处。据《汉书·武帝纪》，元鼎五年：“冬至，立泰畤于甘泉。天子亲郊见，朝日夕月。”颜师古注：“祠太一也。”臣瓒曰：“《汉仪注》：郊泰畤，皇帝平旦出竹宫，东向揖日；其夕，西南向揖月。” ⑤ 礼毕：祭礼完毕。 ⑥ 关东：函谷关以东的广大地区。困极：极为穷困，非常贫穷。 ⑦ 日撞亡秦之钟：每天都在敲击亡国的警钟。 ⑧ 郑卫之乐：淫靡之乐，亡国之音。原指春秋战国时郑、卫等国的民间音乐，因其多写爱情相思等题材内容，与传统雅乐大相径庭，故向来遭到儒家的抨击。《礼记·乐记》：“郑卫之音，乱世之音也，比于慢矣。桑间濮上之音，亡国之音也。”《论语·卫灵公》：“放郑声，远佞人；郑声淫，佞人殆。”《论语·阳货》：“恶郑声之乱雅乐也。” ⑨ 诚：确实。悼：悲痛，感伤。 ⑩ 亟：急。反：通“返”。 ⑪ 幸甚：表示非常幸运或庆幸。 ⑫ 即日：当日。 ⑬ 酎（zhòu）祭：秋八月，诸王侯献金助祭，大家一起用重酿醇酒祭祖。《汉书·景帝纪》，元年诏：“高庙酎。”张晏曰：“正月旦作酒，八月成，名曰酎。酎之言纯也。至武帝时，因八月尝酎会诸侯庙中，出金助祭，所谓酎金也。”颜师古注：“酎，三重酿，醇酒也。味厚，故以荐宗庙。”又，《史记·平准书》：“至酎，少府省金，而列侯坐酎金失侯者百余人。”裴骃《集解》引如淳曰：“《汉仪注》：王子为侯，侯岁以户口酎黄金于汉庙，皇帝临受献金以助祭。”据此，则知每年酎祭时诸王侯为子孙者，例应按封国人口多少出金助祭，而不出金者则削侯。 ⑭ 便门：颜师古注：“长安城南面西头第一门。” ⑮ 御：乘。楼船：有楼的大船。古代多用于作战。 ⑯ 当：遮拦，阻挡。 ⑰ 宜从桥：应从桥上过。 ⑱ 大夫冠：御史大夫，赶快把官帽戴上。冠，作动词。 ⑲ 说：通“悦”。 ⑳ 先驱：皇帝出行队伍的先导官员。光禄大夫：光禄勋（郎中令）属官，秩比二千石。张猛：汉中成固（今陕西成固东）人。字子游，张骞之孙。元帝时为光禄大夫，使匈奴，给事中。为石显所谮，自杀。 ㉑ “晓人”句：劝人难道不应当如此吗！晓，晓谕，劝告。是，此。邪（yé），语尾助词，表示疑问语气。颜师古注：“谓谏争之言，当如猛之详善也。”

【参考资料】

汉·班固《汉书·薛广德传》："(曾)以《鲁诗》教授楚国，龚胜、舍师事焉。萧望之为御史大夫，除广德为属，数与论议，器之，荐广德经行宜充本朝。为博士，论石渠(阁)，迁谏大夫，代贡禹为长信少府、御史大夫。"

以病笃而不受侯印

哀帝即位①，征(平)当为光禄大夫诸吏散骑②，复为光禄勋、御史大夫，至丞相。以冬月，赐爵关内侯③。明年春④，上使使者召⑤，欲封当⑥。当病笃，不应召。室家或谓当⑦："不可强起受侯印为子孙邪⑧?"当曰："吾居大位⑨，已负素餐之责矣⑩，起受侯印，还卧而死⑪，死有余罪。今不起者，所以为子孙也。"遂上书乞骸骨。上报曰⑫："朕选于众⑬，以君为相，视事日寡⑭，辅政未久，阴阳不调，冬无大雪，旱气为灾，朕之不德⑮，何必君罪⑯？君何疑而上书乞骸骨，归关内侯爵邑？使尚书令谭赐君养牛一⑰，上尊酒十石⑱。君其勉致医药以自持⑲。"后月余，卒。子晏以明经历位大司徒⑳，封防乡侯。汉兴，唯韦、平父子至宰相㉑。(《汉书·平当传》)

【注释】

① 哀帝：刘欣，元帝庶孙，定陶恭王子。母为丁姬。年三岁嗣立为王，十七岁，成帝以无子嗣，遂立之为皇太子。成帝崩，即帝位，是为哀帝。公元前6～前1年在位。事见《汉书·哀帝纪》。 ② 平当：字子思，平陵(今陕西咸阳西北)人。初察廉为顺阳长、栒邑令，以明经为博士，荐为给事中。迁丞相司直、长信少府、大鸿胪、光禄勋、御史大夫、丞相。诸吏散骑：光禄大夫不定员，平日备顾问应对，出充皇帝车骑，故称。 ③ 关内侯：爵位名。秦汉时置，为二十等爵的第十九级，位在彻(通)侯之次。如淳引《汉仪注》："御史大夫为丞相，更春乃封，故先赐爵关内侯。"李奇曰："以冬月非封侯时，故且先赐爵关内侯也。"《汉书·百官公卿表》颜师古注："言有侯号而居京畿，无国邑。" ④ 明年：第二年。 ⑤ 使使者：派使者。 ⑥ 欲封当：打算正式封平当为侯。 ⑦ 室家：此处泛指家庭成员。或：有人。 ⑧"不可"句：为了子孙后代，就不能勉强起身去接受侯印吗？ ⑨ 大位：高位，指丞相。 ⑩"已负"句：已经听到做相

不做事的责难了。负，背负，遭受。素餐，不劳而食，空享俸禄而不做事。责，指责，批评。 ⑪ 还卧而死：回来就卧床而死。 ⑫ 上报曰：皇上答复说。⑬ 朕：原为古人自称之词，从秦始皇起，才专用为天子的自称。太后听政，亦自称朕。 ⑭ 视事日寡：就职治事没有几天。 ⑮ 朕之不德：是我的德行修养不够。自谦之词。 ⑯ 何必君罪：为何一定要归罪于君呢？言下之意是说，不一定是丞相你的过失，我也有责任。 ⑰ 尚书令：官名。始于秦，西汉沿置，本为少府属官，掌章奏文书。汉武帝以后职权渐重。东汉政务皆归尚书，尚书令成为总揽所有政令的最高官员。谭：名字、籍贯皆不详。 ⑱ 上尊酒：上等酒。如淳曰：“律：稻米一斗得酒一斗为上尊，稷米一斗得酒一斗为中尊，粟米一斗得酒一斗为下尊。”颜师古注：“稷即粟也。中尊者宜为黍米，不当言稷。且作酒自有浇醇之异为上中下耳，非必系之米。” ⑲ 其：犹“当”。表祈使语气。勉致医药以自持：尽力服药来自我维持。致，尽。 ⑳ 明经：通晓经术。大司徒：汉哀帝元寿二年，尝更名丞相为大司徒，与大司马、大司空并称三公。 ㉑ 韦：颜师古注：“谓韦贤也。”

少时便励志如此

始(王)吉少时学问[①]，居长安。东家有大枣树垂吉庭中[②]，吉妇取枣以啖吉[③]。吉后知之，乃去妇[④]。东家闻而欲伐其树，邻里共止之，因固请吉令还妇[⑤]。里中为之语曰[⑥]：“东家有树，王阳妇去[⑦]；东家枣完[⑧]，去妇复还。”其厉志如此[⑨]。(《汉书·王吉传》)

【注释】

① 王吉：字子阳，琅邪皋虞(今山东即墨东北)人。兼通五经，以《诗》《论语》教授。以郡吏举孝廉为郎，补若卢右丞，迁云阳令。举贤良为昌邑中尉，屡谏王贺游猎无节。昭帝崩，无嗣，霍光等迎立昌邑王，即位二十余日以行淫乱废，其群臣坐在国时不举奏王过，陷王大恶，皆下狱诛，唯吉与郎中令龚遂以忠直数谏正得减死，髡为城旦。起家复为益州刺史、博士谏大夫。上疏言时政得失，宣帝以为迂阔，遂谢病归。元帝即位，遣使征，道病卒。学问：学习和询问。 ② 东家：东邻。 ③ 啖(dàn)：吃，或给人吃。颜师古注：“谓使食之。” ④ 去妇：离弃妻子，休妻。 ⑤ 固：坚持，执意。 ⑥“里中”句：街上流传着

这样几句话。 ⑦ 王阳：王吉，字子阳。这里略去“子”字，以成四字句结构。⑧ 枣完：枣子完整无缺。 ⑨ 厉志：磨炼意志，严于自律。

【参考资料】

汉·班固《汉书·王吉传》：“自吉至崇（吉子骏，骏子崇），世名清廉，然材器名称稍不能及父，而禄位弥隆。皆好车马衣服，其自奉养极为鲜明，而亡金银锦绣之物。及迁徙去处，所载不过囊衣，不畜积余财。去位家居，亦布衣疏食。天下服其廉而怪其奢，故俗传‘王阳能作黄金’。”颜师古注：“以其无所求取，不营产业而车服鲜明，故谓自作黄金以给用。”

禄赐愈多愈不愿为尸位素餐之臣

（贡）禹上书曰①：“臣禹年老贫穷，家訾不满万钱②，妻子糠豆不赡③，裋褐不完④。有田百三十亩，陛下过意征臣⑤，臣卖田百亩以供车马。至，拜为谏大夫⑥，秩八百石，奉钱月九千二百⑦。廪食太官⑧，又蒙赏赐四时杂缯棉絮衣服酒肉诸果物⑨，德厚甚深⑩。疾病侍医临治⑪，赖陛下神灵，不死而活。又拜为光禄大夫，秩二千石，奉钱月万二千。禄赐愈多，家日以益富，身日以益尊，诚非草茅愚臣所当蒙也⑫。伏自念终亡以报厚德⑬，日夜惭愧而已。臣禹犬马之齿八十一⑭，血气衰竭，耳目不聪明⑮，非复能有补益⑯，所谓素餐尸禄污朝之臣也⑰。自痛去家三千里，凡有一子⑱，年十二，非有在家为臣具棺椁者也⑲。诚恐一旦颠仆气竭⑳，不复自还㉑，污席荐于宫室㉒，骸骨弃捐㉓，孤魂不归。不胜私愿㉔，愿乞骸骨，及身生归乡里㉕，死亡所恨㉖。”

天子报曰：“朕以生有伯夷之廉㉗，史鱼之直㉘，守经据古㉙，不阿当世㉚，孳孳于民㉛，俗之所寡㉜，故亲近生㉝，几参国政㉞。今未得久闻生之奇论也，而云欲退㉟，意岂有所恨与㊱？将在位者与生殊乎㊲？往者尝令金敞语生㊳，欲及生时禄生之子㊴，既已谕矣㊵，今复云子少。夫以王命辨护生家㊶，虽百子何以加㊷？《传》曰亡怀土㊸，何必思故乡！生其强饭慎疾以自辅㊹。”后月余，以禹为长信少府㊺。会御史大夫陈万年卒㊻，禹代为御史大夫，列于三公。自禹在位，数言得失㊼，书数十上。（《汉书·贡禹传》）

【注释】

① 贡禹：字少翁，琅邪(治今山东诸城)人。以经明洁行闻名，征为博士、凉州刺史，病去官。复举贤良为河南令，复去官。元帝即位，征为谏大夫，迁光禄大夫。以老乞归，不许，历长信少府、御史大夫。多次上疏，言朝政得失。② 家訾：家资，家产。訾，通"赀"，钱财。 ③ 糠豆不赡：粗粮不足。赡，充裕。 ④ 裋(shù)褐不完：连粗布衣服也不完好，谓穿的是残破不全的粗布衣裳。颜师古注："裋者，谓僮竖所著布长襦也。褐，毛布之衣也。" ⑤ 陛下过意征臣：陛下错误地征召任用我。颜师古注："过，犹误也。" ⑥ 谏大夫：光禄勋属官。 ⑦ 奉钱：薪俸。 ⑧ 廪食：粮食由官府供给。太官：汉为少府属官，掌宫廷及百官的俸禄给养。颜师古注："谓太官给其食。" ⑨ 杂缯：各种丝织品。 ⑩ 德厚甚深：恩德非常深厚。 ⑪ 侍医：御医，太医。颜师古注："侍医，天子之医也。"临治：临床诊治。临，到。 ⑫"诚非"句：实在不是我这个出身微贱、秉性笨拙的人所能承受的。草茅，草野。 ⑬ 伏：下对上的敬辞。自念：自思。亡：无。 ⑭ 犬马之齿：臣子对君上卑称自己的年龄为犬马齿。犬马，卑称。齿，小牛小马每岁生一齿，故以齿计算牛马的岁数，因借指人的年龄。 ⑮ 不聪明：视听不灵敏。聪，闻。 ⑯"非复"句：不能再有什么补益。⑰ 污朝之臣：使朝廷蒙辱之臣。 ⑱ 凡：总共。 ⑲"非有"句：没有年壮在家可以为我准备棺材的人。椁(guǒ)，棺外之套棺。 ⑳"诚恐"句：真有点担心一旦摔倒在地而咽了气。 ㉑ 不复自还：自己不能活着还乡。 ㉒ 席荐：席子和草荐，用作铺垫或包裹尸体。 ㉓ 骸骨弃捐：尸骨被抛弃。 ㉔ 不胜私愿：一点个人的愿望。不胜，不尽。 ㉕ 及身生归乡里：趁自己还活着而回归故里。颜师古注："及身生，谓及未死之前。" ㉖ 亡：无。 ㉗ 生：尊称。颜师古注："生，谓先生也。伯夷：商末孤竹国君的长子。初，孤竹君以次子叔齐为继承人，孤竹君死，叔齐让位于伯夷，不受，二人皆奔周。国人只好立其中子。至武王伐纣，二人尝叩马切谏。商灭，二人隐于首阳山，义不食周粟而死。事见《史记·伯夷列传》。 ㉘ 史鱼，卫大夫史鳝也。《论语》称孔子曰：'直哉史鱼，邦有道如矢，邦无道如矢。'言其壹志。"直：正直，耿直。 ㉙ 守经据古：固守经义，据守古法。 ㉚ 不阿(ē)当世：不愿追随当代流行的风气。阿，曲从，迎合。㉛ 孳孳于民：勤勉于民，为民勤苦操劳。孳孳，同"孜孜"。 ㉜ 俗之所寡：在世俗中很少见到。 ㉝ 故亲近生：所以才亲近先生。 ㉞ 几参国政：希望你能参与国家大政的制定。几，通"冀"，期望。 ㉟ 而云欲退：而你却说想辞官退隐。 ㊱"意岂"句：心里难道有什么怨恨吗？与，同"欤"。语尾助词。 ㊲"将在位"句：还是在位当权者与先生政见不合？将，抑或，还是。殊，不同。颜师

古注："言志趣不同。" ㊳"往者"句：前些日子曾令金敞转告先生。 ㊴"欲及"句：我打算趁你还在世的时候就赐禄给你的儿子。前一个"生"字，活着、在世的意思。后一个"生"字，则为"先生"之意。 ㊵谕：面谕，喻示。旧时上告下的通称。 ㊶夫：发语词，无义。王命：君令，圣旨。辨护：照顾维护。 ㊷虽百子何以加：即使他人有一百个儿子，其荣宠又怎能超过你家呢？加，超过，凌驾。 ㊸《传》(zhuàn)：此指书传、著作。亡怀土：君子不要怀念故土。亡，无。颜师古注引《论语》中孔子曰："君子怀德，小人怀土。"此处借用其意。㊹"生其"句：先生应当尽力多吃饭，注重医治，而把自己调养好。其，当，表祈使语气。辅，卫护，辅助。 ㊺长信少府：官名。《汉书·百官公卿表》："长信詹事掌皇太后宫。景帝中六年，更名长信少府。平帝元始四年，更名长乐少府。"张晏曰："以太后所居宫为名也。居长信宫则曰长信少府，居长乐宫则曰长乐少府也。" ㊻会：恰逢。陈万年：字幼公，沛郡相(今安徽濉溪县西北)人。初为郡吏，历县令，迁广陵太守、右扶风、太仆，代于定国为御史大夫。事见《汉书·陈万年传》。 ㊼数言得失：多次论说朝政得失。

【参考资料】

汉·班固《汉书·王贡两龚鲍传》赞曰："《易》称：'君子之道，或出或处，或默或语。'言其各得道之一节，譬诸草木，区以别矣。故曰山林之士往而不能反，朝廷之士入而不能出，二者各有所短。春秋列国卿大夫及至汉兴将相名臣，怀禄耽宠以失其世者多矣！是故清节之士于是为贵。然大率多能自治而不能治人。王、贡之材，优于龚、鲍。守死善道，(龚)胜实蹈焉。贞而不谅，薛方近之。郭钦、蒋诩好遁不污，绝纪(逡)唐(林)矣！"

欲救鲍司隶者会此下

丞相孔光四时行园陵①，官属以令行驰道中②，(鲍)宣出逢之③，使吏钩止丞相掾史④，没入其车马⑤，摧辱丞相⑥。事下御史中丞⑦，侍御史至司隶官⑧，欲捕从事⑨，闭门不肯内⑩。宣坐距闭使者⑪，亡人臣礼⑫，大不敬，不道⑬，下廷尉狱。博士弟子济南王咸举幡太学下⑭，曰："欲救鲍司隶者会此下。"诸生会者千余人⑮。朝日⑯，遮丞相孔光自言⑰，丞相车不得行，又守阙上书⑱。上遂抵宣罪减死一等⑲，髡钳⑳。宣既被刑㉑，乃徙之上党㉒，以为其地宜田牧㉓，又少豪俊，易长雄㉔，遂家于长子㉕。平帝即位㉖，王莽秉政㉗，阴有篡国之心㉘，乃风州郡以罪法案诛诸豪桀㉙，及汉忠直臣不附己者，宣及何武等皆死㉚。（《汉书·鲍宣传》）

【注释】

① 孔光：字子夏，孔子十四世孙，孔霸之少子。明经学，举方正，为谏大夫，左迁虹长，自免归教授。成帝即位，举为博士。历仆射、尚书令、光禄大夫、光禄勋、御史大夫。以议帝嗣不中意，左迁廷尉。寻，拜左将军、丞相、博山侯。哀帝即位，以谮免相。傅太后死，复起为御史大夫、丞相、大司徒。平帝立，王莽专政，徙为幼帝太师，称疾辞位。事见《汉书·孔光传》。行园陵：巡视诸帝陵寝。 ② 官属：丞相属官。以令：依照律令。驰道：御道，专供帝王车马驰行的大道。如淳曰："令诸使有制得行驰道中者，行旁道，无得行中央三丈也。" ③ 鲍宣：字子都，渤海高城（今河北盐山县东南）人。好学明经，为县乡啬夫，守束州丞，后为都尉太守功曹，举孝廉为郎，病去官，复为州从事。哀帝初，以荐为谏大夫，迁豫州牧、司隶校尉，以孔光事下狱，出徙家长子。平帝初，王莽诛除异己，坐系狱，自杀。 ④ 钩止：拘留，扣留。掾史：丞相属官，分曹治事，多由丞相自聘。 ⑤ 没入：没收。 ⑥ 摧辱：摧折侮辱。 ⑦ 事下：事件下交。御史中丞：御史大夫属官，内掌图籍秘书，外督部刺史。领侍御史数人，受公卿奏事，举劾按章。 ⑧ 侍御史：御史中丞属官。司隶官：司隶校尉属官。按，时鲍宣正为司隶校尉，掌京师治安。 ⑨ 从事：应指司隶校尉自辟的僚属，即上文所谓"使吏钩止"之"吏"。 ⑩ 闭门不肯内：鲍宣关闭大门，不让侍御史等进来抓人。内，通"纳"，纳入，进入。 ⑪ 坐：定罪。距闭：闭门拒见。距，通"拒"。 ⑫ 亡：无。 ⑬ 不道：无道，胡作非为。 ⑭ 博士弟子：即汉代博士所教授的弟子。西汉时以博士为学官，由太常选拔学生就之受业，各郡国亦得选送。至规定年限，经过考核，可任郡国文学，优异者可授朝廷或地方官员。《汉书·百官公卿表》："博士，秦官，掌通古今，秩比六百石，员多至数十人。武帝建元五年，初置五经博士。宣帝黄龙元年，稍增员十二人。"举幡：举着幡旗。太学：古代设于京城的最高学府。西周已有太学之名。武帝时立经学博士，教授弟子，为西汉置太学之始。东汉太学规模甚大，顺帝时有二百四十房，一千八百五十室。质帝时，太学生多达三万人。 ⑮ 诸生：众弟子，太学生。 ⑯ 朝日：上朝之日。颜师古注："谓早旦欲入朝也。" ⑰ 遮：拦阻。 ⑱ 守阙：守候在宫门前。 ⑲ 抵：抵罪，定罪。减死一等：减免死刑一个等级。 ⑳ 髡（kūn）钳：古代刑罚之一。剃去头发称髡，用铁圈束颈称钳。 ㉑ 被刑：服刑。 ㉒ 徙：迁徙。上党：郡名，秦汉治所在长子县（今山西长子县西南）。

㉓ 宜田牧：适合耕田放牧。 ㉔ 易长雄：易于称雄。颜师古注："长，为之长帅也。雄，为之雄豪也。" ㉕ 长子：颜师古注："上党之县也。" ㉖ 平帝：刘衎，元帝庶孙，中山孝王之子，母为卫姬。年三岁嗣立为王。哀帝死，王莽迎立为帝，年方九岁。即位五年崩。公元1～5年在位。事见《汉书·平帝纪》。 ㉗ 王莽：字巨君，孝元皇后之弟子。元帝、成帝时，元后父及兄弟皆封侯，居位辅政，王家凡九侯、五大司马，唯莽父曼早死，不侯。莽孤贫，折节为恭俭。成帝阳朔中，伯父大将军王凤病重，托莽于太后及帝，拜黄门郎，迁射声校尉。永始元年，封新都侯，迁骑都尉光禄大夫侍中。绥和元年，王根荐莽自代，擢为大司马，辅政。哀帝、平帝世，皆擅权自用。元始五年，毒死平帝，自称假皇帝，次年立年仅二岁的刘婴为太子，号孺子。初始元年称帝，改国号为新，年号为始建国。是为旧史所谓王莽新朝。公元8～23年在位。事详见《汉书·王莽传》。 ㉘ 阴：暗中，私下。 ㉙ 风(fěng)：通"讽"，劝说。案诛：查明罪行而处以死刑。诸豪桀：指各地的英雄豪杰。 ㉚ 何武：字巨公，蜀郡郫县(今四川郫县)人。少时从学于博士，治《易》，举四行，迁为鄠令，坐法免归。太仆王音举贤良方正，拜谏大夫，迁扬州刺史，二千石长吏多所劾奏。入为丞相司直，出为清河太守，坐被灾害什四以上免。又以荐为谏大夫，历兖州刺史、司隶校尉、京兆尹、御史大夫、前将军，封汜乡侯。反对外戚专权，被诬，槛车征之，自杀。事详见《汉书·何武传》。

【参考资料】

清·述古斋主人《史论汇函》甲编所录宋黄震《读史日钞》"王贡两龚鲍"一文："哀帝时，丁、傅并进，董贤贵幸，鲍宣反复切谏，虽昏如哀帝，亦为动，不诚，而能若是乎？莽虽以其不附己诛之，宣盖死有余荣矣！"

绝口不道前恩

(丙)吉为人深厚[①]，不伐善[②]。自曾孙遭遇[③]，吉绝口不道前恩，故朝廷莫能明其功也[④]。地节三年[⑤]，立皇太子[⑥]，吉为太子太傅，数月，迁御史大夫。及霍氏诛[⑦]，上躬亲政[⑧]，省尚书事[⑨]。是时，掖庭宫婢则令民夫上书[⑩]，自陈尝有阿保之功[⑪]。章下掖庭令考问[⑫]，则辞引使者丙吉知状[⑬]。掖庭令将则诣御史府以视吉[⑭]。吉识，谓则曰："汝尝坐养皇曾孙不谨督笞[⑮]，汝安得有功[⑯]？独渭城胡组、淮阳郭徵卿有恩耳[17]。"分别奏组等共养劳苦状[18]。诏吉求组、徵卿[19]，已死，有子孙，皆受厚赏。诏免则为庶人[20]，赐钱十万。上亲见问，然后知吉有旧恩，而终不言。上大贤之[21]，制诏丞相[22]："朕微眇时[23]，御史大夫吉与朕有旧恩，厥德茂焉[24]。《诗》不云虖[25]：'亡德不报[26]'。其封吉为博阳侯，邑千三百户[27]。"临当封[28]，吉疾病，上将使人加绋而封之[29]，及其生存也[30]。上忧吉疾不起[31]，太子太傅夏侯胜曰[32]："此未死也[33]。臣闻有阴德者，必飨其乐以及子孙[34]。今吉未获报而疾甚，非其死疾也[35]。"后病果愈[36]。吉上书固辞[37]，自陈不宜以空名受赏[38]。上报曰："朕之封君，非空名也。而君上书归侯印，是显朕之不德也[39]。方今天下少事[40]，君其专精神[41]，省思虑，近医药，以自持[42]。"后五岁，代魏相为丞相[43]。(《汉书·丙吉传》)

【注释】

① 丙吉：字少卿，鲁国(今山东曲阜)人。治律令，为鲁狱史，积功劳，迁至廷尉右监。昭帝时，历车骑将军军市令、大将军长史、光禄大夫给事中。与霍光谋立宣帝，赐爵关内侯。历太子太傅、御史大夫、丞相。封博阳侯。深厚：宽厚，厚道。 ② 不伐善：不夸耀自己干的善事或长处。 ③ 曾孙遭遇：武帝晚年多病多疑，迷信巫蛊之术，所宠近臣治巫使者江充因以为奸，滥杀无辜，前后死者数万人。充与太子有隙，遂亦诬告太子刘据宫中埋桐木人以诅咒，太子发兵杀充等，武帝亦发兵讨捕，太子兵败自杀。史称巫蛊之祸。武帝曾孙，亦即太子孙刘询(原名病已)，生数月，被关押在郡邸狱，廷尉监丙吉雇人乳养，私给衣食，拒闭捕者，曾孙赖之得全。逢大赦，吉乃载曾孙送祖母史良娣家，后入掖庭养视。十八岁时，昭帝死，无嗣，大将军霍光立之为帝，是为宣帝。遭遇，遭遇际会，逢遇时机。颜师古注："谓升大位也。" ④ 明：明白，了解。 ⑤ 地节三年：即公元前67年。地节，宣帝年号。 ⑥ 皇太子：宣帝子刘奭。宣帝微时生民间，年二岁，宣帝即位。八岁，立为太子。即位，则为汉元帝。 ⑦ 霍氏诛：霍光，字子孟，河东平阳(今山西临汾西南)人。霍去病异母弟。武帝时，为奉车都尉。昭帝年幼即位，与桑弘羊等同受遗诏辅政，任大司马大将军，封博陆侯。昭帝死，迎立昌邑王刘贺为帝，不久即废，又迎立宣帝。前后执政凡二十年。光死，霍氏子孙充斥朝野，仍然把持军政大权，且淫乱无度，恃势骄横。会毒死许皇后事发，宣帝渐削其权，诸霍子孙惶恐谋为大逆，遂遭诛灭，与霍氏相连坐诛灭者数千家。事详见《汉书·霍光传》。 ⑧ 上躬亲政：宣帝亲自料理朝政。⑨ 省尚书事：减省尚书事权。霍光死，其兄霍去病之孙霍山封乐平侯，以奉车都尉领尚书事。宣帝为了侵削其权，令吏民得直奏封事，不关尚书，群臣进见独往来，使人人皆得尽言于朝。尚书，本为少府属官，掌管朝廷的章奏文书。以其

在皇帝左右办事，汉武帝以后，职权渐重。至东汉、魏晋之尚书令，遂成为总揽全国政务的最高官员。 ⑩ 掖庭：宫中官署名，设掖庭令，一般以宦官为之。主要负责后宫贵人采女事务。掖庭，宫中旁舍，妃嫔居住的地方。《汉书·杜延年传》："时宣帝养于掖庭，号皇曾孙。"宫婢：宫中侍女。则：人名。 ⑪ 自陈：自述，自称。阿(ē)保：保护养育。颜师古注："谓未为宫婢时，有旧夫见在俗间者。" ⑫ 章：奏书。考问：拷问。 ⑬ 辞引：供词牵涉到。知状：知道具体情状。 ⑭ 将：带领。诣：到。以视吉：让丙吉辨认。 ⑮ 坐：坐罪，获罪。不谨：不小心，不谨慎。督笞：被督责受过鞭笞。督，察。 ⑯ 安得有功：怎能有功？ ⑰ 胡组：渭城县(今陕西咸阳市东北)人。郭徵卿：淮阳(今河南淮阳县)人。按，《汉书·宣帝纪》："丙吉为廷尉监，治巫蛊于郡邸，怜曾孙之亡辜，使女徒复作淮阳赵徵卿、渭城胡组更乳养。"地节三年三月，又诏曰："故人下至郡邸狱复作尝有阿保之功，皆受官禄田宅财物，各以恩深浅报之。"颜师古注引李奇曰："复作者，女徒也。谓轻罪，男子守边一岁，女子软弱不任守，复令作于官，亦一岁，故谓之复作徒也。"又引孟康曰："复音服，谓弛刑徒也，有赦令诏书去其钳钛赭衣。更犯事，不从徒加，与民为例，故当复为官作，满其本罪年月日，律名为复作也。"颜师古曰："孟说是也。赵徵卿淮阳人，胡组渭城人，皆女徒也，二人更递乳养曾孙。而《丙吉传》云郭徵卿。《纪》《传》不同，未知孰是。"王先谦《补注》引周寿昌曰："案此复作女徒，或传其家姓，或传其夫姓，故《纪》《传》有异同也。" ⑱ 共养：供养。劳苦状：辛苦情状。 ⑲ 求：寻求，寻找。⑳ 庶人：秦汉以后泛指没有官爵的平民百姓。 ㉑ 大贤之：甚贤之，认为他非常贤德。 ㉒ 制诏：制诰，帝王的诏旨、命令。蔡邕《独断》："汉天子正号曰皇帝，自称曰朕，臣民称之曰陛下，其言曰制诏。" ㉓ 微眇时：贫贱时，未为帝时。 ㉔ 厥德茂焉：其德行甚美。厥，其。茂，美。焉，语尾助词。 ㉕《诗》不云虖：《诗经》不是说过嘛。虖，通"乎"。 ㉖ 亡德不报：无有德而不报者。德，恩德。报，报答。此句原见《诗经·大雅·抑》。按，《汉书·宣帝纪》所载制诏亦有此语，颜师古注："言受人之德必有报也。" ㉗ 邑千三百户：封邑所得民税计有千三百户。 ㉘ 临当封：临封之日。临，到，及。 ㉙ 将：准备。绋(fú)：通"绂"，印组，系印之丝带。 ㉚ 及其生存：趁他还活着可以存放起来。㉛ 疾不起：病重不起，病逝的讳称。 ㉜ 夏侯胜：字长公，东平(今山东东平县东)人。少孤好学，从受《尚书》及《洪范五行传》。征为博士、光禄大夫。宣帝立，以《尚书》授太后，迁长信少府，赐爵关内侯。寻以非议诏书毁先帝下狱，遇赦，出为谏大夫给事中，复为长信少府，迁太子太傅。受诏撰《尚书》《论语说》。年九十卒官。事见《汉书·夏侯胜传》。 ㉝ 未死：未必死，不会死。 ㉞ 飨：通"享"。 ㉟ 非其死疾：不是必死之病。 ㊱ 愈：痊愈，病好。 ㊲ 固辞：执意推辞。 ㊳ 不宜：不应。 ㊴ 不德：不知报答恩德。 ㊵ 方今：当今，现在。 ㊶ 专：集中。 ㊷ 自持：自我调养。 ㊸ 魏相：字弱翁，济阴定陶(今山东定陶县西北)人。初为郡卒史，举贤良，为茂陵令。迁河南太守，以贼杀不辜下狱，赦出，守茂陵令，迁扬州刺史，征为谏大夫，复为河南太守。宣帝即位，入为大司农、御史大夫、丞相。封高平侯。明《易经》，有师法。为人严毅率直，于朝政多有补益。事见《汉书·魏相传》。

【参考资料】

汉·班固《汉书·魏相丙吉传》，赞曰："古之制名，必由象类，远取诸物，近取诸身。故经谓君为元首，臣为股肱，明其一体，相待而成也。是故君臣相配，古今常道，自然之势也。近观汉相，高祖开基，萧、曹为冠。孝宣中兴，丙、魏有声。是时黜陟有序，众职修理，公卿多称其位，海内兴于礼让。览其行事，岂虚虖哉！"

清·述古斋主人《史论汇函》甲编所录宋黄震《读史日钞》"丙吉"一文："(魏)相有纤怨于霍氏，必报；吉有大恩于宣帝，不言。相以严毅称意，吉以宽大辅政。丙、魏之不可同日而语明矣。"

又，《史论汇函》甲编所录清章邦元《读通鉴札记》"封丙吉等为列侯"一文："丙吉前拒诏保护曾孙，又口不言功，非大学问不能有此。在圣门，其冉、闵之流亚与？夏侯胜前言天久阴雨，臣下有谋工者。此言丙吉不死，皆偶然中者。然其言可存，盖前之所言，可以为无道者戒；后之所言，可以为修德者劝。"

丞相知大体

于官属掾史①，务掩过扬善②。吉驭吏耆酒③，数逋荡④，尝从吉出，醉欧丞相车上⑤。西曹主吏白欲斥之⑥，吉曰："以醉饱之失去士，使此人将复何所容⑦？西曹地忍之⑧，此不过污丞相车茵耳⑨。"遂不去也。此驭吏边郡人，习知边塞发奔命警备事⑩，尝出，适见驿骑持赤白囊⑪，边郡发奔命书驰来至⑫。驭吏因随驿骑至公车刺取⑬，知虏入云中、代郡⑭，遽归府见吉白状⑮，因曰⑯："恐虏所入边郡，二千石长吏有老病不任兵马者⑰，宜可豫视⑱。"吉善其言⑲，召东曹案边长吏⑳，琐科条其人㉑。未已㉒，诏召丞相、御史，问以虏所入郡吏，吉具对㉓。御史大夫卒遽不能详知㉔，以得谴让㉕。而吉见谓忧边思职㉖，驭吏力也。吉乃叹曰："士亡不可容[27]，能各有所长。向使丞相不先闻驭吏言[28]，何见劳勉之有[29]？"掾史繇是益贤吉[30]。

吉又尝出，逢清道群斗者[31]，死伤横道，吉过之不问，掾史独怪之。吉前行，逢人逐牛[32]，牛喘吐舌。吉止驻，使骑吏问："逐牛行几里矣？"掾史独谓丞相前后失问[33]，或以讥吉[34]，吉曰："民斗相杀伤，长安令、京兆尹职所当禁备逐捕[35]，岁竟丞相课其殿最[36]，奏行赏罚而已。宰相不亲小事[37]，非所当于道路问也[38]。方春少阳用事[39]，未可大热[40]，恐牛近行[41]，用暑故喘[42]，此时气失节，恐有所伤害也。三公典调和阴阳[43]，职当忧[44]，是以问之。"掾史乃服，以吉知大体[45]。（《汉书·丙吉传》）

【注释】

① 于官属掾史：丙吉对待丞相属官如掾史之类。 ② 务：务必，尽力。 ③ 驭吏：驾驭车马的小吏。耆（shì）：通"嗜"。 ④ 数逋荡：经常玩忽职守，恣意游荡。逋，逃亡，拖延。颜师古注："逋，亡也。荡，放也。谓亡其所供之职而游放也。" ⑤ 欧：同"呕"，吐。 ⑥ 西曹主吏：丞相属官。据上下文，所谓西曹，当为相府下设机构，掌相府内部各项杂务与相关人员。白：禀白，禀报。斥：弃逐，赶走。 ⑦ 将复何所容：又将到何处去呢？颜师古注："言无所容身也。" ⑧ 地：通"第"，但。 ⑨ 车茵：车垫子，车毯子。 ⑩ 发奔命警备事：将帅所发边情危急火速报警等具体情况。奔命，奉命奔赴。下文"奔命书"，犹言紧急军情书。颜师古注："有命则奔赴之，言应速也。" ⑪ 驿骑：驿站快骑。赤白囊：红白相间的文书袋。递送紧急情报用。 ⑫ 驰来至：飞驰来到京城。 ⑬ 公车：即公车司马门。由公车司马令掌管，负责宫门守卫和官民上书、阙下征召等事项。《三辅黄图·汉宫》："汉未央、长乐、甘泉宫，四面皆有公车司马门。凡言司马者，宫垣之内，兵在司马，主武事，故谓宫之外门为司马门。"刺取：刺探，打探。 ⑭ 虏：胡虏，匈奴。云中：郡名，治所在今内蒙古托克托县东北。代郡：秦、西汉治所在今河北蔚县西南。 ⑮ 遽归府：马上回到相府。白状：报告情况。 ⑯ 因：因而，顺便。 ⑰ 不任：不胜，不禁，不堪。 ⑱ 宜可豫视：应该事先检视一下。豫，通"预"。 ⑲ 善其言：以其言为善，认为他的话说得对。 ⑳ 东曹：相府下设机构，负责边地事务。案边：巡察边事。 ㉑ 琐科条其人：按照法令条规仔细核查那些老病不任兵马的官员。琐，仔细。科条，法令条规。张晏曰："琐，录也。欲科条其人老少及所经历，知其本以文武进也。"意谓按国家规定把那些边郡官员的老少、经历、文武出身等具体情况抄录在册，以做到心中有数。亦通。 ㉒ 未已：未止，核查工作还没做完。 ㉓ 具对：都能答对。具，通"俱"。 ㉔ 卒遽：仓促之间。卒，同"猝"。 ㉕ 谴

让：谴责，批评。㉖ 见谓：被称为。㉗ 士亡不可容：士无不可容，什么样的人都应容纳。㉘ 向使：假使。㉙ 何见劳勉之有：怎么会有被皇上慰问勉励的事呢？㉚ 繇是：由是，由此。益贤吉：更认为丙吉贤德了。㉛ 清道群斗：颜师古注："清道，谓天子当出，或有斋祠，先令道路清净。"李奇注："清道时反群斗也。"㉜ 逐牛：赶牛。㉝ 前后失问：不问百姓群斗死伤而问牛喘。失问，询问有失。㉞ 或：有的人。㉟ 长安令：西汉曾把京畿地区分为三个行政区域，并且分设三个职官来管理，即京兆尹、右扶风、左冯翊，是为三辅，其治所皆在长安城中。此处所谓长安令，实属京兆尹所辖十二县之一，亦即长安县之令长。㊱ 岁竟：岁终，年底。课：考核。殿最：指政绩的上下高第。上等为最，下等为殿。㊲ 不亲小事：不处理小事。亲，亲近。㊳"非所"句：不应该过问路上碰到的小事。㊴ 方春：正值春天。少阳：阴阳五行所用术语，《易》四象之一。《朱子语类》卷一三七："《易》中只有阴阳奇耦，便有四象，如春为少阳，夏为老阳，秋为少阴，冬为老阴。"沈括《梦溪笔谈·象数一》则谓数七为少阳："《易》象九为老阳，七为少；八为少阴，六为老。"用事：主事，当令。㊵ 未可大热：不会太热。㊶ 近行：近距离行走，走不了多少路。㊷ 用暑故喘：因为暑热而喘。㊸ 三公：当时宰相为三公之一。典：掌管。㊹ 职：职分，职责。㊺ 大体：治国大要。

【参考资料】

唐·包佶《奉和柳相公中书言怀》："凤巢方得地，牛喘最关心。"

宋·梅尧臣《和刘原甫十二月十日试墨》："道旁牛喘谁复问，佛寺吹螺空唱号。"

明·李东阳《问喘词》："道旁死人春不管，丞相停车问牛喘。"

后之视今犹今之视前

是时中书令石显颛权[①]，显友人五鹿充宗为尚书令[②]，与(京)房同经[③]，论议相非[④]。二人用事，房尝宴见[⑤]，问上曰[⑥]："幽厉之君何以危[⑦]？所任者何人也？"上曰："君不明，而所任者巧佞。"房曰："知其巧佞而用之邪，将以为贤也[⑧]？"上曰："贤之。"房曰："然则今何以知其不贤也[⑨]？"上曰："以其时乱而君危知之。"房曰："若是[⑩]，任贤必治，任不肖必乱，必然之道也。幽厉何不觉寤而更求贤⑪，曷为卒任不肖以至于是⑫?”上曰：“临乱之君各贤其臣⑬，令皆觉寤⑭，天下安得危亡之君⑮?”房曰：“齐桓公、秦二世亦尝闻此君而非笑之⑯，然则任竖刁、赵高⑰，政治日乱，盗贼满山，何不以幽厉卜之而觉寤乎⑱?”上曰：“唯有道者能以往知来耳⑲。”房因免冠顿首，曰：“《春秋》纪二百四十二年灾异⑳，以视万世之君㉑。今陛下即位已来，日月失明，星辰逆行，山崩泉涌，地震石陨，夏霜冬雷，春凋秋荣，陨霜不杀㉒，水旱螟虫，民人饥疫，盗贼不禁，刑人满市㉓，《春秋》所记灾异尽备㉔。陛下视今为治邪，乱邪?”上曰：“亦极乱耳。尚何道㉕!”房曰：“今所任用者谁与㉖?”上曰：“然幸其愈于彼㉗，又以为不在此人也。”房曰：“夫前世之君亦皆然矣㉘。臣恐后之视今，犹今之视前也㉙。”上良久乃曰：“今为乱者谁哉?”房曰：“明主宜自知之。”上曰：“不知也；如知，何故用之?”房曰：“上最所信任，与图事帷幄之中进退天下之士者是矣㉚。”房指谓石显㉛，上亦知之，谓房曰：“已谕㉜。”(《汉书·京房传》)

【注释】

① 中书令：官名。武帝时以宦者为之，掌传宣诏命。司马迁受刑后，曾任此官。西汉后期改为中谒者令。石显：字君房，济南(今山东章丘西北)人。宦官。初为中黄门、中尚书。宣帝时任中书官、仆射。元帝即位，为中书令，权势倾朝野。尝害前将军萧望之、周堪、刘更生、张猛、京房等。与中书仆射牢梁、少府五鹿充宗等结为党友。成帝初，迁长信中太仆，寻免官归乡，道病死。事见《汉书·佞幸传》。颛：通“专”。 ② 五鹿充宗：善《梁丘易》，宣帝、元帝皆好之，以故得宠一时。尝任少府、尚书令等。其事散见《汉书》。 ③ 京房：字君明，东郡顿丘(今河南浚县北)人。本姓李，推律自定为京氏。治《易》，知音。元帝时以孝廉为郎，奏考功课吏法。为魏郡太守，得以考功法治郡。以忤石显、五鹿充宗下狱，被杀。事见《汉书·京房传》。同经：同治《易经》。 ④ 论议相非：议论不合。 ⑤ 宴见：在皇帝公余时间被召见。有别于朝见。颜师古注：“以闲宴时而入见天子。” ⑥ 上：指汉元帝。 ⑦ 幽厉之君：指周幽王、周厉王。幽王，宣王子。公元前781～前771年在位。宠幸褒姒，废掉申后和太子宜白，申侯联合曾、犬戎等攻周，遂被杀于骊山下，西周灭亡。厉王，夷王之子。公元前878～前841年在位。曾令卫巫监视国人，诽谤者则杀之。国人发难，遂亡奔于彘。十四年后死于彘。《国语·周语》所载《召公谏弭谤》一文，即述其亡命之事。 ⑧ 将：抑或，还是。 ⑨ 然则：连词，犹言“如此，那么”，或“那么”。何以：以何，为何。 ⑩ 若是：若此，如此。 ⑪ 觉寤：觉醒，醒悟。 ⑫ 曷为：何为，为何。卒：终。以至于是：而至于亡国亡命。是：此。 ⑬ “临乱”句：面临动乱的君主，往往都自认为其臣贤德。 ⑭ 令：假令，假使。 ⑮ 安得：何

得，怎能有。 ⑯ 齐桓公：春秋五霸之一。秦二世：胡亥。秦始皇长子扶苏监大将蒙恬军于上郡，始皇死，宦官赵高、丞相李斯伪造诏书，逼令扶苏自杀，而拥立其弟胡亥。后受赵高威逼自杀。公元前210～前207年在位。此君：指周幽王、周厉王之类。非笑之：讥笑他们的行为。 ⑰ 竖刁：据《左传》桓公十七年，齐桓公宠信宦官寺人刁(貂)。桓公卒，诸公子争立，寺人刁等恃宠争权，杀群吏，立公子无亏(诡)，齐国因此发生内乱。《汉书·古今人表序》："齐桓公，管仲相之则霸，竖貂辅之则乱。"赵高：赵国人。入秦宫，任中车府令，兼行符玺令事，管事二十余年。公元前210年，始皇死，立胡亥，任郎中令，居中用事，掌控朝政。后杀李斯，自为丞相，又杀胡亥，立子婴为秦王。旋为子婴所杀。 ⑱ 卜：占卜，推测，鉴戒。 ⑲ 有道者：有道之君，贤明的君主。以往知来：由昔知今，以古鉴今，总结历史的经验教训，以为今日之鉴戒。 ⑳《春秋》：古代编年体春秋史。相传孔子据鲁国史官所编《春秋》而加以整理修订而成。纪事起于鲁隐公元年(公元前722年)，终于鲁哀公十四年(公元前481年)，总计十二鲁君，二百四十二年。文字简短，寓有褒贬，世称春秋笔法。纪：录，通"记"。 ㉑ 视：通"示"。 ㉒ 陨霜不杀：落霜不消融。 ㉓ 刑人满市：被刑之人充溢闹市。 ㉔ 尽备：全有。 ㉕ 尚何道：还有什么话可说！ ㉖ 与：同"欤"。 ㉗ 幸其愈于彼：幸运的是我任用的人好于他们。愈，胜过，超过。彼，指竖刁、赵高等专权误国的宦官。颜师古注："言今之灾异及政道犹幸胜于往日，又不由所任之人。"亦聊备一说。 ㉘"前世"句：前代失国的君主，也都是这么认为的。 ㉙"臣恐"二句：我忧虑的正是后人这样看我们，就犹如我们现在看前人一样。言外是说现在就应该吸取前代君主用人的教训，而不要留下历史的遗憾。 ㉚ 与图事帷幄之中：与之谋划国事于帷帐之中。《史记·高祖本纪》，天下大定，高祖置酒洛阳南宫，曰："夫运筹策帷帐之中，决胜于千里之外，吾不如子房。"进退：能提拔贬黜，掌握用人大权。 ㉛ 指谓：意向所指，暗指。 ㉜ 已谕：已晓，已知。

【参考资料】

汉·班固《汉书·眭两夏侯京翼李传》，赞曰："幽赞神明，通合天人之道者，莫著乎《易》《春秋》。然子赣犹云'夫子之文章可得而闻，夫子之言性与天道不可得而闻'已矣。汉兴推阴阳、言灾异者，孝武时有董仲舒、夏侯始昌，昭、宣则眭孟、夏侯胜。元、成则京房、翼奉、刘向、谷永，哀、平则李寻、田终术。此其纳说时君著明者也。察其所言，仿佛一端。假经设谊，依托象类，或不免乎'亿则屡中'。仲舒下吏，夏侯囚执，眭孟诛戮，李寻流放，此学者之大戒也。京房区区，不量浅深，危言刺讥，构怨强臣，罪辜不旋踵，亦不密以失身，悲夫！"

唐·白居易《读汉书》："禾黍与稂莠，雨来同日滋。桃李与荆棘，霜降同夜萎。草木既区别，荣枯那等夷？茫茫天地意，无乃太无私。小人与君子，用置各有宜。奈何西汉末，忠邪并信之！不然尽信忠，早绝邪臣窥。不然尽信邪，早使忠臣知。优游两不断，盛业日已衰。痛矣萧（望之）京（房）辈，终令陷祸机。每读元成纪（指《汉书》所载元帝、成帝时事），愤愤令人悲。寄言为国者，不得学天时。寄言为臣者，可以鉴于斯。"

宋·王安石《读汉书》："京房刘向各称忠，诏狱当时迹自穷。毕竟论心异恭显，不妨迷国略相同。"

清·述古斋主人《史论汇函》甲编所录宋黄震《读史日钞》"京房"一文："宴见元帝，指谓石显一事，自足传世。"

精于吏职

（赵）广汉为二千石[①]，以和颜接士[②]，其尉荐待遇吏[③]，殷勤甚备[④]。事推功善[⑤]，归之于下，曰："某掾卿所为[⑥]，非二千石所及。"行之发于至诚[⑦]，吏见者皆输写心腹[⑧]，无所隐匿，咸愿为用[⑨]，僵仆无所避[⑩]。广汉聪明，皆知其能之所宜[⑪]，尽力与否[⑫]。其或负者[⑬]，辄先闻知[⑭]，风谕不改[⑮]，乃收捕之，无所逃，按之罪立具[⑯]，即时伏辜[⑰]。

广汉为人强力[⑱]，天性精于吏职。见吏民[⑲]，或夜不寝至旦[⑳]。尤善为钩距[㉑]，以得事情[㉒]。钩距者，设欲知马贾[㉓]，则先问狗，已问羊，又问牛，然后及马，参伍其贾[㉔]，以类相准[㉕]，则知马之贵贱不失实矣。唯广汉至精能行之[㉖]，它人效者莫能及也。郡中盗贼，闾里轻侠[㉗]，其根株窟穴所在[㉘]，及吏受取请求铢两之奸[㉙]，皆知之。长安少年数人会穷里空舍谋共劫人[㉚]，坐语未讫[㉛]，广汉使吏捕治具服[㉜]。富人苏回为郎[㉝]，二人劫之。有顷[㉞]，广汉将吏到家[㉟]，自立庭下，使长安丞龚奢叩堂户晓贼[㊱]，曰："京兆尹赵君谢两卿[㊲]，无得杀质[㊳]，此宿卫臣也[㊴]。释质，束手[㊵]，得善相遇[㊶]，幸逢赦令[㊷]，或时解脱[㊸]。"二人惊愕，又素闻广汉名，即开户出，下堂叩头，广汉跪谢曰："幸全活郎[㊹]，甚厚[㊺]！"送狱，敕吏谨遇[㊻]，给酒肉[㊼]。至冬当出死[㊽]，豫为调棺[㊾]，给敛葬具[㊿]，告语之[51]，皆曰："死无所恨！"

广汉尝记召湖都亭长[52]，湖都亭长西至界上[53]，界上亭长戏曰："至府[54]，为我多谢问赵君[55]。"亭长既至，广汉与语，问事毕，谓曰："界上亭长寄声谢我[56]，何以不为致问[57]？”亭长叩头服实有之[58]。广汉因曰：“还为吾谢界上亭长[59]，勉思职事[60]，有以自效[61]，京兆不忘卿厚意。”其发奸擿伏如神[62]，皆此类也。

广汉奏请，令长安游徼狱吏秩百石[63]，其后百石吏皆差自重[64]，不敢枉法妄系留人[65]。京兆政清，吏民称之不容口[66]。长老传以为自汉兴以来治京兆者莫能及[67]。（《汉书·赵广汉传》）

【注释】

① 赵广汉：字子都，涿郡蠡吾（今河北博野西南）人。少为郡吏、州从事，以才识敏捷举茂才。历阳翟令、京辅都尉、守京兆尹。以与议定宣帝，赐爵关内侯，迁颍川太守、京兆尹。诛杀豪强，不避权贵。以摧辱丞相下狱，被杀。二千石：时赵广汉任京兆尹，秩二千石。 ② 和颜：和颜悦色，和蔼可亲。接士：待士。 ③ 尉荐：慰藉，抚慰。颜师古注：“谓安尉而荐达之。”又引如淳曰：“尉，亦荐藉也。”待遇吏：对待属吏。 ④ 殷勤甚备：殷勤周到。 ⑤ 事推功善：每当事情办完，到推求个人的功劳善迹的时候。 ⑥ 某掾卿所为：这是我的下属某君做的事。掾，属官。卿，尊称。 ⑦ 行之发于至诚：做这些事时显得诚心诚意。 ⑧ 输写心腹：输心写胆，形容对人十分坦诚或忠诚。输写，倾吐。 ⑨ 咸愿为用：全都愿意被他任用，全都乐意听他指挥。 ⑩ 僵仆无所避：生死都不避。僵仆，倒下，死亡。 ⑪ 知其能之所宜：知道与他们才能大小相适合的职位或工作。 ⑫ 尽力与否：是不是努力干。 ⑬ 其或负者：如有背弃、辜负他的人。 ⑭ 辄先闻知：则事先提醒。 ⑮ 风谕：委婉地劝说开导。 ⑯ 按：按察，查办。罪立具：罪状当下全备。 ⑰ 即时伏辜：当场伏罪。 ⑱ 强力：勉力，努力。 ⑲ 见：接见，会见。 ⑳ 或：有时。旦：天亮。 ㉑ 钩距：辗转推究，探得实情，是盘问人的一种方法。苏林曰：“钩得其情，使不得去也。”晋灼曰：“钩，致。距，闭也。使对者无疑，若不问而自知，众莫觉所由以闭，其术为距也。”王先谦《补注》：“钩，若钩取物也。距，与致同。钩距，谓钩而致之。” ㉒ 事情：事情的真相，实情。 ㉓ 设：假设，假如。贾：通“价”。 ㉔ 参伍：错综比较，加以验证。 ㉕ 相准：互相比较。 ㉖ 至精：至为精密。 ㉗ 闾里轻侠：里巷中那些重义轻生而勇于急人之难的人。 ㉘ 根株窟穴：根据地，老巢，老窝儿。 ㉙ 受取请求：受贿请托。铢两之奸：微细奸事。铢，古代重量单位。汉制，二十四铢为两，十六两为斤。铢两，常用以比喻微小事物。 ㉚ 会：聚会。穷里空舍：里巷中偏僻隐秘的空房子里。颜师古注：“穷里，里中之极隐处。” ㉛ 坐语未讫：坐着商量还未完。 ㉜ 使吏捕治具服：派吏抓来治罪，全部招认。 ㉝ 郎：郎官。据下文所谓“宿卫臣”，当指负责宿卫宫殿掖门的郎中令的低级属官，如羽林郎、虎贲郎等。颜师古注：“劫取其身

为质，令家将财物赎之。” ㉞ 有顷：不久，一会儿。 ㉟ 将吏：率领官吏。 ㊱ 长安丞：长安县令之属官。叩堂户晓贼：敲着厅堂门告诉二贼。 ㊲ 赵君：即赵广汉。谢：致谢。两卿：对二贼的尊称。 ㊳ 无得杀质：不要杀害人质。 ㊴ 此宿卫臣：苏回是护卫皇上的人。 ㊵ 束手：捆绑双手，表示停止抵抗。 ㊶ 得善相遇：会得到妥善处理。相遇，相待。 ㊷ 幸逢赦令：如果幸运地赶上大赦。 ㊸ 或时解脱：或者即时释放。颜师古注：“若束手自来，虽合处牢狱，当善处遇之，或逢赦令，则得免脱也。” ㊹ 幸全活郎：所幸没有杀害苏郎。 ㊺ 甚厚：情义很厚，很有信义。 ㊻ 敕吏谨遇：命令狱吏礼遇、厚待。 ㊼ 给：供给。 ㊽ 至冬当出死：到冬天被执行死刑的时候。当，处其罪，判罪。按，古代一般皆在秋冬季节处决犯人。 ㊾ 豫为调棺：事先给二人准备好棺材。豫，通“预”。颜师古注：“调，办具之也。棺敛，以棺衣敛尸也。” ㊿ 给敛葬具：提供敛尸所用葬具。 51 告语之：并把这些安排告诉二贼。之，代词。 52 记：公牍，札子。古代公家文书之一种。颜师古注：“为书记以召之，若今之下符追呼人也。”又，《汉书·张敞传》颜氏注：“记，书也。若今之州县为符教也。”湖：西汉所置县名，治所在今河南灵宝市西北。时为京兆尹所辖十二县之一，地与弘农郡交界。都亭：都邑中的传舍。 53 界上：地名，而不详所在所属。《汉书·地理志》有关部分皆未载其名。据情理推断，当为京兆尹所辖地之一，是湖都亭长西去长安城必经之处。 54 至府：到了京兆尹的衙门。 55 多谢问：颜师古注：“多，厚也，言殷勤，若今人言千万问讯矣。”谢，以辞相问，问候。 56 寄声：寄信，捎口信。 57 何以不为致问：为什么不代他表达问候之意？ 58 服：承认。实：确实。 59 还：回去。谢：告诉。 60 勉思职事：尽力做好本职工作。 61 自效：自己尽量效力朝廷。 62 发奸擿(tī)伏：揭露隐蔽的坏人坏事。擿，揭发。颜师古注：“擿，谓动发之也。” 63 长安：县名，京兆尹所辖十二县之一。游徼：秦汉时乡官名，负责巡查盗贼。《汉书·百官公卿表》：“大率十里一亭，亭有长。十亭一乡，乡有三老、有秩、啬夫、游徼。三老掌教化。啬夫职听讼，收赋税。游徼循禁贼盗。”又，《后汉书·百官志》：“乡置有秩、三老、游徼。本注曰：有秩，郡所署，秩百石，掌一乡人。”颜师古注：“特增其秩以厉其行。” 64 差：选择。 65 妄系留人：随便拘捕囚禁人。 66 不容口：赞不绝口。容，容留，容纳。 67 传：相传。莫能及：无能及，没人能赶得上他，都不如他。

【参考资料】

汉·班固《汉书·赵广汉传》：“广汉虽坐法诛，为京兆尹廉明，威制豪强，小民得职(各得其常所)。百姓追思，歌之至今。”

汉·班固《汉书·赵广汉传》:“赞曰:自孝武置左冯翊、右扶风、京兆尹,而吏民为之语曰:‘前有赵(广汉)、张(敞),后有三王(王尊、王章、王骏)。’然刘向(作《新序》)独序赵广汉、尹翁归、韩延寿,冯商(续《史记》)传王尊,扬雄(作《法言》)亦如之。广汉聪明,下不能欺,延寿厉善,所居移风,然皆讦上不信,以失身堕功。翁归抱公洁己,为近世表。张敞衎衎(强敏),履忠进言,缘饰儒雅,刑罚必行,纵赦有度,条教可观,然被轻惰之名(谓走马拊马及为妇画眉)。王尊文武自将(助),所在必发,谲诡不经,好为大言。王章刚直守节,不量轻重,以陷刑戮,妻子流迁,哀哉!”

清·述古斋主人《史论汇函》甲编所录宋黄震《读史日钞》“赵广汉”一文:“守颍川,郡中震栗。守京兆,发奸如神。非不一时大快人意,而元气索然矣。况其善用钩距,率先以诈,令相怨咎,告讦成风。若绳以古圣王之法,其在所赏乎?抑在所诛乎?此犹其操切之过耳。”

又,《史论汇函》甲编所录清章邦元《读通鉴札记》“杀赵广汉”一文:“赵广汉出霍光门下,光死,即搜剔霍氏以沽名,亦倾险士也。帝虽嘉其能,而已薄其人。今又辱丞相,杀之不为过矣。”

请以身填金堤

久之,河水盛溢[①],泛浸瓠子金堤[②],老弱奔走,恐水大决为害[③]。(王)尊躬率吏民[④],投沉白马[⑤],祀水神河伯[⑥]。尊亲执圭璧[⑦],使巫策祝[⑧],请以身填金堤[⑨],因止宿[⑩],庐居堤上[⑪]。吏民数千万人争叩头救止尊[⑫],尊终不肯去。及水盛堤坏,吏民皆奔走,唯一主簿泣在尊旁[⑬],立不动。而水波稍却回还[⑭]。吏民嘉壮尊之勇节[⑮],白马三老朱英等奏其状[⑯]。下有司考[⑰],皆如言[⑱]。于是制诏御史:“东郡河水盛长[⑲],毁坏金堤,未决三尺,百姓惶恐奔走。太守身当水冲[⑳],履咫尺之难[㉑],不避危殆,以安众心,吏民复还就作[㉒],水不为灾,朕甚嘉之[㉓]。秩尊中二千石[㉔],加赐黄金二十斤。”(《汉书·王尊传》)

【注释】

① 盛溢:暴涨。 ② 泛浸:浸蚀。瓠子:古堤名。旧址在河南濮阳境内,黄河常在此决口。金堤:坚固的堤堰,后为堤堰的美称。 ③ 大决:大决口。④ 王尊:字子赣,涿郡高阳(今河北高阳县东)人。少孤,牧羊泽中。自学,通

史，年十三，求为狱小吏。除补书佐，署守属监狱。称病去，从师郡文学，治《尚书》《论语》。召为郡决曹史，举幽州刺史从事，补辽西盐官长。元帝时，举直言，历虢令、美阳令、安定太守，严吏治，惩奸臧，坐残贼免。起家，又历郿令、益州刺史、东平相，以倨慢王免为庶人。大将军王凤补军中司马，擢为司隶校尉。成帝即位，劾奏丞相匡衡、御史大夫张谭阿附石显，左迁为高陵令，征为光禄大夫、京兆尹，以治严免。复为徐州刺史、东郡太守，卒于官。一生几起几落，刚正之性始终不改。躬率：亲自率领。 ⑤ 投沉白马：举行祭神仪式，把白马投沉到黄河中。古代用白马为盟誓或祭祀之牺牲。《史记·吕太后本纪》："高帝刑白马盟曰：'非刘氏而王，天下共击之！'" ⑥ 水神河伯：在古史传说中，华阴人冯夷溺死于黄河，遂为水神。详见西门豹治邺注。 ⑦ 圭璧：祭祀或盟誓所用玉器。《周礼·考工记·玉人》："圭璧五寸，以祀日月星辰。"唐封演《封氏闻见记·纸钱》："按，古者享祀鬼神有圭璧币帛，事毕则埋之。"亦有投璧于河而立誓者。如《左传》僖公二十四年载重耳归国："及河，子犯以璧授公子曰：'臣负羁绁从君巡于天下，臣之罪甚多矣。臣犹知之，而况君乎！请由此亡。'公子曰：'所不与舅氏同心者，有如白水。'投其璧于河。"杜预注："质信于河。"后世盟誓者，多言"有如白水""有如河""有如大江"等，皆由此衍生，而未必投璧矣。⑧ 策祝：用简策祝告鬼神。 ⑨ 请以身填金堤：请巫把自己作为河伯祭品填埋于金堤。 ⑩ 止宿：留住，住宿。 ⑪ 庐：搭建草庐或席棚。 ⑫ 救止：劝止。 ⑬ 主簿：汉代中央和郡县官署皆置此官。为主要长官之僚属，掌管文书卷宗，办理交办事务。 ⑭ 稍却回还：洪水逐渐退却。 ⑮ 嘉壮：推崇，赞许。⑯ 白马：县名，治所在今河南滑县东。其地有白马津，为著名古津渡之一。又有金堤。《史记·河渠书》："孝文时河决酸枣，东溃金堤。"张守节《正义》引《括地志》："金堤，一名千里堤，在白马县东五里。"奏其状：向朝廷奏报了其具体情况。 ⑰ 下有司考：朝廷下交有关部门进行核查。 ⑱ 皆如言：事实和三老汇报的都一样。 ⑲ 东郡：郡名。秦置，汉代沿置，其治所在今河南濮阳县西南。时王尊正为东郡太守，下辖濮阳、白马等二十二县。 ⑳ 水冲：水流要道，即上文所谓水盛堤坏的地方。 ㉑ 履咫尺之难：不顾即将决口的危难。履，踩，踏。 ㉒ 吏民复还就作：官民又恢复往常的生活。就，向，从。作，劳作，工作。 ㉓ 嘉：赞赏。 ㉔ 秩尊中二千石：汉制，郡守秩二千石，其俸月各百二十斛谷，而中二千石，则月俸为百八十斛谷。详见《汉书·百官公卿表》颜师古注。

【参考资料】

清·述古斋主人《史论汇函》甲编所录宋黄震《读史日钞》"王尊"一文："尊，能吏，所至卓有可观。"

汉·班固《汉书·王章传》："初，章为诸生学长安，独与妻居。章疾病，无被，卧牛衣（供牛御寒之物，多用麻絮为之）中，与妻诀，涕泣。其妻呵怒之曰：'仲卿！京师尊贵在朝廷人谁逾仲卿者？今疾病困厄，不自激卬，乃反涕泣，何鄙也！'后章仕宦历位，及为京兆（尹），欲上封事（欲奏免王凤，遂以大逆被杀），妻又止之曰：'人当知足，独不念牛衣中涕泣时耶？'章曰：'非女子所知也。'书遂上，果下廷尉狱，妻子皆收系。章小女年可十二，夜起号哭曰：'平生（先前）狱上呼囚（狱卒夜里点名），数常至九，今八而止。我君（父）素刚，先死者必君。'明日问之，章果死。妻子皆徙合浦。"按，是条载廉吏王章事，既见其为政大节，亦见其早年之轶事，写得相当生动。"牛衣对泣"一语，在后世各类作品中，因成为家境贫寒、生平落魄的常见典故。

数千卫卒叩请复留共更

（盖）宽饶初拜为司马①，未出殿门，断其禅衣②，令短离地③，冠大冠④，带长剑，躬案行士卒庐室⑤，视其饮食居处⑥，有疾病者身自抚循临问⑦，加致医药，遇之甚有恩⑧。及岁尽交代⑨，上临飨罢卫卒⑩，卫卒数千人皆叩头自请，愿复留共更一年⑪，以报宽饶厚德。宣帝嘉之，以宽饶为太中大夫，使行风俗⑫，多所称举贬黜⑬，奉使称意⑭。擢为司隶校尉⑮，刺举无所回避⑯，小大辄举⑰，所劾奏众多，廷尉处其法⑱，半用半不用⑲，公卿贵戚及郡国吏繇使至长安⑳，皆恐惧莫敢犯禁，京师为清。

平恩侯许伯入第㉑，丞相、御史、将军、中二千石皆贺，宽饶不行。许伯请之，乃往，从西阶上，东乡特坐㉒。许伯自酌曰："盖君后至。"宽饶曰："无多酌我，我乃酒狂。"丞相魏侯笑曰㉓："次公醒而狂㉔，何必酒也？"坐者皆属目卑下之㉕。酒酣乐作，长信少府檀长卿起舞㉖，为沐猴与狗斗㉗，坐皆大笑。宽饶不说㉘，卬视屋而叹曰㉙："美哉！然富贵无常，忽则易人㉚，此如传舍㉛，所阅多矣㉜。唯谨慎为得久，君侯可不戒哉㉝！"因起趋出㉞，劾奏长信少府以列卿而沐猴舞，失礼不敬。上欲罪少府㉟，许伯为谢㊱，良久，上乃解㊲。

宽饶为人刚直高节，志在奉公。家贫，奉钱月数千，半以给吏民为耳目言事者㊳。身为司隶，子常步行自戍北边㊴，公廉如此。然深刻喜陷害人㊵，在位及贵戚人与为怨㊶，又好言事刺讥，奸犯上意㊷。上以其儒者，优容之㊸，然亦不得迁。同列后进或至九卿㊹，宽饶自以行清能高㊺，有益于国，而为凡庸所越㊻，愈失意不快[47]，数上疏谏争。太子庶子王生高宽饶节[48]，而非其如此[49]，予书曰[50]：“明主知君洁白公正，不畏强御，故命君以司察之位[51]，擅君以奉使之权[52]，尊官厚禄已施于君矣[53]。君宜夙夜惟思当世之务[54]，奉法宣化[55]，忧劳天下，虽日有益[56]，月有功，犹未足以称职而报恩也[57]。自古之治，三王之术各有制度[58]。今君不务循职而已[59]，乃欲以太古久远之事匡拂天子[60]，数进不用难听之语以摩切左右[61]，非所以扬令名全寿命者也[62]。方今用事之人皆明习法令[63]，言足以饰君之辞[64]，文足以成君之过[65]，君不惟蘧氏之高踪[66]，而慕子胥之末行[67]，用不訾之躯，临不测之险[68]，窃为君痛之[69]。夫君子直而不挺[70]，曲而不屈。《大雅》云[71]：‘既明且哲，以保其身[72]。’狂夫之言[73]，圣人择焉[74]。唯裁省览[75]。”宽饶不纳其言[76]。(《汉书·盖宽饶传》)

【注释】

① 盖宽饶：字次公，魏郡(今河北临漳西南)人。明经为郡文学，以孝廉为郎，举方正，对策高第，迁谏大夫，行郎中户将事。以举奏大臣非是，左迁为卫司马。历太中大夫、司隶校尉。奏封事言不当信用宦官，下吏，自到北阙下。司马：卫司马。苏林曰：“如今卫士令也。”臣瓒曰：“《汉注》有卫屯司马。”按《汉书·百官公卿表》，卫尉掌宫门卫屯兵，属官有诸屯卫候、司马等二十二官，盖宽饶或为其一。 ② 禅衣：单衣，单层的衣服。王先谦《补注》引沈钦韩曰：“《方言》：禅衣，江淮、南楚之间谓之裸，古谓之深衣。”《释名·释衣服》：“禅衣，言无里也。”又曰：“有里曰复，无里曰禅。” ③ 令短离地：禅衣原本断掉一截，顺势就让禅衣短小一些，离地数寸，以便行走。 ④ 冠大冠：头戴武冠。 ⑤ 案行：巡行，巡查。庐室：宿舍，营房。 ⑥ 视：察看。 ⑦ 抚循：抚慰，问候。 ⑧ 遇：待。 ⑨ 及岁尽交代：到年底与人交接工作的时候。交代，办理移交公务。颜师古注：“得代当归者也。” ⑩ 上临飨罢卫卒：宣帝亲临以酒食犒劳卫卒，然后遣散他们。《汉书·王尊传》载王尊于成帝初即位，劾奏丞相匡衡等，其中有云：“又正月行幸曲台，临飨罢卫士。”颜师古注引如淳曰：“诸卫士更尽得代去，故天子自临而飨之。” ⑪ 共更：供更，服兵役。更，汉代指轮流更替的兵役。颜师古注：“更，犹今言上番也。” ⑫ 行：巡视。 ⑬ 称举：称扬举荐。 ⑭ 奉使称意：奉命出使，朝廷满意。 ⑮ 擢：选拔，提升。司隶校尉：官名。武帝时置，持节，纠察京师百官及附近地区。《汉书·百官公卿表》：“从中都官(京师诸官府)徒千二百人，捕巫蛊，督大奸猾。后罢其兵，察三辅、三河、弘农。” ⑯ 刺举：刺探举发人之过恶。 ⑰ 小大辄举：无论大事小情，凡有过恶就举发。 ⑱ 廷尉处其法：掌管刑辟的廷尉，按法律条文进行处置。⑲ 半用半不用：只有一半合乎刑法。颜师古注：“以其峻刻，故有不用者。”

汉官风范

⑳ 繇：通“徭”，徭役。颜师古注：“供徭役及为使而来者。” ㉑ 许伯：颜师古注：“皇太子外祖也。入第者，治第新成，始入居之。” ㉒ 东乡特坐：向东独坐。乡，通“向”。颜师古注：“言自尊抗，无所诎也。” ㉓ 魏侯：魏相，封高平侯。与许伯私交甚厚，曾多次通过许伯奏封事。 ㉔ 次公：盖宽饶，字次公。㉕ 属(zhǔ)目：注目。卑下之：以之为卑下，认为他品行卑劣。 ㉖ 檀长卿：他事不详。 ㉗ 为沐猴与狗斗：模仿猕猴与狗的模样神态而耍逗不已。 ㉘ 说：通“悦”。 ㉙ 印：通“仰”，仰望。 ㉚ 易：换。 ㉛ 传舍：客舍，旅馆。颜师古注：“言如客舍行客，辄过之，故多所经历也。” ㉜ 阅：看见，经历。 ㉝ 君侯：对列侯的尊称。 ㉞ 因起趋出：于是起身疾步走出去。 ㉟ 罪：定罪，加罪。 ㊱ 谢：谢罪。 ㊲ 解：消散，消气。 ㊳ 为耳目言事者：负责打探消息、报告案情的人。 ㊴ 子：儿子。苏林曰：“子自行戍，不取代。” ㊵ 深刻：执法严峻苛刻。 ㊶ 在位：在位当权的人。人与为怨：人人与之结怨。 ㊷ 奸犯上意：触犯皇上的意旨。 ㊸ 优容：包容，宽容。 ㊹ 同列：同等班列，同一级别。后进：后辈，资历较浅的人。 ㊺ 自以行清能高：自认为品行清廉、才能较高。 ㊻ 为凡庸所越：被平庸之辈超过去。 ㊼ 愈失意不快：越发感到不得志，心中不痛快。 ㊽ 太子庶子：辅佐太子的官。《汉书·百官公卿表》：“太子太傅、少傅，古官。属官有太子门大夫、庶子、先马、舍人。”应劭注：“员五人，秩六百石。”生：尊称。高宽饶节：以宽饶节为高，认为宽饶品节高尚。㊾ 而非其如此：而对其失意不快的态度则有些不以为然。非，不是，反对，责怪。 ㊿ 予书：致信。 51 命君以司察之位：以司察之位任命，指任以司隶校尉。 52 擅君以奉使之权：奉命出使时让你专权治事。 53 施：加，给。54 宜：应该。夙夜惟思当世之务：白天夜里只考虑朝廷当今的治理要务。55 奉法宣化：循法治理，宣扬教化，尽职尽责地做好司隶。 56 虽日有益：即使每天都对朝廷有所补益。 57 “犹未”句：也不能算是十分称职而报答了朝廷之大恩。犹，犹且，尚且。 58 三王之术：三王的治国方略、施政措施。三王，指远古久远的部落领袖尧舜禹，或指夏禹、商汤、周文王。制度：政治上的规模法度。 59 不务循职而已：不努力尽职也就罢了。 60 乃欲：却想。匡拂：匡正，匡救。 61 摩切：规劝。 62 令名：好的名声，美名。全寿命：保性命。63 用事之人：当政之人。 64 言足以饰君之辞：他们说的话足以反击你的规谏之辞。言，发言。饰，拭，擦拭，抹去。君，对人的尊称。下文连用三个“君”字，皆同。 65 文足以成君之过：他们写的奏章足以成就你的罪过。文，作文。成，成全。 66 不惟：不思，不慕，不学。蘧氏之高踪：孔子非常赞赏春秋时卫大夫蘧伯玉的品行节操，周游列国，至卫三次，皆寓居其家。其在《论语·卫灵公》中尝赞曰：“君子哉蘧伯玉！邦有道则仕，邦无道则可卷而怀之。”赞扬蘧氏

进退有度，该仕则仕，该隐则隐。这里借用孔子的意思，委婉地劝告盖宽饶应知进退，不能一味地直前进取。高踪，高尚的行迹，指隐退而言。颜师古注："蘧伯玉，邦无道，则可卷而怀之。" ⑰ 子胥之末行：春秋时吴国大夫伍子胥，曾经帮助阖闾刺杀吴王僚，夺取王位，又助之攻破楚国。吴王夫差时，劝王拒绝越国的求和，渐被疏远，最后吴王赐剑令之自杀。这里，太子庶子王生是以子胥只知进取而终究被杀的故事来告诫提醒盖宽饶应该急流勇退。颜师古注："伍子胥知吴王(夫差)不可谏，而不能止，自取诛灭也。"末行，末路，绝路，死路。与前句之"高踪"相对，谓进取直前是危险杀身之道。 ⑱"用不訾"二句：使宝贵的生命面临不可测度的险境。不訾，不可估量。訾，通"赀"。颜师古注："不赀者，言无赀量可以比之，贵重之极也。不测，谓深也。" ⑲ 窃为君痛之：我私下为你深感痛惜。 ⑳"君子"二句：作为君子，应秉持正直而也不能太出格，应随俗俯仰而也不能无原则。挺，直。屈，曲。颜师古注："挺然，直貌。言虽执直道，而遭遇时变，与时纡曲，然其本志不屈桡也。" ㉑《大雅》：指《诗经·大雅·烝民》。 ㉒"既明"二句：颜师古注："言明智者可以自全，不至亡身。"孔颖达疏："既能明晓善恶，且又是非辨知，以此明哲择安去危，而保全其身，不有祸败。"意谓深明事理的人，才能保全自己。哲，明察。朱熹《诗集传》："明，谓明于理。哲，谓察于事。保身，盖顺理以守身，非趋利避害，而偷以全躯之谓也。" ㉓ 狂夫之言：无知妄为的人说的话。《史记·淮阴侯列传》载广武君曰："故曰：狂夫之言，圣人择焉。" ㉔ 圣人：本指品德最高尚、智慧最高超的人。这里套用广武君的话来称呼盖宽饶，带有溢美成分。 ㉕ 唯裁省(xǐng)览：希望你好好看看这封信。唯，希望，祈请。裁，裁断，裁决。省览，阅览，过目。㉖ 纳：听纳，听取。

【参考资料】

汉·班固《汉书·盖宽饶传》："是时上方用刑法，信任中尚书宦官，宽饶奏封事曰：'方今圣道浸(渐)废，儒术不行，以刑余为周(周公旦)、召(召公奭)，以法律为《诗》《书》。'又引《韩氏易传》言：'五帝官天下，三王家天下，家以传子，官以传贤，若四时之运，功成者去，不得其人则不居其位。'书奏，上以宽饶怨谤终不改，下其书中二千石。时执金吾议，以为宽饶指意欲求禅，大逆不道。谏大夫郑昌悯伤宽饶忠直爱国，以言事不当意而为文吏所诋挫，上书颂宽饶曰：'臣闻山有猛兽，藜藿为之不采；国有忠臣，奸邪为之不起。司隶校尉宽饶居不求安，食不求饱，进有忧国之心，退有死节之义，上无许(宣帝皇后父许伯)、史(宣帝外家史高)之属，下无金(武帝、昭帝时宠臣金日磾)、张(昭帝、宣帝时宠臣张安世)之托，职在司察，直道而行，多仇少与(党与)，上书陈国事，有司劾以大辟，臣幸得从大夫之后，官以谏为名，不敢不言。’上不听，遂下宽饶吏。宽饶引佩刀自刭北阙下，众莫不怜之。”

刺举无所避

诸葛丰字少季[①]，琅邪人也[②]。以明经为郡文学[③]，名特立刚直[④]。贡禹为御史大夫，除丰为属[⑤]，举侍御史。元帝擢为司隶校尉，刺举无所避，京师为之语曰：“间何阔[⑥]，逢诸葛。”上嘉其节，加丰秩光禄大夫。

时侍中许章以外属贵幸[⑦]，奢淫不奉法度，宾客犯事，与章相连。丰案劾章[⑧]，欲奏其事，适逢许侍中私出，丰驻车举节诏章曰[⑨]：“下！”欲收之[⑩]。章迫窘[⑪]，驰车去，丰追之。许侍中因得入宫门，自归上[⑫]。丰亦上奏，于是收丰节。司隶去节自丰始。

丰上书谢曰[⑬]：“臣丰驽怯[⑭]，文不足以劝善，武不足以执邪[⑮]。陛下不量臣能否[⑯]，拜为司隶校尉，未有以自效，复秩臣为光禄大夫，官尊责重，非臣所当处也[⑰]。又迫年岁衰暮[⑱]，常恐卒填沟渠[⑲]，无以报厚德，使论议士讥臣无补[⑳]，长获素餐之名。故常愿捐一旦之命，不待时而断奸臣之首[㉑]，县于都市[㉒]，编书其罪[㉓]，使四方明知为恶之罚，然后却就斧钺之诛[㉔]，诚臣所甘心也[㉕]。夫以布衣之士[㉖]，尚犹有刎颈之交[㉗]，今以四海之大，曾无伏节死谊之臣[㉘]，率尽苟合取容[㉙]，阿党相为[㉚]，念私门之利，忘国家之政。邪秽浊溷之气上感于天[㉛]，是以灾变数见，百姓困乏。此臣下不忠之效也[㉜]，臣诚耻之亡已[㉝]。凡人情莫不欲安存而恶危亡[㉞]，然忠臣直士不避患害者，诚为君也。今陛下天覆地载[㉟]，物无不容[㊱]，使尚书令尧赐臣丰书曰[㊲]：‘夫司隶者刺举不法，善善恶恶[㊳]，非得颛之也[㊴]。免处中和[㊵]，顺经术意[㊶]。’恩深德厚，臣丰顿首幸甚。臣窃不胜愤懑[㊷]，愿赐清宴[㊸]，唯陛下裁幸[㊹]。”上不许。（《汉书·诸葛丰传》）

【注释】

① 诸葛丰：元帝时历司隶校尉、城门校尉，以多次上书言事免为庶人，终于家。 ② 琅邪：县名，治所在今山东胶南县西南。 ③ 明经：明晓经术。郡文学：被举荐为郡文学。汉制，郡国举士有各种名目，常见者如贤良方正、孝廉、博士弟子、茂才异等、文学高第等。 ④ 名特立刚直：以特立刚直闻名。特立，谓有坚定的志向和操守。 ⑤ 除：拜官受职。属：属官。 ⑥ 间何阔：

为何久不相见。间阔，久别，远隔。颜师古注："言间者何久阔不相见，以逢诸葛故也。"此二语，言外是说诸葛丰执法严苛，不幸摊上官司，会被关押很久才能放出来。 ⑦ 侍中：加官名，隶属于掌管御乘车马之奉车都尉。应劭曰："入侍天子，故曰侍中。"外属：外戚。 ⑧ 案劾：立案查办。 ⑨ 举节：司隶校尉纠察京师百官，为强化其威权和约束力，朝廷特赐持节。此事发生以后，朝廷便收回其节，不再赋予司隶校尉以特权。《汉书·百官公卿表》："元帝初元四年(前45年)，去节。"诏：以皇帝的名义下令。 ⑩ 欲收之：打算逮捕他。 ⑪ 迫窘：窘迫。 ⑫ 归上：向皇上坦白。归，自首。颜师古注："归诚乞哀于天子也。"又，《史记·张丞相列传》："(晁)错恐，夜入宫上谒，自归景帝。"张守节《正义》："自归帝首露。" ⑬ 谢：谢罪。 ⑭ 驽怯：才能低下，性情怯弱。 ⑮ 执邪：执法祛邪。 ⑯ 不量臣能否：不估量我有没有才能。 ⑰ 非臣所当处：其职位并不适合我来承当。处，居，承担。 ⑱ 迫：逼近。 ⑲ 卒填沟渠：突然死去，被埋到沟壑里。卒，通"猝"。 ⑳ 无补：无补于国。颜师古注："素，空也。言不举职务，空食禄俸而已。" ㉑ "愿捐"二句：愿为朝廷献出自己短暂的生命，急不可耐地想砍下奸臣的脑袋。捐，弃。一旦，一朝，一时。不待时，不等时，急切。 ㉒ 县于都市：然后把奸臣的头颅都悬挂于都市上以示众。县，通"悬"。㉓ 编书其罪：把他们的罪过写进简册。书，写，记录。颜师古注："编，谓联次简牍也。" ㉔ 却就斧钺之诛：退身就趴到刑场上去接受斩首之刑。斧钺，古代军法用以杀人的斧子，后来泛指刑戮。 ㉕ 诚臣所甘心：这的确是我所愿意做的事情。 ㉖ 布衣之士：指平民百姓。 ㉗ 尚：尚且。刎颈之交：能同生死共患难的朋友。 ㉘ 曾：乃，却。伏节死谊：殉节死义，为国家和信念而献身。谊，通"义"。 ㉙ 率：大率，大抵。苟合取容：无原则地附和讨好，以便得到容纳。 ㉚ 阿(ē)党：相互偏袒，结党营私。 ㉛ 浊溷(hùn)：混浊。 ㉜ 效：效果，后果。 ㉝ 耻之亡已：为此经常感到耻辱。耻，作动词。亡已，不已，不止。 ㉞ 安存：平安的生活。恶(wù)：厌恶，憎恶。 ㉟ 天覆地载：一般用以形容帝王之仁德广被天地。颜师古注："如天之覆，如地之载也。"原见《礼记·中庸》："天之所覆，地之所载。"董仲舒《春秋繁露·王道》："天覆地载，天下万国莫敢不悉靖共职受命者，不示臣下以知之至也。" ㊱ 物无不容：凡物无所不容，什么事都能容纳。 ㊲ 尧：人名，姓氏不详。书：书信。 ㊳ 善善恶(wù)恶：扬善惩恶，爱憎分明。颜师古注："善善，褒赏善人也。恶恶，诛罚恶人也。" ㊴ 非得颛之：但是不得擅权专断，不能胡来。颛，通"专"。 ㊵ 免处中和：同时也要尽量避免调和中庸、是非不分的情况发生。处，居。中和，是儒家所标榜的最为和谐的人生境界和社会状态。《礼记·中庸》："喜怒哀乐之未发谓之中，发而皆中节谓之和。中也者，天下之大本也；和也者，天下之达道也。致中和，天地位焉，万物育焉。” ㊶ 顺经术意：应该依照儒家经学所倡导的理念去做。 ㊷ 不胜愤懑：不堪郁闷，不能承受心里的烦闷。按，细味上述赐书数句，实是批评诸葛丰为司隶不称职的话，说他执法不当，有些胡来，又告诫他依经术意而致中和的基本原则。所以诸葛丰才有抑郁不平的情绪，才有请求辞官的意向。 ㊸ 清宴：清闲，辞官隐退的雅称。 ㊹ 唯陛下裁幸：望陛下尽快决断为幸。

【参考资料】

汉·班固《汉书·诸葛丰传》："是后所言益不用，丰复上书言：'臣闻伯奇孝而弃于亲，子胥忠而诛于君，隐公慈而杀于弟，叔武弟而杀于兄。夫以四子之行，屈平之材，然犹不能自显而被刑戮，岂不足以观哉！使臣杀身以安国，蒙诛以显君，臣诚愿之。独恐未有云补，而为众邪所排，令谗夫得遂，正直之路雍塞，忠臣沮心，智士杜口，此愚臣之所惧也。"

又，班固《汉书·盖诸葛刘郑孙毋将何传》，赞曰："盖宽饶为司臣，正色立于朝，虽《诗》所谓'国之司直'无以加也。若采王生之言以终其身，斯近古之贤臣矣。诸葛(丰)、刘(辅)、郑(崇)，虽云狂瞽，有异志焉。孔子曰：'吾未见刚者。'以数子之名迹，然毋将(隆)污于冀州，孙宝桡于定陵，况俗人乎！何并之节，亚尹翁归云。"

清·述古斋主人《史论汇函》甲编所录宋黄震《读史日钞》"诸葛丰"一文："《易》曰：'君子见几而作，不俟终日。'丰以司隶收许章而去节，丰于是乎可以去矣，何待诏御史之及哉？"

各从其志

是时大将军霍光秉政[①]，长史丙吉荐儒生王仲翁与(萧)望之等数人[②]，皆召见。先是左将军上官桀与盖主谋杀光[③]，光既诛桀等，后出入自备[④]。吏民当见者，露索去刀兵[⑤]，两吏挟持[⑥]。望之独不肯听，自引出阁曰[⑦]："不愿见。"吏索持匈匈[⑧]。光闻之，告吏勿持。望之既至前，说光曰[⑨]："将军以功德辅幼主[⑩]，将以流大化[⑪]，致于洽平[⑫]，是以天下之士延颈企踵[⑬]，争愿自效，以辅高明[⑭]。今士见者皆先露索挟持，恐非周公相成王躬吐握之礼[⑮]，致白屋之意[⑯]。"于是光独不除用望之[⑰]，而仲翁等皆补大将军史[⑱]。三岁间，仲翁至光禄大夫给事中，望之以射策甲科为郎[19]，署小苑东门候[20]。仲翁出入从仓头庐儿[21]，下车趋门[22]，传呼甚宠[23]，顾谓望之曰[24]："不肯录录[25]，反抱关为[26]。"望之曰："各从其志[27]。"(《汉书·萧望之传》)

【注释】

① 秉政：秉持大政，把持朝廷大权。 ② 王仲翁：其事迹仅见于《汉书·萧望之传》。萧望之：字长倩，东海兰陵(今山东苍山西南)人，徙杜陵(今陕西长安县东北)。好学，治《齐诗》，以令诣太常受业，从夏侯胜问《论语》《礼·服》，京师诸儒皆称述。以射策甲科为郎，署小苑东门候。坐弟犯法，不得宿卫，免归为郡吏，察廉为大行治礼丞。上疏陈天灾与霍氏专权，拜谒者，累迁谏大夫、丞相司直、平原太守、守少府、左冯翊、大鸿胪、御史大夫。左迁太子太傅，以《论语》《礼·服》授太子。受宣帝遗诏与大司马车骑将军史高、光禄大夫周堪共同辅政，为前将军光禄勋，领尚书事。以力斥外戚宦官，被诬下狱，免为庶人，竟饮鸩自杀。 ③ 谋杀霍光事：太子刘据被江充谗杀，武帝遂托霍光、金日磾、上官桀、桑弘羊等辅佐少子刘弗陵即位，是为昭帝。上官桀与霍光争权，遂连结武帝子昭帝兄燕王刘旦、武帝女昭帝姊鄂邑盖长公主，以及桑弘羊等，欲格杀霍光，因废帝，而迎立燕王为天子。事发觉，上官桀与其子安、桑弘羊等被诛，燕王、盖主皆自杀。 ④ 备：防备。 ⑤ 露索：露出身体被人搜查。颜师古注："索，搜也，露形体而搜也。" ⑥ 挟持：从两旁架住。 ⑦ 自引出阁：自己抽身离开藏书阁。汉宫著名藏书之所有石渠阁、天禄阁，还有麒麟阁、白虎阁等。⑧ 索持：搜检。匈匈：同"汹汹"，纷扰不安。 ⑨ 说(shuì)：游说，劝说。⑩ 功德：功业与德行。 ⑪ 流大化：流布深广之教化。 ⑫ 致于洽平：达到天下太平。颜师古注："令太平之化通洽四方也。" ⑬ 延颈企踵：伸长头颈，踮起脚跟，形容仰慕或企盼之情状。 ⑭ 高明：对人的敬称。 ⑮ 周公相成王：周公，姬姓，名旦。因采邑在周(今陕西岐山北)，故称周公。曾助武王灭商，后又辅佐年幼的成王，东征平定反叛，大封诸侯，并营建东都洛邑，制礼作乐，制定典章制度等。在儒家典籍中是明君贤相的代表人物之一。《史记》有《鲁周公世家》。相，辅佐。成王，姬诵，武王之子。幼小即位，由叔父周公摄政。年纪既长，临朝听政。躬吐握之礼：亲身践行礼贤下士之礼。吐握，吐哺握发。《韩诗外传》卷三："成王封伯禽于鲁，周公戒之曰：'往矣，子无以鲁国骄士。吾文王之子，武王之弟，成王之叔父也，又相天下，吾于天下亦不轻(贱)矣。然一沐三握发，一饭三吐哺，犹恐失天下之士。"后遂以吐哺握发形容礼贤下士，求才心切。 ⑯ 致：招致，延揽。白屋：以白茅覆盖的房子，为平民所居，因借指出身贫贱而有才能的人。颜师古注："周公摄政，一沐三握发，一饭三吐哺，以接

天下之士。白屋，谓白盖之屋以茅覆之，贱人所居。” ⑰ 除用：提拔重用。⑱ 补大将军史：补官大将军长史。汉代武官比于三公者有四：第一大将军，次骠骑将军，次车骑将军，次卫将军。又有前后左右等杂号将军。为大将军者，西汉如卫青、霍光、王凤等，东汉如吴汉、窦宪、邓骘等，或为功业卓然，或为外戚重臣。将军开府，得聘僚属，其职较高者有长史、司马等。 ⑲ 射策甲科：射策中甲科。射策，汉代考选取士形式之一，分为甲乙两科。颜师古注：“射策者，谓为难问疑义书之于策，量其大小署为甲乙之科，列而置之，不使彰显。有欲射者，随其所取得而释之，以知优劣。射之，言投射也。对策者，显问以政事经义，令各对之，而观其文辞定高下也。” ⑳ 署小苑东门候：署，代理、暂任或试充官职。颜师古注：“署，补署也。门候，主候时而开闭也。”据《三辅黄图·苑囿》，汉代著名苑囿，除上林苑、博望苑、宜春下苑之外，又有所谓三十六苑，“《汉仪注》：太仆牧师诸苑三十六所，分布北边西边，以郎为苑监，宦官奴婢三万人，养马三十万匹。养鸟兽者通名为苑，故谓之牧马处为苑。”所谓小苑，或为三十六苑之一。 ㉑ 仓头庐儿：汉代对家奴、仆从的通称。以深青色布包头，故称仓(苍)头。颜师古注：“皆官府之给贱役者也。”《汉书·鲍宣传》：“苍头庐儿，皆用致富。”颜师古注引孟康曰：“汉名奴为苍头。诸给殿中者所居为庐，苍头侍从，因呼为庐儿。” ㉒ 下车趋门：下车便疾步入门。 ㉓ 传呼甚宠：侍从大声传呼，其声威阵势显得非常尊宠荣耀。颜师古注：“传声而呼侍从者，甚有尊宠也。” ㉔ 顾：乃。 ㉕ 不肯录录：你当初不肯随众搜身，以致得罪了大将军霍光。颜师古注：“录录，谓循常也。言望之不能随例搜索，以违忤执政，不得大官而守门也。” ㉖ 反抱关为：所以现在只做抱关守门的小吏。抱关，抱着门闩插门。关，门闩。 ㉗ 各从其志：人各随顺自己的志向性情。言外是说，你我性情志向不同，各走各的路罢了。

【参考资料】

汉·班固《汉书·萧望之传》赞曰：“萧望之历位将相，籍师傅之恩，可谓亲昵亡间。及至谋泄隙开，谗邪构之，卒为便嬖宦竖所图，哀哉！望之堂堂，折而不桡，身为儒宗，有辅佐之能，近古社稷臣也。”

唐·白居易《读史》五首之四：“含沙射人影，虽病人不知。巧言构人罪，至死人不疑。掇蜂杀爱子，掩鼻戮宠姬。弘恭陷萧望，赵高谋李斯。阴德既必报，阴祸岂虚施？人事虽可罔，天道终难欺。明则有刑辟，幽则有神祇。苟免勿私喜，鬼得而诛之。”

清·述古斋主人《史论汇函》甲编所录宋黄震《读史日钞》“萧望之”一文：“班孟坚称望之堂堂，折而不挠，近古社稷之臣。愚谓以望之视(弘)恭、(石)显，邪正判然，以忠见诛，诚可悲矣。迹其平日天资忌刻，亦有取祸之道也。”

又，《史论汇函》甲编所录清章邦元《读通鉴札记》“萧望之为平原太守”一文：“望之上疏，实有君臣一体之风。若稍有嫌疑，此疏必不敢上，帝亦必不复征。或且因此疏而获谴也。”

刺史不可有所私问

(何)武兄弟五人[①]，皆为郡吏，郡县敬惮之[②]。武弟显家有市籍[③]，租常不入[④]，县数负其课[⑤]。市啬夫求商捕辱显家[⑥]，显怒，欲以吏事中商[⑦]。武曰：“以吾家租赋徭役不为众先[⑧]，奉公吏不亦宜乎[⑨]！”武卒白太守[⑩]，召商为卒吏[⑪]，州里闻之皆服焉[⑫]。久之，太仆王音举武贤良方正[⑬]，征对策[⑭]，拜为谏大夫，迁扬州刺史[⑮]。所举奏二千石长吏必先露章[⑯]，服罪者为亏除[⑰]，免之而已；不服，极法奏之[⑱]，抵罪或至死。

九江太守戴圣[⑲]，《礼经》号小戴者也[⑳]，行治多不法[㉑]，前刺史以其大儒，优容之[㉒]。及武为刺史，行部录囚徒[㉓]，有所举以属郡[㉔]。圣曰：“后进生何知[㉕]，乃欲乱人治[㉖]！”皆无所决[㉗]。武使从事廉得其罪[㉘]，圣惧，自免。后为博士，毁武于朝廷[㉙]。武闻之，终不扬其恶[㉚]。而圣子宾客为群盗[㉛]，得，系庐江[㉜]，圣自以子必死。武平心决之[㉝]，卒得不死[㉞]。自是后，圣惭服[㉟]。武每奏事至京师，圣未尝不造门谢恩[㊱]。武为刺史，二千石有罪，应时举奏，其余贤与不肖敬之如一[㊲]，是以郡国各重其守相[㊳]，州中清平。行部必先即学官见诸生[㊴]，试其诵论[㊵]，问以得失[㊶]，然后入传舍[㊷]，出记问垦田顷亩[㊸]，五谷美恶，已乃见二千石[㊹]，以为常。

初，武为郡吏时，事太守何寿[㊺]。寿知武有宰相器[㊻]，以其同姓故厚之[㊼]。后寿为大司农[㊽]，其兄子为庐江长史。时武奏事在邸[㊾]，寿兄子适在长安[㊿]，寿为具召武弟显及故人杨覆众等[51]，酒酣，见其兄子[52]，曰：“此子扬州长史，材能驽下，未尝省见[53]。”显等甚惭，退以谓武，武曰：“刺史古之方伯[54]，上所委任，一州表率也，职在进善退恶[55]。吏治行有茂异[56]，民有隐逸，乃当召见，不可有所私问[57]。”显、覆众强之[58]，不得已召见，赐卮酒[59]。岁中，庐江太守举之[60]。其守法见惮如此[61]。(《汉书·何武传》)

【注释】

① 何武：已见前“欲救鲍司隶者会此下”条注。 ② 敬惮：既敬重，又畏惧。

③ 显：何显。市籍：商贾的户籍。秦汉时施行重本抑末或重农轻商的基本国策，凡在籍的商人及其子孙，除去要缴纳赋税之外，在其他方面也有若干限制和要求，如不得坐车和穿丝绸衣服，子孙后代不得做官，不得买卖好田，边界有事首先征戍，与罪吏、赘婿、亡命等同。 ④ 租常不入：应缴的租税经常不缴。 ⑤ 县数负其课：郡有关部门经常命令县里特许其家拖欠赋税。负，拖欠。课，赋税。颜师古注："以显家不入租，故每令县负课殿。" ⑥ 市啬夫：管理市场的低级官吏。求商：人名。颜师古注："求，姓；商，名也。"捕辱：逮捕侮辱。 ⑦ 吏事：官事，与市场管理有关的事情。中：中伤，攻击陷害别人。 ⑧ 不为众先：不做众人的表率，经常落在众人之后。 ⑨ 奉公吏不亦宜乎：按公吏之言执行，不亦应该乎！奉，奉行，遵照。宜，适宜。 ⑩ 卒：终究。白：禀白，告诉。 ⑪ 卒吏：即卒史，为郡太守属吏之一，秩百石。 ⑫ 服：敬服。 ⑬ 太仆：官名，掌管皇帝的舆马。九卿之一。王音：汉元帝时，王皇后政君之兄王凤为卫尉侍中，嗣封阳平侯。成帝即位，王氏为皇太后，王凤为大司马大将军领尚书事，专权，王氏兄弟五人同日封侯。太后从弟长乐卫尉王弘之子王音为侍中太仆，以窃听京兆尹王章劾奏王凤专权事语凤，迁御史大夫，列于三公。凤死，音代之为大司马车骑将军，封安阳侯。史称王音辅政有忠节，敢谏正，为人亦修整自敛，不同于王氏他侯之骄奢淫肆。举：举荐。贤良方正：或称贤良文学，或称贤良方正直言极谏科。汉代察举科目之一，与孝廉、茂才等相类。始于汉文帝时，被举者对朝政得失应直言敢谏，对策高等，可直接授予官职。后代往往视作非常设之制科。 ⑭ 征：征召。对策：考选士子的形式之一。皇帝或朝廷就政事、经义等设问，由应试者对答，因而定其优劣。可参见上文"射策甲科"注。武帝时，董仲舒贤良对策，推崇孔氏，抑黜百家，最为有名。 ⑮ 扬州刺史：武帝所设十三刺史部之一。东汉时治所在历阳县(今安徽和县)，末年又移治寿春、合肥。 ⑯ 露章：公开奏章纠举内容，让被弹劾者知道而服罪。 ⑰ 亏除：颜师古注："亏，减也。减除其状，直令免去也。" ⑱ 极法奏之：按重法奏报。 ⑲ 九江：郡名，西汉时治所在今安徽寿县。戴圣：字次君，梁(今河南商丘南)人。戴德兄子，与戴德同师后仓学《礼》。宣帝时为博士，参加评定五经同异于石渠阁，官至九江太守，世称小戴。是当时有名的儒家学者，曾杂采先秦旧籍，编定《礼记》四十九篇，即今本《礼记》，人所尽知的《大学》《中庸》二篇，即收录其中。而戴德则删定《礼记》为八十五篇，世称大戴《礼记》。 ⑳《礼经》：即戴圣所编《礼记》，自汉代起，便为儒家经典著作之一，故称。 ㉑ 行治多不法：治郡行事多不合法。 ㉒ 优容：宽容。 ㉓ 行部录囚徒：巡视所属郡县检查在押犯人的情况。 ㉔ 举：举发，揭发。属：通"嘱"，嘱咐，吩咐，委派。 ㉕ 后进生何知：后进小生知道什么！后进生，蔑称。颜师古注："言武仕学未

久，故谓之后进生也。” ㉖ 乃欲乱人治：竟想扰乱别人的治理事务！ ㉗ 皆无所决：对何武吩咐的事情一件都没有办理。决，决断。 ㉘ 使：派遣。从事：刺史属官。廉：察。 ㉙ 毁：诋毁。 ㉚ 终不扬其恶：终究没有揭露其罪恶。 ㉛ 群盗：颜师古注：“聚为群盗而吏捕得也。” ㉜ 系庐江：关押在庐江郡监狱。庐江郡，亦为扬州刺史所辖，其治所在今安徽庐江西南。 ㉝ 平心决之：公平判决。 ㉞ 卒：终。 ㉟ 惭服：心里感到惭愧而佩服不已。 ㊱ 造门：到门。 ㊲ 敬之如一：敬重他们就如敬重一个人一样，言外是说对所有无罪的官员一律礼敬有加。 ㊳ 重：注重，重视。守相：郡守国相。汉代诸侯封国，其国相亦由朝廷委派，其职权略同于郡守，而又有辅佐侯王之责。 ㊴ 即：就，到。学官：学舍，学馆。诸生：在学就读之学子，在校生。 ㊵ 试：考试，检验。 ㊶ 得失：指朝政得失。 ㊷ 传舍：旅馆，客舍。 ㊸ 记：札子，公文的一种。 ㊹ 已：止，完毕，一切都办完了。见：会见，接见。 ㊺ 事：事奉。何寿：据《汉书·百官公卿表》，成帝建始元年，蜀郡太守何寿为廷尉，河平元年为大司农。 ㊻ 器：才器，才干。 ㊼ 厚：厚待，厚遇。 ㊽ 大司农：官名，掌管全国的粮食储运、籍田物价、货物均输、盐铁酤酒等。秦为治粟内史，景帝后更名大农令、大司农等。九卿之一。 ㊾ 邸：府邸，官邸。 ㊿ 适：恰巧。 51 为具：置办酒席。颜师古注：“具，谓酒食之具也。” 52 见其兄子：让其兄子露面。见，通“现”。颜师古注：“令出见显等。” 53 省见：犹言赏识提拔。颜师古注：“省，视也。言不为武所识拔也。” 54 方伯：原指一方诸侯之长。《史记·周本纪》：“周室衰微，诸侯强并弱，齐楚秦晋始大，政由方伯。”裴骃《集解》引郑司农曰：“长诸侯为方伯。”又称方伯连帅，《礼记·王制》：“千里之外设方伯，五国以为属，属有长；十国以为连，连有帅。”先秦时期，方伯是介于天子、诸侯之间的地方长官。汉代郡守之上有刺史，再上便是天子，形式相类，故亦称方伯。唐宋至明清，所谓采访使、观察使、宣抚使、按察使、廉访使、布政使等，均可称方伯。 55 进善退恶：荐拔良善的官员，黜退邪恶的官员。 56 治行：治理，施政。茂异：茂才异等，才德出众。 57 私问：私下请问，因私事而询问。 58 强：劝勉，勉强，坚持。 59 卮酒：杯酒。卮，一种圆形酒器。颜师古注：“对赐一卮之酒也。”《史记·项羽本纪》：“项王曰：‘壮士！赐之卮酒。’则与斗卮酒，（樊）哙拜谢，起，立而饮之。” 60 举之：举荐他。按，何寿兄子原为庐江长史，而由庐江太守举之，亦为情理中事。颜师古注：“终得武之力助也。”意谓何武授意太守举之，恐非。 61 见惮：被人怕，使人畏惧。

【参考资料】

汉·班固《汉书·何武传》：“武为人仁厚，好进士，奖称人之善。为楚内史厚两龚(龚胜与龚舍)，在沛郡厚两唐(唐林与唐尊)，及为公卿，荐之朝廷。此人显于世者，何侯力也，世以此多焉。然疾朋党，问文吏必于儒者，问儒者必于文吏，以相参检。欲除吏，先为科例以防请托。其所居亦无赫赫名，去后常见思。”

岂能效儿女子饮药自尽

使者既到府，掾史涕泣，共和药进(王)嘉①，嘉不肯服。主簿曰②：“将相不对理陈冤③，相踵以为故事④，君侯宜引决⑤。”使者危坐府门上⑥。主簿复前进药⑦，嘉引药杯以击地⑧，谓官属曰⑨：“丞相幸得备位三公⑩，奉职负国⑪，当伏刑都市以示万众⑫。丞相岂儿女子邪⑬，何谓咀药而死⑭！”嘉遂装出⑮，见使者再拜受诏，乘吏小车⑯，去盖不冠⑰，随使者诣廷尉。廷尉收嘉丞相新甫侯印绶，缚嘉载致都船诏狱⑱。

上闻嘉生自诣吏⑲，大怒，使将军以下与五二千石杂治⑳。吏诘问嘉㉑，嘉对曰：“案事者思得实㉒。窃见相等前治东平王狱㉓，不以云为不当死㉔，欲关公卿示重慎㉕；置驿马传囚㉖，势不得逾冬月㉗，诚不见其外内顾望阿附为云验㉘。复幸得蒙大赦，相等皆良善吏，臣窃为国惜贤，不私此三人㉙。”狱吏曰：“苟如此㉚，则君何以为罪犹当㉛？有以负国，不空入狱矣㉜。”吏稍侵辱嘉㉝，嘉喟然卬天叹曰㉞：“幸得充备宰相，不能进贤退不肖，以是负国，死有余责㉟。”吏问贤不肖主名㊱，嘉曰：“贤，故丞相孔光、故大司空何武，不能进；恶，高安侯董贤父子㊲，佞邪乱朝，而不能退。罪当死，死无所恨。”嘉系狱二十余日，不食欧血而死㊳。(《汉书·王嘉传》)

【注释】

① 和(huò)药：把多味药混合搅拌在一起成为毒药。王嘉：字公仲，平陵(今陕西咸阳西北)人。以明经射策甲科为郎，以守殿门未拦止人免。光禄勋于永除为掾，察廉为南陵丞。历九江、河南太守，有治声，入为大鸿胪、京兆尹、御史大夫。哀帝建平三年，代平当为丞相，封新甫侯。疏谏董贤佞幸小人，乱国制度，竟坐言事下狱死。按，此则故事述其被捕入狱时情景。 ② 主簿：丞相主簿，掌管各类文书案牍，办理事务。 ③ 不对理：不面对狱官。理，理官，掌狱讼之官。 ④ 相踵：相继。故事：成例，惯例。 ⑤ 君侯：对诸侯或高级官吏的尊称。引决：自杀。 ⑥ 危坐：端坐。颜师古注：“以逼促嘉也。” ⑦ 复前

进药：再次上前献上毒药。 ⑧ 引药杯以击地：接过药杯，随后便摔到地上。 ⑨ 官属：属官。 ⑩ 幸：侥幸。备位三公：位列三公。西汉以丞相(大司徒)、太尉(大司马)、御史大夫(大司空)为三公。 ⑪ 负国：有负于国，对不起国家。 ⑫ 伏刑：伏罪，伏法，砍头。 ⑬ 岂儿女子邪：怎能像小儿、女子之流呢！ ⑭ 何谓咀药而死：怎能说私下喝毒药自杀！咀，咬，吃。 ⑮ 装：整装，整顿好衣帽。 ⑯ 乘吏小车：乘着一般官吏的小车。 ⑰ 去盖不冠：去除车盖，不戴官帽。 ⑱ 缚：捆绑。都船诏狱：由巡察警备京师的执金吾之属官都船令管辖的专门关押钦犯的监狱。据《三辅黄图》卷四，长安有狱二十四所，又有上林诏狱，都船令原为水官，其兼管之诏狱，或即上林苑之诏狱，或别置诏狱之一。 ⑲ 上：指汉哀帝。生：对读书人或先生的通称。《史记·儒林列传》："言《礼》自鲁高堂生。"司马贞《索隐》："云'生'者，自汉以来儒者皆号'生'，亦'先生'省字呼之耳。"清人赵翼《廿二史札记》"先生或只称一字"条："古时'先生'二字，或称'先'，或称'生'。《史记·晁错传》：'错，初学于张恢先所。'《汉书》则云：'初学于张恢生所。'一称'先'，一称'生'。颜注云：'皆先生也。'"诣：至，到。 ⑳ 五二千石：五个俸禄二千石的高官。杂治：会审。《汉书·楚元王交传》："昭帝初，(刘德)为宗正丞，杂治刘泽诏狱。"颜师古注："杂，谓以他官共治之也。" ㉑ 诘问：审问，盘问。 ㉒ 案事者思得实：断案的人都想得到实情。 ㉓ 相：指廷尉梁相。按，哀帝建平三年(前4年)，幸臣董贤等告发东平王刘云与妻诅咒帝，欲自为天子。事下廷尉，梁相与尚书令鞠谭、仆射宗伯凤皆疑有冤情，遂拖延审理，哀帝即免三人官。后数月大赦，丞相王嘉奏封事力荐此三人，又逢王嘉反对董贤益封，哀帝大怒，以迷国罔上之罪下狱。最后，东平王刘云废徙房陵，自杀，其妻弃市，王嘉在狱中绝食自尽。 ㉔"不以"句：不认为刘云的行为有什么不当而定死罪。 ㉕"欲关"句：想禀告公卿复审以表示慎重。关，关白，报告。 ㉖ 置驿马传囚：梁相让囚徒刘云等乘驿马递解进京。 ㉗ 势不得逾冬月：其情势也不会超过冬天。 ㉘ 诚：的确，实在。外内顾望：观察形势，故意拖延。阿附为云验：附和讨好刘云的证据。 ㉙ 不私：不偏袒。 ㉚ 苟：如果。 ㉛"则君"句：那么你还承当什么罪名呢？犹，还。 ㉜ 不空入狱：不是平白无故而入狱，入狱自然有其原因。 ㉝ 稍：渐。侵辱：冒犯侮辱，指谩骂拷打之类。 ㉞ 喟然：叹息貌。卬天：仰首向天。卬，通"仰"。 ㉟ 死有余责：犹死有余辜，谓虽死不足抵其罪责。 ㊱ 主名：人名。 ㊲ 董贤：字圣卿，云阳(今陕西淳化西北)人。初为太子舍人，哀帝立，以仪容美丽得宠，拜黄门郎、驸马都尉侍中，出则参乘，入则陪侍左右，赏赐累巨万。性柔和便辟，善为媚以自固。诏令其妻入住殿庐，其妹以为昭仪，位次皇后，迁贤父为少府、卫尉，赐爵关内侯，以其妻父为将作大匠，弟为执金吾，又为之起大第北阙下，穷极工巧。不久，以告东平王事，封高安侯，拜大司马卫将军，领尚书事，百官因贤奏事。是时贤年二十二。哀帝死，王莽免其官，贤与妻自杀，其父其弟与家属皆徙合浦，籍没其财，凡四十三万万。事见《汉书·佞幸传》。 ㊳ 欧(ǒu)：同“呕”，吐。

【参考资料】

汉·班固《汉书·何武王嘉师丹传》赞曰：“何武之举，王嘉之争，师丹之议，考其祸福，乃效于后。当王莽之作，外内咸服，董贤之爱，疑(拟)于亲戚，武、嘉区区，以一蒉障江河，用(以)没其身。丹与董宏更受赏罚，哀哉！故曰：‘依世则废道，违俗则危殆。’此古人所以难受爵位者也。”

宋·苏轼《苏轼文集·史评》“梁统议法”条：“汉仍秦法至重。高、惠固非虐主，然习所见以为常，不知其重也。至孝文始罢肉刑与三夷之诛，景帝复孥戮晁错，武帝暴戾有增无损，宣帝治尚严，因武帝之旧。至王嘉为相，始轻减法律，遂至东京，因而不改。班固不记其事，事见《梁统传》，固可谓疏略矣。嘉，贤相也。轻刑，又其盛德之事，可不记乎？”

凡治道去其泰甚者耳

时上垂意于治①，数下恩泽诏书②，吏不奉宣③。太守(黄)霸为选择良吏④，分部宣布诏令⑤，令民咸知上意⑥。使邮亭乡官皆畜鸡豚⑦，以赡鳏寡贫穷者⑧。然后为条教⑨，置父老、师帅伍长⑩，班行之于民间⑪，劝以为善防奸之意⑫，及务耕桑⑬，节用殖财⑭，种树畜养，去食谷马⑮。米盐靡密⑯，初若烦碎⑰，然霸精力能推行之。吏民见者⑱，语次寻绎⑲，问它阴伏⑳，以相参考。尝欲有所司察㉑，择长年廉吏遣行㉒，属令周密㉓。吏出，不敢舍邮亭㉔，食于道旁，乌攫其肉㉕。民有欲诣府口言事者适见之㉖，霸与语道此㉗。后日吏还谒霸㉘，霸见迎劳之㉙，曰：“甚苦㉚！食于道旁乃为乌所盗肉㉛。”吏大惊，以霸具知其起居㉜，所问豪氂不敢有所隐㉝。鳏寡孤独有死无以葬者㉞，乡部书言㉟，霸具为区处㊱，某所大木可以为棺㊲，某亭猪子可以祭㊳，吏往皆如言㊴。其识事聪明如此，吏民不知所出㊵，咸称神明㊶。奸人去入它郡㊷，盗贼日少。

霸力行教化而后诛罚㊸，务在成就全安长吏㊹。许丞老㊺，病聋㊻，督邮白欲逐之㊼，霸曰：“许丞廉吏，虽老，尚能拜起送迎㊽，正颇重听㊾，何伤㊿？且善助之[51]，毋失贤者意[52]。”或问其故[53]，霸曰：“数易长吏[54]，送故迎新之费及奸吏缘绝簿书盗财物[55]，公私费耗甚多，皆当出于民，所易新吏又未必贤，或不如其故[56]，徒相益为乱[57]。凡治道[58]，去其泰甚者耳[59]。”霸以外宽内明得吏民心[60]，户口岁增，治为天下第一[61]。(《汉书·循吏传》)

【注释】

① 上：指汉宣帝。垂意：留心，注重。 ② 数：屡次，经常。恩泽：指施惠于民的行政举措。 ③ 不奉宣：不认真贯彻执行。颜师古注：“不令百姓皆知也。”宣，宣布，宣达。 ④ 黄霸：字次公，淮阳阳夏(今河南太康)人，徙云陵(今陕西淳化北)。少学律令，喜为吏，武帝末，以入钱谷为左冯翊二百石卒史，领郡钱谷计，簿书正，以廉称。察廉补河东均输长，复察廉为河南太守丞，以治理宽和闻名。宣帝即位，召为廷尉正，执法公平。守丞相长史，以阿从夏侯胜之非议诏书，皆下廷尉狱，而于狱中从胜受《尚书》，三年乃出。复为谏大夫，举贤良，擢扬州刺史。两任颍川太守，敦行教化，郡中大治，治为天下第一，赐爵关内侯。征为太子太傅，迁御史大夫，五凤三年，代丙吉为丞相，封建成侯。为相五年卒。自汉兴，凡言治理吏民者，皆推许黄霸为首。 ⑤ 分部：划分区域，按地区，分片儿。 ⑥ 咸：全都。 ⑦ 邮亭：驿站，亦为递送公文者休止之处。颜师古注：“邮，行书舍，谓传送文书所止处，亦如今之驿馆矣。乡官者，乡所治处也。”畜(xù)：畜养，饲养。 ⑧ 赡：供养，供给。 ⑨ 条教：条规，法令。 ⑩ 父老：乡官，由年高望重者担任。师帅伍长：指乡兵组织的队长、组长。《周礼·夏官·司马》：“二千有五百人为师，师帅皆中大夫。五百人为旅，旅帅皆下大夫。百人为卒，卒长皆上士。二十五人为两，两司马皆中士。五人为伍，伍皆有长。”黄霸略仿国家正规军之编制与名号，而于颍川郡内设置兵民一体之架构。 ⑪ 班行：颁行，颁布施行。 ⑫ 劝：劝勉，勉励。 ⑬ 务：勉力从事，努力干好。 ⑭ 殖：孳生。 ⑮ 去食谷马：马吃粮食故弃养。 ⑯ 米盐靡密：如米盐一类的生活小事也都有详细规定。靡，分散。颜师古注：“米盐，言碎而且细。” ⑰ 初若烦碎：刚开始好像显得十分烦琐零碎。 ⑱ 见：会见，接见。 ⑲ 语次：交谈之间。寻绎：反复推求。颜师古注：“绎，谓抽引而出也。” ⑳ 阴伏：隐秘不为人知的坏事。 ㉑ 司察：督察，调查，察验。 ㉒ 长年：年长。 ㉓ 属(zhǔ)令：嘱咐，叮嘱。颜师古注：“属，戒也。周密，不泄露也。” ㉔ 舍：住宿。 ㉕ 乌：乌鹊，乌鸦。攫：攫取，用嘴叼走，或用爪子抓走。 ㉖ 口言事者：口头报告事情的人。适见之：恰巧看见了这件事情。 ㉗ 霸与语道此：黄霸与他谈话时就把此事讲了。 ㉘ 后日：过了几天。谒：拜见。 ㉙ 迎劳之：主动迎上前去慰问他。 ㉚ 甚苦：很是辛苦。 ㉛ 乃为：又被。 ㉜ 具：通

"俱",全部。起居:作息,日常生活。 ㉝ 豪氂:毫厘。 ㉞ 无以葬者:无法安葬的人。 ㉟ 乡部:乡官部吏,下级官吏。书言:写出书面报告。 ㊱ 具为区处:都分别给予处置。颜师古注:"区处,谓分别而处置也。" ㊲ 某所:何处,什么地方。 ㊳ 某亭猪子:哪个邮亭饲养的小猪。 ㊴ 皆如言:皆如他所言,都和他说的一样。 ㊵ 不知所出:不明就里。颜师古注:"不知其用何术也。" ㊶ 咸:全。 ㊷ 去入它郡:逃到其他郡内。 ㊸ 力行教化:极力推行教育感化的治理方针。颜师古注:"力,犹勤也。言先以德教化于下,若有弗从,然后用刑罚也。" ㊹ 成就全安:造就,成全。颜师古注:"不欲易代及损伤之也。" ㊺ 许丞:如淳曰:"许县丞。"据《汉书·百官公卿表》,县官,万户以上称令,减万户为长,皆有丞、尉为之辅佐,是为长吏。 ㊻ 病聋:耳聋。 ㊼ 督邮:汉置官名,为郡太守的重要属官,往往代表太守督察县乡,宣达教令,兼管狱讼捕亡。唐以后废。白:禀白,禀报。 ㊽ 拜起送迎:指跪拜长官、送迎客人等官场应酬活动。 ㊾ 正:即使。颇:稍微,略微。重(chóng)听:听觉失灵。 ㊿ 何伤:又有什么关系? 51 且善助之:姑且善意助之。 52 毋失贤者意:不要伤了贤者的情分。 53 或:有人。故:缘故,原由。 54 数易:频繁调换。 55 缘绝簿书:趁公务交接之际而毁弃隐匿账簿。颜师古注:"缘,因也。因交代之际而弃匿簿书以盗官物也。" 56 或:或者。 57 徒相益为乱:徒然添乱。益,增加。 58 凡治道:凡是治理之道。凡,一切,所有。 59 泰甚:太甚,过分,过激,过偏。 60 外宽内明:外表宽和而内心明察。 61 治:治绩,政绩。

【参考资料】

宋·苏轼《苏轼文集·史评》"史彦辅论黄霸"条:"吾先君友人史经臣彦辅,豪伟人也。尝云:'黄霸本尚教化,庶几于富,而教之者,乃复用乌攫肉,小数,陋矣。颍川凤皇,盖可疑也。霸以鹖为神雀,不知颍川之凤以何物为之?'虽近于戏,亦有理也,故记之。"

清·述古斋主人《史论汇函》甲编所录清章邦元《读通鉴札记》"黄霸守京兆尹"一文:"自古良吏,惟孝宣之世为极盛,宜其风俗敦厚,久而不移。亦缘是时法令疏阔,守令尚得各行其志也。若唐宋以后,虽有龚、黄之才,不过得其效之半耳。"又有"黄霸为丞相"一文:"黄霸为孝宣朝循吏之冠。其为相也,不及为吏。或谓宣帝英明,霸不得自展其才,非也。魏相、丙吉皆忠厚长者,何以倚畀独隆?盖丞相当总大纲,有远识。霸处事精密,吏才也,非相才也。即其吏治称最,亦未免多设虚辞。张敞之奏,切中汉代良吏之弊。然汉犹近古,弊在好名。好名者,必自爱。唐宋以后之吏,直弊在好利而已矣。"

子孙祭我不如桐乡民

朱邑字仲卿，庐江舒人也①。少时为舒桐乡啬夫②，廉平不苛③，以爱利为行④，未尝笞辱人，存问耆老孤寡⑤，遇之有恩，所部吏民爱敬焉⑥。迁补太守卒史⑦，举贤良为大司农丞⑧，迁北海太守⑨，以治行第一人为大司农。为人淳厚，笃于故旧⑩，然性公正，不可交以私。天子器之⑪，朝廷敬焉。是时张敞为胶东相⑫，与邑书曰⑬："明主游心太古⑭，广延茂士⑮，此诚忠臣竭思之时也⑯。直敞远守剧郡⑰，驭于绳墨⑱，匈臆约结⑲，固亡奇也⑳。虽有，亦安所施㉑？足下以清明之德㉒，掌周稷之业㉓，犹饥者甘糟糠㉔，穰岁余粱肉㉕。何则㉖？有亡之势异也㉗。昔陈平虽贤㉘，须魏倩而后进㉙；韩信虽奇㉚，赖萧公而后信㉛。故事各达其时之英俊㉜，若必伊尹、吕望而后荐之㉝，则此人不因足下而进矣㉞。"邑感敞言㉟，贡荐贤士大夫㊱，多得其助者。身为列卿，居处俭节，禄赐以共九族乡党㊲，家亡余财㊳。神爵元年卒㊴。天子闵惜㊵，下诏称扬曰："大司农邑，廉洁守节，退食自公㊶，亡强外之交㊷，束修之馈㊸，可谓淑人君子㊹。遭离凶灾㊺，朕甚闵之。其赐邑子黄金百斤，以奉其祭祀。"初邑病且死㊻，属其子曰㊼："我故为桐乡吏㊽，其民爱我，必葬我桐乡。后世子孙奉尝我㊾，不如桐乡民。"及死，其子葬之桐乡西郭外㊿，民果共为邑起冢立祠[51]，岁时祠祭[52]，至今不绝。(《汉书·循吏传》)

【注释】

① 庐江：郡名，其治所在舒县(今安徽庐江县西南)。 ② 桐乡：古地名，在今安徽桐城市北。春秋时为桐国，汉改桐乡。啬夫：乡官，负责赋税与听讼。 ③ 廉平不苛：廉洁公平，办事不苛刻。 ④ 以爱利为行：把仁爱、施惠于人作为行为准则。颜师古注："仁爱于人而安利也。""爱"与"利"二字并举，于秦汉时儒道两家典籍常见，而亦均言治民之道。如《庄子·徐无鬼》："夫民不难聚也，爱之则亲，利之则至，誉之则劝。致其所恶则散，爱利出乎仁义。"又如董仲舒《春秋繁露·王道通三》："唯人道为可以参天。天常以爱利为意，以养长为事，春秋冬夏皆其用也。王者亦常以爱利天下为意，以安乐一世为事，好恶喜怒而备用也。" ⑤ 存问：慰问。《汉书·文帝纪》："今岁首，不时使人存问长老。"颜师古注："存，省视也。"耆(qí)老：老人。古称六十为耆。 ⑥ 所部：所管辖，所

统领。 ⑦ 卒史：郡太守属吏之一，秩百石。 ⑧ 大司农丞：大司农之属官则有太仓、均输、平准、都内、籍田五令丞，又有斡官、铁市两长丞，此言大司农丞，盖笼统而言之也。 ⑨ 北海：郡名，其治所在营陵县(今山东昌乐县东南)。⑩ 笃：诚笃，忠实，深情。 ⑪ 器：重视，注重。 ⑫ 张敞：字子高，茂陵(今陕西兴平东北)人。初为太守卒史，察廉为甘泉仓长，稍迁太仆丞，擢豫州刺史。宣帝征为太中大夫，以正违忤霍光，复出为函谷关都尉，徙山阳太守。霍光死，宣帝亲政，渤海、胶东盗贼并起，敞上书自请治之，拜胶东相。迁京兆尹，坐杨恽事免为庶人。冀州贼起，拜冀州刺史、太原太守。元帝即位，病卒。事见《汉书·张敞传》。胶东：胶东国，都即墨县(今山东平度市东南)，辖胶东郡，原为汉景帝之子康王刘寄的封地。寄死，其子孙嗣封。 ⑬ 书：书信。 ⑭ 明主：指宣帝。游心太古：留心远古，向往上古三代的太平政治。 ⑮ 广延茂士：广请贤才。 ⑯ 诚：确实。 ⑰ 直：通"值"。远守剧郡：做偏远大郡的太守，为胶东相的别称。 ⑱ 驭于绳墨：受朝廷法度的限制。驭，控制。绳墨，木匠画直线的工具，引申为规矩、法度。 ⑲ 匈臆约结：胸臆郁结。匈，同"胸"。颜师古注："约，屈也。" ⑳ 固亡奇：本无高妙的治理方法。颜师古注："言在远郡，无足展效也。" ㉑ 亦安所施：又何处施展呢？按，当时胶东、渤海盗贼并起，平乱是第一大事，尚无暇顾及治理之事，所以张敞才有此言。 ㉒ 足下：用以称对方的敬辞。下称上，同辈相称，皆可用之。战国时多称君主为足下，如《战国策·燕策一》，苏代谓燕昭王："足下以为足，则臣不事足下矣。"如《史记·秦始皇本纪》："阎乐前即二世数曰：'足下骄恣，诛杀无道，天下共畔足下，足下其自为计。'"后世则多用于同辈之间，如《史记·季布传》载曹丘揖季布曰："且仆楚人，足下亦楚人也。仆游扬足下之名于天下，顾不重邪？何足下距仆之深也？"又如司马迁《报任安书》之首称"少卿足下"。先秦两汉之对答与书信皆常有此术语，后代亦相沿不废。南北朝宋刘敬叔《异苑》卷十则附会为春秋时晋文公与介子推事："介子推逃禄隐迹，抱树烧死，文公拊木哀嗟，伐而制屐。每怀割股之功，俯视其屐曰：'悲乎，足下！'足下之称将起于此。"清明之德：美好的才能品德。清明，清察明审。 ㉓ 掌周稷之业：掌管全国的粮食生产。周稷，古史传说中的周朝始祖后稷，善于种植稷麦等各种粮食作物，尧舜时曾为农官，教民耕种。颜师古注："司农主百谷，故云周稷之业。" ㉔ 犹饥者甘糟糠：接上两句，意思是说，以你的才德做大司农，就好像饿坏了的人吃上糟糠都觉得特别甜美。言外之意是说大司农的官职给你提供了快意施展才干的难得的机会。 ㉕ 穰岁余粱肉：也好像丰收年景多有余粮剩肉。言外之意是说，以你的才干管理粮食种植定是绰绰有余。颜师古注："穰岁，丰穰之岁。" ㉖ 何则：我为什么这么认为呢？ ㉗ 有亡之势异也：有才德与无才德的情势有不同呀！言下之意是说，自己才能低劣，远不如做大司农的朱邑。 ㉘ 陈平：汉开国功臣，曾为相国。已见前注。 ㉙ 魏倩：一说即魏无知。据《史记·陈丞相世家》，陈平初从项羽，后“因魏无知求见汉王”。司马贞《索隐》引《汉书》所载此“陈平须魏倩而后进”语，又引孟康云：“即无知也。”韦昭则以为“倩”字，“无知字也”。颜师古注：“倩，士之美称，故云魏倩也。而韦氏便以为无知之字，非也。譬犹谓汲黯为汲直，黯岂字直乎？且次下句云‘赖萧公而后信’，亦非何之字也。” ㉚ 韩信：淮阴（今江苏淮阴西南）人。初时甚贫，常寄食于人，又尝乞食漂母，至胯下受辱。反秦军起，从项梁、项羽，亡楚归汉，拜治粟都尉，至南郑夜亡，萧何追还，汉王斋戒设坛场，具礼，拜为大将军。楚汉相争，破赵取齐，封齐王。又与刘邦会合，击灭项羽于垓下。汉立，改封楚王。后有人诬告谋反，降封淮阴侯，终被吕后所杀。事见《史记·淮阴侯列传》。 ㉛ 萧公：萧何，沛（今江苏沛县）人。初为县吏，从刘邦起兵，荐进韩信，以丞相镇关中，给军粮士卒，抚百姓。天下定，论功次第一，封酂侯。定律令制度，助灭韩信、陈豨、英布等。事见《史记·萧相国世家》。信：信任，重用。颜师古注：“信，谓为君上所信任也。一说信读曰伸，得伸其材用也。” ㉜ 故事：先例，旧日的典章制度。达：进荐，引进。 ㉝“若必”句：如果一定要求这些英俊的才能都和伊尹、吕望一样才推荐他们。伊尹，商初大臣，原为有莘氏的陪嫁小臣，后来汤委以国政，助之灭夏桀。汤死，历佐三王。吕望，即吕尚、姜太公，周代齐国始祖。姜姓，吕氏，名望。一说字子牙。周初官太师，亦称师尚父。辅佐武王灭商，以功封于齐。 ㉞ 此人：这些人。不因足下而进矣：就不会靠你而进身了。言下是说，这些人如不得你的赏识荐拔，也许从此就埋没其才了。一说不靠你，那就只能靠自己了。颜师古注：“言能自达也。” ㉟ 感：有感于。 ㊱ 贡荐：进荐，举荐。 ㊲ 共：通“供”。九族：一说指同姓宗亲，即本身以上之父、祖、曾祖、高祖，以及本身以下之子、孙、曾孙、玄孙。一说包括异姓亲属，即父族四、母族三、妻族二。后泛指远近亲属。乡党：乡里，乡亲。已见前注。 ㊳ 亡：无。 ㊴ 神爵元年：公元前 61 年。神爵，汉宣帝年号。卒：去世。 ㊵ 闵惜：怜惜。 ㊶ 退食自公：减膳以示节俭，形容官员廉洁奉公。《诗经·召南·羔羊》：“退食自公，委蛇委蛇。”郑玄笺：“退食，谓减膳也。自，从也，从于公，谓正直顺于事也。”朱熹《诗集传》：“退食，退朝而食于家也。自公，从公门而出也。委蛇，自得之貌。”
㊷ 亡彊外之交：无分外之交际，指拉帮结派之类。彊，通“疆”，疆界，界限。
㊸ 束修之馈：不收别人馈赠的礼物。束修，礼物。修，干肉，十条干肉称束修。馈，赠送。 ㊹ 淑人君子：善良正直的人。《诗经·曹风·鸤鸠》：“淑人君子，其仪一兮。”郑玄笺：“淑，善。仪，义也。善人君子，其执义当如一也。” ㊺ 遭离凶灾：得病去世。离，通“罹”，罹患，遭遇。 ㊻ 且：将，临。 ㊼ 属：通

"嘱"。 ㊽ 故：过去，当年。 ㊾ 奉尝：奉祀，祭祀。颜师古注："尝，谓蒸尝之祭。" ㊿ 西郭外：西城外。郭，外城。 (51) 果：果然。起冢：营造坟墓。(52) 岁时：每年既定的季节或时间。

【参考资料】

晋·潘岳《河阳县作诗》二首之一："谁谓晋京远，室迩身实辽。谁谓邑宰轻，令名患不劭。人生天地间，百年孰能要。颎如槁(敲)石火，瞥若截道飚。齐都无遗声，桐乡有余谣。"(节录)

宋·梅尧臣《卫尉邵少卿挽词》二首之一："位至九卿亚，年过七十春。桐乡归葬日，棠树去思人。"(节录)

清·唐孙华《哭曹九咸明府》之二："桐乡遗惠在，尚说长官清。"

郎中令善愧人

龚遂字少卿，山阳南平阳人也①。以明经为官②，至昌邑郎中令③，事王贺。贺动作多不正④，遂为人忠厚，刚毅有大节，内谏争于王，外责傅相⑤，引经义，陈祸福，至于涕泣，蹇蹇亡已⑥。面刺王过⑦，王至掩耳起走⑧，曰："郎中令善愧人⑨。"及国中皆畏惮焉⑩。王尝久与驺奴宰人游戏饮食⑪，赏赐亡度⑫，遂入见王，涕泣膝行⑬，左右侍御皆出涕。王曰："郎中令何为哭？"遂曰："臣痛社稷危也！愿赐清闲竭愚⑭。"王辟左右⑮，遂曰："大王知胶西王所以为无道亡乎⑯？"王曰："不知也。"曰："臣闻胶西王有谀臣侯得⑰，王所为拟于桀纣也⑱，得以为尧舜也。王说其谄谀⑲，尝与寝处⑳，唯得所言㉑，以至于是㉒。今大王亲近群小，渐渍邪恶所习㉓，存亡之机㉔，不可不慎也。臣请选郎通经术有行义者与王起居㉕，坐则诵《诗》《书》㉖，立则习礼容㉗，宜有益㉘。"王许之。遂乃选郎中张安等十人侍王。居数日，王皆逐去安等。久之，宫中数有妖怪，王以问遂，遂以为有大忧，宫室将空，语在《昌邑王传》㉙。会昭帝崩㉚，亡子㉛，昌邑王贺嗣立，官属皆征入㉜。王相安乐迁长乐卫尉㉝，遂见安乐，流涕谓曰："王立为天子，日益骄溢㉞，谏之不复听，今哀痛未尽㉟，日与近臣饮食作乐，斗虎豹，召皮轩㊱，车九流㊲，驱驰东西，所为悖道㊳。古制宽㊴，大臣有隐退㊵，今去不得，阳狂恐知㊶，身死为世戮㊷，奈何？君㊸，陛下故相㊹，宜极谏争。"王即位二十七日，卒以淫乱废㊺。昌邑群臣坐陷王于恶不道㊻，皆诛，死者二百余人，唯遂与中尉王阳以数

谏争得减死[47]，髡为城旦[48]。(《汉书·循吏传》)

【注释】

① 山阳：郡名，其治所在昌邑县(今山东金乡县西北)。南平阳：县名，治所即今山东邹县。 ② 明经：明晓经术。 ③ 昌邑：昌邑国，武帝之子昌邑王刘髆的封地，髆死，其子刘贺嗣封。王都即在昌邑县。郎中令：昌邑国之郎中令，其职掌略如朝廷，亦典宫殿掖门户。 ④ 动作多不正：举动大多邪僻不正。 ⑤ 责：责备，谴责。傅相：指辅佐诸侯王的太傅、丞相。 ⑥ 謇謇：正直敢言貌。颜师古注："不阿顺之意也。"亡已：无已，不止，不停。 ⑦ 面刺：当面批评。 ⑧ 起走：起身跑开。 ⑨ 愧人：侮辱人。颜师古注："愧，辱也。" ⑩ 国中：颜师古注："王及国人皆惮之。" ⑪ 驺奴：驾车的奴仆。宰人：厨夫，厨子。 ⑫ 亡：无。 ⑬ 膝行：跪在地上向前移动，表示敬畏郑重。 ⑭"愿赐"句：希望您赏赐一点空闲时间，好让我把话说完。清闲，空闲。竭，竭尽。愚，愚意，愚见，自称的谦辞。 ⑮ 辟：屏除，赶走，斥退。 ⑯ 胶西王：指汉景帝之子胶西王刘端。为人阴狠毒辣，为非作歹，数次犯法，而景帝不忍诛之。立四十七年死，无子，国除，地入于汉，为胶西郡。事见《汉书·景十三王传》。所以为无道亡：因为做不法事而亡国失地。 ⑰ 谀臣：阿谀奉承之臣。 ⑱ 拟：比，同。桀纣：夏桀、商纣。 ⑲ 说：通"悦"。 ⑳ 尝：通"常"。寝处：坐卧息止，同居。 ㉑ 唯得所言：只听侯得的话。唯，独，只。 ㉒ 是：此。颜师古注："唯用得之邪言，故至亡。" ㉓ 渐渍：逐渐浸润，慢慢渍染。 ㉔ 存亡之机：是存亡之关键。 ㉕ 有行义者：有品行道义的人。起居：居处，生活。 ㉖ 诵：诵读。《诗》：指《诗经》。《书》：指《尚书》。二书皆为汉儒所推崇的儒家经典著作。 ㉗ 习礼容：习练各种礼仪动作。 ㉘ 宜有益：应该大有益处。 ㉙《昌邑王传》：即《汉书·武五子传》。其记王宫妖事云："初贺在国时，数有怪。尝见白犬，高三尺，无头，其颈以下似人，而冠方山冠。后见熊，左右皆莫见。又大鸟飞集宫中。王知，恶之，辄以问郎中令遂。遂为言其故，语在《五行志》。王卬天叹曰：'不祥何为数来！'遂叩头曰：'臣不敢隐忠，数言危亡之戒，大王不说(悦)。夫国之存亡，岂在臣言哉！愿王内自揆度。大王诵《诗》三百五篇，人事浃，王道备，王之所行中(合)《诗》一篇何等也？大王位为诸侯王，行污于庶人，以存难，以亡易，宜深察之。'后又血污王坐席，王问遂，遂叫然号曰：'宫空不久，祆祥数至。血者，阴忧象也。宜畏慎自省。'贺终不改节。居无何，征。既即位，后王梦青蝇之矢(屎)积西阶东，可五六石，以屋版瓦覆，发视之，青蝇矢也。以问遂，遂曰：'陛下之《诗》不云乎？营营青蝇，至于藩；恺悌君子，毋信谗言。陛下左侧馋人众多，如是青蝇恶矣。宜进先帝大臣子孙亲近以

为左右。如不忍(疏远)昌邑故人，信用谗谀，必有凶咎。愿诡(反)祸为福，皆放逐之。臣当先逐矣。’贺不用其言，卒至于废。” ㉚ 会：恰巧。昭帝：即刘弗陵。汉武帝共六子，长子，即卫皇后所生戾太子刘据，因巫蛊之祸自杀；次子，赵婕妤所生刘弗陵，嗣立为帝，是为昭帝；王夫人生齐怀王刘闳，李姬生燕剌王刘旦、广陵厉王刘胥，李夫人生昌邑哀王刘髆。髆死，子贺袭王号。大将军霍光等以昭帝死，无子，遂议立贺为帝。即位二十七日，以淫乱无度废归故国，不久国除，改为山阳郡。 ㉛ 亡子：无子。 ㉜ 官属：昌邑王之属官。征入：征召入朝。 ㉝ 王相安乐：昌邑王宰相安乐。长乐卫尉：掌管太后所居长乐宫之卫屯兵。 ㉞ 骄溢：骄傲自满。 ㉟ 哀痛未尽：昭帝刚死，余哀尚在。颜师古注："谓新居丧服。" ㊱ 召：招呼，呼唤。皮轩：用虎皮装饰的车子。《汉书·霍光传》载废贺诏："驾法驾，皮轩鸾旗，驱驰北宫、桂宫，弄彘斗虎。召皇太后御小马车，使官奴骑乘，游戏掖庭中。与孝昭皇帝宫人蒙等淫乱，诏掖庭令敢泄言要斩。" ㊲ 车九流：乘着车子到处跑。流，行，驱驰。 ㊳ 所为悖道：所作所为皆违背正道。悖，乖，背。 ㊴ 古制宽：古代官制宽松。 ㊵ 有隐退：可以自由辞官隐退。 ㊶ 阳狂恐知：装疯，又怕人知道底细。阳狂，即佯狂，假装疯癫。 ㊷ 为世戮：受世俗牵累而被杀。 ㊸ 君：你。尊称。 ㊹ 故相：旧相，昌邑王之丞相。 ㊺ 卒：终。 ㊻ 坐：定罪。陷王于恶：使王陷入恶行。不道：无道，行事不循理。 ㊼ 减死：减免死刑。 ㊽ 髡：刑法之一，剃去头发。城旦：亦为刑罚名，即服苦役，在汉代一般是输边筑城四年。后来泛指徒刑或流放。

【参考资料】

唐·张说《奉和圣制赐诸州刺史应制以题坐右》："文明遍禹迹，鳏寡达尧心。正在亲人守，能令王泽深。朝廷多秀士，熔炼比精金。犀节同分命，熊轩各外临。圣主赋新诗，穆若听薰琴。先言教为本，次言则是钦。三时农不夺，午夜犬无侵。愿使天宇内，品物遂浮沉。寄情群飞鹤，千里一扬音。共蹑华胥梦，龚(遂)黄(霸)安足寻?"

唐·白居易《寄李蕲州》："下车书奏龚黄课，动笔诗传鲍(照)谢(朓)风。江郡讴谣夸杜母，洛城欢会忆车公。笛愁春尽梅花里，簟冷秋生薤叶中。不道蕲州歌酒少，使君难称与谁同?"

宋·苏轼《吴中田妇叹》："卖牛纳税拆屋炊，虑浅不及明年饥。官今要钱不要米，西北万里招羌儿。龚黄满朝人更苦，不如却作河伯妇(用河伯娶妇典)。"(节录)

清·俞樾《春在堂随笔》卷五："(陈)子庄宰青浦时，有归思，绘峰泖莼思图，求题于余，余信笔书五言三章。”择录其二曰：“我欲留君住，青山负草堂。我将劝君隐，丹诏惜循良。且喜宦游地，依然云水乡。何妨缓归棹，在此作龚黄。”

何为带牛佩犊

宣帝即位，久之，渤海左右郡岁饥[①]，盗贼并起，二千石不能禽制[②]。上选能治者，丞相、御史举遂可用[③]，上以为渤海太守。时遂年七十余，召见，形貌短小，宣帝望见，不副所闻[④]，心内轻焉[⑤]，谓遂曰：“渤海废乱，朕甚忧之。君欲何以息其盗贼[⑥]，以称朕意[⑦]？”遂对曰：“海濒遐远，不沾圣化[⑧]，其民困于饥寒而吏不恤，故使陛下赤子盗弄陛下之兵于潢池中耳[⑨]。今欲使臣胜之邪[⑩]，将安之也[⑪]？”上闻遂对，甚说[⑫]，答曰：“选用贤良，固欲安之也[⑬]。”遂曰：“臣闻治乱民犹治乱绳，不可急也；唯缓之，然后可治。臣愿丞相、御史且无拘臣以文法[⑭]，得一切便宜从事[⑮]。”上许焉，加赐黄金，赠遣乘传[⑯]。至渤海界，郡闻新太守至，发兵以迎，遂皆遣还[⑰]，移书敕属县悉罢逐捕盗贼吏[⑱]。诸持锄钩田器者皆为良民[⑲]，吏无得问，持兵者乃为盗贼。遂单车独行至府[⑳]，郡中翕然[㉑]，盗贼亦皆罢[㉒]。渤海又多劫略相随[㉓]，闻遂教令，即时解散，弃其兵弩而持钩锄。盗贼于是悉平，民安土乐业。遂乃开仓廪假贫民[㉔]，选用良吏，尉安牧养焉[㉕]。

遂见齐俗奢侈，好末技[㉖]，不田作[㉗]，乃躬率以俭约[㉘]，劝民务农桑，令口种一树榆、百本薤、五十本葱、一畦韭[㉙]，家二母彘、五鸡[㉚]。民有带持刀剑者，使卖剑买牛，卖刀买犊，曰：“何为带牛佩犊[㉛]！”春夏不得不趋田亩[㉜]，秋冬课收敛[㉝]，益蓄果实菱芡[㉞]。劳来循行[㉟]，郡中皆有畜积[㊱]，吏民皆富实，狱讼止息。

数年，上遣使者征遂，议曹王生愿从[㊲]。功曹以为王生素耆酒[㊳]，亡节度[㊴]，不可使。遂不忍逆[㊵]，从至京师。王生日饮酒，不视太守[㊶]。会遂引入宫[㊷]，王生醉，从后呼，曰：“明府且止[㊸]，愿有所白[㊹]。”遂还问其故[㊺]，王生曰：“天子即问君何以治渤海[㊻]，君不可有所陈对，宜曰：‘皆圣主之德[㊼]，非小臣之力也[㊽]。’”遂受其言。既至前，上果问以治状[㊾]，遂对如王生言。天子说其有让[㊿]，笑曰：“君安得长者之言而称之[51]？”遂因前曰：“臣非知此，乃臣议曹教戒臣也[52]。”上以遂年老不任公卿[53]，拜为水衡都尉[54]，议曹王生为水衡丞，以褒显遂云[55]。水衡典上林禁苑[56]，共张宫馆[57]，为宗庙取牲[58]，官职亲近，上甚重之。以官寿卒[59]。（《汉书·循吏传》）

【注释】

① 渤海：即渤海郡，西汉治所在浮阳县(今河北沧州市东南)。东汉则移治南皮县(今河北南皮县东北)。左右郡：颜师古注："谓侧近相次者。"岁饥：岁荒，粮食歉收，发生灾荒。 ② 禽制：擒治，擒获处治。 ③ 遂：龚遂。 ④ 不副所闻：与所闻不相符。 ⑤ 轻：轻视，看不上。 ⑥ 何以：以何，用什么办法。 ⑦ 称：称意，满意。 ⑧ 不沾圣化：未受圣人教化之熏染。 ⑨ 赤子：初生婴儿，以喻百姓。颜师古注："赤子，犹言初生幼小之意也。"始见《尚书·康诰》："若保赤子，惟民其康乂。"孔颖达疏："子生赤色，故言赤子。"盗弄：私自耍弄，起兵造反的婉称。潢池：积水，池塘，即上文之渤海水滨。按，"潢池弄兵""潢池盗弄""潢池赤子"等，皆为后世称造反百姓的常用语辞，其本源即龚遂此对。 ⑩ 胜之：颜师古注："胜，谓以威力克而杀之也。安，谓以德化抚而安之。" ⑪ 安：安抚，抚慰。 ⑫ 甚说：非常高兴。 ⑬ 固：本来，原本。 ⑭ 且：姑且，暂且。无拘臣以文法：无以文法拘臣，不要以琐细的法令条规来约束我。 ⑮ 得一切便宜从事：一切事情都能酌情处置。便宜，方便，适宜。 ⑯ 乘传(zhuàn)：乘坐驿站车马。 ⑰ 遂皆遣还：龚遂让他们都回去。 ⑱ 移书：移文，发公文。敕：敕令，命令。悉罢：全免。逐捕：抓捕。 ⑲ 钩：镰刀。 ⑳ 单车：乘一辆车，形容随从甚少，轻车简从。 ㉑ 翕然：和谐安定貌。 ㉒ 罢(pí)：通"疲"，疲劳，厌倦，懈怠。颜师古注："言为盗贼久，心亦罢厌。" ㉓ 劫略：劫掠，抢劫掠夺。 ㉔ 假：发放。颜师古注："假，谓给与。" ㉕ 尉安：慰抚，安抚。尉，通"慰"。牧养：治理。 ㉖ 末技：工商业。 ㉗ 田作：耕作，种田。 ㉘ 躬率：亲自带头。 ㉙ 口：人口，每人。一树榆：一棵榆树。百本薤(xiè)：百棵薤。本，草木根，引申为计量花木的单位。薤，又名藠(jiào)头，多年生草本植物，其鳞茎可作蔬菜，一般加工制成酱菜。畦(qí)：有土埂围着的整齐排列的长方形状的田地。颜师古注："每一口即如此种也。" ㉚ 家二母彘：每家养两头母猪。颜师古注："每一家则如此养之也。" ㉛ 何为带牛佩犊：为何把牛犊子佩带在身上！这是劝说百姓弃武务农的话，有幽默诙谐的味道。 ㉜ 春夏不得不趋田亩：农忙季节不能不下地种田。趋，向。 ㉝ 课：考核。 ㉞ 益蓄：多储藏。菱芡：菱角芡实，二者既可食用，又可入药。 ㉟ 劳来：劝勉、慰问前来的人。循行：巡行，巡视。 ㊱ 畜积：蓄积。 ㊲ 议曹：与下句之"功曹"皆为郡守之属官。议曹，主公事商讨，功曹则主人事政务。 ㊳ 素耆酒：平日嗜酒。 ㊴ 亡节度：无法控制。 ㊵ 逆：反，违逆。 ㊶ 视：理会，理睬。 ㊷ 会：恰逢，正值。 ㊸ 明府：对郡守的尊称。且止：暂且留步。 ㊹ 白：禀白，禀告。 ㊺ 还：返回。 ㊻ 即：若，如果。何以治渤海：用什么

方略治理渤海郡。 ㊼ 皆圣主之德：都是圣主您的恩德所至。 ㊽ 小臣：犹小官、下官，臣子在君主前的自称。 ㊾ 果：果然，真的。治状：治理情况。 ㊿ 说：通“悦”。让：谦让。 51 安：何，哪里。长者：恭谨谦虚的人。称：称述，述说。 52 教戒：指导告诫。 53 任：委任，任命。 54 水衡都尉：官名，掌管上林苑，其属官有丞、令若干。 55 褒显：褒扬彰显。 56 典：掌管，主管。 57 共张：供应、置办各种器物。共，通“供”。《汉书·成帝纪》：“三辅长无共张徭役之劳。”颜师古注：“谓供具张设。” 58 取牲：宰杀祭祀所用牛羊猪等牺牲。 59 以官寿卒：病逝于所任职官。颜师古注：“以寿终而卒于官也。”

【参考资料】

宋·苏辙《栾城集》卷二十三《光州开元寺重修大殿记》：“古之循吏因民而施政，有余者损之，不足者与之。兴其所欲，而废其所患苦。顺其风俗之宜，而吾无作焉。故文翁治蜀，立之学官；龚遂治渤海，督之耕牛；卫飒治桂阳，教之嫁娶；茨充代飒，诲之织屦。此四人者非其强民也，民之所欲而莫为之劝，盻盻相视不能以自致，非得贤长吏以时挈持而振理之，使之得其所愿，以相生养，则民至老死不见风俗之备。然而蜀之学官施于齐鲁之邦则玩，渤海之耕牛试于邠部之野则厌，卫之嫁娶，茨之织屦，行之华夏之国，亦未免于非且笑也。故为治者，亦观其俗，乘其时，使民宜之。盖无所必为，亦无所必置也。”(节录)

清·述古斋主人《史论汇函》甲编所录清章邦元《读通鉴札记》“龚遂为水衡都尉”一文：“龚遂状貌眇小，帝望见不悦。及其对上言，则渤海之治，业已成算在胸，其才略固不止办此也。故尝谓汉世守令，可以比唐宋贤相。”

好为民兴利

(召)信臣为人勤力有方略[1]，好为民兴利[2]，务在富之[3]。躬劝耕农，出入阡陌[4]，止舍离乡亭[5]，稀有安居时。行视郡中水泉[6]，开通沟渎，起水门提阏凡数十处[7]，以广溉灌，岁岁增加，多至三万顷。民得其利，畜积有余。信臣为民作均水约束[8]，刻石立于田畔[9]，以防分争。禁止嫁娶送终奢靡[10]，务出于俭约。府县吏家子弟好游敖[11]，不以田作为事[12]，辄斥罢之[13]，甚者案其不法[14]，以视好恶[15]。其化大行[16]，郡中莫不耕稼力田[17]，百姓归之，户口增倍，盗贼狱讼衰止[18]。吏民亲爱信臣，号之曰召父[19]。荆州刺史奏信臣为百姓兴利[20]，郡以殷富[21]，赐黄金四十斤。迁河南太守[22]，治行常为第一，复数增秩赐金。竟宁中[23]，征为少府[24]，列于九卿，奏请上林诸离远宫馆稀幸御者[25]，勿复缮治共张[26]，又奏省乐府、黄门倡优诸戏[27]，及宫馆兵弩什器减过泰半[28]。太官园种冬生葱韭菜茹[29]，覆以屋庑[30]，昼夜然蕴火[31]，待温气乃生[32]，信臣以为此皆不时之物[33]，有伤于人，不宜以奉供养[34]，及它非法食物[35]，悉奏罢，省费岁数千万。信臣年老以官卒。元始四年[36]，诏书祀百辟卿士有益于民者[37]，蜀郡以文翁[38]，九江以召父应诏书[39]。岁时郡二千石率官属行礼，奉祠信臣冢[40]，而南阳亦为立祠[41]。(《汉书·循吏传》)

【注释】

①召信臣：字翁卿，九江寿春(今安徽寿县)人。以明经甲科为郎，出补谷阳长，举高第，迁上蔡长、零陵太守，病归。复征为谏大夫，迁南阳太守、河南太守、少府，卒于官。勤力：勤劳努力。方略：计谋，办法。 ② 好为民兴利：好兴建利民之事，喜欢做些有益于民的实事。按，召信臣时任南阳太守。 ③ 务在富之：努力使百姓生活富裕。 ④ 出入阡陌：深入乡下。阡陌，田间小路。 ⑤ 止舍：休止住宿。离乡亭：远离乡镇的亭馆。颜师古注："言休息之时，皆在野次。" ⑥ 行视：巡视，巡察。 ⑦ 水门提阏(è)：水闸。 ⑧ 均水约束：均衡用水规定。颜师古注："言用之有次第也。" ⑨ 田畔：田界。 ⑩ 送终：送丧，办理丧事。 ⑪ 好游敖：喜好嬉游闲逛。敖，通"遨"。 ⑫ 不以田作为事：不把种地当作正经职业。事，职业。 ⑬ 辄：则，就。斥罢：斥退，罢免。 ⑭ 案其不法：察验其不法行为而定罪。案，案验，审理。 ⑮ 以视好恶：以此来彰显是非好恶。视，示。 ⑯ 化：教化，感化。 ⑰ 莫不：无不。 ⑱ 衰止：渐无。 ⑲ 号之曰召父：称之为召父，把他称作召父。父，父亲。 ⑳ 荆州：汉武帝所置十三刺史部之一，东汉时治所在汉寿县(今湖南常德市东北)。其后屡经迁移。 ㉑ 以：因此。 ㉒ 河南：郡名，治所在今河南洛阳东北。 ㉓ 竟宁：汉元帝年号。竟宁元年，即公元前33年。 ㉔ 少府：掌山河池泽之税，以给供养。 ㉕ 稀幸御者：皇帝很少驾临的地方。 ㉖ 勿复缮治共张：不再修缮宫馆，置办器物。 ㉗ 乐府：汉武帝时所置宫廷音乐机构。黄门：亦为官署名，主管与天子有关的各种杂事杂物，以及相关人员。倡优诸戏：指倡优表演的各种歌舞音乐杂耍之类的娱乐活动。 ㉘ 什器：日用杂物。泰半：太半，大半，多半。 ㉙ 太官：官名，属少府，掌皇帝膳食及宴飨之事。 ㉚ 庑：大屋。 ㉛ 然：燃烧。蕴火：微火，无焰之火。蕴，通"煴"。颜师古注："蓄火也。" ㉜ 温气：暖气，热气。 ㉝ 不时之物：不是冬天该生长的东西，是反季节长的蔬菜。 ㉞ 不宜以奉供养：不该用来供奉宫廷。 ㉟ 非法食物：不按常

法制作生产的食物，不适合皇帝食用的物品。 ㊱ 元始四年：即公元 4 年。元始，汉平帝年号。 ㊲ 百辟：百官。卿士：亦泛指官员。 ㊳ 蜀郡：治所在今四川成都市。文翁：庐江舒(今安徽庐江西南)人。通《春秋》，以郡县吏察举。景帝末为蜀郡守，仁爱好教化，多方奖掖成就人才，又修起学官，大量招收学官弟子。至武帝时，天下郡国皆立学校官，自文翁为之始。巴蜀好文雅，亦文翁之化。事亦见《汉书·循吏传》。 ㊴ 应：回应。 ㊵ 奉祠：祭祀。冢：坟墓。 ㊶ 南阳：郡治在今河南南阳市。

【参考资料】

清·姚鼐《闻香苣兄擢广东按察使却寄二十韵》："政兹褒召(信臣)、杜(诗)，道必闭申(不害)韩(韩非)。"

强项令

董宣字少平[①]，陈留圉人也[②]。初为司徒侯霸所辟[③]，举高第，累迁北海相[④]。到官，以大姓公孙丹为五官掾[⑤]。丹新造居宅，而卜工以为当有死者[⑥]，丹乃令其子杀道行人[⑦]，置尸舍内[⑧]，以塞其咎[⑨]。宣知，即收丹父子杀之[⑩]。丹宗族亲党三十余人，操兵诣府[⑪]，称冤叫号。宣以丹前附王莽[⑫]，虑交通海贼[⑬]，乃悉收系剧狱[⑭]，使门下书佐水丘岑尽杀之[⑮]。青州以其多滥[⑯]，奏宣考岑[⑰]，宣坐征诣廷尉[⑱]。在狱，晨夜讽诵，无忧色[⑲]。及当出刑[⑳]，官属具馔送之[㉑]，宣乃厉色曰[㉒]："董宣生平未曾食人之食[㉓]，况死乎！"升车而去[㉔]。时同刑九人，次应及宣[㉕]，光武驰使驺骑特原宣刑[㉖]，且令还狱[㉗]。遣使者诘宣多杀无辜[㉘]，宣具以状对[㉙]，言水丘岑受臣旨意[㉚]，罪不由之[㉛]，愿杀臣活岑[㉜]。使者以闻，有诏左转宣怀令[㉝]，令青州勿案岑罪[㉞]。岑官至司隶校尉[㉟]。

后江夏有剧贼夏喜等寇乱郡境[㊱]，以宣为江夏太守。到界，移书曰："朝廷以太守能禽奸贼，故辱斯任[㊲]。今勒兵界首[㊳]，檄到[㊴]，幸思自安之宜[㊵]。"喜等闻，惧，即时降散[㊶]。外戚阴氏为郡都尉[㊷]，宣轻慢之[㊸]，坐免[㊹]。

后特征为洛阳令[㊺]。时湖阳公主苍头白日杀人[㊻]，因匿主家[㊼]，吏不能得。及主出行，而以奴骖乘[㊽]，宣于夏门亭候之[㊾]，乃驻车叩马，以刀画地[㊿]，大言数主之失[51]，叱奴下车，因格杀之[52]。主即还宫诉帝[53]，帝大怒，召宣，欲箠杀之[54]。宣叩头曰："愿乞一言而死[55]。"帝曰："欲何言？"宣曰："陛下圣德中兴，而纵奴杀良人[56]，将何以理天下乎[57]？臣不须箠，请得自杀。"即以头击楹[58]，流血被面[59]。帝令小黄门持之[60]，使宣叩头谢主[61]，宣不从，强使顿之[62]，宣两手据地[63]，终不肯俯。主曰："文叔为白衣时[64]，臧亡匿死[65]，吏不敢至门。今为天子，威不能行一令乎[66]？"帝笑曰："天子不与白衣同。"因敕强项令出[67]。赐钱三十万，宣悉以班诸吏[68]。由是搏击豪强[69]，莫不震慄[70]。京师号为"卧虎"。歌之曰："枹鼓不鸣董少平[71]。"

在县五年。年七十四，卒于官。诏遣使者临视[72]，唯见布被覆尸，妻子对哭[73]，有大麦数斛、敝车一乘[74]。帝伤之，曰："董宣廉洁，死乃知之!"以宣尝为二千石，赐艾绶[75]，葬以大夫礼[76]。（范晔《后汉书·酷吏列传》）

【注释】

① 董宣：仕光武朝，历北海相、宣怀令、江夏太守、洛阳令。 ② 陈留圉：陈留郡圉县，今河南杞县西南圉镇。 ③ 司徒：三公之一，掌礼仪教化、民事功课。国有大事，与太尉、司空通而论之。侯霸：字君房，河南密（今河南密县东南）人。西汉末年任太子舍人、随县令、执法刺奸、临淮太守。东汉初，拜尚书令、大司徒，封关内侯。事见《后汉书·侯霸列传》。辟：征辟，聘请。 ④ 累迁：积累官阶。北海：北海国，东汉改北海郡，治所在剧县（今山东寿光南）。 ⑤ 五官掾：北海相的属官。 ⑥ 卜工：相工，风水师。 ⑦ 道行人：路中行人。 ⑧ 置尸舍内：把尸体藏在新宅内。 ⑨ 以塞其咎：来抵偿其咎殃。 ⑩ 收：收系，拘捕。 ⑪ 操兵诣府：手执兵器冲到相府。 ⑫ 附：依附，投靠。王莽：字巨君，汉元帝皇后侄。西汉末年，以外戚掌握政权，成帝时封新都侯。元始五年（5 年）毒死平帝，自称假皇帝。次年，立年仅二岁的刘婴为太子，号孺子。初始元年（8 年）称帝，改国号为新，年号始建国。此后，施行一系列改革。赤眉、绿林义军起，被杀。史称王莽新政，或称王莽改制。事见《汉书·王莽传》。 ⑬ 交通：交结，勾结。海贼：海盗，出没于海面或海边的盗贼。 ⑭ 剧狱：李贤注："剧县之狱。"剧县为北海国属县，其治所在今山东寿光南。 ⑮ 水丘岑：李贤注："姓水丘，名岑也。" ⑯ 青州：武帝所置十三刺史部之一，东汉时治所在临菑县（今山东淄博东北）。 ⑰ 奏宣考岑：奏报董宣，考察水丘岑。 ⑱ 坐：坐罪，定罪。 ⑲ 无忧色：没有罹难神色，言其镇定自若。 ⑳ 出刑：临刑，出狱就刑。 ㉑ 具馔：备席，准备酒菜食物。 ㉒ 厉色：脸色严肃。 ㉓ 食人之食：随便吃别人给的食物。 ㉔ 升车：登车。 ㉕ 次应及宣：按次序应该轮到董宣了。 ㉖ 光武：光武帝刘秀，东汉开国之主。字文叔，南阳蔡阳（今湖北枣阳西南）人。皇族后人。少孤，勤于稼穑，到长安，受《尚书》。王莽末年，天下连岁灾荒，寇盗并起，刘秀与其兄皆起兵，以恢复汉家天

下为号召，力量逐渐强大，至建武元年称帝。史称东汉或后汉。公元 25～57 年在位。事详见《后汉书·光武帝纪》。驰使：派遣骑快马的使者。驺骑：帝王出行队伍前的骑士。特原：独免。原，赦罪。 ㉗ 且：姑且，暂且。 ㉘ 诘：诘问，询问。 ㉙ 具以状对：把详细情状全都讲了。 ㉚ 受臣旨意：是受我指使。臣，臣下之自称。 ㉛ 罪不由之：假若有罪的话，也不是他的罪过。由之，由他，因为他。 ㉜ 杀臣活岑：杀我放他。 ㉝ 左转：左迁，贬官。怀令：怀县令。怀县，治所在今河南武陟西南。 ㉞ 案：案验，追究。 ㉟ 司隶校尉：汉武帝初置，持节，掌纠察百官以下，及京师近郡犯法者。秩比二千石。元帝去节，成帝省，光武初复置，并领一州。 ㊱ 江夏：郡名，治所在西陵县(今湖北新州西)。剧贼：大盗。寇乱：侵扰。 ㊲ 故辱斯任：所以才蒙受此任。 ㊳ 勒兵：陈兵，统率兵马。 ㊴ 檄：檄文，一种用于声讨的文体。此即前所谓“移书”。 ㊵ 幸思自安之宜：希望自己考虑好一条全安之路。宜，适宜。 ㊶ 即时降散：立刻有的投降，有的解散。 ㊷ 阴氏：光武帝皇后是阴丽华，此阴氏当为其兄弟子侄之流。郡都尉：太守属官，典兵禁，备盗贼，维护地方治安。 ㊸ 轻慢：轻视，怠慢。 ㊹ 坐免：坐罪免官。 ㊺ 洛阳令：东汉建都洛阳，置洛阳令为总管，而把整个京畿地区总由河南尹管辖，辖有二十一城。 ㊻ 湖阳公主：指光武姊湖阳长公主刘黄。按，《后汉书·宗室四王三侯列传》：“初，南顿君娶同郡樊重女，字娴都。娴都性婉顺，自为童女，不正容服不出于房，宗族敬焉。生三男三女：长男伯升，次仲，次光武；长女黄，次元，次伯姬。皇妣以初起兵时病卒，宗人樊巨公收敛焉。建武二年，封黄为湖阳长公主，伯姬为宁平长公主。”苍头：奴仆。 ㊼ 因匿主家：就藏匿在公主家里。 ㊽ 骖乘：陪乘。《汉书·文帝纪》：“乃令宋昌骖乘。”颜师古注：“乘车之法，尊者居左，御者居中，又有一人处车之右，以备倾侧。是以戎事则称车右，其余则曰骖乘。” ㊾ 夏门亭：据顾炎武《历代宅京记·洛阳》，东汉洛阳有城门十二，每门一亭，夏门乃为其一。候：等候。 ㊿ 以刀画地：表示要捕人入狱的意思。司马迁《报任安书》：“士有画地为牢，势不可入；削木为吏，议(义)不可对。定计于鲜(明)也。” (51) 大言：大声。数：数落，责备。失：过失，错误。 (52) 格杀：击杀，打死。 (53) 诉帝：诉于帝，向帝告状。诉，控告。 (54) 箠杀：打死。箠，鞭打。 (55) 愿乞一言：希望能让我说一句话。乞，求。 (56) 良人：良民。 (57) 理：治。 (58) 击楹：撞击廷柱。 (59) 被：覆盖。 (60) 小黄门：在汉代，是指略低于黄门侍郎的宦官，后世则泛指宦官。持：搀扶。 (61) 谢主：向公主谢罪。 (62) 顿：顿首，叩头。 (63) 据地：撑着地面。据，按。 (64) 文叔：刘秀，字文叔。为白衣时：做平民百姓的时候。 (65) 臧亡匿死：藏匿逃亡的死刑犯。臧，通“藏”。 (66)“威不”句：其威势还不能落实到一个县令身上吗？言外是说，以你天子之威就不能杀了这个县令嘛。 ㊼ 敕：命令。强项令：硬脖子县令。强，强硬，刚正不屈。项，脖颈。李贤注引谢承书曰："敕令诣太官赐食。宣受诏出，饭尽，覆杯食机上。太官以状闻。上问宣，宣对曰：'臣食不敢遗余，如奉职不敢遗力。'" ㊽ 班：分赐，分发。班，通"颁"。 ㊾ 由是：从此。搏击：打击。 ㊿ 莫不震慄：无不惊恐战栗。 (71)"枹(fú)鼓"句：县衙门口的鼓声不响，是因为董少平在做洛阳令。意谓董宣做令，百姓安居乐业，没有不平之事。枹，击鼓杖，鼓槌。少平，董宣之字。《汉书·张敞传》："(敞)穷治所犯，或一人百余发，尽行法罚。由是枹鼓稀鸣，市无偷盗，天子嘉之。" (72) 临视：亲临省视，到家慰抚。 (73) 妻子对哭：妻与子相对而哭。 (74) 斛：古代量器名，亦为容量单位，以十斗为斛。敝车一乘：破车一辆。敝，坏，破旧。李贤注："谢承书曰：'有白马一匹，兰舆一乘'也。" (75) 艾绶：系印纽的绿色丝带，汉官秩二千石以上者用之。 (76) 葬以大夫礼：以大夫之礼仪葬之。

【参考资料】

汉·荀悦《申鉴·杂言上》："或曰：在上有屈乎？曰：在上者以义申，以义屈。高祖虽能申威于秦项，而屈于商山四公。光武能伸于莽，而屈于强项令。明帝能申令于天下，而屈于钟离尚书。若秦二世之申欲，而非笑唐虞。若定陶傅太后之申意，而怨于郑。是谓不屈，不然，则赵氏不亡。而秦无愆尤。故人主以义申，以义屈也。喜如春阳，怒如秋霜，威如雷霆之震，惠若雨露之降，沛然孰能御也？"

南朝宋·范晔《后汉书·酷吏列传》序："汉承战国余烈，多豪猾之民。其并兼者则陵横邦邑，桀健者则雄张闾里。且宰守旷远，户口殷大。故临民之职，专事威断；族灭奸轨，先行后闻。肆情刚烈，成其不桡之威；违众用己，表其难测之智。至于重文横入，为穷怒之所迁及者，亦何可胜言！故乃积骸满阱，漂血十里。致(王)温叔有虎冠之吏，(严)延年受屠伯之名，岂虚也哉！若其揣挫强执(势)，摧勒公卿，碎裂头脑而不顾，亦为壮也！自中兴以后，科网稍密，吏人之严害者，方于前世省(少)矣。而阉人亲娅，侵虐天下。至使阳球磔王甫之尸，张俭剖曹节之墓。若此之类，虽厌(餍)快众愤，亦云酷矣！"

又，范晔《后汉书·杨震列传》："牧(杨震长子)孙奇，灵帝时为侍中。帝尝从容问奇曰：'朕何如桓帝？'对曰：'陛下之于桓帝，亦犹虞舜比德唐尧。'帝不悦曰：'卿强项，真杨震子孙，死后必复致大鸟矣。'出为汝南太守。"按，杨震被小人陷害，饮鸩而卒。葬前有大鸟飞至，悲鸣不止。

又，范晔《后汉书·蔡茂列传》："再迁广汉太守，有政绩称。时阴氏宾客在郡界多犯吏禁，茂辄纠案，无所回避。会洛阳令董宣举纠湖阳公主，帝始怒收宣，既而赦之。茂喜宣刚正，欲令朝廷禁制贵戚，乃上书曰：'臣闻兴化致教，必由进善；康国宁人，莫大理恶。陛下圣德系兴，再隆大命，即位以来，四海晏然。诚宜夙兴夜寐，虽休勿休。然顷者贵戚椒房之家，数因恩执(势)，干犯吏禁，杀人不死，伤人不论。臣恐绳墨弃而不用，斧斤废而不举。近湖阳公主奴杀人西市，而与主共舆，出入宫省，逋罪积日，冤魂不报。洛阳令董宣，直道不顾，干主讨奸。陛下不先澄审，召欲加箠。当宣受怒之初，京师侧耳；及其蒙宥，天下拭目。今者，外戚骄逸，宾客放滥，宜敕有司案理奸罪，使执平之吏永申其用，以厌远近不缉之情。'光武纳之。"

唐·刘知几《史通·直书》："夫世事如此，而责史臣不能申其强项之风，厉其匪躬之节，盖亦难矣。"

宋·李焘《续资治通鉴长编》，太宗端拱元年："御史中丞尝劾奏开封尹许王元僖，元僖不平，诉于上曰：'臣天子儿，以犯中丞故被鞫，愿赐宽宥。'上曰：'此朝廷仪制，孰敢违之！朕若有过，臣下尚加纠擿，汝为开封府尹，可不奉法耶?'论罚如式。"

明·李贽《史纲评要·东汉纪》评注："(董宣)能杀人，不会媚人。"

清·富察敦崇《燕京岁时记》："玫瑰，其色紫润，甜香可人，闺阁多爱之。四月花开时，沿街唤卖，其韵悠扬。晨起听之，最为有味。芍药乃丰台所产，一望弥涯。四月花含苞时，折枝售卖，遍历城坊。有杨妃、傻白诸名色。是二花者，最为应序，虽加以然煴之力，不能易候而开，是亦花中之强项令矣。"

召父杜母

杜诗字君公，河内汲人也①。少有才能，仕郡功曹，有公平称②。更始时③，辟大司马府④。建武元年⑤，岁中三迁为侍御史⑥，安集洛阳⑦。时将军萧广放纵兵士，暴横民间⑧，百姓惶扰，诗敕晓不改⑨，遂格杀广，还以状闻⑩。世祖召见⑪，赐以棨戟⑫，复使之河东⑬，诛降逆贼杨异等⑭。诗到大阳⑮，闻贼规欲北度⑯，乃与长史急焚其船，部勒郡兵⑰，将突骑趁击⑱，斩异等，贼遂剪灭⑲。拜成皋令⑳，视事三岁㉑，举政尤异㉒。再迁为沛郡都尉㉓，转汝南都尉㉔，所在称治㉕。七年，迁南阳太守。性节俭而政治清平，以诛暴立威，善于计略，省爱民役。造作水排㉖，铸为农器，用力少，见功多，百姓便之。又修治陂池，广拓土田，郡内比室殷足㉗。时人方于召信臣㉘，故南阳为之语曰："前有召父，后有杜母。"(《后汉书·杜诗列传》)

【注释】

① 河内汲：河内郡汲县(今河南汲县西南)。 ② 有公平称：有执法公平的称誉。 ③ 更始：新朝王莽末年刘玄年号，即公元 23～25 年。刘玄初从平林军，与光武兄弟合兵而进，破王莽前队，遂号刘玄为更始将军，诸将又议立更始为天子以为号召。建元为更始元年，其所封宗室诸将及列侯有百余人，较著者，如光武兄伯升为大司徒，朱鲔为大司马，陈牧为大司空等。后攻下洛阳、长安，宴饮无度，委政于人，治道混乱，遂至关中离心，四方怨叛，不久被杀。事详见《后汉书·刘玄列传》。 ④ 辟：受聘。 ⑤ 建武元年：即公元 25 年。建武，光武帝刘秀年号。 ⑥ 岁中三迁：一年三次升官。侍御史：御史中丞属官。《后汉书·百官志》："侍御史十五人，六百石。本注曰：掌察举非法，受公卿群吏奏事，有违失举劾之。凡郊庙之祠及大朝会、大封拜，则二人监威仪，有违失则劾奏。" ⑦ 安集：安定辑睦。 ⑧ 暴横：横行。 ⑨ 敕晓：命令晓谕，软硬兼施。 ⑩ 还以状闻：还朝把情况汇报给朝廷。 ⑪ 世祖：光武帝刘秀死后，有司所奏庙号为世祖。 ⑫ 棨戟：红漆木戟，官员出行队伍前导所用之器具，或亦列于门庭。李贤注引《汉杂事》："汉制假棨戟以代斧钺。"又引崔豹《古今注》："棨戟，前驱之器也，以木为之。后代刻伪，无复典刑，以赤油韬之，亦谓之油戟，亦曰棨戟，王公以下通用之以前驱也。"又，《后汉书·舆服志》："公以下至二千石，骑吏四人，千石以下至三百石县长，(骑吏)二人，皆带剑、持棨戟为前列。" ⑬ 之：往，至。河东：郡名，治所在安邑(今山西夏县西北)。 ⑭ 诛降：诛灭劝降。 ⑮ 大阳：河东郡属县，其治所在今山西平陆西南。 ⑯ 规：通"窥"，窥伺，觊觎。度：通"渡"，渡河。 ⑰ 部勒：组织约束。 ⑱ 将：率领。突骑：能够冲锋陷阵的精锐骑兵。趁击：追击。 ⑲ 剪灭：消灭。 ⑳ 成皋令：成皋县令。成皋县，治所在今河南荥阳西北汜水镇。 ㉑ 视事：就职治事，到任办公。 ㉒ 举政尤异：以治绩最为优异被人举荐。 ㉓ 沛郡：治所在相县(今安徽濉溪西北)。都尉：郡都尉，主管地方治安。 ㉔ 汝南：郡名，东汉时治所在平舆县(今河南平舆县北)。 ㉕ 所在称治：所在的地方都被称誉为有政绩。㉖ 造作：制作。水排：一种利用水力推动革囊而鼓风吹火的冶铁装置。李贤注："冶铸者为排以吹炭，今激水以鼓之也。" ㉗ 比室：比屋，家家。比，并，连。㉘ 方：比并，相比。

【参考资料】

南朝宋·范晔《后汉书·杜诗列传》："诗身虽在外，尽心朝廷，谠言善策，随事献纳。视事七年，政化大行。(建武)十四年，坐遣客为弟报仇，被征，会病卒。司隶校尉鲍永上书言诗贫困无田宅，丧无所归。诏使治丧郡邸，赙绢千匹。”

在职四年而财产无所增

孔奋字君鱼，扶风茂陵人也①。曾祖霸，元帝时为侍中②。奋少从刘歆受《春秋左氏传》③，歆称之，谓门人曰：“吾已从君鱼受道矣④。”遭王莽乱，奋与老母幼弟避兵河西⑤。建武五年⑥，河西大将军窦融请奋署议曹掾⑦，守姑臧长⑧。八年⑨，赐爵关内侯。时天下扰乱，唯河西独安，而姑臧称为富邑，通货羌胡⑩，市日四合⑪，每居县者⑫，不盈数月辄致丰积⑬。奋在职四年，财产无所增。事母孝谨，虽为俭约，奉养极求珍膳⑭。躬率妻子⑮，同甘菜茹⑯。时天下未定，士多不修节操⑰，而奋力行清洁⑱，为众人所笑，或以为身处脂膏⑲，不能以自润⑳，徒益苦辛耳㉑。奋既立节㉒，治贵仁平㉓，太守梁统深相敬待㉔，不以官属礼之㉕，常迎于大门，引入见母。陇蜀既平㉖，河西守令咸被征召㉗，财货连毂㉘，弥竟川泽㉙。唯奋无资㉚，单车就路。姑臧吏民及羌胡更相谓曰㉛：“孔君清廉仁贤，举县蒙恩㉜，如何今去，不共报德㉝！”遂相赋敛牛马器物千万以上㉞，追送数百里。奋谢之而已㉟，一无所受。(《后汉书·孔奋列传》)

【注释】

① 扶风茂陵：扶风郡茂陵县，治所在今陕西兴平市东北。 ② 侍中：官名，秦汉沿置，为加官，无定员，出入宫廷，侍从皇帝，深受亲信。 ③ 刘歆：字子骏，刘向少子。少以通《诗》《书》能属文召为黄门郎。成帝河平中，受诏与父向领校秘书，寻为中垒校尉。哀帝初，为侍中太中大夫，迁骑都尉、奉车光禄大夫。复领五经，乃集六艺群书，别为《七略》，是为古代最早的图书目录分类著作。于诸经尤好《春秋左氏传》，所治章句义理兼备。历河内、五原、涿郡太守，安定属国都尉。王莽专政，留为右曹太中大夫，迁中垒校尉、羲和、京兆尹，封红休侯。事见《汉书·楚元王传》。《春秋左氏传》：即《左传》，儒家五经之一。 ④ 受道：学道。李贤注：“言君鱼之道已过于己也。” ⑤ 河西：河西地区，汉代指今甘肃、青海二省黄河以西，即河西走廊与湟水流域一带。 ⑥ 建武五年：公元29年。 ⑦ 窦融：字周公，扶风平陵(今陕西咸阳西北)人。王莽时，以军功封建武男。更始立，为巨鹿太守、张掖属国都尉。更始败，众将推为行河西五郡大将军事。光武即位，拜凉州牧、张掖属国都尉，封安丰侯。历冀州牧、大司

空，加位特进。窦氏一公两侯三公主四二千石，相与并时。事见《后汉书·窦融列传》。署：代理，暂任。议曹掾：将军府属官。 ⑧ 守：暂任。姑臧长：姑臧县长，姑臧治所即今甘肃武威市。 ⑨ 八年：建武八年，即公元32年。 ⑩ 通货羌胡：通商羌胡等少数民族。 ⑪ 市日四合：市场贸易每日四次。合，合市，会集交易。李贤注："古者为市，一日三合。《周礼》曰：'大市，日侧而市，百族为主。朝市，朝时而市，商贾为主。夕市，夕时而市，贩夫贩妇为主。'今既人货殷繁，故一日四合也。" ⑫ 每居县者：每位在此做县令的人。居，处。 ⑬ 不盈：不满，不到。辄致：就获。 ⑭ 奉养极求珍膳：赡养极力寻求比较珍贵的食物。 ⑮ 躬率妻子：亲自带领妻与子。 ⑯ 同甘菜茹：甘愿一起吃蔬菜。甘，甘心情愿。菜茹，蔬菜的统称。李贤注引《广雅》："茹，食也。"则是把"茹"作动词用，同甘菜吃，是说孔奋与妻子都把吃菜当作美味佳肴。亦通。 ⑰ 不修节操：不讲品行节操。 ⑱ 清洁：清廉，清正廉洁。 ⑲ 或：有的人。身处脂膏：身处姑臧这么富庶的地区。脂膏，油脂，肥沃，富裕。 ⑳ 自润：自己滋润自己，自己多捞些好处。 ㉑ 徒益苦辛耳：白白地增加辛苦罢了。 ㉒ 立节：树立节操。 ㉓ 治贵仁平：其治理以仁爱公平为贵。 ㉔ 梁统：曾任酒泉太守、武威太守。姑臧为武威郡属县，梁统正为孔奋上司。 ㉕ 不以官属礼之：不按一般属官礼遇他。 ㉖ 陇蜀既平：陇蜀地区已经平定。陇，陇右，陇山以西，即河西地区。蜀，时公孙述称王巴蜀，自称天子，建武十一年，光武亲征，次年平定巴蜀。 ㉗ 河西守令：河西地区的郡守县令。咸被征召：全被朝廷征召任用。 ㉘ 财货连毂：运载财货的车子一辆接一辆。毂，车轮中心的圆木，用以连接车辐，引申作车子。 ㉙ 弥竟：满布，充满。弥，满。竟，尽。 ㉚ 无资：没有任何资财。 ㉛ 更相：相继，相互。 ㉜ 举县蒙恩：全县的人都蒙受其恩惠。 ㉝ 不共报德：不能一起报答其恩德！ ㉞ 赋敛：征收赋税，此处引申作收取、聚集之意。 ㉟ 谢：致谢。

【参考资料】

南朝宋·范晔《后汉书·孔奋列传》："既至京师，除武都郡丞。时陇西余贼隗茂等夜攻府舍，残杀郡守，贼畏奋追急，乃执其妻子，欲以为质。奋年已五十，唯有一子，终不顾望，遂穷力讨之。吏民感义，莫不倍用命焉。郡多氐人，便习山谷，其大豪齐钟留者，为群氐所信向。奋乃率厉钟留等令要遮钞击，共为表里。贼窘惧逼急，乃推奋妻子以置军前，冀当退却，而击之愈厉，遂禽灭茂等，奋妻子亦为所杀。世祖下诏褒美，拜为武都太守。奋自为府丞，已见敬重，及拜太守，举郡莫不改操。为政明断，甄善疾非，见有美德，爱之如亲，其无行者，忿之若雠，郡中称为清平。"

唐·骆宾王《挑灯杖》："禀质非贪热，焦心岂惮熬。终知不自润，何处用脂膏。"

明·张居正《答蓟镇巡抚陈我度言辞俸守制》："若独辞上禄以沽名，又受私馈以自润，内欺其心，外欺其主，孤不敢也。"

去职之日乘折辕车

张堪字君游，南阳宛人也①，为郡族姓②。堪早孤，让先父余财数百万与兄子③。年十六，受业长安④，志美行厉⑤，诸儒号曰"圣童"。

世祖微时⑥，见堪志操，常嘉焉⑦。及即位，中郎将来歙荐堪⑧，召拜郎中，三迁为谒者⑨。使送委输缣帛⑩，并领骑七千匹，诣大司马吴汉伐公孙述⑪，在道追拜蜀郡太守⑫。时汉军余七日粮，阴具船欲遁去⑬。堪闻之，驰往见汉⑭，说述必败，不宜退师之策⑮。汉从之，乃示弱挑敌⑯，述果自出⑰，战死城下。成都既拔⑱，堪先入据其城⑲，捡阅库藏，收其珍宝，悉条列上言⑳，秋毫无私㉑。慰抚吏民，蜀人大悦。在郡二年，征拜骑都尉㉒，后领票骑将军杜茂营㉓，击破匈奴于高柳㉔，拜渔阳太守㉕。捕击奸猾㉖，赏罚必信，吏民皆乐为用㉗。匈奴尝以万骑入渔阳，堪率数千骑奔击，大破之，郡界以静。乃于狐奴开稻田八千余顷㉘，劝民耕种，以致殷富。百姓歌曰："桑无附枝㉙，麦穗两岐㉚。张君为政，乐不可支。"视事八年，匈奴不敢犯塞。

帝尝召见诸郡计吏㉛，问其风土及前后守令能否㉜。蜀郡计掾樊显进曰㉝："渔阳太守张堪昔在蜀，其仁以惠下㉞，威能讨奸。前公孙述破时，珍宝山积，卷握之物㉟，足富十世㊱，而堪去职之日，乘折辕车㊲，布被囊而已㊳。"帝闻，良久叹息，拜显为鱼复长㊴。方征堪㊵，会病卒㊶，帝深悼惜之，下诏褒扬，赐帛百匹。(《后汉书·张堪列传》)

【注释】

① 南阳宛：南阳郡宛县(今河南南阳市)。 ② 族姓：世族大姓。 ③ 让先父余财：推让亡父遗产。 ④ 受业：从师学习。 ⑤ 志美行厉：志向远大，品行端正。厉，高。 ⑥ 微时：微贱之时。 ⑦ 嘉：赞赏，称赞。 ⑧ 来歙：字君叔，南阳新野(今河南新野县)人。汉末大乱，始投更始，继投汉中王刘嘉，又随嘉投光武。拜太中大夫、中郎将，率兵平定陇右，又攻公孙述，被刺客杀死。

事见《后汉书·来歙列传》。 ⑨ 谒者：东汉为光禄勋属官，位在谒者仆射之下，有谒者、常侍谒者、给事谒者、灌谒者等。主殿上时节威仪、宾赞受事、上章报问、临事奉使等。见《后汉书·百官志》。 ⑩ 委输：转运。缣帛：丝绢。 ⑪ 诣：往，到。吴汉：字子颜，南阳宛(今河南南阳市)人。王莽末，以宾客犯法，亡命渔阳，以贩马为业。更始立，拜为安乐令。寻投光武，拜偏将军，拔邯郸，赐号建策侯，拜大将军。光武即位，拜大司马，更封舞阳侯，定封广平侯。建武十二年，率兵伐蜀公孙述，平之。又北击匈奴。为东汉建国功臣之一。事见《后汉书·吴汉列传》。 ⑫ 追拜：改封，改任。蜀郡：治所在成都县(今四川成都市)。 ⑬ 阴具船欲遁去：暗中备船打算退兵。 ⑭ 驰往：飞马前往。 ⑮ 退师：退兵。 ⑯ 示弱挑敌：故意暴露自己一方的弱点，以便引敌出战。挑，挑逗，挑动。 ⑰ 自出：亲自出战。 ⑱ 拔：攻克。 ⑲ 据：占据。 ⑳ 悉条列上言：一条条地全部上报。条列，分条陈列。 ㉑ 秋毫无私：自己丝毫不取。 ㉒ 骑都尉：《后汉书·百官志》："骑都尉，比二千石。本注曰：无员。本监羽林骑。" ㉓ 领：统领。票骑将军：即骠骑大将军。《后汉书·百官志》："将军，不常置。本注曰：掌征伐背叛。比公者四：第一大将军，次骠骑将军，次车骑将军，次卫将军。又有前后左右将军。"杜茂：字诸公，南阳冠军(今河南邓县西北)人。初归光武于河北，为中坚将军，常从征伐。世祖即位，拜大将军，封乐乡侯，更封苦陉侯、修侯。建武三年，遣使持节拜为骠骑大将军击沛郡。后又引兵屯守北边，击匈奴。事见《后汉书·杜茂列传》。 ㉔ 高柳：县名，治所在今山西阳高县西北。 ㉕ 渔阳：郡名，战国燕置，秦汉治所在渔阳县(今北京市密云县西南)。 ㉖ 捕击：捕捉打击。 ㉗ 皆乐为用：皆乐为之用，都乐意为他所用。 ㉘ 狐奴：县名，西汉置，治所在今北京市顺义区东北。 ㉙ 附枝：树木的分枝。 ㉚ 两岐：分为两支。 ㉛ 计吏：郡县负责会计簿册的官吏，每年都要会集朝廷报告地方财政收支账目。 ㉜ 能否：有才能与否，有才与无才。 ㉝ 计掾：即计吏。 ㉞ 其仁以惠下：他施行的仁政足以给民众带来实惠。惠下，惠民。 ㉟ 卷握之物：可以卷起拿走的物品。李贤注："卷握，犹掌握也，谓珠玉之类也。" ㊱ 足富十世：足以使十代子孙过富裕生活。 ㊲ 折辕车：车辕折断的破旧车子。 ㊳ 布被囊：装着粗布衣被的包袱，粗布行李卷。 ㊴ 鱼复长：鱼复县长。秦置鱼复县，其治所在今四川奉节县东白帝。 ㊵ 方：正，值。 ㊶ 会：适逢，赶上。

【参考资料】

南朝宋·范晔《后汉书·张堪列传》论曰："张堪、廉范皆以气侠立名，观其振危急，赴险厄，有足壮者。堪之临财，范之忘施，亦足以信意而感物矣。若夫高祖之召栾布，明帝之引廉范，加怒以发其志，就戮更延其宠，闻义能徙，诚君道所尚，然情理之枢，亦有开塞之感焉。”李贤注：“户之开阖，必由于枢；情之通塞，必在于感。言高祖、明帝初怒栾布、廉范，后感其义而赦之。”

梁·沈约《宋书·良吏传》载陆徽荐士表：“是以衣囊挥誉于西京，折辕延高于东帝。伏见广州别驾从事史朱万嗣，年五十三，字少豫。理业冲夷，秉操纯白，行称私庭，能著官政。”

唐·姚思廉《梁书·王亮传》载谢朏、任昉等劾奏王亮、范缜：“苞篚罔遗，而假称折辕。衣裙所弊，谗激失所。许与疵废，廷辱民宗。自居枢宪，纠奏寂寞。顾望纵容，无至公之议；恶直丑正，有私讦之谈。”

私恩与公法

苏章字孺文，扶风平陵人也①。八世祖建②，武帝时为右将军。祖父纯，字桓公，有高名，性强切而持毁誉③，士友咸惮之，至乃相谓曰：“见苏桓公，患其教责人④，不见，又思之。”三辅号为“大人”⑤。永平中⑥，为奉车都尉窦固军⑦，出击北匈奴、车师有功⑧，封中陵乡侯，官至南阳太守。

章少博学，能属文⑨。安帝时⑩，举贤良方正，对策高第，为议郎。数陈得失，其言甚直。出为武原令⑪，时岁饥⑫，辄开仓廪，活三千余户⑬。顺帝时⑭，迁冀州刺史⑮。故人为清河太守⑯，章行部案其奸臧⑰。乃请太守，为设酒肴，陈平生之好甚欢⑱。太守喜曰：“人皆有一天⑲，我独有二天⑳。”章曰：“今夕苏孺文与故人饮者，私恩也；明日冀州刺史案事者，公法也。”遂举正其罪㉑。州境知章无私，望风畏肃㉒。换为并州刺史㉓，以摧折权豪㉔，忤旨㉕，坐免。隐身乡里，不交当世㉖。后征为河南尹㉗，不就㉘。时天下日敝㉙，民多悲苦，论者举章有干国才㉚，朝廷不能复用，卒于家。(《后汉书·苏章列传》)

【注释】

① 扶风平陵：扶风郡平陵县(今陕西咸阳西北)。 ② 建：苏建，苏武之父。李贤注：“《前书》曰：建以校尉从大将军青击匈奴，封平陵侯。中子武最知名也。” ③ 强切：刚正严切。持毁誉：能操控公众舆论。李贤注：“持，执也。执毁誉之论，谓品藻其臧否。” ④ 患其教责人：怕他教训呵责人。 ⑤ 三辅：武帝以后，指京兆尹、右扶风、左冯翊等畿辅地区。大人：对长者、老者的尊称。

李贤注："大人，长老之称，言尊事之也。" ⑥ 永平：汉明帝年号。公元 58～75 年。 ⑦ 窦固：字孟孙，扶风平陵(今陕西咸阳西北)人。大司空窦融弟友之子。少以尚公主为黄门侍郎，喜兵法，贵显用事。武帝末，袭封为显亲侯。历中郎将，监羽林士。明帝永平末年，拜为奉车都尉率兵北击匈奴、车师，加位特进。章帝即位，历大鸿胪、光禄勋、卫尉。事见《后汉书·窦融列传》。 ⑧ 北匈奴：光武帝末年，匈奴分裂为南北两部，南下附汉者称为南匈奴，留居漠北者称为北匈奴。南匈奴屯居朔方、五原、云中等郡，至东汉末又分为五部。北匈奴于和帝时为汉和南匈奴击败，部分西迁。详见《汉书·匈奴传》和《后汉书·南匈奴列传》。车师：西域小国。汉宣帝时，分其地为车师前后两部，后皆属西域都护。车师前部治交河城，后部治务涂谷。汉朝曾设戊己校尉屯田车师前王庭。至东汉，时内附，时依匈奴。和帝时，大将军窦宪曾破北匈奴，车师前后王各遣子奉贡入侍。详见《汉书·西域传》之车师前国和车师后国，以及《后汉书·西域传》之车帅。 ⑨ 能属(zhǔ)文：善于写文章。 ⑩ 安帝：汉安帝刘祜，汉章帝刘炟之孙，清河王刘庆之子。章帝死，其四子刘肇即位，是为和帝。在位十七年，年二十七死，和帝少子刘隆即位，时诞生方百余日，改元延平。次年病死，是为孝殇帝。邓太后与兄车骑将军邓骘定策禁中，迎立十三岁之刘祜为帝，是为安帝。公元 107～125 年在位。事见《后汉书·孝安帝纪》。 ⑪ 武原令：武原县令，其治所在今江苏邳州市西北。 ⑫ 岁饥：粮食歉收，灾荒。 ⑬ 活：救活。 ⑭ 顺帝：安帝之子刘保。永宁元年立为太子，以谮一度废为济阴王。安帝死，被群臣迎立为帝，年十一。公元 126～144 年在位。事见《后汉书·孝顺帝纪》。 ⑮ 冀州：十三刺史部之一，东汉治所在高邑县(今河北柏乡县北)。后移治邺县(今河北临漳县西南)。三国以后治所屡变。 ⑯ 清河：西汉置郡，治所在清阳县(今河北清河东南)。东汉曾改为国，移治甘陵县(今山东临清东北)。 ⑰ 行部：巡视所属郡县。案：案验，审察。奸臧：指贪污受贿的官吏。臧，通"赃"。⑱ 陈：述说。好：友好，交情。 ⑲ 一天：一个苍天。 ⑳ 二天：两个青天，一有老天爷的庇护，二有刺史苏章的庇护。后世常用作感戴恩人或赞美官员的谀辞。 ㉑ 举正：揭发判定。 ㉒ 望风畏肃：受此事件的影响而害怕收敛。㉓ 并州：十三刺史部之一，东汉治所在晋阳县(今山西太原西南)。 ㉔ 摧折：打击。 ㉕ 忤旨：违背皇上的命令。 ㉖ 不交当世：中断了与朝廷的联系。㉗ 河南尹：光武都洛阳，遂把包括洛阳在内的二十一城总由河南尹管辖，河南的重要城市，如荥阳、开封、新郑等地皆囊括在内。 ㉘ 不就：没有赴任就职。㉙ 天下：国家。日敝：一天天地凋敝衰弱。 ㉚ 干国才：治理国家的才能。干，管理。

【参考资料】

晋·陆机《晋平西将军孝侯周处碑》："陕北留棠，遂有二天之咏；荆南渡虎，犹标十部之书。"

唐·杜甫《江亭王阆州筵饯萧遂州》："离亭非旧国，春色是他乡。老畏歌声断，愁随舞曲长。二天开宠饯，五马烂生光。川路风烟接，俱宜下凤皇。"

宋·王十朋《送吴宪知叔》："出郊闻好语，尽道宪车贤。郡不留三宿，人皆仰二天。荐章先白屋，贡宇给青钱。上正开宣室，公归席定前。"

受鱼而悬于庭

中平三年[①]，江夏兵赵慈反叛，杀南阳太守秦颉，攻没六县，拜(羊)续为南阳太守[②]。当入郡界，乃羸服间行[③]，侍童子一人，观历县邑[④]，采问风谣[⑤]，然后乃进。其令长贪洁[⑥]，吏民良猾[⑦]，悉逆知其状[⑧]，郡内惊悚[⑨]，莫不震慑[⑩]。乃发兵与荆州刺史王敏共击慈[⑪]，斩之，获首五千余级。属县余贼并诣续降[⑫]，续为上言[⑬]，宥其枝附[⑭]。贼既清平[⑮]，乃班宣政令[⑯]，候民病利[⑰]，百姓欢服。时权豪之家多尚奢丽[⑱]，续深疾之[⑲]，常敝衣薄食[⑳]，车马羸败[㉑]。府丞尝献其生鱼，续受而悬于庭[㉒]；丞后又进之，续乃出前所悬者以杜其意[㉓]。续妻后与子秘俱往郡舍[㉔]，续闭门不内[㉕]，妻自将秘行[㉖]，其资藏唯有布衾、敝祗裯[㉗]，盐、麦数斛而已，顾敕秘曰[㉘]："吾自奉若此[㉙]，何以资尔母乎[㉚]？"使与母俱归。

六年[㉛]，灵帝欲以续为太尉[㉜]。时拜三公者，皆输东园礼钱千万[㉝]，令中使督之[㉞]，名为左驺[㉟]。其所之往[㊱]，辄迎致礼敬[㊲]，厚加赠赂[㊳]。续乃坐使人于单席[㊴]，举缊袍以示之[㊵]，曰："臣之所资[㊶]，唯斯而已[㊷]。"左驺白之[㊸]，帝不悦，以此故不登公位。而征为太常[㊹]，未及行，会病卒，时年四十八。遗言薄敛[㊺]，不受赗遗[㊻]。旧典[㊼]，二千石卒官赙百万[㊽]，府丞焦俭遵续先意[㊾]，一无所受。诏书褒美，敕太山太守以府赙钱赐续家云[㊿]。(《后汉书·羊续列传》)

【注释】

① 中平三年：即公元186年。中平，汉灵帝年号。 ② 羊续：字兴祖，太山平阳(今山西临汾市西南)人。桓帝时太常羊儒之子。初以忠臣子孙拜郎中，又辟大将军窦武府。武败，坐党事，禁锢十余年。党禁解，复辟太尉府，四迁为庐

江太守，历南阳太守，卒。 ③ 羸服间行：穿着破旧的衣服，从小路走。 ④ 观历：察访。 ⑤ 采问风谣：采集打探有关吏治民风的歌谣。 ⑥ 令长贪洁：县令或县长贪污廉洁的情况。 ⑦ 吏民良猾：官吏与民众的善良奸诈。 ⑧ 悉逆知其状：全都预先知道其情状。 ⑨ 惊悚：惊恐。 ⑩ 莫不震慑：无不震惊恐惧。 ⑪ 荆州：十三刺史部之一，东汉治所在汉寿县(今湖南常德东北)。其后屡有迁移。 ⑫ 并诣续降：都到羊续所在处投降。 ⑬ 上言：上奏，上报。 ⑭ 宥其枝附：赦免其胁从。 ⑮ 清平：平定。 ⑯ 班宣：颁布，宣谕。 ⑰ 候民病利：考察害民利民之事。李贤注："损于人曰病，益于人曰利。" ⑱ 尚：崇尚。 ⑲ 疾：厌恶，憎恨。 ⑳ 敝衣薄食：带头穿破旧衣服，吃淡薄食物。 ㉑ 车马羸败：车败马羸，车破马瘦。 ㉒ 悬于庭：悬挂在庭中。 ㉓ 杜：堵塞，断绝。 ㉔ 俱往郡舍：一起来到羊续在郡府的住处。 ㉕ 不内：不纳，不让进。内，通"纳"。 ㉖ 妻自将秘行：羊续的妻子只好自己带着羊秘离开了。 ㉗ 其资藏：羊续的家产。资藏，储藏的财物。布衾：布被。敝袛裯(dī dāo)：残破的短衣、汗衫。李贤注："《说文》曰：袛裯，短衣也。《广雅》云：即襜褕也。"《方言》第四："(汗襦)自关而西，或谓之袛裯。" ㉘ 顾：乃。敕：告诫。 ㉙ 自奉：自养，自己的生活给养。 ㉚ 何以资尔母乎：用什么来资助养活你母亲呢？ ㉛ 六年：中平六年，即公元 189 年。 ㉜ 灵帝：汉灵帝刘宏。公元 168～189 年在位。章帝玄孙，父苌，世封解渎亭侯。桓帝死，无子，皇太后与窦武定策禁中，迎之为帝，年十二。桓、灵二帝在位的四十余年，是东汉朝政最为昏乱的时期，外戚与宦官先后专权，发生两次党锢之祸。黄巾大起义，便发生在灵帝末年。事见《后汉书·孝桓帝纪》和《孝灵帝纪》。 ㉝ 输：输送，献纳，缴纳。东园：官署名，秦汉沿置，属少府，负责帝陵所用的棺椁葬具等各类器物的制作供应，其所制器物统称东园秘器，或简称东园器。 ㉞ 中使：宦官。督：督察，催促。 ㉟ 左驺(zōu)：催督三公输礼钱的骑士。李贤注："驺，骑士也。" ㊱ 其所之往：左驺所到的人家。之，往，至。 ㊲ 辄迎致礼敬：则恭敬地迎接礼待。 ㊳ 赠赂：馈赠贿赂。 ㊴ 坐使人于单席：使使人坐于单席。单席，一层座席，而富贵人家之座席则有数层，以求温软舒适。 ㊵ 缊袍：以乱麻为絮的袍子，贫者所服。示之：显示给他看。 ㊶ 资：凭借，依赖，生活基础。 ㊷ 斯：此。 ㊸ 白：禀白，禀报。 ㊹ 太常：东汉官制，太常卿一人，中二千石，掌礼仪祭祀。 ㊺ 遗言：遗嘱。薄敛：薄葬。 ㊻ 赗遗(fèng wèi)：赠送给丧家的丧葬物品。 ㊼ 旧典：故事，惯例。 ㊽ 卒官：卒于官，死在官任上。赙(fù)：朝廷赐予的助办丧事的财物。 ㊾ 遵续先意：遵照羊续不受赗遗的遗言。 ㊿ 敕：命令。太山：即泰山郡，其治所在奉高县(今山东泰安东)。以府：以太山郡府的名义。按，羊续原为太山郡人，故改由本地官府出面助丧临吊。

【参考资料】

唐·房玄龄《晋书·载记·姚兴下》："（姚兴）如三原，顾谓群臣曰：'古人有言，关东出相，关西出将，三秦饶俊异，汝颍多奇士。吾应天明命，跨据中原，自流沙以东，淮汉以北，未尝不倾己招求，冀匡不逮。然明不照下，弗感悬鱼。至于智效一官，行著一善，吾历级而进之，不使有后门之叹。卿等宜明扬仄陋，助吾举之。'"

唐·姚思廉《陈书·宗元饶列传》："（元饶劾陈裒曰）遂乃擅行赋敛，专肆贪取。求粟不猒（餍），愧王沉之出赈；征鱼无限，异羊续之悬枯。"按，时宗元饶迁御史中丞，合州刺史陈裒脏污狼藉，遣使就渚敛鱼，又于六郡乞米，百姓甚苦之，元饶遂劾奏免之。

宋·徐积《和路朝奉新居》之六："坐想堂前弄白须，蒲茵笋席正高居。彩衣六子傍供膳，锦髻诸孙自教书。爱士主人新置榻，清身太守旧悬鱼。更吟整斗论头句，胜却西庵诗一车。"

清·汤璥《交翠轩笔记后序》："南阳悬鱼之庭，卷不离手；魏郡课树之暇，目以代耕。"

贾父来晚

贾琮字孟坚，东郡聊城人也[①]。举孝廉，再迁为京（兆）令[②]，有政理迹[③]。旧交阯土多珍产[④]，明玑、翠羽、犀、象、瑇瑁、异香、美木之属[⑤]，莫不自出[⑥]。前后刺史率多无清行[⑦]，上承权贵[⑧]，下积私赂[⑨]，财计盈给[⑩]，辄复求见迁代[⑪]，故吏民怨叛。中平元年[⑫]，交阯屯兵反，执刺史及合浦太守[⑬]，自称"柱天将军"。灵帝特敕三府精选能吏[⑭]，有司举琮为交阯刺史[⑮]。琮到部，讯其反状[⑯]，咸言赋敛过重，百姓莫不空单[⑰]，京师遥远，告冤无所[⑱]，民不聊生，故聚为盗贼。琮即移书告示，各使安其资业[⑲]，招抚荒散[⑳]，蠲复徭役[㉑]，诛斩渠帅为大害者[㉒]，简选良吏试守诸县[㉓]，岁间荡定[㉔]，百姓以安。巷路为之歌曰："贾父来晚，使我先反；今见清平，吏不敢饭[㉕]。"在事三年[㉖]，为十三州最[㉗]，征拜议郎。

时黄巾新破[㉘]，兵凶之后，郡县重敛，因缘生奸[㉙]。诏书沙汰刺史、二千石[㉚]，更选清能吏，乃以琮为冀州刺史。旧典，传车骖驾[㉛]，垂赤帷裳[㉜]，迎于州界。及琮之部[33]，升车言曰[34]："刺史当远视广听，纠察美恶[35]，何有反垂帷裳以自掩塞乎[36]?"乃命御者褰之[37]。百城闻风，自然悚震。其诸臧过者[38]，望风解印绶去[39]，唯瘿陶长济阴董昭、观津长梁国黄就当官待琮[40]，于是州界翕然[41]。(《后汉书·贾琮列传》)

【注释】

① 东郡聊城：聊城县，秦置，治所在今山东聊城市西北。 ② 再迁：第二次升官。京兆令：即京兆尹，治长安。光武都洛阳，遂把畿辅地区总由河南尹管辖，原西汉故都长安及其附近地区，所谓三辅的行政区划仍旧保留，即仍设京兆尹、左冯翊、右扶风。 ③ 有政理迹：有治理政事的事迹。 ④ 交阯：即交趾，西汉置郡，治所在羸陵县(今越南河内市西北)。东汉移治龙编县(今越南北宁省仙游东)。 ⑤ 明玑：明珠。翠羽：翠鸟的羽毛。瑇瑁：龟壳。李贤注："《说文》曰：'玑，珠之不圆者。'《异物志》曰：'翠鸟，形似燕，翡赤而翠青，其羽可以为饰。'《广雅》曰：'瑇瑁，形似龟，出南海巨延州也。'"美木：茂美的树木。 ⑥ 莫不自出：无不自此出产，全都产于此地。 ⑦ 率多：大多，大部分。无清行：没有清廉品行。 ⑧ 承：奉承，讨好。 ⑨ 积私赂：积攒贿赂私人之物。 ⑩ 财计盈给(jǐ)：财货丰足。计，登记财物的簿册。 ⑪ 迁代：官职的晋升或替代。按，交阯位于岭南，向为荒蛮险恶之地，故前后刺史皆靠贿赂寻求内迁。 ⑫ 中平元年：公元184年。 ⑬ 执：捉住。合浦：合浦郡，东汉治所在合浦县(今广西合浦东北)。按，时交阯、合浦等郡皆属交州刺史部。 ⑭ 三府：汉制，三公皆可开府，因称三公为三府。即指太尉府、司徒府、司空府。 ⑮ 有司：有关部门。交阯刺史：按，应为交州刺史。 ⑯ 讯其反状：问讯打探屯兵造反的具体情况。 ⑰ 空单：穷困，贫乏。 ⑱ 告冤无所：无处申冤。 ⑲ 资业：本业。 ⑳ 荒散：荒年流亡。 ㉑ 蠲复：免除。 ㉒ 渠帅：首领。 ㉓ 简选：选择。试守：暂任，代理。 ㉔ 岁间：一年之间。荡定：平定。 ㉕ 不敢饭：不敢吃请受贿。 ㉖ 在事：在职，就任。 ㉗ 为十三州最：其政绩考核是十三州刺史部最上等。上功曰最，下功曰殿。 ㉘ 黄巾：黄巾起义。汉灵帝中平元年(184年)，太平道首领张角等率众起义，徒众多达数十万人，遍布青、徐、幽、冀、荆、扬、兖、豫八州。倡言"苍天已死，黄天当立。岁在甲子，天下大吉"。皆以黄巾裹头，人称黄巾军。朝廷先后派皇甫嵩、朱儁等率重兵镇压，不到一年，便以失败告终，而其余党则坚持斗争二十余年。事见《后汉书·孝灵帝纪》与《后汉书·皇甫嵩列传》。 ㉙ 因缘生奸：勾结谋私。 ㉚ 沙汰：淘汰。㉛ 传车骖驾：乘三马驾的传车。 ㉜ 垂赤帷裳：垂挂红色帷帐。 ㉝ 之部：到所部，到达所按察的区域。部，刺史按察区域名。 ㉞ 升车：登车。 ㉟ 美恶：

善恶。 ㊱ 何有：怎能。掩塞：遮蔽，堵塞。 ㊲ 御者：驾车人。褰(qiān)之：把帷帐揭起来。之，代词。 ㊳ 其诸臧过者：那些贪赃有罪的官吏。诸，众。 ㊴ 望风：听到风声，见到动静。 ㊵ 瘿陶长：瘿陶县长。《后汉书·郡国志》作“廮陶”，东汉时地属巨鹿郡，其治所在今河北宁晋县西南。济阴：郡名，治所在定陶县(今山东定陶县西北)。观津长：观津县长。地属安平国，其治所在今河北武邑县东南。梁国：西汉所置诸侯国，治所在睢阳县(今河南商丘南)。当官：在官，在职。 ㊶ 于是：于此，从此。翕然：安宁谐和貌。

【参考资料】

南朝宋·范晔《后汉书·郭杜孔张廉王苏羊贾陆列传》：“赞曰：(郭)伋牧朔藩，信立童昏。(杜)诗守南楚，民作谣言。(孔)奋驰单乘，(张)堪驾毁辕。(廉)范得其朋，(王)堂任良肱。二苏(苏章与苏不韦)劲烈，羊(续)、贾(琮)廉能。季宁(陆康)拒策，城陨冲輣。”

疏谏铜人之铸

时灵帝欲铸铜人，而国用不足，乃诏调民田[1]，亩敛十钱。而比水旱伤稼[2]，百姓贫苦。(陆)康上疏谏曰[3]：“臣闻先王治世[4]，贵在爱民。省徭轻赋，以宁天下[5]，除烦就约[6]，以崇简易[7]，故万姓从化[8]，灵物应德[9]。末世衰主[10]，穷奢极侈，造作无端[11]，兴制非一[12]，劳割自下[13]，以从苟欲[14]，故黎民吁嗟[15]，阴阳感动[16]。陛下圣德承天[17]，当隆盛化[18]，而卒被诏书[19]，亩敛田钱[20]，铸作铜人，伏读惆怅[21]，悼心失图[22]。夫十一而税[23]，周谓之彻[24]。彻者，通也，言其法度可通万世而行也。故鲁宣税亩[25]，而蝝灾自生[26]；哀公增赋[27]，而孔子非之[28]。岂有聚夺民物[29]，以营无用之铜人[30]；捐舍圣戒[31]，自蹈亡王之法哉[32]！传曰：‘君举必书[33]，书而不法[34]，后世何述焉[35]？’陛下宜留神省察[36]，改敝从善[37]，以塞兆民怨恨之望[38]。”书奏，内倖因此谮康援引亡国[39]，以譬圣明[40]，大不敬，槛车征诣廷尉[41]。侍御史刘岱典考其事[42]，岱为表陈解释[43]，免归田里。(《后汉书·陆康列传》)

【注释】

①调：赋税的一种。此处用为动词，加征田税。汉末魏晋有户调，唐有租、

庸、调。 ② 比：近来。 ③ 陆康：字季宁，吴郡吴县(今江苏苏州)人。举茂才，除高成令，历武陵、桂阳、乐安三郡太守。以谏铸铜人下廷尉，免归田里。复征拜议郎、庐江太守。献帝即位，天下大乱，袁术遣孙策攻之，坚守城池二年，城陷，发病卒。 ④ 先王：指儒家所推崇的尧、舜、禹、汤、周文王等贤明君主。治世：治理天下。 ⑤ 以宁天下：而使天下安宁。 ⑥ 除烦就约：革除烦苛而实行简约之政令。就，趋，从。 ⑦ 崇：推崇，崇尚。 ⑧ 万姓从化：百姓服从教化。 ⑨灵物应德：祥瑞之物应德而生。 ⑩ 末世衰主：末代衰亡之君。 ⑪ 造作无端：制作无穷。 ⑫ 兴制非一：兴造繁多。 ⑬ 劳割自下：从百姓身上剥削。李贤注："劳苦割剥于下人也。" ⑭ 以从苟欲：来满足自己不正当的欲望。 ⑮ 黎民吁嗟：百姓悲愁叹息。 ⑯ 阴阳：犹言天地。 ⑰ 圣德承天：美德天生。 ⑱ 隆：兴隆，发扬。盛化：昌明的教化。 ⑲ 卒：通"猝"，突然。被：受。 ⑳ 亩敛田钱：按亩数征收田税。 ㉑ 伏读：拜读诏书。 ㉒ 悼心失图：内心悲伤，举足失措。图，谋划。 ㉓ 夫：发语词。十一而税：按十分取一的税率收税，相传是夏商周三代的田税制度，实行的是低税制。李贤注："《孟子》曰：'夏后氏五十而贡，殷人七十而助，周人百亩而彻，其实皆十一也。'" ㉔ 彻：周代田税制度名。《论语·颜渊》："哀公问于有若曰：'年饥，用不足，如之何?'有若对曰：'盍彻(何不行十一而税)乎?'曰：'二(十分取二)吾犹不足，如之何其彻也?'对曰：'百姓足，君孰与(怎能)不足? 百姓不足，君孰与足?'"何晏注："周法十一而税，谓之彻。彻，通也，为天下之通法也。" ㉕ 鲁宣：指春秋时的鲁宣公，始废井田制，而按田亩征税，史称初税亩。《左传》宣公十五年："初税亩。"《公羊传》宣公十五年："初者何? 始也。税亩者何? 履亩而税也。"何休注："时宣公无恩信于民，民不肯尽力于公田。故履践案行，择其善亩谷最好者税取之。" ㉖ 蝝灾：蝗灾。《左传》宣公十五年："初税亩。冬，蝝生。饥。"蝝，旧注："董仲舒云：'蝗子。'"饥，旧注："风雨不和，五稼不丰。"按，《公羊传》："冬蝝生。此言蝝生何? 上变古易常也。"旧注："上谓宣公，变易公田旧制而税亩。" ㉗ 哀公增赋：指《论语·颜渊》所记哀公所谓"二吾犹不足"等语。㉘ 孔子：据《论语·颜渊》原文，当指孔子之弟子有若。李贤注："《左传》曰：季孙欲以田赋，使冉有(季孙家臣，孔子弟子)访诸仲尼。仲尼私于冉有曰：'子季孙若欲行而法，则周公之典在；若欲苟而行之，又何访焉!'"是则为孔子反对重赋，陆康则把哀公与有若，以及季孙、冉有与孔子事混为一谈矣。非：批评，指责。 ㉙ 聚夺民物：聚敛掠夺百姓脂膏。 ㉚ 营：营造。 ㉛ 捐舍圣戒：抛弃圣人的教导。 ㉜ 自蹈亡王之法：自走亡国之路。蹈，践行。李贤注："谓秦始皇铸铜人十二，卒致灭亡也。" ㉝ 君举必书：国君的所有行为一定要记载下来。㉞ 书而不法：史有记载而后世之君无人效法。 ㉟ 后世何述焉：那后人何必再记载呢！述，记述。 ㊱ 省察：考察。 ㊲ 敝：坏，弊政，害民之政。㊳ 塞：堵塞。兆民：众百姓。兆，极言其多。望：埋怨责备。 ㊴ 内倖：受宠幸的内官，宦官。谮：进谗言。亡国：亡国事例。 ㊵ 以譬圣明：来比圣明天子。圣明，指汉灵帝。 ㊶ 槛车：四周有围栏的运载囚犯的车子。 ㊷ 刘岱：字公山，东莱牟平(今山东福山县西北)人。灵帝末官至侍中、兖州刺史。反对宦官专权。典考：负责审察。 ㊸ 表陈：说明。

【参考资料】

南朝宋·范晔《后汉书·孝灵帝纪》："中常侍曹节矫诏诛太傅陈蕃、大将军窦武及尚书令尹勋、侍中刘瑜、屯骑校尉冯述，皆夷其族。"(建宁元年九月辛亥)

又载："中常侍侯览讽有司奏前司空虞放、太仆杜密、长乐少府李膺、司隶校尉朱宇、颍川太守巴肃、沛相荀昱、河内太守魏朗、山阳太守翟超皆为钩党，下狱，死者百余人，妻子徙边，诸附从者锢及五属。制诏州郡大举钩党，于是天下豪桀及儒学行义者，一切结为党人。"(建宁二年冬十月丁亥)

又载："宦官讽司隶校尉段颎捕系太学诸生千余人。"(熹平元年秋七月)

又载："永昌太守曹鸾坐讼党人，弃市。诏党人门生故吏父兄子弟在位者，皆免官禁锢。"(熹平五年五月闰月)

又载："初开西邸卖官，自关内侯、虎贲、羽林，入钱各有差。私令左右卖公卿，公千万，卿五百万。"(光和元年)

又载："是岁，帝作列肆于后宫，使诸采女贩卖，更相盗窃争斗。帝著商估服，饮宴为乐。又于西园弄狗，著进贤冠，带绶。又驾四驴，帝躬自操辔，驱驰周旋，京师转相放效。"(光和四年)

又载："巨鹿人张角自称'黄天'，其部帅有三十六方，皆著黄巾，同日反叛。安平、甘陵人各执其王以应之。"(中平元年春二月)

又载："交阯屯兵执刺史及合浦太守来达，自称'柱天将军'，遣交阯刺史贾琮讨平之。"(中平元年六月)

又载："税天下田，亩十钱。"李贤注："以修宫室。"(中平二年二月)

又载："复修玉堂殿，铸铜人四，黄钟四，及天禄、蝦蟆，又铸四出文钱。"(中平三年二月)

又载："是岁，卖关内侯，假金印紫绶，传世，入钱五百万。"(中平四年十二月)

又载："(灵)帝崩于南宫嘉德殿，年三十四。"(中平六年夏四月丙辰)

天道恶满而好谦

（樊）宏为人谦柔畏慎[①]，不求苟进[②]。常戒其子曰：“富贵盈溢[③]，未有能终者。吾非不喜荣执也[④]，天道恶满而好谦[⑤]，前世贵戚皆明戒也[⑥]。保身全己，岂不乐哉！”每当朝会，辄迎期先到[⑦]，俯伏待事[⑧]，时至乃起[⑨]。帝闻之[⑩]，常敕驺骑临朝乃告[⑪]，勿令豫到[⑫]。宏所上便宜及言得失[⑬]，辄手自书写[⑭]，毁削草本[⑮]。公朝访逮[⑯]，不敢众对[⑰]。宗族染其化[⑱]，未尝犯法。帝甚重之。及病困[⑲]，车驾临视[⑳]，留宿[㉑]，问其所欲言。宏顿首自陈：“无功享食大国[㉒]，诚恐子孙不能保全厚恩[㉓]，令臣魂神惭负黄泉[㉔]，愿还寿张[㉕]，食小乡亭[㉖]。”帝悲伤其言，而竟不许[㉗]。（《后汉书·樊宏列传》）

【注释】

① 樊宏：字靡卿，南阳湖阳（今河南唐河县西南湖阳镇）人。刘秀之舅。王莽末，义兵起，从刘秀军。刘秀即位，拜光禄大夫，位特进，次三公，初封长罗侯，定封寿张侯。建武二十七年卒。 ② 苟进：苟且进身，非正途升官。 ③ 盈溢：充满外溢，过分。 ④ 荣执：荣耀与权势。执，通“势”。 ⑤ 天道：上天，老天爷。恶（wù）满而好谦：厌恶满盈而喜欢谦逊。李贤注：“《易》曰：‘天道亏盈而益谦，人道恶盈而好谦’也。” ⑥ 明戒：明鉴。 ⑦ 迎期：候期，待期，到期。 ⑧俯伏：俯首伏地，表示极为恭敬。待事：等候事奉。 ⑨ 时：上朝的时间。 ⑩ 帝：指光武帝刘秀。 ⑪ 驺骑：为帝王导从的骑士。临朝乃告：临近朝拜时才告知。 ⑫ 勿令豫到：不让他提前到场。豫，通“预”。 ⑬ 便宜：方便适宜之政事。 ⑭ 手自：亲自书写。 ⑮ 毁削草本：为防泄密，销毁草稿。削，书写用竹简，削去墨迹还可再用。 ⑯ 公朝：朝廷。访逮：问及朝政。逮，及，到。 ⑰ 众对：当众对答。 ⑱ 染其化：受其影响。染，习染。 ⑲ 病困：病重。 ⑳ 车驾临视：皇帝亲临探视。 ㉑ 留宿：留下住宿。 ㉒ 享食：享禄，受禄。大国：大诸侯国，大汉朝廷。 ㉓ 诚：确实，真。 ㉔ 臣：臣子的自称，我。惭负黄泉：惭负于黄泉，在黄泉之下感到惭愧。 ㉕ 寿张：寿张国。建武十五年，樊宏定封寿张侯。西汉置寿良县，东汉改寿张县，其治所在今山东东平县西南。 ㉖ 食：享食。小乡亭：汉代爵位名称。据《后汉书·百官志》，列侯功大者食县，小者食乡亭。 ㉗ 竟：终。

【参考资料】

南朝宋·范晔《后汉书·樊宏阴识列传》："赞曰：权族好倾，后门多毁。樊氏世笃，阴亦戒侈。恂恂（恭顺）苗胤（后代），传龟袭紫（公侯皆紫绶、金印、龟钮）。"

君子之富

论曰：昔楚顷襄王问阳陵君曰①："君子之富何如？"对曰："假人不德不责②，食人不使不役③，亲戚爱之，众人善之④。"若乃樊重之折契止讼⑤，其庶几君子之富乎⑥！分地以用天道⑦，实廪以崇礼节⑧，取诸理化⑨，则亦可以施于政也。与夫爱而畏者⑩，何殊间哉⑪！（《后汉书·樊宏列传》）

【注释】

① 楚顷襄王：战国末年楚王。公元前298～前263年在位。阳陵君：庄辛，号阳陵君，仕襄王。 ② 假人：借贷于人。不德不责：不自德，不责报。意谓自己不认为有恩，也不求对方报恩。李贤注："假贷人者不自以为德，不责其报也。食善人者不使役之，故众人称善也。《说苑》曰楚王问庄辛之言也。"按，是则原见刘向《说苑·贵德》，文字略异。 ③ 食(sì)人：给人吃。食，通"饲"。不使不役：不随便使役对方。 ④ 善之：以之为善。 ⑤ 若乃：若夫，至于，用于句首或段落开头，表示另提一事。樊重：樊宏之父，字君云。善于种地经商，资产巨万，而又好义多施。折契止讼：毁弃债券，息止诉讼。《后汉书·樊宏列传》："外孙何氏兄弟争财，(樊)重耻之，以田二顷解其忿讼。县中称美，推为三老。年八十余终。其素所假贷人间数百万，遗令焚削文契。责(债)家闻者皆惭，争往偿之，诸子从敕，竟不肯受。" ⑥ 庶几：也许，大概，大抵。 ⑦ 分地以用天道：樊重给何氏兄弟分割土地，调解纠纷，而施用、提倡的是天道人伦的思想。 ⑧ 实廪以崇礼节：仓廪充实，生活富裕了，而倡导、推崇礼义节操。李贤注："《管子》曰：仓廪实而知礼节。" ⑨ 取诸理化：取之于治理与教化，意谓采用法治与教育相结合的方法。 ⑩ 与夫爱而畏者：与那种令人爱戴，又令人畏惧的人相比。夫，语气助词，无义。李贤注："《左传》曰：'是以其人畏而爱之，何殊间哉！'言不异也。"按，李注所引《左传》有误，"畏而爱之"一语，当出自

《孝经》，而"何殊间哉"一语，又不知源自何书，或为佚文。 ⑪ 何殊间哉：又有什么区别呢！殊，异，不同。间，差别，区别。

【参考资料】

通行本《十三经注疏·孝经注疏·圣治章第九》："君子则不然。言思可道，行思可乐，德义可尊，作事可法，容止可观，进退可度，以临其民。是以其民畏而爱之，则而象之，故能成其德教，而行其政令。"

宋·邢昺《注疏》："《正义》曰：前说为君而为悖德礼之事，此言圣人君子则不然也。君子者，须慎其言行，动止举措，思可道而后言，思可乐而后行，故德义可以尊崇，作业可以为法，威容可以观望，进退皆修礼法。以此六事君临其民，则人畏威而亲爱之，法则而象效之，故德教以此而成，政令以此而行也。"

按，范晔在《樊宏列传》末尾缀此一节史论文字，由君子之富述及施政理化，由战国之庄辛述及后汉之樊重，上下钩连，纵横捭阖，其重点主要是强调有财之君子与有国之君臣大略相似，皆要注重修身养性，努力做到以德化人。

如令陛下子，臣等专诛而已

其后广陵王荆有罪[①]，帝以至亲悼伤之[②]，诏(樊)鯈与羽林监南阳任隗杂理其狱[③]。事竟[④]，奏请诛荆。引见宣明殿[⑤]，帝怒曰："诸卿以我弟故[⑥]，欲诛之，即我子[⑦]，卿等敢尔邪[⑧]！"鯈仰而对曰[⑨]："天下高帝天下[⑩]，非陛下之天下也。《春秋》之义[⑪]：'君亲无将[⑫]，将而诛焉'。是以周公诛弟[⑬]，季友鸩兄[⑭]，经传大之[⑮]。臣等以荆属托母弟[⑯]，陛下留圣心[⑰]，加恻隐[⑱]，故敢请耳[⑲]。如令陛下子[⑳]，臣等专诛而已[㉑]。"帝叹息良久。鯈益以此知名[㉒]。其后弟鲔为子赏求楚王英女敬乡公主[㉓]，鯈闻而止之，曰："建武时[㉔]，吾家并受荣宠，一宗五侯[㉕]。时特进一言[㉖]，女可以配王[㉗]，男可以尚主[㉘]，但以贵宠过盛，即为祸患[㉙]，故不为也。且尔一子[㉚]，奈何弃之于楚乎[㉛]？"鲔不从。(《后汉书·樊宏列传》)

【注释】

① 广陵王荆：刘荆。光武帝共十一子，第四子刘庄即位为明帝，荆为第九子，乃刘庄同母之弟。建武十七年封山阳王。性刻薄阴险，有才能而喜文法。刘秀死，怨恨刘庄为帝，与长兄彊书，劝之谋反。明帝秘其事，徙封广陵王，遣之

国。又扬言起兵，使巫祝诅咒，事泄，自杀。事见《后汉书·光武十王列传》。② 帝：指汉明帝。悼伤：悲伤。 ③ 樊鯈：字长鱼，樊宏之长子。谨约有父风。初受《公羊颜氏春秋》，历复土校尉。明帝即位，拜长水校尉，徙封鯈燕侯。羽林监：官名，掌宿卫侍从，位在羽林中郎将之下，有左右监，分掌羽林左右骑。秩六百石。任隗：字仲和，南阳宛(今河南南阳市)人。左大将军、阿陵侯任光之子。袭封，初为奉朝请，迁羽林左监、虎贲中郎将、长水校尉。章帝时，历将作大匠、太仆、光禄勋，拜司空。和帝时窦宪专权，鲠直处正。事见《后汉书·任光列传》。杂理：杂治，同治，会审。 ④ 事竟：事终，案子审完。 ⑤ 宣明殿：西汉时宣明殿在长安未央宫东，东汉在洛阳亦建有宣明殿，在德阳殿之后。⑥ 以我弟故：因为他是我弟弟的缘故。 ⑦ 即我子：如果他是我的儿子。⑧ 敢尔邪：还敢如此定罪吗！ ⑨ 仰：仰首。 ⑩ 高帝：汉高祖刘邦。⑪《春秋》之义：儒家经典《春秋》中的意思。义，含义，义理。 ⑫ 君亲：君主。无将：不允许谋反。李贤注："《公羊传》之文也。将者，将为弑逆之事也。"按，连下句，原见《公羊传》庄公三十二年。《史记·刘敬叔孙通列传》："人臣无将，将即反，罪死无赦。"裴骃《集解》引臣瓒曰："将，谓逆乱也。" ⑬ 周公诛弟：李贤注："周公之弟管、蔡二叔，流言于国，云周公摄政将不利于成王，故周公诛之。《左传》曰：'周公杀管叔而槃(䌓)蔡叔，夫岂不爱，王室故也。'杜预注曰：'槃(䌓)，(流)放也。'又曰：'鲁庄公有疾，叔牙欲立庆父为后，牙弟季友欲立公子般，友遂鸩叔牙杀之。'《公羊传》曰：'季子杀母兄，何善其尔？诛不得避兄，君臣之义也。'" ⑭ 鸩：毒死。鸩，一种羽带剧毒的鸟。羽浸酒中，饮之立死。⑮ 经传大之：儒家的经典著作和后人的注疏解释都肯定这些事。大，赞扬。⑯ 属托母弟：是阴太后临终所嘱托的同母之弟。按，光武即位，初立郭皇后，继而废之，改立贵人阴丽华。明帝立，尊之为皇太后。永平七年崩。 ⑰ 留圣心：留心，留神，关爱。圣，尊称。 ⑱ 恻隐：怜悯。 ⑲ 故敢请耳：所以才敢奏请而已。 ⑳ 如令陛下子：如果谋反的是陛下的儿子。 ㉑ 专诛：不待奏请就把他杀了。李贤注："专，谓不请也。" ㉒ 益：又，复，再。 ㉓ 鲔：樊鲔，宏子鯈弟。赏：樊赏。求：求婚。楚王英：刘英，光武第六子，许美人生。永平十三年，人告英有谋逆，被废，明年，自杀。事见《后汉书·光武十王列传》。 ㉔ 建武时：建武年间，光武帝刘秀当政的时候。 ㉕ 一宗五侯：一门五人封侯。樊宏定封寿张侯，其弟丹为射阳侯，兄子寻为玄乡侯，族兄忠为更父侯，宏少子茂为平望侯。 ㉖ 时特进一言：当时只要身为特进的樊宏说一句话。㉗ 女可以配王：樊家的女孩子可以嫁王爷。 ㉘ 男可以尚主：男孩子可以娶公主。尚，聘娶皇家女儿。 ㉙ 即：则，就。 ㉚ 且尔一子：况且你就一个儿子。㉛ 奈何弃之于楚乎：为什么要把他的一生丢弃给楚王呢？按，楚王英有不轨之心，儵似已觉察，故以此言警告其弟鲔。《后汉书·樊宏列传》载儵死后事："其后楚事发觉，帝追念儵谨恪，又闻其止鲔婚事，故其诸子得不坐焉。"

【参考资料】

南朝宋·范晔《后汉书·樊宏列传》："初，儵删定《公羊颜氏春秋》章句，世号'樊侯学'，教授门徒前后三千余人。弟子颍川李修、九江夏勤，皆为三公。"

夸奢益为观听所讥

(阴)兴字君陵[①]，光烈皇后母弟也[②]，为人有膂力[③]。建武二年[④]，为黄门侍郎[⑤]，守期门仆射[⑥]，典将武骑[⑦]，从征伐，平定郡国。兴每从出入，常操持小盖[⑧]，障翳风雨[⑨]，躬履涂泥[⑩]，率先期门[⑪]。光武所幸之处[⑫]，辄先入清宫[⑬]，甚见亲信[⑭]。虽好施接宾[⑮]，然门无侠客。与同郡张宗、上谷鲜于裒不相好[⑯]，知其有用，犹称所长而达之[⑰]；友人张汜、杜禽与兴厚善[⑱]，以为华而少实[⑲]，但私之以财[⑳]，终不为言[㉑]，是以世称其忠平。第宅苟完[㉒]，裁蔽风雨[㉓]。

九年[㉔]，迁侍中[㉕]，赐爵关内侯。帝后召兴，欲封之[㉖]，置印绶于前[㉗]，兴固让曰[㉘]："臣未有先登陷阵之功[㉙]，而一家数人并蒙爵土[㉚]，令天下觖望[㉛]，诚为盈溢[㉜]。臣蒙陛下、贵人恩泽至厚，富贵已极[㉝]，不可复加，至诚不愿[㉞]。"帝嘉兴之让[㉟]，不夺其志[㊱]。贵人问其故，兴曰："贵人不读书记邪[㊲]？'亢龙有悔[㊳]。'夫外戚家苦不知谦退[㊴]，嫁女欲配侯王，取妇眄睨公主[㊵]，愚心实不安也[㊶]。富贵有极，人当知足，夸奢益为观听所讥[㊷]。"贵人感其言[㊸]，深自降挹[㊹]，卒不为宗亲求位[㊺]。十九年[㊻]，拜卫尉[㊼]，亦辅导皇太子。明年夏[㊽]，帝风眩疾甚[㊾]，后以兴领侍中，受顾命于云台广室[㊿]。会疾瘳[51]，召见兴，欲以代吴汉为大司马[52]。兴叩头流涕，固让曰："臣不敢惜身，诚亏损圣德[53]，不可苟冒[54]。"至诚发中[55]，感动左右，帝遂听之[56]。(《后汉书·阴识列传》)

【注释】

① 阴兴：南阳新野(今河南新野县)人。 ② 光烈皇后：指阴丽华。光武帝初即位，立真定郭贵人为皇后，立其子刘彊为皇太子。建武十七年，废郭后为中山王太后，又徙封沛太后。另立贵人阴丽华为皇后，立其子刘庄为皇太子。汉明帝即位，尊阴后为皇太后。死后，其谥号为光烈。事见《后汉书·皇后纪》。母

弟：同母之弟。 ③ 膂力：体力，筋力。 ④ 建武二年：公元 26 年。 ⑤ 黄门侍郎：官名。《后汉书·百官志》："黄门侍郎，六百石。本注曰：无员。掌侍从左右，给事中，关通中外。及诸王朝见于殿上，引王就坐。" ⑥ 守：暂任，代理。期门仆射：光禄勋属官，位在虎贲中郎将之下，秩比六百石。掌宿卫侍从。汉武帝时所置护卫部队称期门，取"期诸殿门"之意。汉平帝时改称虎贲郎。⑦ 典将：掌管，率领。武骑：武勇的骑士。 ⑧ 操持小盖：手持小伞。 ⑨ 障翳风雨：为帝遮风挡雨。 ⑩ 躬履涂泥：自己却脚踩涂泥。 ⑪ 率先期门：为卫队的士卒带头。 ⑫ 所幸：所至，所到。 ⑬ 清宫：清理检查所住宫室，以求安全肃静。 ⑭ 见：被，受，得。 ⑮ 好施接宾：喜好施舍，交接宾客。⑯ 张宗：字诸君，南阳鲁阳(今河南鲁山县)人。王莽末，起兵略地，更始以为偏将军。后随邓禹征赤眉，还朝，光武以为京辅都尉，与征西大将军冯异共击关中诸营保，迁河南都尉，拜太中大夫。数次击讨群盗，迁琅邪相。事见《后汉书·张宗列传》。上谷：郡名，治所在沮阳县(今河北怀来东南)。鲜于裒：复姓鲜于，名裒。尝为郡尹、高唐令。与第五伦相善，力荐于朝。 ⑰ 达之：使之显达。 ⑱ 张汜：建武中为阳武令，尝上书治河。杜禽：他事未详。 ⑲ 华而少实：表面似乎不错，其实并没有多少才干。 ⑳ 私之以财：私下助之以财。㉑ 为言：说情，出面荐举。 ㉒ 第宅苟完：府宅大致完备。 ㉓ 裁：通"才"，仅。 ㉔ 九年：建武九年，即公元 33 年。 ㉕ 侍中：官名。《后汉书·百官志》："侍中，比二千石。本注曰：无员。掌侍左右，赞导众事，顾问应对。"㉖ 欲封之：打算封他为侯。 ㉗ 置：搁置，放。 ㉘ 固让：力辞，极力推辞。㉙ 先登陷阵之功：指战场杀敌之功，战功。 ㉚ 蒙：蒙受，受封。 ㉛ 觖望：抱怨，不满意。 ㉜ 诚为盈溢：的确有些过分。 ㉝ 富贵已极：富贵已到鼎盛。极，边际，最高。 ㉞ 至诚：诚心诚意。 ㉟ 嘉：赞赏。让：谦让。 ㊱ 不夺其志：不愿违背他的意愿。 ㊲ 书记：指典籍文章等。 ㊳ 亢龙有悔：李贤注："《易·乾卦·上九爻》曰：'亢龙有悔，穷之灾也。'亢，极也。龙以喻君。言居上体之极，则有悔吝之灾也。"谓居高位而不知谦退，则盛极而衰，不免有败亡之悔。 ㊴ 苦：病，恨，遗憾。 ㊵ 取：通"娶"。睥睨：斜视，看重。 ㊶ 愚：我。谦辞。 ㊷ 夸奢：浮华，奢侈。观听：看的和听的人，民众，公众。㊸ 贵人：阴兴之姊阴丽华。 ㊹ 降挹：谦退损抑。 ㊺ 卒：终。宗亲：同姓亲属。求位：谋求官位。 ㊻ 十九年：建武十九年，即公元 43 年。 ㊼ 卫尉：官名。《后汉书·百官志》："卫尉，卿一人，中二千石。本注曰：掌宫门卫士、宫中徼循事。" ㊽ 明年：第二年。 ㊾ 风眩：疾病名，眩晕的一种。 ㊿ 顾命：临终遗命，帝王遗诏。《尚书·顾命》："成王将崩，命召公、毕公率诸侯相康王，作《顾命》。"孔安国《传》："临终之命曰顾命。"孔颖达《疏》："顾是将去之意。此言临终之命曰顾命，言临将死去回顾而为语也。"云台广室：云台殿中的大屋。李贤注："洛阳南宫有云台、广德殿。"顾炎武《历代宅京记·洛阳》引《汉宫阙疏》："灵台(殿)高三丈，十二门。" ㉛ 疾瘳(chōu)：病愈。 ㉜ 吴汉：字子颜，南阳宛(今河南南阳市)人。西汉末，家贫，为亭长，亡命至渔阳，以贩马为业。更始立，拜安乐令。从光武，拜偏将军、大将军，常冲杀在前，战功卓著。光武即位，拜大司马，封舞阳侯，后定封广平侯。率兵征战南北，为东汉开国功臣之一。事见《后汉书·吴汉列传》。大司马：即三公之一的太尉，掌管四方兵事功课。光武即位，改为大司马，不久又改称太尉。 ㉝ 诚亏损圣德：实在是怕您的圣德因此而受损。 ㉞ 苟冒：贪求。 ㉟ 发中：发自内心。 ㊱ 听之：从之。

【参考资料】

南朝宋·范晔《后汉书·阴识列传》："(建武)二十三年卒，时年三十九。(阴)兴素与从兄嵩不相能，然敬其威重。兴疾病，帝亲临，问以政事及群臣能不。兴顿首曰：'臣愚不足以知之。然伏见议郎席广、谒者阴嵩，并经行明深，逾于公卿。'兴没后，帝思其言，遂擢广为光禄勋，嵩为中郎将，监羽林十余年，以谨敕见幸。显宗即位，拜长乐卫尉，迁执金吾。(明帝)永平元年诏曰：'故侍中卫尉关内侯兴，典领禁兵，从平天下，当以军功显受封爵，又诸舅比例，应蒙恩泽，兴皆固让，安乎里巷。辅导朕躬，有周昌之直；在家仁孝，有曾、闵之行。不幸早卒，朕甚伤之。贤者子孙，宜加优异。其以汝南之鲖阳封兴子庆为鲖阳侯，庆弟博为瀏强侯。'"

或问公有私乎

(第五)伦奉公尽节①，言事无所依违②。诸子或时谏止③，辄叱遣之④，吏人奏记及便宜者⑤，亦并封上⑥，其无私若此。性质悫⑦，少文采⑧，在位以贞白称⑨，时人方之前朝贡禹⑩。然少蕴藉⑪，不修威仪⑫，亦以此见轻⑬。或问伦曰："公有私乎⑭?"对曰："昔人有与吾千里马者⑮，吾虽不受，每三公有所选举⑯，心不能忘，而亦终不用也。吾兄子常病，一夜十往，退而安寝；吾子有疾，虽不省视⑰，而竟夕不眠⑱。若是者⑲，岂可谓无私乎?"连以老病，上疏乞身⑳。(《后汉书·第五伦列传》)

【注释】

① 第五伦：字伯鱼，京兆长陵（今陕西咸阳东北）人。初以天下乱，往依郡尹鲜于裒，被荐于京兆尹阎兴，为主簿、督铸钱掾、领长安市。建武末年举孝廉，为扶夷长、会稽太守。明帝初，坐法征诣廷尉，吏民上书守阙者千余人，免归田里。后拜为宕渠令、蜀郡太守。章帝立，拜司空，卒。奉公尽节：奉行公事，持守节操。尽，竭尽，尽力。 ② 依违：迟疑，模棱两可。 ③ 或时：有时。 ④ 叱：大声呵斥。遣之：把他打发走。 ⑤ 奏记：官府文书的一种，向长官陈述意见时用。便宜者：吏人写的处理具体事情的意见等。便宜，方便，适宜。 ⑥ 封上：封好上缴。 ⑦ 性质悫（què）：本性诚笃忠厚。 ⑧ 少文采：缺少辞采，不善言谈。 ⑨ 以贞白称：以忠贞清白被人称赞。 ⑩ 方：比。前朝：指西汉。李贤注："《前书》曰：贡禹字少翁，琅邪人也，以明经洁行著闻。" ⑪ 蕴藉：宽和，有涵养。李贤注："犹宽博也。" ⑫ 不修威仪：不注重仪容举止。 ⑬ 见轻：被人轻视。 ⑭ 公有私乎：您有私心吗？ ⑮ 与吾：给我，送我。 ⑯ 选举：选拔举荐人才。 ⑰ 省视：察看探望。 ⑱ 竟夕不眠：终夜不眠，一晚上都睡不着觉。 ⑲ 若是者：若此之类。 ⑳ 乞身：乞请退身，请求辞官。

【参考资料】

南朝宋·范晔《后汉书·第五伦列传》："（建武）二十九年，从（淮阳国）王朝京师，随官属得会见，帝问以政事，伦因此酬对政道，帝大悦。明日，复特召入，与语至夕。帝戏谓伦曰：'闻卿为吏篣（捶打）妇公，不过从兄饭，宁有之邪？'伦对曰：'臣三娶妻皆无父。少遭饥乱，实不敢妄过人食。'帝大笑。"又，李贤注引《华峤书》："上复曰：'闻卿为市掾，人有遗母一笥饼者。卿从外来见之，夺母笥，探口中饼，信乎？'伦对曰：'实无此。众人以臣愚蔽，故为生是语也。'"

又，范晔《后汉书·第五伦列传》："论曰：第五伦峭覈为方，非夫恺悌之士，省其奏议，惇惇归诸宽厚，将惩苛切之敝使其然乎？昔人以弦韦为佩，盖犹此矣。然而君子侈不僭上，俭不逼下，岂尊临千里而与牧圉等庸乎？讵非矫激，则未可以中和言也。"李贤注引《韩子》曰："西门豹性急，佩韦（皮带软韧）以自缓；董安于性缓，佩弦（弓弦紧张）以自急也。"

三国魏·曹操《整齐风俗令》："阿党比周，先圣所疾也。闻冀州俗，父子异部，更相毁誉。昔直不疑无兄，世人谓之盗嫂；第五伯鱼三娶孤女，谓之挝妇翁；王凤擅权，谷永比之申伯；王商忠义，张匡谓之左道。此皆以白为黑，欺天罔君者也。吾欲整齐风俗，四者不除，吾以为羞。"

清·述古斋主人《史论汇函》甲编所录清章邦元《读通鉴札记》“司空伦罢”一文：“第五伦自言有私。窃谓兄子病十往，退而安寝，因疲惫故也。子疾不省，惟不省，故不能眠。其私不在安寝与不眠，在往与不往耳。然事出人情，虽私而不害。程子必谓兄弟之子犹子也，然则谓伯父、叔父犹吾父可乎？亲亲之杀，礼所生也，王道岂外乎人情哉？”

不受赃没之物

显宗即位[①]，征为尚书[②]。时交阯太守张恢[③]，坐臧千金[④]，征还伏法[⑤]，以资物簿入大司农[⑥]，诏班赐群臣[⑦]。(钟离)意得珠玑[⑧]，悉以委地而不拜赐[⑨]。帝怪而问其故，对曰：“臣闻孔子忍渴于盗泉之水[⑩]，曾参回车于胜母之闾[⑪]，恶其名也[⑫]。此臧秽之宝[⑬]，诚不敢拜[⑭]。”帝嗟叹曰：“清乎尚书之言[⑮]！”乃更以库钱三十万赐意[⑯]。转为尚书仆射[⑰]。车驾数幸广成苑[⑱]，意以为从禽废政[⑲]，常当车陈谏般乐游田之事[⑳]，天子即时还宫。

永平三年夏旱[㉑]，而大起北宫[㉒]，意诣阙免冠上疏曰[㉓]：“伏见陛下以天时小旱[㉔]，忧念元元[㉕]，降避正殿[㉖]，躬自克责[㉗]，而比日密云[㉘]，遂无大润[㉙]，岂政有未得应天心者邪[㉚]？昔成汤遭旱[㉛]，以六事自责曰：‘政不节邪[㉜]？使人疾邪[㉝]？宫室荣邪[㉞]？女谒盛邪[㉟]？苞苴行邪[㊱]？谗夫昌邪[㊲]？’窃见北宫大作[㊳]，人失农时，此所谓宫室荣也。自古非苦宫室小狭[㊴]，但患人不安宁。宜且罢止[㊵]，以应天心。臣意以匹夫之才[㊶]，无有行能[㊷]，久食重禄[㊸]，擢备近臣[㊹]，比受厚赐[㊺]，喜惧相并，不胜愚戆征营[㊻]，罪当万死。”帝策诏报曰[㊼]：“汤引六事，咎在一人。其冠履[㊽]，勿谢[㊾]。比上天降旱，密云数会[㊿]，朕戚然惭惧[51]，思获嘉应[52]，故分布祷请[53]，窥候风云[54]，北祈明堂[55]，南设雩场[56]。今又敕大匠止作诸宫[57]，减省不急[58]，庶消灾谴[59]。”诏因谢公卿百僚[60]，遂应时澍雨焉[61]。

时诏赐降胡子缣[62]，尚书案事[63]，误以十为百。帝见司农上簿[64]，大怒，召朗将笞之。意因入叩头曰：“过误之失，常人所容。若以懈慢为愆[65]，则臣位大[66]，罪重，郎位小，罪轻，咎皆在臣，臣当先坐[67]。”乃解衣就格[68]。帝意解[69]，使复冠而贯郎[70]。(《后汉书·钟离意列传》)

【注释】

①显宗：汉明帝，庙号显宗。 ② 尚书：官名，东汉时秩六百石，掌管朝

廷的文书章奏。分为六曹办事，曹有尚书、丞、侍郎、令史等官。尚书之上，置有尚书仆射一人，署尚书事，秩六百石。再上则有尚书令一人，秩千石，或有增秩二千石者，总领尚书诸曹事务。是为后世朝廷最高政务机构尚书省分六部治事之始。 ③ 张恢：他事不详。 ④ 坐臧千金：因为贪赃千金而定罪。 ⑤ 征还伏法：征召还朝而被处以死刑。 ⑥ 以资物簿入大司农：把抄家没收的财产登记在册后上缴大司农。 ⑦ 班赐：分赐。 ⑧ 钟离意：字子阿，会稽山阴(今浙江绍兴)人。少为郡督邮。举孝廉，辟大司徒侯霸府，除瑕丘令、堂邑令。明帝时，历尚书、尚书仆射，直言敢谏，出为鲁相，以久病卒官。 ⑨ 悉以委地：把珠玑全都扔到地上。委，委弃。 ⑩ 孔子忍渴：《尸子》卷下："(孔子)过于盗泉，渴矣而不饮，恶其名也。"又，《淮南子·说山训》："曾子立孝，不过胜母之闾；墨子非乐，不入朝歌之邑；曾子立廉，不饮盗泉。所谓养志者也。"《说苑·谈丛》："邑名胜母，曾子不入；水名盗泉，孔子不饮。丑其名也。"又，《史记·邹阳列传》《盐铁论·晁错》亦有类似说法。盗泉，古泉名，故址在今山东泗水县东北。 ⑪ 曾参：曾子，孔子弟子。名参，字子舆。春秋时鲁国南武城人。事迹散见《史记·仲尼弟子列传》及秦汉典籍。有《曾子》一书传世。回车：回转其车。胜母：或说为县名，或说为里名，其故址不详。闾：里。 ⑫ 恶其名：厌恶其名称。 ⑬ 此臧秽之宝：这都是因贪秽而没收的珍宝。 ⑭ 诚不敢拜：实在不敢拜受。 ⑮ 清乎尚书之言：尚书的话，真清廉啊！ ⑯ 更：更换。 ⑰ 转：调官，改任。 ⑱ 数幸：经常到。广成苑：又称广成圃、广成囿，东汉皇家苑囿。顾炎武《历代宅京记·洛阳》："广成苑在汝州西。" ⑲ 从禽：追逐禽兽，狩猎。 ⑳ 当车：挡车。般乐：玩乐。游田：游逸田猎，出游打猎。 ㉑ 永平三年：公元60年。永平，汉明帝年号。 ㉒ 大起北宫：大规模兴建北宫。至永平八年冬十月北宫建成，历时五年。 ㉓ 诣阙：前往朝堂。 ㉔ 小旱：稍旱。 ㉕ 忧念元元：忧虑百姓。元元，庶民，万民。 ㉖ 降避正殿：朝会时降格避开正殿。 ㉗ 躬自克责：自我责备，自我反省。 ㉘ 比日：近日。 ㉙ 遂：副词，竟然，却。大润：大雨。 ㉚"岂政"句：难道是朝政有不合天意的事吗？ ㉛ 成汤：又称商汤、武汤、天乙，商朝的建立者。原为商族领袖，与有莘氏通婚，任用伊尹执政，先后数次出征，灭掉周围邻国，又灭夏自立。李贤注："《帝王纪》曰：成汤大旱七年，斋戒，剪发断爪，以己为牺牲，祷于桑林之社，以六事自责。"又，《文选·思玄赋》注引《淮南子》："汤时，大旱七年，卜，用人祀天。汤曰：'我本卜祭为民，岂乎自当之！'乃使人积薪，剪发及爪(指甲)，自洁，居柴上，将自焚以祭天。火将然，即降大雨。" ㉜ 政不节邪：政治举措不合法度吗？ ㉝ 使人疾邪：使民众怨恨吗？ ㉞ 荣：繁盛，雄壮。 ㉟ 女谒：通过宫中得宠的女子而进行请托。 ㊱ 苞苴：裹鱼肉的草包，用以指行贿的财物。 ㊲ 谗夫：说别人坏话的人。 ㊳ 窃：私下。大作：大肆兴建。㊴ 自古：自古贤君。非苦：不病，不恨，不嫌。 ㊵ 宜：应该。且：暂且，姑且。 ㊶ 匹夫之才：寻常之才，庸才。匹夫，平民百姓。 ㊷ 行能：德行与才能。 ㊸ 食：享，受。 ㊹ 擢备：提拔，备员。 ㊺ 比：并。 ㊻ 不胜：不尽，非常。愚戆：愚笨戆直。征营：不自安。 ㊼ 策诏：用策书的形式回复。㊽ 其冠履：你还是戴上官帽吧。冠履，戴帽穿鞋，应前"诣阙免冠上疏"词句。㊾ 勿谢：不必谢恩。 ㊿ 会：合，汇聚。 51 戚然：悲伤貌。 52 思获嘉应：想法获得天意的好报。 53 故分布祷请：所以才分散进行祷告。 54 窥候风云：观测天象。 55 明堂：帝王宣明政教的地方。凡朝会、祭祀、封赏、选士、养老等大典，都在此举行。《孟子·梁惠王》："夫明堂者，王者之堂也。"李贤注："明堂在洛阳城南，言北祈者，盖时修雩场在明堂之南。" 56 雩场：祭祀求雨的场所。 57 大匠：将作大匠，官名，秩二千石。主管宫室、宗庙、陵寝、园林等兴建工程。止作：停建。 58 不急：不急用之事项。 59 庶消灾谴：或许能消除天谴之灾。 60 谢：谢罪。 61 澍雨：降雨。 62 降胡子：归降的胡人之子。缣：细绢。 63 案事：审核事项。 64 上簿：所上账簿。 65 愆：罪过。66 位大：官位高。 67 坐：坐罪，定罪。 68 格：鞭打，受刑。 69 意解：怒气消除。 70 使复冠：再次让他戴上官帽。贳：通"赦"，赦免。

【参考资料】

南朝宋·范晔《后汉书·钟离意列传》李贤注："意《别传》曰：意为鲁相，到官，出私钱万三千文，付户曹孔䜣修夫子车，身入庙，拭几席剑履。男子张伯除堂下草，土中得玉璧七枚，伯怀其一，以六枚白意。意令主簿安置几前。孔子教授堂下床首有悬瓮，意召孔䜣问：'此何瓮也？'对曰：'夫子瓮也。背有丹书，人莫敢发也。'意曰：'夫子圣人，所以遗瓮，欲以悬示后贤。'因发之，中得素书，文曰：'后世修吾书，董仲舒；护吾车，拭吾履，发吾笥，会稽钟离意；璧有七，张伯藏其一。'意即召问伯，果服焉。"

李贤注又引《东观记》曰："意在堂邑，为政爱利，轻刑慎罚，抚循百姓如赤子。初到县，市无屋，意出奉钱帅人作屋。人赍茅竹或持材木，争起趋作，浃日而成。功作既毕，为解土，祝曰：'兴功役者令，百姓无事。如有祸祟，令自当之。'人皆大悦。"

虎渡江

迁九江太守。郡多虎暴，数为民患，常募设槛阱而犹多伤害①。(宋)均到②，下记属县曰③："夫虎豹在山，鼋鼍在水④，各有所托⑤。且江淮之有猛兽，犹北土之有鸡豚也。今为民害，咎在残吏⑥，而劳勤张捕⑦，非忧恤之本也⑧。其务退奸贪⑨，思进忠善，可一去槛阱，除削课制⑩。"其后传言虎相与东游度江⑪。中元元年⑫，山阳、楚、沛多蝗⑬，其飞至九江界者，辄东西散去⑭，由是名称远近⑮。浚遒县有唐、后二山⑯，民共祠之⑰，众巫遂取百姓男女以为公妪⑱，岁岁改易⑲，既而不敢嫁娶⑳，前后守令莫敢禁㉑。均乃下书曰："自今以后，为山娶者皆娶巫家㉒，勿扰良民。"于是遂绝。

永平元年㉓，迁东海相㉔，在郡五年，坐法免官，客授颍川㉕。而东海吏民思均恩化㉖，为之作歌，诣阙乞还者数千人。显宗以其能㉗，七年㉘，征拜尚书令。每有驳议㉙，多合上旨㉚。均尝删剪疑事㉛，帝以为有奸，大怒，收郎缚格之㉜。诸尚书惶恐，皆叩头谢罪。均顾厉色曰㉝："盖忠臣执义㉞，无有二心。若畏威失正㉟，均虽死，不易志㊱。"小黄门在傍㊲，入具以闻㊳。帝善其不挠㊴，即令贯郎㊵，迁均司隶校尉㊶。数月，出为河内太守㊷，政化大行㊸。均尝寝病㊹，百姓耆老为祷请㊺，旦夕问起居㊻，其为民爱若此。(《后汉书·宋均列传》)

【注释】

① 募设槛阱：招募人员设置笼槛和陷阱。李贤注："槛，为机以捕兽。阱，谓穿地陷之。" ② 宋均：字叔庠，南阳安众(今河南镇平县东南)人。父伯于建武初尝为五官中郎将，故年十五便为郎。好经书，通《诗》《礼》。调补辰阳长，以祖母丧去官，客授颍川。后为谒者，监伏波将军马援军讨武陵蛮，迁上蔡令、九江太守。明帝即位，历东海相、尚书令、司隶校尉、河内太守。 ③ 下记：发公文。记，札子，官府公文的一种。 ④ 鼋鼍(yuán tuó)：生活在河流中的两种动物，即癞头鼋和扬子鳄。 ⑤ 托：依，居。 ⑥ 咎：罪责。残吏：贪残之官吏。 ⑦ 劳勤张捕：役使民众辛苦地张网捕捉。 ⑧ 非忧恤之本：这不是体恤百姓的关键事情。本，根本，主要。 ⑨ 务退奸贪：努力打击奸猾贪赃的官吏。 ⑩ 除削课制：消除或减轻赋税。 ⑪ 相与：一起。度：通"渡"。 ⑫ 中元元年：公元 56 年。中元，光武帝年号。 ⑬ 山阳：郡名，其治所在今山东金乡县

西北。楚：两汉或置为楚国、彭城国，或改作彭城郡，其治所在今江苏徐州市。沛：西汉为沛郡，东汉为诸侯国，治所在今安徽濉溪县西北。按，以上三郡皆在九江西北方向。 ⑭ 东西散去：分别向东或向西飞去。 ⑮ 由是名称远近：由此名声称扬远近。 ⑯ 浚遒县：治所在今安徽肥东县东。 ⑰ 祠：立祠祭祀。⑱ 公妪：李贤注："以男为山公，以女为山妪，犹祭之有尸主也。"妪，妇人。⑲ 岁岁改易：年年换人。 ⑳ 既而不敢嫁娶：事后，为公妪者不敢嫁人，也不敢娶妻。既而，不久。 ㉑ 前后守令：前后任郡守和县令。 ㉒ 为山娶者：为山公娶的妻子。 ㉓ 永平元年：公元 58 年。永平，汉明帝年号。 ㉔ 东海：东海国。治所在今山东郯城县北。楚汉之际为郯郡、东海郡。光武帝末年，封其废太子长子刘彊为东海王，兼食鲁郡，合二十九县。 ㉕ 客授：在外地讲授。颍川：郡名，秦汉时治所在阳翟县(今河南禹县)。 ㉖ 恩化：恩德和教化。㉗ 显宗以其能：汉明帝认为他有才能。 ㉘ 七年：永平七年，公元 64 年。㉙ 驳议：专用文体，臣子所上书奏之一种。蔡邕《独断》卷上："凡群臣上书于天子者有四名，一曰章，二曰奏，三曰表，四曰驳议。……其有疑事，公卿百官会议，若台阁有所正处，而独执异议者曰驳议。驳议曰：某官某甲议以为如是，下言臣愚戆议异。" ㉚ 多合上旨：大部分都符合明帝的意旨。 ㉛ 删剪：删减，删除。 ㉜ 收郎缚格之：把办事的郎官绑起来进行鞭打。格，击打。 ㉝ 顾：回过头。厉色：脸色严厉，怒容满面。 ㉞ 盖：发语词，无义。执义：执守正义。 ㉟ 若：汝等，你们。 ㊱ 不易志：不会改变自己的看法。志，心志。㊲ 小黄门：官名，秩六百石，由宦官担任。掌侍左右，受尚书事，关通中外。傍：旁。 ㊳ 入具以闻：回到宫里，把这些情况都述说给皇帝。具，通"俱"。㊴ 善其不挠：赞赏他的刚正不屈。 ㊵ 即令：即刻下令。 ㊶ 司隶校尉：官名，秩比二千石。汉武帝时始置，持节，掌察举百官及京师近郡犯法者。元帝去节，成帝省，建武中复置，并领一州。 ㊷ 河内：郡名，其治所在怀县(今河南武陟县西南)。 ㊸ 政化大行：政治教化得到大力推行。 ㊹ 寝病：卧病。㊺ 耆老：年老而有声望地位的人。 ㊻ 问起居：问安，问好。

【参考资料】

南朝宋·范晔《后汉书·儒林列传》载光武朝刘昆事："先是，崤、黾(渑)驿道多虎灾，行旅不通。昆为政三年，仁化大行，虎皆负子度河。帝闻而异之。(建武)二十二年，征代杜林为光禄勋。诏问昆曰：'前在江陵(为令)，反风灭火；后守弘农，虎北度河。行何德政而致是事?'昆对曰：'偶然耳。'左右皆笑其质讷。帝叹曰：'此乃长者之言也。'顾命书诸策。"

又，《后汉书·鲁恭列传》载汉章帝时中牟令鲁恭事："恭专以德化为理，不任刑罚。讼人许伯等争田，累守令不能决，恭为平理曲直，皆退而自责，辍耕相让。亭长从人借牛而不肯还之，牛主讼于恭。恭召亭长，敕令归牛者再三，犹不从。恭叹曰：‘是教化不行也。’欲解印绶去。掾史泣涕共留之，亭长乃惭悔，还牛，诣狱受罪，恭贳不问。于是吏人信服。建初七年，郡国螟伤稼，犬牙缘界，不入中牟。河南尹袁安闻之，疑其不实，使仁恕掾肥亲往廉之。恭随行阡陌，俱坐桑下，有雉过，止其傍。傍有童儿，亲曰：‘儿何不捕之?’儿言：‘雉方将雏。’亲瞿然而起，与恭诀曰：‘所以来者，欲察君之政迹耳。今虫不犯境，此一异也；化及鸟兽，此二异也；竖子有仁心，此三异也。久留，徒扰贤者耳。’还府，具以状白安。”按，李贽《史纲评要·东汉纪》评语：“童子自有仁心，自是常事，不是异，独蝗不入是异，然亦偶然尔。不如偶然二字妙。”

宋·李焘《续资治通鉴长编》，太宗雍熙二年：“冬十月辛丑朔，上录京城诸司系囚，多所原减，决事遂至日旰。近臣或谏以劳苦过甚，上曰：‘不然，傥惠及无告，使狱讼平允，不致枉挠，朕意深以为适，何劳之有!’因谓宰相曰：‘中外臣僚，若皆留心政务，天下安有不治者。古人宰一邑，守一郡，使飞蝗避境，猛虎渡江。况人君能惠养黎庶，申理冤滞，岂不感召和气乎！朕每自勤不怠，此志必无改易。或云百司细故，帝王不当亲决，朕意则异乎此。若以尊极自居，则下情不得上达矣。’”

元·张养浩《牧民忠告》“尚德”条：“反风灭火，虎渡河，蝗不入境，全境之水回流，此在长民者之德何如尔，殆不可皆谓之偶然也。”

清白吏子孙

(杨)震少好学[①]，受《欧阳尚书》于太常桓郁[②]，明经博览[③]，无不穷究。诸儒为之语曰：“关西孔子杨伯起[④]。”常客居于湖[⑤]，不答州郡礼命数十年[⑥]，众人谓之晚暮[⑦]，而震志愈笃[⑧]。后有冠雀衔三鳣鱼[⑨]，飞集讲堂前，都讲取鱼进曰[⑩]：“蛇鳣者[⑪]，卿大夫服之象也[⑫]。数三者[⑬]，法三台也[⑭]。先生自此升矣。”年五十，乃始仕州郡。

大将军邓骘闻其贤而辟之[⑮]，举茂才[⑯]，四迁荆州刺史、东莱太守[⑰]。当之郡[⑱]，道经昌邑[⑲]，故所举荆州茂才王密为昌邑令[⑳]，谒见[㉑]，至夜怀金十斤以遗震[㉒]。震曰：“故人知君[㉓]，君不知故人，何也?”密曰：“暮夜无知者。”震曰：“天知，神知，我知，子知。何谓无知!”密愧而出。后转涿郡太守[㉔]。性公廉，不受私谒[25]。子孙常蔬食步行[26]，故旧长者或欲令为开产业[27]，震不肯，曰："使后世称为清白吏子孙[28]，以此遗之[29]，不亦厚乎[30]！"(《后汉书·杨震列传》)

【注释】

① 杨震：字伯起，弘农华阴(今陕西华阴县东南)人。自少至壮，皆习经讲学，五十以后方才入仕。举茂才，历荆州刺史、东莱太守、涿郡太守。安帝时，征入为太仆，迁太常，拜司徒、太尉。多次上书，历陈朝政之失，又多次拒用权贵所荐，群小怒目，共谮其怨怼不服，遂收其印绶，遣归本郡，未至而饮鸩自杀，时年七十余。 ②《欧阳尚书》：指西汉欧阳生所传之今文《尚书》。按，《后汉书·儒林列传》："《前书》云：济南伏生传《尚书》，授济南张生及千乘欧阳生，欧阳生授同郡兒宽，宽授欧阳生之子，世世相传，至曾孙欧阳高，为《尚书》欧阳氏学；张生授夏侯都尉，都尉授族子始昌，始昌传族子胜，为大夏侯氏学；胜传从兄子建，建别为小夏侯氏学。三家皆立博士。又鲁人孔安国传《古文尚书》授都尉朝，朝授胶东庸谭，为《尚书》古文学，未得立。"太常：官名，秩中二千石。掌礼仪祭祀。桓郁：字仲恩，沛郡龙亢(今安徽怀远县西北)人。明帝时太常桓荣之子。郁继承父学《欧阳尚书》，教授门徒数百人。历侍中、越骑校尉、屯骑校尉。和帝时，历长乐少府、太常。事见《后汉书·桓荣列传》。 ③ 明经：明晓经术。④ 关西孔子：意谓杨震所学影响很大，可与孔子相提并论，他就是关西的孔子，是当代大儒。关西，指函谷关或潼关以西的地区。后世，多以"关西孔子"一语，称赞那些修养深厚、学问渊博的学者。 ⑤ 湖：湖县，治所在今河南灵宝县西北。 ⑥ 不答：不应。礼命：礼聘与任命。 ⑦ 晚暮：谓年纪太大，仕宦已晚。⑧ 愈笃：更加坚定。笃，笃实。 ⑨ 冠雀：即鹳雀。衔：含，叼着。三鳣鱼：三条鳝鱼。鳣，通"鳝"，黄鳝。李贤注："《续汉》及谢承书'鳣'字皆作'鳝'，然则'鳣''鳝'古字通也。鳣鱼长者不过三尺，黄地黑文，故都讲云'蛇鳝，卿大夫之服象也'。郭璞云'鳣鱼长二三丈，音知然反'，安有鹳雀能胜二三丈乎？此为鳣明矣。"按，后世由此称讲学之所为"鳣堂"。 ⑩ 都讲：学堂中协助博士讲经的儒生，多选择高才者充之。《后汉书·丁鸿列传》："鸿年十三，从桓荣受《欧阳尚书》，三年而明章句，善论难，为都讲。" ⑪ 蛇鳣：蛇与鳝。 ⑫ 服：礼服。象：图像，图案，花纹。 ⑬ 数三者：所显示的数字是三。 ⑭ 法：取法，仿效，象征。三台：汉制，尚书为中台，御史为宪台，谒者为外台，合称三台。⑮ 邓骘：字昭伯，南阳新野(今河南新野县)人。东汉开国功臣邓禹之孙，训之子。少辟大将军窦宪府，及女弟为贵人，骘兄弟五人皆除郎中。及贵人立，是为和熹皇后，遂三迁虎贲中郎将，拜车骑将军、仪同三司。定策立安帝，封上蔡侯。将兵击叛羌，拜大将军。安帝末年，邓太后死，以谮免官就国徙封，遂与子

凤不食而死。事见《后汉书·邓禹列传》。 ⑯ 举茂才：被举荐为茂才。茂才，即秀才，才德优异者。因避光武帝刘秀名讳，改秀为茂。 ⑰ 四迁：连续四次升迁。 ⑱ 当之郡：当他前往东莱郡的时候。 ⑲ 道经昌邑：路过昌邑县。昌邑治所在今山东巨野南。 ⑳ 故：昔日，当年。指杨震做荆州刺史的时候。㉑ 谒见：拜见。 ㉒ 怀金：怀揣黄金。遗（wèi）：赠送。 ㉓ 故人：汉人对门生、故吏的自称。 ㉔ 转：调任。涿郡：汉代治所在今河北涿州市。 ㉕ 私谒：因私事而干谒请托。谒，请。 ㉖ 蔬食：以菜蔬为食，粗食，粗茶淡饭。㉗ 故旧长者：那些上年纪的老朋友。或欲令为开产业：有人想让他为子孙创建一些产业。 ㉘ 使后世称为：让后人称赞他们是。 ㉙ 以此遗之：把这个好名声遗留给子孙后代。 ㉚ 厚：丰厚，富有。

【参考资料】

南朝宋·范晔《后汉书·杨震列传》："先葬十余日，有大鸟高丈余，集震丧前，俯仰悲鸣，泪下沾地，葬毕，乃飞去。郡以状上。时连有灾异，（顺）帝感震之枉，乃下诏策曰：'故太尉震，正直是与，俾匡时政，而青蝇点素，同兹在藩（樊）。上天降威，灾眚屡作，尔卜尔筮，惟震之故。朕之不德，用彰厥咎，山崩栋折，我其危哉！今使太守丞以中牢具祠，魂而有灵，傥其歆享。'于是时人立石鸟象于其墓所。震五子，长子牧，富波相。牧孙奇，灵帝时为侍中。帝尝从容问奇曰：'朕何如桓帝？'对曰：'陛下之于桓帝，亦犹虞舜比德唐尧。'帝不悦曰：'卿强项，真杨震子孙，死后必复致大鸟矣。'出为汝南太守。"

又，范晔《后汉书·杨震列传》："论曰：孔子称：'危而不持，颠而不扶，则将焉用彼相矣'。诚以负荷之寄，不可以虚冒，崇高之位，忧重责深也。延光（安帝年号）之间，震为上相，抗直方以临权枉，先公道而后身名，可谓怀王臣之节，识所任之体矣。遂累叶载德，继踵宰相。信哉，积善之家，必有余庆！先世韦（贤）、平（当）方之蔑（小）矣。赞曰：杨氏载德，仍世柱国。震畏四知，秉（震子）去三惑。赐（秉子）亦无讳，彪（赐子）诚匪忒。修（彪子）虽才子，渝（变）我淳则。"

唐·长孙无忌《隋书·韦世康列传》载世康为绛州刺史时事："性恬素好古，不以得丧为怀。在州，尝慨然有止足之志。与弟子书曰：'吾生因绪余，夙沾缨弁，驱驰不已，四纪于兹。亟登衮命，频莅方岳。志除三惑（见下文"三不惑"条），心慎四知（即天知神知我知子知）。以不贪而为宝（见前"以不贪为宝"条），处膏脂而莫润。如斯之事，颇为时悉。'"（略）

后晋·刘昫《旧唐书·良吏列传》载唐玄宗时广州都督李尚隐事："及去任，有怀金以赠尚隐者，尚隐固辞之，曰：'吾自性分，不可改易，非为慎四知也。'竟不受之。"

唐·杜甫《风疾舟中伏枕书怀三十六韵奉呈湖南亲友》："反朴时难遇，忘机陆易沉。应过数粒食，得近四知金。春草封归恨，源华费独寻。转蓬忧悄悄，行药病涔涔。"（略）

清·赵翼《入耳赃》："四知金到虽麾（挥）去，已是人间入耳赃。"按，尾句用许由洗耳之典。据《庄子·逍遥游》和《史记·伯夷列传》，尧让天下于许由，不受，又召为九州长，由以为脏污其耳，遂洗耳于颍水之滨。

清·述古斋主人《史论汇函》甲编所录明唐顺之《两汉解疑》"杨震"一文："如关西四知之言，拒暮夜之金也，昭察今古，万代凛凛，廉顽立懦，莫此为甚。"

三不惑

时中常侍侯览弟参为益州刺史[①]，累有罪臧[②]，暴虐一州。明年[③]，（杨）秉劾奏参[④]，槛车征诣廷尉[⑤]。参惶恐，道自杀[⑥]。秉因奏览及中常侍具瑗曰[⑦]："臣案国旧典[⑧]，宦竖之官[⑨]，本在给使省闼[⑩]，司昏守夜[⑪]，而今猥受过宠[⑫]，执政操权[⑬]。其阿谀取容者，则因公褒举[⑭]，以报私惠[⑮]；有忤逆于心者[⑯]，必求事中伤[⑰]，肆其凶忿[⑱]。居法王公[⑲]，富拟国家[⑳]，饮食极肴膳[㉑]，仆妾盈纨素[㉒]，虽季氏专鲁[㉓]，穰侯擅秦[㉔]，何以尚兹[㉕]！案中常侍侯览弟参，贪残元恶[㉖]，自取祸灭，览顾知衅重[㉗]，必有自疑之意，臣愚以为不宜复见亲近[㉘]。昔懿公刑邴歜之父[㉙]，夺阎职之妻[㉚]，而使二人参乘，卒有竹中之离[㉛]，《春秋》书之[㉜]，以为至戒[㉝]。盖郑詹来而国乱[㉞]，四佞放而众服[㉟]。以此观之，容可近乎[㊱]？览宜急屏斥[㊲]，投畀豺虎[㊳]。若斯之人[㊴]，非恩所宥，请免官送归本郡。"书奏，尚书召对秉掾属曰："公府外职[㊵]，而奏劾近官[㊶]，经典、汉制有故事乎[㊷]？"秉使对曰[㊸]："《春秋》赵鞅以晋阳之甲[㊹]，逐君侧之恶[㊺]。传曰：'除君之恶，唯力是视[㊻]。'邓通懈慢[㊼]，申屠嘉召通诘责，文帝从而请之。汉世故事，三公之职，无所不统。"尚书不能诘。帝不得已，竟免览官[㊽]，而削瑗国[㊾]。每朝廷有得失，辄尽忠规谏，多见纳用。

秉性不饮酒，又早丧夫人，遂不复娶，所在以淳白称[㊿]。尝从容言曰[51]："我有三不惑：酒，色，财也。"（《后汉书·杨震列传》）

【注释】

① 中常侍：官名，宦官头子，秩千石。《后汉书·百官志》："本注曰：宦

者，无员。后增秩比二千石。掌侍左右，从入内宫，赞导内众事，顾问应对给事。”侯览：山阳防东(今山东单县东北)人。桓帝初为中常侍，奸佞贪滑，受贿巨万，大起府邸宅院，预作寿冢，僭越宫省。封高乡侯。灵帝初，大兴党狱，夷灭忠良，遂代曹节领长乐太仆。熹平元年，有司奏其专权骄奢，自杀。事见《后汉书·宦者列传》。弟：《后汉书·宦者列传》作“兄”。且载其事：“览兄参为益州刺史，民有丰富者，辄诬以大逆，皆诛灭之，没入财物，前后累亿计。太尉杨秉参奏，槛车征，于道自杀。京兆尹袁逢于旅舍阅参车三百余两，皆金银锦帛珍玩，不可胜数。览坐免，旋复复官。”益州：十三刺史部之一，东汉前期治所在雒县(今四川广汉北)，后屡有变动，献帝时则移治成都。 ② 累有罪臧：犯有多重赃罪。累，积累，重叠。李贤注引谢承书：“秉奏：‘参取受罪臧累亿。牂柯男子张攸，居为富室，参横加非罪，云造讹言，杀攸家八人，没入庐宅。又与同郡诸生李元之官，共饮酒，醉饱之后，戏故相犯，诬言有淫慝之罪，应时捶杀。以人臣之势，行桀纣之态，伤和逆理，痛感天地，宜当纠持，以谢一州。’又曰：‘京兆尹袁逢于长安客舍中得参重车三百余乘，金银珍玩，不可称记。’” ③ 明年：第二年，指汉桓帝延熹八年(165 年)。 ④ 杨秉：字叔节，杨震中子。少传父业，兼明《京氏易》，常隐居教授。年四十余，应司空辟，拜侍御史，频出为豫、荆、徐、兖四州刺史，迁任城相。自为刺史、二千石，计日受俸，余禄不入私门。故吏赍钱百万赠之，闭门不受，故以廉洁称于世。桓帝即位，以明《尚书》征入侍讲，拜太中大夫、左中郎将、侍中、尚书。疏谏微行，不纳，以病乞退，出为右扶风。大将军梁冀专权，又称病。冀诛，拜太仆、太常，寻以谏争免官归田。复拜河南尹，以劾奏中常侍单超弟匡为元恶大憝，坐罪输作左校，以久旱赦出。重征，拜太常、太尉。反对宦官贪残专权，条奏五十余人。延熹八年去世，年七十四。 ⑤ 槛车：加装栅栏的囚车。 ⑥ 道：中道，半道。 ⑦ 具瑗：宦官头子，魏郡元城(今河北大名东)人。封东武侯。《后汉书·宦者列传》载中常侍、车骑将军单超事：“其后四侯转横，天下为之语曰：‘左(悺)回天，具(瑗)独坐。徐(璜)卧虎，唐(衡)两堕。’皆竞起第宅，楼观壮丽，穷极伎巧。金银罽毦，施于犬马。夺取良人美女以为姬妾，皆珍饰华侈，拟则宫人。其仆从皆乘牛车而从列骑。又养其疏属，或乞嗣异姓，或买苍头为子，并以传国袭封。兄弟姻戚皆宰州临郡，辜较百姓，与盗贼无异。” ⑧ 案：查考，察明。旧典：故事，旧例。 ⑨ 宦竖之官：宦官。 ⑩ 给使：役使。省闼：宫廷，内宫。 ⑪ 司昏守夜：司守昏夜，负责夜间的守卫报时等杂事。 ⑫ 猥受过宠：过分地宠幸和赐与。猥，众，多。 ⑬ 执政操权：甚至执掌朝政大权。 ⑭ 因公褒举：假借公正的名义而任意褒扬举荐人物。 ⑮ 私惠：私恩。 ⑯ 忤逆：违背，不合。 ⑰ 求事中伤：寻求事端进行攻击和陷害。 ⑱ 肆其凶忿：放肆地逞其凶心怒气。 ⑲ 居法王公：住居规模效法王公。 ⑳ 拟：比并。 ㉑ 极肴膳：极尽肴膳，全是佳肴美味。 ㉒ 纨素：精致洁白的细绢。 ㉓ 虽季氏专鲁：即使是春秋时鲁国专权的季氏。李贤注："季氏，鲁卿，世专鲁政。孔子曰：'季氏富于周公。'《史记》曰：穰侯魏冉者，秦昭王母宣太后弟也，为秦相国，侈富于王室。尚，犹加也。" ㉔ 穰侯擅秦：秦国擅权的穰侯魏冉。 ㉕ 何以尚兹：又怎能胜过他们！兹，此，指侯览、具瑗等宦官。 ㉖ 元恶：元凶。 ㉗ 顾：乃。衅：过失，罪过。 ㉘ 复见：再得，再被。 ㉙ 懿公：春秋时齐君。刑：用刑。邴歜（chù）：齐大夫。李贤注："《左传》曰：齐懿公之为公子也，与邴歜之父争田弗胜。及即位，乃掘（墓）而刖之（断其尸足），而使歜仆（御）。纳阎职之妻，而使职骖乘。夏五月，公游于申池。歜以扑抶（箠击）职，职怒，歜曰：'人夺汝妻而不怒，一抶汝，庸何伤？'职曰：'与刖其父而弗能病（恨）者何如？'乃谋杀懿公，纳（藏尸）诸竹中。归，舍爵（饮酒弃杯）而行也。"按，事见《左传》文公十八年。 ㉚ 阎职：齐大夫。 ㉛ 卒：终。离：弃，弃尸。 ㉜《春秋》：指《春秋左传》。书：记载，书写。 ㉝ 以为至戒：认为是最重要的鉴戒。 ㉞ 郑詹：春秋时郑国执政大臣，出使齐国被拘，后又逃到鲁国。李贤注："《公羊传》曰：'郑詹自齐逃来，何以书？甚佞也，曰佞人来矣。'后鲁庄公取齐淫女，卒为后败。四佞，即四凶也。"按，郑詹事见《左传》庄公十七年，仅有"齐人执郑詹""郑詹自齐逃来"二句。 ㉟ 四佞：四凶，四个奸臣，相传是尧舜时的四个凶狠贪婪的朝臣，后来被舜流放远方。说法不一。《左传》文公十八年："流四凶族浑敦、穷奇、梼杌、饕餮，投诸四裔。"《尚书·舜典》："流共工于幽洲（州），放驩兜于崇山，窜三苗于三危，殛鲧于羽山。"放：放逐，流放。 ㊱ 容可：岂可，怎能。 ㊲ 屏斥：除去，驱逐。 ㊳ 投畀豺虎：投饲给豺虎，表示深恶痛绝。畀，与。《诗经·小雅·巷伯》："取彼谮人，投畀豺虎。" ㊴ 斯：此。 ㊵ 公府外职：太尉府主管国家兵事，属于外朝官。杨秉时为太尉，是三公之一，故称公府。 ㊶ 奏劾近官：上章弹劾内官近臣。 ㊷ 经典：经籍，经书。汉制：汉朝制度。故事：旧事，先例。 ㊸ 使：使之，派遣掾属。 ㊹ 赵鞅以晋阳之甲：春秋末年晋卿赵鞅因为攻取晋阳甲地之事。李贤注："《公羊传》曰：赵鞅取晋阳之甲，以逐荀寅、士吉射。曷为此？逐君侧之恶人也。"按，今本《公羊传》定公十三年作"取昔阳之甲"。 ㊺ 逐君侧之恶：驱除君主身边的恶人。 ㊻ 唯力是视：只看权力的使用。李贤注："《左传》曰晋寺人披言也。"按，《左传》僖公二十四年，寺人披对晋侯："君命无二，古之制也。除君之恶，唯力是视。" ㊼ 邓通懈慢：文帝时邓通怠慢无礼。李贤注："《前书》：邓通，文帝幸臣，为太中大夫，居上傍怠慢。丞相申屠嘉罢朝，坐府中，召通至，不为礼，责曰：'通小臣，戏殿上，大不敬，当斩。'通顿首，首尽出血。上使使持节召通而谢丞相：'此吾弄臣，君释之。'"按，邓通与申屠嘉事已见前注。㊽竟：终。㊾削瑗国：削去具瑗的封国。㊿淳白：贞白，清白。㉛从容：平静，舒缓，沉着镇静。

【参考资料】

清·述古斋主人《史论汇函》甲编所录清赵翼《廿二史札记》“汉末诸臣劾治宦官”一文：“东汉之末，宦官之恶遍天下，然臣僚中尚有能秉正嫉邪，力与之为难者。杨秉为太尉时，宦官任人及子弟为官，布满天下，竞为贪淫，朝野嗟怨。秉与司空周景劾奏牧守以下，匈奴中郎将燕瑗、青州刺史羊亮、辽东太守孙喧等五十余人，或死或免，遂连及中常侍侯览、具瑗等皆坐黜，天下肃然。秉又奏侯览弟参为益州刺史，暴虐一州，乃槛车征参诣廷尉，参惧自杀，并劾奏览。桓帝诏问公府外职而奏劾近官有何典故，秉以申屠嘉召诘邓通事为对。帝不得已，乃免览官。李膺为司隶校尉，中常侍张让弟朔为野王令，贪残无道，惧膺按问，逃还京师，匿让家，藏于合柱中，膺知状，率将吏破柱取朔，付洛阳狱，受辞毕即杀之。韩演为司隶校尉，奏中常侍左悺罪，并及其兄太仆称请托州郡，宾客放纵，侵犯吏民，悺、称皆自杀。阳球为司隶校尉，奏中常侍王甫、淳于登及子弟为守令者奸滑纵恣罪，合灭族。太尉段颎阿附佞倖，宜并诛。乃悉收甫、熲等及甫子永乐少府萌、沛相吉。球自临考，五毒备至，萌曰：‘父子既当并诛，乞少宽楚毒，假借老父。’球曰：‘死不塞责，乃欲求假借耶！’萌乃大骂，球使窒萌口，捶朴交下，父子悉死杖下。颎亦自杀。球乃磔甫尸于城门，尽没入其财产，妻子皆徙比景。此廷臣之劾治宦官者也。杜密为太山太守、北海相，凡宦官子弟为令长有奸恶者，辄按捕之。刘祐为河东太守，属县令长率多官中子弟，祐黜其权强，平理冤结。中常侍管霸用事于内，占天下良田美宅，祐悉没入之。蔡衍为冀州刺史，中常侍具瑗托其弟恭举茂材，衍收其赍书人案之。又劾奏河间相曹鼎赃罪，鼎乃中常侍曹腾之弟也。朱穆为冀州刺史，宦官赵忠葬父僭用璠玙玉匣，穆闻之下郡案验。吏畏穆，乃发墓剖棺，陈尸出之，而收其家属。山阳太守翟超没入中常侍侯览财产，小黄门赵津及南阳大滑张汜等恃中官势犯法，二郡太守刘瓆、成瑨考案其罪，虽经赦令，竟考杀之。王宏为弘农太守，郡中有事宦官买爵位者，虽二千石，亦考杀之，凡数十人。陈翔为扬州刺史，劾奏豫章太守王永、吴郡太守徐参在职贪秽，皆中官亲党也。范康为太山太守时，张俭杀侯览母，案其宗党宾客，或有逃入太山界者，康皆收捕无遗脱。黄浮为东海相，有中常侍徐璜兄子宣为下邳令，肆贪暴，浮乃收宣及家属，无少长皆考之。掾吏固争，浮曰：‘宣国贼，今日杀之，明日坐死不恨。’即杀宣，暴其尸于市。荀昱为沛相，荀昙为广陵太守，志除宦官。其支党有在二郡者，纤罪必诛。史弼为平原相，当举孝廉，侯览遣诸生赍书请之，弼即箠杀赍书者。此外僚之劾治宦官也。甚至朱震为州从事，奏济阴太守单匡赃罪，并连匡兄中常侍单超，遂收匡下廷尉。张俭为东部督邮，奏侯览及其母罪恶，览遮截其章不得上，俭遂破览家，籍没赀财，具奏其罪状。此又小臣之劾治宦官者也。盖其时宦官之为民害最烈，天下无不欲食其肉，而东汉士大夫以气节相尚，故各奋死与之搘拄，虽湛宗灭族而不顾焉。至唐则仅有一刘蕡对策恳切言之，明则刘瑾时仅有韩文、蒋钦等数人。魏忠贤时，仅有杨涟、左光斗、魏大中、缪昌期、李应升、周顺昌等数人。其余干儿义子建生祠，颂九千岁者，且遍于搢绅。此亦可以观世变也。”

斩司徒，天下乃安

后拜议郎。会西羌反①，边章、韩遂作乱陇右②，征发天下③，役赋无已④。司徒崔烈以为宜弃凉州⑤。诏会公卿百官，烈坚执先议⑥。(傅)燮厉言曰⑦：“斩司徒，天下乃安。”尚书郎杨赞奏燮廷辱大臣⑧。帝以问燮，燮对曰：“昔冒顿至逆也⑨，樊哙为上将⑩，愿得十万众横行匈奴中，愤激思奋⑪，未失人臣之节⑫，顾计当从与不耳⑬，季布犹曰‘哙可斩也’⑭。今凉州天下要冲⑮，国家藩卫⑯。高祖初兴⑰，使郦商别定陇右⑱；世宗拓境⑲，列置四郡⑳，议者以为断匈奴右臂。今牧御失和㉑，使一州叛逆，海内为之骚动，陛下卧不安寝。烈为宰相，不念为国思所以弭之之策㉒，乃欲割弃一方万里之土，臣窃惑之㉓。若使左衽之虏得居此地㉔，士劲甲坚㉕，因以为乱，此天下之至虑㉖，社稷之深忧也㉗。若烈不知之，是极蔽也㉘；知而故言㉙，是不忠也。”帝从燮议。由是朝廷重其方格㉚，每公卿有缺，为众议所归。

顷之㉛，赵忠为车骑将军㉜，诏忠论讨黄巾之功，执金吾甄举等谓忠曰㉝：“傅南容前在东军，有功不侯㉞，故天下失望。今将军亲当重任，宜进贤理屈㉟，以副众心㊱。”忠纳其言，遣弟城门校尉延致殷勤㊲。延谓燮曰：“南容少答我常侍㊳，万户侯不足得也㊴。”燮正色拒之曰：“遇与不遇㊵，命也；有功不论，时也。傅燮岂求私赏哉！”忠愈怀恨，然惮其名㊶，不敢害。权贵亦多疾之㊷，是以不得留，出为汉阳太守㊸。(《后汉书·傅燮列传》)

【注释】

① 会：正值，恰逢。西羌：指活跃于西北金城、陇西、武都、汉阳等郡的羌族。部落种类如烧当羌、参狼羌等甚多，时反时附。汉武帝时始置护羌校尉，

持节辖制，东汉沿置。与西羌相应，汉史又有所谓东羌先零之说，常寇扰三辅。其事详见《后汉书·西羌传》。 ② 边章：与韩遂皆金城郡人，作乱，杀太守，攻略三辅。 ③ 征发：征收赋税，调遣兵力和物资。《后汉书·段颎列传》载桓帝时并州刺史段颎上言："伏计永初(安帝年号)中，诸羌反叛，十有四年，用二百四十亿；永和(顺帝年号)之末，复经七年，用八十余亿。费耗若此，犹不诛尽，余孽复起，于兹作害。" ④ 役赋无已：劳役和赋税等征发不止。 ⑤ 崔烈：涿郡安平(今河北安平)人，大儒崔骃之后，崔寔从兄。有重名于北州，历位郡守、九卿。灵帝时入钱数百万得为司徒，复拜太尉。汉末大乱，董卓收之入狱，卓诛，拜城门校尉。后为乱兵所杀。事见《后汉书·崔骃列传》。凉州：十三刺史部之一，东汉治所在陇县(今甘肃张家川回族自治县)。 ⑥ 坚执先议：坚持原先的看法。 ⑦ 傅燮：字南容，北地灵州(今宁夏灵武)人。再举孝廉，为护军司马，从讨张角。得罪宦官，有功不封，以为安定都尉，以疾免。后拜议郎，出为汉阳太守。灵帝末年，金城韩遂等反，兵围汉阳，临阵战殁。 ⑧ 杨赞：他事不详。 ⑨ 冒顿：李贤注："冒顿，匈奴单于名也。《前书》曰：季布为中郎将，单于为书嫚吕太后，吕太后怒，召诸将议之。将军樊哙曰：'愿得十万众，横行匈奴中。'诸将皆阿太后，以哙言为然。布曰：'樊哙可斩也！夫以高帝兵三十万困于平城，哙时亦在其中。今奈何以十万众横行匈奴中！'"至逆：大逆。⑩ 樊哙：江苏沛人。以屠狗为业，从刘邦起兵，战功卓著，为汉初大将之一。后拜左丞相，封舞阳侯。其妻吕须为吕后妹，故得吕后信任。《史记》与《汉书》皆有本传。 ⑪ 愤激思奋：愤怒激动而想奋发有为。 ⑫ 节：气节，胸怀。⑬ 顾：但，只。计：思考，考虑。从：听从，同意。 ⑭ 季布：楚人。初从项羽，后随刘邦。事见《史记》《汉书》本传。 ⑮ 要冲：要地，地处交通要道的形胜之地。 ⑯ 藩卫：屏障。 ⑰ 高祖：汉高祖刘邦。 ⑱ 郦商：高阳人。从刘邦定天下，赐爵信成君，以将军为陇西都尉，遣别将定北地、上郡。汉王为帝，任右丞相，又别定上谷、代、雁门等郡。封曲周侯。事见《史记》《汉书》本传。⑲ 世宗：指汉武帝。李贤注："《前书》：武帝分武威、酒泉，置张掖、敦煌，谓之四郡。刘歆等议曰：'孝武帝北攘匈奴，降昆邪十万之众，置五属国，起朔方，以夺其肥饶之地。东伐朝鲜，起玄菟、乐浪，以断匈奴之左臂。西伐大宛，并三十六国，结乌孙，起敦煌、酒泉、张掖，以鬲婼羌，裂匈奴之右臂。'" ⑳ 四郡：指武威、张掖、酒泉、敦煌。 ㉑ 牧御失和：治理不当。 ㉒ 弭：平定。㉓ 惑之：因之迷惑，因此感到不解。 ㉔ 若使：如果，假使。左衽：衣服前襟向左掩。衽，衣襟。古代少数部族的服装，异于中原习俗。此指西羌。 ㉕ 士劲甲坚：士卒劲健，铠甲坚固。 ㉖ 至虑：最大的忧虑。 ㉗ 社稷：国家，朝廷。 ㉘ 极蔽：太无知，很糊涂。蔽，遮蔽，蒙蔽。 ㉙ 故言：故意言此。

㉚ 方格：方略，方针政策。李贤注："方，正也。格，犹标准也。" ㉛ 顷之：不久。 ㉜ 赵忠：安平人。宦官，历小黄门、中常侍、车骑将军。以与诛梁冀功，封都乡侯。汉末大乱，被袁绍杀死。 ㉝ 执金吾：官名，秩中二千石。掌宫外巡察警戒及非常水火之事。卫尉巡行宫中，则金吾徼循于外，相为表里。甄举：他事不详。 ㉞ 不侯：不能封侯。 ㉟ 理屈：申理屈枉。 ㊱ 副：合，顺。 ㊲ 城门校尉：官名，秩比二千石。掌洛阳十二城门。致：通，表达。殷勤：深切的情意，真心，实情。 ㊳ 少：略，稍，只。答：报答，答谢。常侍：中常侍。 ㊴ 不足得：不难得。 ㊵ 遇：遇合，谓与功名相遇而彼此投合。 ㊶ 惮其名：畏惧其名望。 ㊷ 疾：怨恨。 ㊸ 汉阳：郡名，东汉初以天水郡改名，治所在冀县(今甘肃甘谷县东)。

【参考资料】

南朝宋·范晔《后汉书·崔骃列传》："灵帝时开鸿都门榜卖官爵，公卿州郡下至黄绶各有差。其富者则先入钱，贫者到官而后倍输，或因常侍、阿保(傅母)别自通达。是时段颎、樊陵、张温等虽有功勤名誉，然皆先输货财而后登公位。(崔)烈时因傅母入钱五百万，得为司徒。及拜日，天子临轩，百僚毕会。帝顾谓亲幸者曰：'悔不小靳(吝惜)，可至千万。'程夫人于傍应曰：'崔公冀州名士，岂肯买官？赖我得是，反不知姝(美)邪!'烈于是声誉衰减。久之不自安，从容问其子钧曰：'吾居三公，于议者何如?'钧曰：'大人少有英称，历位卿守，论者不谓不当为三公；而今登其位，天下失望。'烈曰：'何为然也?'钧曰：'论者嫌其铜臭。'烈怒，举杖击之。钧时为虎贲中郎将，服武弁，戴鹖尾，狼狈而走。烈骂曰：'死卒，父楇而走，孝乎?'钧曰：'舜之事父，小杖则受，大杖则走，非不孝也。'烈惭而止。"

清·述古斋主人《史论汇函》甲编所录清章邦元《读通鉴札记》"傅燮战殁"一文："傅燮深明大义，慷慨捐躯。党人戮辱之余，犹留硕果以徇国家，祖宗培养之深，于斯可见。观其对子之言，歉然自责，并不以一死自多，所谓闻道之君子非与?"

以约失之鲜矣

郡中豪族多以奢靡相尚[①]，(王)畅常布衣皮褥[②]，车马羸败[③]，以矫其敝[④]。

同郡刘表时年十七[⑤]，从畅受学。进谏曰："夫奢不僭上[⑥]，俭不逼下[⑦]，循道行礼[⑧]，贵处可否之间[⑨]。蘧伯玉耻独为君子[⑩]。府君不希孔圣之明训[⑪]，而慕夷齐之末操[⑫]，无乃皎然自贵于世乎[⑬]？"畅曰："昔公仪休在鲁，拔园葵，去织妇；孙叔敖相楚[⑭]，其子被裘刈薪[⑮]。夫以约失之鲜矣[⑯]。闻伯夷之风者[⑰]，贪夫廉[⑱]，懦夫有立志[⑲]。虽以不德[⑳]，敢慕遗烈[㉑]。"(《后汉书·王畅列传》)

【注释】

① 相尚：互相推崇，互相标榜。 ② 王畅：字叔茂，山阳高平(今山东邹县西南)人。顺帝朝太尉王龚之子。先后举孝廉、茂才，四迁尚书令，出为齐相。征拜司隶校尉，转渔阳太守，坐事免官。复为尚书，寻拜南阳太守。打击奸豪赃秽，奋厉威猛，又力倡俭约廉洁。后征为长乐卫尉。灵帝初，迁司空。其孙王粲，以文才知名。 ③ 车马羸败：车破马瘦。 ④ 矫：矫正。敝：通"弊"。 ⑤ 同郡：同乡，亦山阳高平人。刘表：字景升，汉景帝子鲁恭王刘余之后。少知名，为八俊之一。党锢之祸，逃亡得免。党禁解，大将军何进辟为掾。献帝初，拜为荆州刺史，治兵襄阳，以观世变。后有孙坚襄阳之围、奉贡李傕而为镇南将军、荆州牧，封成武侯。于是招诱四方人才，开拓疆土，畜养甲兵十万，起立学校，从容自保于战乱之中。后刘备奔之而不能用，曹操自将征之，未至而表疽发背卒。事见《后汉书·刘表列传》，亦有《三国志·魏书·刘表传》。 ⑥ 奢不僭上：奢侈而不可僭越或超过在上位的人。 ⑦ 俭不逼下：俭约而不可勉强或逼迫在下位的人。李贤注："《礼记》曰：'君子上不僭上，下不逼下'也。" ⑧ 循道行礼：遵循道义礼法。 ⑨ 贵处可否之间：以处可否之间为贵，意谓无论奢与俭，皆要有度，要善于把握，不要走极端。处，居。可否，能与不能，可与不可。 ⑩ 蘧伯玉：名瑗，春秋时卫国贤大夫。已见前注。耻独为君子：以独为君子为耻。 ⑪ 府君：汉代对郡相、太守的尊称。希：希慕，仰慕。明训：明确的训诫。 ⑫ 夷齐：伯夷、叔齐，商末孤竹君的两个儿子。兄弟先后辞让君位，又叩马切谏周武王伐纣。商灭，隐于首阳山，不食周粟而死。已见前注。末操：末节，小节。李贤注："《论语》：孔子曰：'奢则不逊，俭则固。'言仲尼得奢俭之中，而夷齐饥死，是末操也。" ⑬"无乃"句：该不会是要持守清白廉洁而独自尊贵于世吧？无乃，莫非，恐怕是，表示揣测的语气。皎然，洁白貌。按，刘表这几句话，是委婉地批评王畅，自己做君子固然应该，带头过俭朴的生活来矫正奢靡之恶习也值得肯定；但是不必要求他人都要做君子，尤其在混浊不堪的乱世，洁白廉正只能落个孤家寡人或是孤芳自赏的下场；奢俭有度，拿捏好分寸，这才符合儒家的思想传统。 ⑭ 相楚：做楚相。按，公仪休、孙叔敖事，均已见前注。在王畅看来，二人都是带头过廉洁俭朴生活的贤相，而名传千古。

⑮ 被裘刈(yì)薪：身披破皮裘，自己砍柴打草。刈，割。 ⑯ 夫：发语词，无义。以约失之鲜矣：因为倡导俭约生活而有过失的事情很少发生。李贤注："《论语》孔子之辞也，言俭则无失。" ⑰ 风：风操，品格修养，人生境界。 ⑱ 贪夫廉：使奸贪者廉洁。《孟子·万章下》："孟子曰：伯夷目不视恶色，耳不听恶声。非其君不事，非其民不使。治则进，乱则退。横政之所出，横民之所止，不忍居也。思与乡人处，如以朝衣朝冠坐于涂炭也。当纣之时，居北海之滨，以待天下之清也。故闻伯夷之风者，顽夫廉，懦夫有立志。" ⑲ 懦夫有立志：使胆怯的懦夫也能立志雄起。有，能。 ⑳ 以：为。不德：不才，无才。自谦之辞。解作不修德行、缺乏德行，亦通。 ㉑ 敢慕遗烈：非常仰慕前贤遗留的烈节与风操。敢，谦辞，犹冒昧。

【参考资料】

晋·陈寿《三国志·魏书·刘表传》裴松之注引谢承《后汉书》曰："表受学于同郡王畅。畅为南阳太守，行过乎俭。表时年十七，进谏曰：'奢不僭上，俭不逼下，盖中庸之道，是故蘧伯玉耻独为君子。府君若不师孔圣之明训，而慕夷齐之末操，无乃皎然自遗于世！'畅答曰：'以约失之者鲜矣，且以矫俗也。'"文字虽然略异，而其主旨却相同，可为参考。

宁伏欧刀以示远近

永建元年[①]，(虞诩)代陈禅为司隶校尉[②]。数月间，奏太傅冯石，太尉刘熹，中常侍程璜、陈秉、孟生、李闰等[③]，百官侧目[④]，号为苛刻。三公劾奏诩盛夏多拘系无辜，为吏人患。诩上书自讼曰[⑤]："法禁者俗之堤防[⑥]，刑罚者人之衔辔[⑦]。今州曰任郡[⑧]，郡曰任县，更相委远[⑨]，百姓怨穷，以苟容为贤[⑩]，尽节为愚。臣所发举[⑪]，臧罪非一[⑫]，二府恐为臣所奏[⑬]，遂加诬罪。臣将从史鱼死[⑭]，即以尸谏耳。"顺帝省其章[⑮]，乃为免司空陶敦[⑯]。

时中常侍张防特用权执[⑰]，每请托受取[⑱]，诩辄案之，而屡寝不报[⑲]。诩不胜其愤[⑳]，乃自系廷尉[㉑]，奏言曰："昔孝安皇帝任用樊丰[㉒]，遂交乱嫡统[㉓]，几亡社稷[㉔]。今者张防复弄威柄[㉕]，国家之祸将重至矣。臣不忍与防同朝，谨自系以闻[㉖]，无令臣袭杨震之迹[㉗]。"书奏，防流涕诉帝，诩坐论输左校[㉘]。防必欲害之，二日之中，传考四狱[㉙]。狱吏劝诩自引[㉚]，诩曰："宁伏欧刀以示远近[㉛]。"宦者孙程、张贤等知诩以忠获罪[32]，乃相率奏乞见[33]。程曰："陛下始与臣等造事之时[34]，常疾奸臣[35]，知其倾国。今者即位而复自为，何以非先帝乎[36]？司隶校尉虞诩为陛下尽忠，而更被拘系；常侍张防臧罪明正[37]，反构忠良[38]。今客星守羽林[39]，其占宫中有奸臣[40]。宜急收防送狱，以塞天变。下诏出诩，还假印绶[41]。"时防立在帝后，程乃叱防曰："奸臣张防，何不下殿！"防不得已，趋就东箱[42]。程曰："陛下急收防，无令从阿母求请[43]。"帝问诸尚书[44]，尚书贾朗素与防善[45]，证诩之罪。帝疑焉，谓程曰："且出[46]，吾方思之[47]。"于是诩子颢与门生百余人[48]，举幡候中常侍高梵车[49]，叩头流血，诉言枉状[50]。梵乃入言之，防坐徙边[51]，贾朗等六人或死或黜，即日赦出诩。程复上书陈诩有大功，语甚切激。帝感悟，复征拜议郎。数日，迁尚书仆射。

是时长吏、二千石听百姓谪罚者输赎[52]，号为"义钱"，托为贫人储[53]，而守令因以聚敛。诩上疏曰："元年以来[54]，贫百姓章言长吏受取百万以上者[55]，匈匈不绝[56]，谪罚吏人至数千万，而三公、刺史少所举奏[57]。寻永平、章和中[58]，州郡以走卒钱给贷贫人[59]，司空劾案[60]，州及郡县皆坐免黜[61]。今宜遵前典[62]，蠲除权制[63]。"于是诏书下诩章[64]，切责州郡[65]。谪罚输赎自此而止。

先是，宁阳主簿诣阙[66]，诉其县令之枉[67]，积六七岁不省。主簿乃上书曰："臣为陛下子，陛下为臣父。臣章百上，终不见省，臣岂可北诣单于以告怨乎[68]？"帝大怒，持章示尚书，尚书遂劾以大逆[69]。诩驳之曰："主簿所讼，乃君父之怨[70]；百上不达[71]，是有司之过[72]。愚惷之人，不足多诛[73]。"帝纳诩言，笞之而已。诩因谓诸尚书曰："小人有怨，不远千里，断发刻肌[74]，诣阙告诉，而不为理[75]，岂臣下之义[76]？君与浊长吏何亲[77]，而与怨人何仇乎？"闻者皆惭。诩又上言："台郎显职[78]，仕之通阶[79]。今或一郡七八[80]，或一州无人。宜令均平，以厌天下之望[81]。"及诸奏议，多见从用。

诩好刺举，无所回容[82]，数以此忤权戚[83]，遂九见谴考[84]，三遭刑罚，而刚正之性，终老不屈。永和初[85]，迁尚书令，以公事去官。朝廷思其忠，复征之，会卒。临终，谓其子恭曰[86]："吾事君直道[87]，行己无愧，所悔者为朝歌长时杀贼数百人[88]，其中何能不有冤者[89]。自此二十余年，家门不增一口[90]，斯获罪于天也。"（《后汉书・虞诩列传》）

【注释】

① 永建元年：公元126年。永建，汉顺帝年号。 ② 虞诩：字升卿，别字定安，陈国武平(今河南鹿邑县西北)人。年十二，通《尚书》。太尉李修辟之，拜郎中。安帝初，出为朝歌长，平定乱贼，迁怀令、武都太守，又平定羌乱。坐法免。顺帝即位，拜司隶校尉，力排宦官，入狱，复征拜议郎，迁尚书仆射、尚书

令。陈禅：字纪山，巴郡安汉(今四川南充市北)人。举孝廉、茂才，历汉中太守、左冯翊、谏议大夫、辽东太守、司隶校尉。事见《后汉书·陈禅列传》。③ 冯石：南阳湖阳人。袭封获嘉侯。历侍中、卫尉，深得安帝宠幸。迁光禄勋，代杨震为太尉，迁太傅。刘熹：一作刘喜，东莱人。顺帝时以阿党宦官策免，复为卫尉。程璜：与下文之陈秉、孟生、李闰皆为宦官。《后汉书·宦者列传》并无记载。 ④ 侧目：因为畏惧而不敢正视。 ⑤ 自讼：自己申诉争辩。 ⑥ 法禁：法令、法律。俗之堤防：是防范世俗小人的。 ⑦ 人之衔辔：是限制束缚坏人的。衔辔，马嚼子和马缰绳。 ⑧ 州曰任郡：州刺史说听任郡守所为。任，任凭。 ⑨ 更相委远：互相推诿。委远，推诿避事，把责人推给别人。 ⑩ 以苟容为贤：以苟合取容为贤，认为苟且相容是贤德品质。 ⑪ 发举：揭发，劾奏。 ⑫ 臧罪非一：有贪赃罪名的人不是一两个。 ⑬ 二府：指所劾奏的太傅府和太尉府相关人员。 ⑭ 臣将从史鱼死：我准备仿效史鱼尽忠而死。从，随从，学习，效法。史鱼尸谏事，已见前注。 ⑮ 省其章：省览了他的章奏。省，阅。 ⑯ 陶敦：字文理，河南京县(今河南荥阳东南)人。安帝时与杨震等以天下贤士入列于朝廷，历少府。顺帝即位，拜司空，旋即免。原因不详。 ⑰ 特用权执：独掌权势。 ⑱ 每请托受取：每次收受贿赂替人办事。 ⑲ 而屡寝不报：奏章总是被扣压而得不到回复。 ⑳ 不胜其愤：忍不住自己的愤怒之情。胜，堪，禁。 ㉑ 自系廷尉：自系于廷尉，把自己捆起来到廷尉府去投案。㉒ 樊丰：安帝所宠幸的中常侍。杨震曾经切谏，结果被他谮免自杀。顺帝即位，诛死。 ㉓ 交乱嫡统：祸乱皇储。嫡统，正统。据《后汉书·孝顺帝纪》，安帝本立刘保为皇太子，而安帝乳母王圣与宦官江京、樊丰构陷之，太子遂废为济阴王。安帝死，宦官孙程等斩江京等人，又迎立济阴王即帝位，是为汉顺帝。㉔ 几亡社稷：几乎使社稷灭亡。 ㉕ 威柄：权柄。 ㉖ 谨：恭谨，慎重。㉗“无令”句：不要让我重蹈杨震被谮自尽的覆辙。 ㉘ 坐：坐罪。论输：罚作劳役。论，论罪。输，输作。左校：官署名。秦汉之际，朝廷设左右前后中五校令，东汉在负责各种土木工程的将作大匠之下分设左右校，掌左右工徒。大臣犯法，一般皆遣送左校做苦工。 ㉙ 传考四狱：审问四次。 ㉚ 自引：自尽。㉛“宁伏”句：宁可伏地被刀砍头而明示于远近之人。欧刀，李贤注：“刑人之刀也。” ㉜ 孙程：字稚卿，涿郡新城(今河北徐水西南)人。安帝时为中黄门，给事长乐宫。以迎立顺帝功，封浮阳侯，擢骑都尉。以声援虞诩，免官就国，徙封为宜城侯。寻征还，复拜骑都尉、奉车都尉，位特进。事见《后汉书·宦者列传》。张贤：时亦以中黄门随孙程迎立顺帝，封祝阿侯。后就国减租。 ㉝ 相率：相继。 ㉞ 造事：起事，发动政变。 ㉟ 疾：痛恨。 ㊱ 何以：以何，凭什么。非：非难，批评。先帝：指汉安帝。 ㊲ 臧罪明正：贪赃之罪明显。

㊳ 拘：陷害。 ㊴ 客星：星名。非常见之星，忽见忽没，或行或止，不可推算，如客，故谓客星。亦称彗星。守：停留，指某一星辰侵入别一星辰的天区。羽林：星名。李贤注引《史记·天官书》曰："虚、危南有众星，曰羽林也。"张守节《正义》："羽林，四十五星，三三而聚，散在磊壁南，天军也。"武帝时所建羽林军，即取天文羽林宿卫之意。 ㊵ 占：占卦，征兆。 ㊶ 还假印绶：赐还司隶校尉印绶，官复原职。假，代理政事，正式任命则称真。如《史记》所载脍炙人口者，项羽当初之称假上将军，而楚怀王则命之为上将军。如韩信之欲刘邦封之为假齐王，而刘则曰："大丈夫定诸侯，即为真王耳，何以假为！"乃立信为齐王，然后征其兵击楚。 ㊷ 趋就东箱：躲到东厢房。箱，通"厢"。 ㊸ 无令：勿令，不要让他。阿母：指顺帝乳母宋娥，赐爵山阳君，与宦官勾结弄权。寻收印绶，归田。安帝所亲近之阿母则为王圣。 ㊹ 诸：众。 ㊺ 素：素常，平日。 ㊻ 且：暂且，姑且。 ㊼ 方：将。 ㊽ 诩子颢：虞诩之子虞颢。 ㊾ 幡：旗帜。候：等候。高梵：曾为太子刘保傅，太子既废，与他人皆获罪徙边。顺帝即位，原太子官并擢中常侍。不久，坐臧罪，减死一等。 ㊿ 诉言枉状：诉说被冤枉的情况。 51 坐徙边：定罪流放到边境服劳役。 52 谪罚者：受惩罚的人。输赎：输金赎罪。 53 托：假托，托名，谎称。储：储备。 54 元年：指永建元年。 55 章言：上章揭发。受取：贪污。 56 匈匈：纷纷，纷乱。 57 少所举奏：揭发检举的人很少。 58 寻：寻绎，查阅。永平：汉明帝年号。公元58～75年。章和：汉章帝年号。公元87～88年。 59 走卒钱：役卒上缴的免役钱。李贤注："走卒，伍伯(差役隶卒)之类也。《续汉志》曰：'伍伯，公八人，中二千石六人，千石、六百石皆四人，自四百石以下至二百石皆二人。黄绶。武官伍伯，文官辟车。铃下、侍阁、门兰、部署、街里走卒，皆有程品。多少随所典领，率皆赤帻缝褠。'即今行鞭杖者也。此言钱者，令其出资钱，不役其身也。"给贷：借贷。 60 劾案：揭发审察。 61 免黜：罢官。 62 前典：前朝旧例。 63 蠲除：免除。权制：权力。 64 下诩章：下发虞诩的章疏。 65 切责：严词斥责。 66 宁阳：县名，东汉改宁阳侯国置，其治所在今山东宁阳南。 67 枉：枉道，违背正道，邪曲不正。 68 单于：匈奴王的称呼。 69 大逆：大逆无道，犯上作乱。 70 君父之怨：其本质是儿子在埋怨父亲。君父，把天子当作父亲。 71 百上不达：其章奏百上都得不到审理。达，达成，得到。 72 是有司之过：是有关部门的过错。 73 不足：不可。 74 断发刻肌：不惧严酷的刑法。断发，髡刑要剃去头发，而刻肌则要执行墨、劓、膑、刖等肉刑。 75 理：审理。 76 岂臣下之义：岂有做臣下的名分？意谓做臣下的已然失却其职责。 77 君：指诸尚书。浊长吏：污浊的官员，指主簿所诉宁阳县令。 78 台郎：尚书台之尚书郎，亦即诸尚书。显职：显要之职。汉制，公卿御史中丞以下，遇尚书令、

仆、丞、郎，皆辟车回避，台官过，乃得去。又因其分曹办事，关通上下，故其地位亦为重要。 ⑲ 仕之通阶：仕路升迁的通途。 ⑳ 一郡七八：来自同一郡的就有七八人，指尚书台各级官员的籍贯乡里。 ㉑ 厌：满足。通“餍”。㉒ 无所回容：没有什么回避和宽容。 ㉓ 数以此忤权威：多次因此得罪权贵。㉔ 九见谴考：九次被谴责、弹劾。 ㉕ 永和：汉顺帝年号。公元136～141年。㉖ 恭：虞恭，有俊才，官至上党太守。 ㉗ 事君直道：以正直之道事君。㉘ 朝歌：县名，治所在今河南淇县。 ㉙ 何能：怎能。 ㉚ 一口：一人。

【参考资料】

南朝宋·范晔《后汉书·虞诩列传》：“朝歌贼宁季等数千人攻杀长吏，屯聚连年，州郡不能禁，乃以诩为朝歌长。故旧皆吊诩曰：‘得朝歌何衰!’诩笑曰：‘志不求易，事不避难，臣之职也。不遇盘根错节，何以别利器乎?’始到，谒河内大守马棱(马援族孙)。棱勉之曰：‘君儒者，当谋谟庙堂，反在朝歌邪?’诩曰：‘初除之日，士大夫皆见吊勉。以诩诪(筹)之，知其无能为也。朝歌者，韩、魏之郊，背太行，临黄河，去敖仓百里，而青、冀之人流亡万数。贼不知开仓招众，劫库兵，守城皋，断天下右臂，此不足忧也。今其众新盛，难与争锋。兵不猒权，愿宽假辔策，勿令有所拘阂而已。’及到官，设令三科以募求壮士，自掾史以下各举所知，其攻劫者为上，伤人偷盗者次之，带丧服而不事家业为下。收得百余人，诩为飨会，悉贯其罪，使入贼中，诱令劫掠，乃伏兵以待之，遂杀贼数百人。又潜遣贫人能缝者，佣作贼衣，以采綖缝其裾为帜，有出市里者，吏辄禽之。贼由是骇散，咸称神明。”

清·述古斋主人《史论汇函》甲编所录清章邦元《读通鉴札记》“虞诩为朝歌长”一文：“邓骘恶诩，欲置之死地，而诩即于朝歌得名。士特患无才，有才则夷狄患难，皆可表见。小人祸君子，往往能福君子。为士者，亦顺受其正而已。”又有“下虞诩狱”一文：“虞诩才略无双，而气质略粗，似少学问，与西汉之朱博略同。周举、左雄，则有儒者气象矣。”

不为苏正和

盖勋字元固，敦煌广至人也[①]。家世二千石[②]。初举孝廉，为汉阳长史[③]。时武威太守倚恃权执[④]，恣行贪横[⑤]，从事武都苏正和案致其罪[⑥]。凉州刺史梁鹄畏惧贵戚[⑦]，欲杀正和以免其负[⑧]，乃访之于勋。勋素与正和有仇，或劝勋可因此报隙[⑨]。勋曰："不可。谋事杀良[⑩]，非忠也；乘人之危，非仁也。"乃谏鹄曰："夫绁食鹰鸢欲其鸷[⑪]，鸷而亨之[⑫]，将何用哉[⑬]？"鹄从其言。正和喜于得免，而诣勋求谢[⑭]。勋不见，曰："吾为梁使君谋[⑮]，不为苏正和也。"怨之如初。（《后汉书·盖勋列传》）

【注释】

① 敦煌：郡名，治所在敦煌县(今甘肃敦煌市西)。广至：县名，治所在今甘肃瓜州县西南。 ② 世：世代。李贤注："《续汉书》曰：'曾祖父进，汉阳太守。祖父彪，大司农。'谢承书曰：'父，字思齐，官至安定属国都尉。'" ③ 汉阳：郡名，东汉以天水郡改名，治所在冀县(今甘肃甘谷东)。长史：东汉边地郡守之主要属官，郡守病，代理其事。 ④ 武威：郡名，西汉置，治所在姑臧县(今甘肃武威市)。倚恃权执：倚仗权势。 ⑤ 恣行贪横：肆意贪残。 ⑥ 从事：官名，为凉州刺史主要属官。武都：郡名，东汉治所在下辨县(今甘肃成县西)。案致：审察定罪。 ⑦ 凉州：十三刺史部之一，东汉治所在陇县(今甘肃张家川回族自治县)。梁鹄：他事不详。 ⑧ 负：责任。 ⑨ 报隙：报仇。 ⑩ 谋事杀良：为人谋事而杀害贤良。 ⑪ 绁食(xiè sì)鹰鸢：拴缚喂养雄鹰。鸷：搏击，捕猎。 ⑫ 鸷而亨之：好不容易培养训练好了却把它煮着吃了。亨，煮，通"烹"。 ⑬ 将何用哉：那么捕猎时又将倚靠谁呢？ ⑭ 求谢：请求致谢。 ⑮ 吾为梁使君谋：我是为梁刺史出主意。使君，汉代对刺史的称呼。

【参考资料】

南朝宋·范晔《后汉书·盖勋列传》，李贤注："《续汉书》：(灵帝)中平元年，黄巾贼起，故武威太守酒泉黄隽被征，失期。梁鹄欲奏诛隽，勋为言得免。隽以黄金二十斤谢勋，勋谓隽曰：'吾以子罪在八议，故为子言。吾岂卖评哉！'终辞不受。"按，八议，乃是官员量刑要考虑的八个方面，如议故旧、议贤德、议才能、议功劳、议勤勉等。

三怨成府

时长安令杨党[①]，父为中常侍，恃执贪放[②]，(盖)勋案得其臧千余万。贵戚咸为之请[3]，勋不听，具以事闻[4]，并连党父[5]，有诏穷案[6]，威震京师。时小黄门京兆高望为尚药监[7]，幸于皇太子[8]，太子因蹇硕属望子进为孝廉[9]，勋不肯用。或曰："皇太子副主[10]，望其所爱[11]，硕帝之宠臣，而子违之[12]，所谓三怨成府者也[13]。"勋曰："选贤所以报国也。非贤不举，死亦何悔！"(《后汉书·盖勋列传》)

【注释】

① 长安：县名，即今陕西西安市。东汉都洛阳，西汉原都长安及附近地区皆设京兆尹统辖。按，时盖勋已由讨虏校尉拜京兆尹。 ② 恃执贪放：倚仗其父的权势肆意贪赃枉法。 ③ 咸为之请：都为他求情。请，求情。 ④ 具以事闻：把事情全部上报朝廷。具，通"俱"。 ⑤ 连：牵连。 ⑥ 穷案：审察清楚，追究到底。 ⑦ 小黄门：宦官。京兆：东汉既无此郡，亦无此县，应指京兆尹所辖地区，而其治所亦在长安县。尚药监：官名，掌宫中汤药。 ⑧ 幸：得宠。皇太子：当指灵帝刘宏之子刘辩。中平六年，灵帝死，年三十四，皇子刘辩即位，年十七，是为汉少帝。数月之后，中常侍张让等劫持少帝及皇弟陈留王刘协出亡，董卓又废少帝为弘农王，寻杀之，改立刘协为帝，年九岁，是为汉献帝。⑨ 因：依赖，通过。蹇硕：小黄门。以健壮而有武略，深得灵帝宠幸。时置西园八校尉，拜硕为上军校尉，为诸校尉之首，虽大将军亦为之领属。灵帝死，欲废少帝刘辩，而立刘协，大将军何进与袁绍共诛之。属：通"嘱"，嘱托。⑩ 副主：储君。 ⑪ 望其所爱：高望是他所宠爱之人。 ⑫ 违：违背，违拗。⑬ 三怨成府：与三人结怨则仇恨聚集，难免灾祸。李贤注："府，聚也。"

【参考资料】

南朝宋·范晔《后汉书·盖勋列传》："及(灵)帝崩，董卓废少帝，杀何太后，勋与书曰：'昔伊尹、霍光权以立功，犹可寒心，足下小丑，何以终此？贺者在门，吊者在庐，可不慎哉！'卓得书，意慎惮之。征为议郎。时左将军皇甫嵩精兵三万屯扶风，勋密相要结，将以讨卓。会嵩亦被征，勋以众弱不能独立，遂并还京师。自公卿以下，莫不卑下于卓，唯勋长揖争礼，见者皆为失色。卓问司徒王允曰：'欲得快司隶校尉，谁可作者？'允曰：'唯有盖京兆耳。'卓曰：'此人明智有余，然不可假以雄职。'乃以为越骑校尉。卓又不欲令久典禁兵，复出为颍川太守。未及至郡，征还京师。时河南尹朱儁为卓陈军事。卓折儁曰：'我百战百胜，决之于心，卿勿妄说，且污我刀。'勋曰：'昔武丁(殷王高宗)之明，犹求箴谏，况如卿者，而欲杜人之口乎？'卓曰：'戏之耳。'勋曰：'不闻怒言可以为戏！'卓乃谢儁。勋遂强直不屈，而内厌于卓，不得意，疽发背卒，时年五十一。遗令勿受卓赙赠。"

仁义岂有常所

(臧)洪邑人陈容[①]，少为诸生[②]，亲慕于洪[③]，随为东郡丞[④]。先城未败[⑤]，洪使归(袁)绍[⑥]。时容在坐，见洪当死[⑦]，起谓绍曰："将军举大事[⑧]，欲为天下除暴，而专先诛忠义[⑨]，岂合天意？臧洪发举为郡将[⑩]，奈何杀之！"绍惭，使人牵出，谓曰："汝非臧洪畴[⑪]，空复尔为[⑫]？"容顾曰[⑬]："夫仁义岂有常所[⑭]，蹈之则君子[⑮]，背之则小人。今日宁与臧洪同日死[⑯]，不与将军同日生也。"遂复见杀[⑰]。在绍坐者，无不叹息，窃相谓曰[⑱]："如何一日戮二烈士[⑲]！"(《后汉书·臧洪列传》)

【注释】

① 臧洪：字子源，广陵射阳(今江苏宝应东北)人。少以年幼才俊拜童子郎，知名太学。举孝廉，补即丘长。灵帝末年，天下大乱，弃官还家。太守张超请为功曹，遂与诸牧守大会酸枣为盟，欲匡扶汉室，讨伐董卓。袁绍以之领青州刺史，徙为东郡太守，以从绍请救兵不听，遂与之绝交。绍发兵围之，城陷不屈，被杀。 ② 诸生：太学诸生，在学之学子。 ③ 亲慕：亲近敬慕。 ④ 随为东郡丞：随之为东郡丞。东郡，郡名，当时治所在东武阳(今河南莘县东南)。丞，太守属官。 ⑤ 先城未败：城未陷没之前。 ⑥ 洪使归绍：臧洪让他归顺袁绍。⑦ 当：应，会，将。 ⑧ 举：起，做。 ⑨ 专：专心，一心。 ⑩ 发举：兴起，举事。 ⑪ 畴：同类。通"俦"。 ⑫ 空复尔为：徒然再说这些替他求情的话。尔，此。 ⑬ 顾：回头。 ⑭ 常所：常居，固定的地方。这里指特定的人物。 ⑮ 蹈：践行。 ⑯ 宁：宁愿。 ⑰ 复见杀：又被杀。 ⑱ 窃：私下。⑲ 如何：为何。烈士：有气节、有大志的人。

【参考资料】

南朝宋·范晔《后汉书·臧洪列传》："论曰：雍丘之围，臧洪之感愤壮矣！想其行跣且号，束甲请举，诚足怜也。夫豪雄之所趣舍，其与守义之心异乎？若乃缔谋连衡，怀诈算以相尚者，盖惟利执(势)所在而已。况偏城既危，曹(操)袁(绍)方穆，洪徒指外敌之衡，以纾倒县(悬)之会。忿悁之师，兵家所忌。可谓怀哭秦之节，存荆则未闻也。"按，李贤注："吴破楚，申包胥如秦乞使，立依于庭墙而哭，日夜不绝声，勺饮不入口，七日秦师乃出，以车五百乘救楚，败吴兵于稷。事见《左传》及《史记》。言臧洪徒守节致死，不能如包胥之存楚也。”

周举劾奏左雄

初，(左)雄荐周举为尚书①，举既称职，议者咸称焉②。及在司隶③，又举故冀州刺史冯直以为将帅④，而直尝坐臧受罪⑤，举以此劾奏雄。雄悦曰：“吾尝事冯直之父⑥，而又与直善⑦，今宣光以此奏吾⑧，乃是韩厥之举也⑨。”由是天下服焉。(《后汉书·左雄列传》)

【注释】

① 左雄：字伯豪，南阳涅阳(今河南邓州市东北)人。安帝时举孝廉，稍迁冀州刺史。顺帝初，征拜议郎，虞诩以其忠公正直荐之，拜尚书，再迁尚书令。历司隶校尉，坐法免，复拜尚书。周举：字宣光，汝南汝阳(今河南商水西北)人。博学洽闻，为儒者所宗，京师为之语曰：“五经纵横周宣光。”安帝末辟司徒李郃府。顺帝时，举茂才，为平丘令。历并州刺史、冀州刺史、尚书、司隶校尉、蜀郡太守、谏议大夫、侍中、河内太守、大鸿胪、光禄大夫。按，左雄举荐周举事，在顺帝阳嘉三年(134年)，当时周为冀州刺史，而左则为司隶校尉。 ② 咸称：全都称赞不已。 ③ 及在司隶：等到后来周举亦为司隶校尉。 ④ 故：昔日。按，此句的主语是左雄。冯直：他事不详。 ⑤ 尝坐臧受罪：曾因贪赃定罪。 ⑥ 事：事奉。 ⑦ 善：友善，交好。 ⑧ 宣光：周举之字。 ⑨ 韩厥之举：谓公而忘私、大义灭亲的言行。李贤注：“韩厥，韩献子也。《国语》曰：‘赵宣子举献子于灵公，以为司马。河曲之役，宣子使人以其乘车干行，献子执而戮之。宣子皆告诸大夫曰：可贺我矣。吾举厥也，而中(伤)吾，乃今知免于罪矣！’”

【参考资料】

清·述古斋主人《史论汇函》甲编所录清章邦元《读通鉴札记》“周举劾左雄”一文：“使诈使贪，用武臣与用文臣，道本不同。陈平为将受金，亦赃也。选武猛不选清高，左雄之言，不为无见；选武猛不选贪污，周举之言，未免以口舌相胜矣。至雄责举，举引古义以自解，雄即悦谢，则两人俱有古君子之风，唐宋以后不数觏(不多见)矣。”

革除禁火陋俗

(周)举后举茂才，为平丘令[①]。上书言当世得失，辞甚切正[②]。尚书郭虔、应贺等见之叹息[③]，共上疏称举忠直，欲帝置章御坐[④]，以为规诫。举稍迁并州刺史[⑤]。太原一郡，旧俗以介子推焚骸[⑥]，有龙忌之禁[⑦]。至其亡月[⑧]，咸言神灵不乐举火[⑨]，由是士民每冬中辄一月寒食[⑩]，莫敢烟爨[⑪]，老小不堪[⑫]，岁多死者[⑬]。举既到州，乃作吊书以置子推之庙[⑭]，言盛冬去火[⑮]，残损民命，非贤者之意，以宣示愚民[⑯]，使还温食[⑰]。于是众惑稍解，风俗颇革[⑱]。(《后汉书·周举列传》)

【注释】

① 平丘：县名，时属陈留郡，其治所在今河南封丘东。 ② 切正：确切平正。 ③ 郭虔：顺帝时为尚书、尚书仆射。应贺：时为尚书。他事未详。 ④ 置章御坐：把所上的章书置放在御座旁边。 ⑤ 并州：十三刺史部之一，东汉治所在晋阳(今山西太原西南)。 ⑥ 介子推焚骸：李贤注：“《新序》曰：‘晋文公反国，介子推无爵，遂去而之介山之上。文公求之不得，乃焚其山，推遂不出而焚死。’龙，星，木之位也，春见东方。心为大火，惧火之盛，故为之禁火。俗传云子推以此日被焚而禁火。” ⑦ 龙忌之禁：即禁火之忌。 ⑧ 亡月：被烧死之月。 ⑨ 举火：燃火。 ⑩ 寒食：吃冷食，吃冰凉的食物。 ⑪ 烟爨(cuàn)：点火烧煮。 ⑫ 老小不堪：老人小孩都难以忍受。 ⑬ 岁：每年。 ⑭ 作吊书：写了一篇凭吊文章。 ⑮ 言盛冬去火：说隆冬腊月不能烧火。去，除，禁。 ⑯ 以：而。宣示：宣布，布告。愚民：普通民众。 ⑰ 使还温食：让他们恢复温热饭食。 ⑱ 颇革：略有革除。

【参考资料】

南朝宋·范晔《后汉书·周举列传》：“建和三年(桓帝初)卒。朝廷以举清公亮直，方欲以为宰相，深痛惜之。乃诏告光禄勋、汝南太守曰：‘昔在前世，求贤如渴，封墓轼闾(武王入殷，封比干墓，轼商容闾)，以光贤哲。故公叔见诔(春秋卫君为贤臣公叔定谥贞惠文子)，翁归蒙述(右扶风尹翁归卒，汉宣帝下诏褒扬)，所以昭忠厉俗，作范后昆。故光禄大夫周举，性侔(伯)夷、(史)鱼，忠逾随(会)、管(仲)。前授牧守，及还纳言。出入京辇，有钦哉之绩；在禁闱，有密静之风。予录乃勋，用登九列。方欲式序百官，亮协三事，不永夙终，用乖远图。朝廷悯悼，良为怆然。'"

梁上君子

(陈)寔在乡闾①，平心率物②。其有争讼③，辄求判正，晓譬曲直④，退无怨者⑤。至乃叹曰："宁为刑罚所加⑥，不为陈君所短⑦。"时岁荒民俭，有盗夜入其室，止于梁上⑧。寔阴见⑨，乃起自整拂⑩，呼命子孙⑪，正色训之曰："夫人不可不自勉⑫。不善之人未必本恶⑬，习以性成⑭，遂至于此。梁上君子者是矣！"盗大惊，自投于地⑮，稽颡归罪⑯。寔徐譬之曰⑰："视君状貌⑱，不似恶人，宜深克己反善⑲。然此当由贫困⑳。"令遗绢二匹㉑。自是一县无复盗窃㉒。(《后汉书·陈寔列传》)

【注释】

① 陈寔：字仲弓，颍川许(今河南许昌市东)人。家贫好学，受业太学。尝为县吏、亭长、郡功曹，补闻喜长、太丘长。受党人牵连，自请入狱，赦出。灵帝初，大将军窦武尝辟为掾属。后绝人事，朝廷屡征之，皆闭门不起，竟以隐终。乡闾：乡里，乡间。 ② 平心：用心公平，态度公正。率物：做众人的榜样。 ③ 其：代词，指乡里百姓。 ④ 晓譬：晓谕，劝说。 ⑤ 退无怨者：事后没有埋怨的人。 ⑥ 宁为刑罚所加：宁愿受刑罚。 ⑦ 不为陈君所短：不愿受陈君批评。 ⑧ 止于梁上：藏身于屋梁之上。 ⑨ 阴见：暗见，偷偷看见。 ⑩ 起自整拂：起身自己整理好衣被。 ⑪ 呼命：呼叫，呼喊。 ⑫ 夫：发语词，无义。 ⑬ 未必本恶：本性未必恶。 ⑭ 习以性成：习染了坏毛病就会改变人的善良心性。以，而。 ⑮ 自投于地：自己跳到地上。 ⑯ 稽颡归罪：跪拜请罪。稽颡，屈膝下跪，以额触地。 ⑰ 徐譬之：慢慢地开导他。 ⑱ 视君状貌：看您的容貌长相。 ⑲ 宜：应当。克己反善：约束自己，回归正道。 ⑳ 然此当由贫困：然而你的偷盗行为，亦实在是因为贫困无奈。 ㉑ 遗(wèi)：赠送。 ㉒ 自是：自此，从此。

【参考资料】

南朝宋·范晔《后汉书·陈寔列传》:"论曰：汉自中世以下，阉竖擅恣，故俗遂以遁身矫洁放言为高。士有不谈此者，则芸夫牧竖已叫呼之矣。故时政弥惛，而其风愈往。唯陈先生进退之节，必可度也。据于德故物不犯，安于仁故不离群，行成乎身而道训天下，故凶邪不能以权夺，王公不能以贵骄，所以声教废于上，而风俗清乎下也。"

宋·苏轼《苏轼文集·杂记》有"梁上君子"一文，谓曰："近日颇多贼，两夜皆来入吾室。吾近护魏王葬，得数千缗，略已散去。此梁上君子，当是不知耳。"

妻若生子，名之吴生

(吴)祐政唯仁简[①]，以身率物[②]。民有争诉者，辄闭阁自责，然后断其讼，以道譬之[③]。或身到闾里，重相和解[④]。自是之后，争隙省息[⑤]，吏人怀而不欺[⑥]。啬夫孙性私赋民钱[⑦]，市衣以进其父[⑧]，父得而怒曰："有君如是[⑨]，何忍欺之!"促归伏罪[⑩]。性惭惧，诣阁持衣自首。祐屏左右问其故[⑪]，性具谈父言[⑫]。祐曰："掾以亲故[⑬]，受污秽之名，所谓'观过斯知人矣[⑭]'。"使归谢其父，还以衣遗之[⑮]。又安丘男子毌丘长与母俱行市[⑯]，道遇醉客辱其母，长杀之而亡[⑰]，安丘追踪于胶东得之[⑱]。祐呼长谓曰："子母见辱[⑲]，人情所耻。然孝子忿必虑难[⑳]，动不累亲[㉑]。今若背亲逞怒[㉒]，白日杀人，赦若非义[㉓]，刑若不忍[㉔]，将如之何[㉕]?"长以械自系[㉖]，曰："国家制法，囚身犯之[㉗]。明府虽加哀矜[㉘]，恩无所施[㉙]。"祐问长有妻子乎?对曰："有妻未有子也。"即移安丘逮长妻[㉚]，妻到，解其桎梏[㉛]，使同宿狱中，妻遂怀孕。至冬尽行刑[㉜]，长泣谓母曰："负母应死[㉝]，当何以报吴君乎[㉞]?"乃啮指而吞之[㉟]，含血言曰："妻若生子，名之吴生[㊱]，言我临死吞指为誓，属儿以报吴君[㊲]。"因投缳而死[㊳]。(《后汉书·吴祐列传》)

【注释】

① 吴祐：字季英，陈留长垣(今河南长垣东北)人。少贫，牧豕于泽中。举孝廉，以光禄四行迁胶东侯相。九年后，再迁齐相。大将军梁冀辟为长史，冀诬奏太尉李固，力争，遂出为河间相，自免归家，以经书教授，年九十八卒。仁简：仁义与简易。 ② 以身率物：严格要求自己，做众人的榜样。 ③ 以道譬

之：以仁义之道来开导他们。 ④ 重相和解：再次帮他们和解。重，作副词，又，重新。相，辅助。 ⑤ 争隙省息：诉讼纷争逐渐减少。 ⑥ 吏人怀而不欺：官吏与百姓都心怀任德而不行欺诈。 ⑦ 啬夫：乡官。私赋：私自征收赋税。⑧ 市衣：买衣。李贤注引《续汉书》："赋钱五百，为父市单衣。" ⑨ 有君如是：有府君如此。君，府君，汉代太守的别称。按，吴祐时为胶东侯相，其职位与太守同，故称。 ⑩ 促：催促。 ⑪ 屏左右：把身边的人赶走。屏，退避，逐。⑫ 具谈父言：把他父亲说的话又全都说了一遍。具，通"俱"。 ⑬ 掾以亲故：你因为父亲的缘故。掾，啬夫是守相低级掾属，故称。 ⑭ 观过斯知人：观察一个人所犯错误的性质与类别，就可以知道他的为人。斯，此。《论语·里仁》："人之过也，各于其党(类)。观过，斯知人矣。" ⑮ 遗：赠送。 ⑯ 安丘：县名，治所在今山东安丘西南。俱行市：一起逛集市。行，巡视。 ⑰ 亡：逃亡。⑱ 追踪：按踪迹或线索追寻。 ⑲ 见辱：被辱。 ⑳ 忿必虑难：愤怒之极，一定要考虑灾难性的后果。李贤注引《论语》："孔子曰：'忿思难。'又曰：'一朝之忿，忘其身以及其亲，非惑与?'" ㉑ 动不累亲：任何行为举动，都不要连累双亲。 ㉒ 若：汝，你。 ㉓ 赦若非义：赦免你，不合法治公道。 ㉔ 刑若：给你判刑。 ㉕ 如之何：怎么处理？ ㉖ 长以械自系：毋丘长自己戴上桎梏刑具。李贤注："在手曰械。"系，拘束。 ㉗ 囚：自称，我。 ㉘ 明府：对守相的尊称。 ㉙ 恩无所施：恩德无法体现。施，施展。 ㉚ 移：移书，发公文。㉛ 解其桎梏：解除毋丘长的刑具。 ㉜ 冬尽：冬末。 ㉝ 负：辜负。 ㉞ 何以报吴君：用什么来报答吴君呢？ ㉟ 啮指：咬掉手指。 ㊱ 名之吴生：给他起名，就叫吴生。 ㊲ 属：通"嘱"，嘱咐。 ㊳ 投缳：上吊。李贤注："谓以绳为缳，投之而缢也。"

【参考资料】

南朝宋·范晔《后汉书·吴祐列传》："(吴祐)父恢，为南海太守。祐年十二，随从到官。恢欲杀青简以写经书(佛经)，祐谏曰：'今大人逾越五领(岭)，远在海滨，其俗诚陋，然旧多珍怪，上为国家所疑，下为权戚所望。此书若成，则载之兼两(两车)。昔马援以薏苡兴谤，王阳以衣囊徼名。嫌疑之间，诚先贤所慎也。'恢乃止，抚其首曰：'吴氏世不乏季子(春秋时吴公子季札)矣！'及年二十，丧父，居无檐(担)石，而不受赡遗。常牧豕(放猪)于长垣泽中，行吟经书(儒家经典)。遇父故人，谓曰：'卿二千石子，而自业贱事，纵子无耻，奈先君何?'祐辞谢而已，守志如初。"

它郡自有，平原自无

(史)弼迁尚书[①]，出为平原相[②]。时诏书下举钩党[③]，郡国所奏相连及者多至数百，唯弼独无所上。诏书前后切却州郡[④]，髡笞掾史[⑤]。从事坐传责曰[⑥]："诏书疾恶党人[⑦]，旨意恳恻[⑧]。青州六郡[⑨]，其五有党；近国甘陵[⑩]，亦考南北部[⑪]。平原何理而得独无[⑫]?"弼曰："先王疆理天下[⑬]，画界分境[⑭]，水土异齐[⑮]，风俗不同。它郡自有[⑯]，平原自无，胡可相比[⑰]？若承望上司[⑱]，诬陷良善，淫刑滥罚[⑲]，以逞非理[⑳]，则平原之人，户可为党[㉑]。相有死而已[㉒]，所不能也。"从事大怒，即收郡僚职送狱[㉓]，遂举奏弼。会党禁中解[㉔]，弼以俸赎罪得免，济活者千余人[㉕]。(《后汉书·史弼列传》)

【注释】

① 史弼：字公谦，陈留考城(今河南民权东北)人。仕州郡，辟公府，迁北军中候。历尚书、平原相、河东太守。拒绝宦官侯览请托，下廷尉狱，论输左校。刑满归田，以荐征拜议郎，出为彭城相。 ② 平原：西汉为郡，东汉一度改为侯国，其治所在平原县(今山东平原西南)。 ③ 下举钩党：举发分散在各地的党人。李贤注："钩，谓相连也。" ④ 切却州郡：迅速撤换州郡官员。切却，急速退却。李贤注："切，急也。却，退也。" ⑤ 髡笞掾史：郡守之属官掾史或遭髡刑或遭鞭笞。 ⑥ 从事坐传：李贤注："《续汉志》，每州皆有从事史及诸曹掾史。传，客舍也。坐传舍召弼而责。" ⑦ 疾恶：痛恨、厌恶。 ⑧ 旨意恳恻：情意恳切。 ⑨ 青州：十三刺史部之一。东汉治所在临菑县(今山东淄博市东北)。李贤注："济南、乐安、齐国、东莱、平原、北海六郡，青州所管也。青州在齐国临淄。" ⑩ 近国甘陵：附近的侯国甘陵。甘陵，汉安帝改厝县置，治所在今山东临清市东北。李贤注："桓帝为蠡吾侯，受学于甘陵周福，及帝即位，擢福为尚书。时同郡河南尹房植有名当朝，二家宾客互相讥揣，遂各树朋徒，渐成尤隙，由是甘陵有南北部。见《党人篇序》也。" ⑪ 考：查考，审察。 ⑫ 何理：有什么理由。 ⑬ 先王：泛指前代君主。疆理天下：划分地界，治理天下。 ⑭ 画界分境：划分区域地界。 ⑮ 水土异齐：水土之性或异或同。 ⑯ 它郡自有：他郡本来就有。 ⑰ 胡可：何可，怎能。 ⑱ 若：如果。承望上司：一味迎合上司的意图。 ⑲ 淫刑滥罚：过分地使用刑罚，把打击面扩大化。

⑳ 以逞非理：而干些不合情理的事情。逞，肆行，快意。 ㉑ 户：每户。㉒ 相：平原相，我，自称。 ㉓ 郡僚职：郡守的属官、幕僚。 ㉔ 会：正赶上，适值。中解：中途停止。解，解除。 ㉕ 济活者：救活的人。

【参考资料】

南朝宋·范晔《后汉书·史弼列传》："论曰：夫刚烈表性，鲜能优宽；仁柔用情，多乏贞直。吴(祐)季英视人畏伤，发言烝烝，似夫儒者；而怀愤激扬，折让权枉，又何壮也！仁以矜(怜)物，义以退身，君子哉！语曰：'活千人者，子孙必封。'史弼颉颃严吏，终全平原之党，而其后不大(子孙衰落)，斯亦未可论也。"

史弼遭患，义夫献宝

弼为政特挫抑强豪[①]，其小民有罪，多所容贷[②]。迁河东太守[③]，被一切诏书当举孝廉[④]。弼知多权贵请托，乃豫敕断绝书属[⑤]。中常侍侯览果遣诸生赍书请之[⑥]，并求假盐税[⑦]，积日不得通[⑧]。生乃说以它事谒弼[⑨]，而因达览书[⑩]。弼大怒曰："太守忝荷重任[⑪]，当选士报国，尔何人而伪诈无状[⑫]！"命左右引出，楚捶数百[⑬]，府丞、掾史十余人皆谏于廷[⑭]，弼不对[⑮]。遂付安邑狱[⑯]，即日考杀之[⑰]。侯览大怒，遂诈作飞章下司隶[⑱]，诬弼诽谤，槛车征。吏人莫敢近者[⑲]，唯前孝廉裴瑜送到崤渑之间[⑳]，大言于道傍曰[㉑]："明府摧折虐臣[㉒]，选德报国[㉓]，如其获罪，足以垂名竹帛[㉔]，愿不忧不惧。"弼曰："'谁谓荼苦[㉕]，其甘如荠。'昔人刎颈，九死不恨[㉖]。"及下廷尉诏狱，平原吏人奔走诣阙讼之[㉗]。又前孝廉魏劭毁变形服[㉘]，诈为家僮[㉙]，瞻护于弼[㉚]。弼遂受诬，事当弃市[㉛]。劭与同郡人卖郡邸[㉜]，行赂于侯览，得减死罪一等[㉝]，论输左校。时人或讥曰："平原行货以免君[㉞]，无乃蚩乎[㉟]！"陶丘洪曰[㊱]："昔文王牖里[㊲]，闳散怀金[㊳]。史弼遭患，义夫献宝[㊴]。亦何疑焉！"于是议者乃息。刑竟归田里[㊵]，称病闭门不出。数为公卿所荐，议郎何休又讼弼有干国之器[㊶]，宜登台相[㊷]，征拜议郎。侯览等恶之[㊸]。光和中[㊹]，出为彭城相[㊺]，会病卒。(《后汉书·史弼列传》)

【注释】

① 为政：做相治理平原。特挫抑强豪：特别注重压制打击当地的豪强大户。

② 容贷：容忍，宽恕。 ③ 河东：郡名，治所在安邑(今山西夏县西北禹王城)。④ 被一切诏书：拜受的所有诏书。 ⑤ 豫敕：预先下令。书属：书信往来一类文字。 ⑥ 诸生：在太学读书的学生。赍书：送书信。 ⑦ 假：借。按，河东治所安邑县有铁矿，又有大型盐池，长七十里，广七里，水气紫色，有别于御盐。 ⑧ 积日：累日，多日。 ⑨ 说以它事：假装说有他事要告知。 ⑩ 因达览书：乘机把侯览的书信送到。 ⑪ 忝荷：担负，承担。忝，辱，谦辞。⑫ 尔：你。伪诈无状：诡诈百端。无状，丑恶无善状。 ⑬ 楚捶：拷打。⑭ 府丞、掾史：皆为郡守属官。 ⑮ 不对：不答，不理。 ⑯ 付：交付。 ⑰ 即日：当日。考杀：拷打致死。 ⑱ 诈作：假作。飞章：报告紧急事变的奏章。⑲ 吏人：官吏民众。近：接近。 ⑳ 裴瑜：官至尚书。李贤注："《先贤行状》曰：'瑜字雉璜。聪明敏达，观物无滞。清论所加，必为成器；丑议所指，没齿无怨'也。"崤渑：崤山、渑池。 ㉑ 大言：故意大声说话。傍：通"旁"。 ㉒ 明府：太守。摧折：挫折，打击。虐臣：贪虐之臣，奸臣。 ㉓ 选德：选择贤德，指举孝廉。 ㉔ 垂名竹帛：垂名千古。竹帛，用以书写，故称。 ㉕"谁谓"二句：谁说荼菜苦，若和内心的痛苦相比，它却像荠菜一样甜。荼，苦菜。荠，荠菜，味甜。按，此二句原见《诗经·邶风·谷风》，写弃妇之幽怨。这里，史弼借用其意，是说自己虽然入狱，横遭灾祸，但是听到你这番话，受到鼓舞，感到欣慰。 ㉖ 九死不恨：虽死而无悔恨。屈原《离骚》："亦余心之所善(喜好)兮，虽九死其犹未悔!"按，这二句，隐有以屈子自比的味道。 ㉗ 讼之：替他申冤，打官司。 ㉘ 毁变形服：毁损形貌，变换衣装。 ㉙ 诈为家僮：假作家仆。㉚ 瞻护：照顾保护。 ㉛ 当：定罪。弃市：死刑。在闹市执行死刑，并将尸体暴露街头，故称。 ㉜ 郡邸：各郡设在京师的办事处。李贤注："若今之寺邸也。" ㉝ 减死罪一等：死刑罪减轻一个等级。 ㉞ 行货：行贿。免君：减免君罪。 ㉟ 无乃蚩(chī)乎：恐怕有些丢脸哦！蚩，丑恶，丑陋，通"媸"。 ㊱ 陶丘洪：李贤注引《青州先贤传》："洪字子林，平原人也。清达博辩，文冠当代。举孝廉，不行，辟太尉府。年三十卒。" ㊲ 文王牖里：周文王被纣拘于牖里监狱。李贤注："牖里，殷狱名。或作'羑'，亦名'羑城'，在今相州汤阴县北。《帝王纪》：'散宜生、南宫括、闳夭学乎吕尚。尚知三人贤，结朋友之交。及纣囚文王，乃以黄金千镒与宜生，令求诸物与纣。'《史记》曰：'闳夭之徒，乃求有莘美女、骊戎文马、有熊九驷，它奇怪物，因殷孽臣费仲献之于纣，纣大说(悦)，乃赦之也。'" ㊳ 闳散怀金：贤士闳夭、散宜生怀金行贿。 ㊴ 义夫献宝：指魏劭与郡人变卖郡邸行贿事。 ㊵ 刑竟：刑期结束。竟，终。 ㊶ 何休：字邵公，任城樊县(今山东兖州西南)人。精通六经，为世大儒。曾拜郎中，又辟于公府，受党人牵连，禁锢不出。党禁解，拜议郎、谏议大夫。事见《后汉书·儒林列

传》。讼：说。干国之器：治国的才干。 ㊷ 台相：台宰，宰相。 ㊸ 恶：憎恶。 ㊹ 光和：汉灵帝年号。公元178～184年。 ㊺ 彭城：诸侯国。秦为县。东汉章帝章和二年(88年)以楚国改名彭城国，治所在彭城县(今江苏徐州市)。

【参考资料】

南朝宋·范晔《后汉书·史弼列传》，李贤注引谢承书曰：“弼年二十为郡功曹，承前太守宋䜣秽浊之后，悉条诸生聚敛奸吏百余人，皆白太守，扫迹还县，高名由此而兴。”

畏李校尉

时张让弟朔为野王令[①]，贪残无道，至乃杀孕妇，闻(李)膺厉威严[②]，惧罪逃还京师，因匿兄让弟舍[③]，藏于合柱中[④]。膺知其状[⑤]，率将吏卒破柱取朔[⑥]，付洛阳狱。受辞毕[⑦]，即杀之。让诉冤于帝，诏膺入殿，御亲临轩[⑧]，诘以不先请便加诛辟之意[⑨]。膺对曰：“昔晋文公执卫成公归于京师[⑩]，《春秋》是焉[⑪]。《礼》云公族有罪[⑫]，虽曰宥之[⑬]，有司执宪不从[⑭]。昔仲尼为鲁司寇[⑮]，七日而诛少正卯[⑯]。今臣到官已积一旬[⑰]，私惧以稽留为愆[⑱]，不意获速疾之罪[⑲]。诚自知衅责[⑳]，死不旋踵[㉑]，特乞留五日[㉒]，克殄元恶[㉓]，退就鼎镬[㉔]，始生之愿也[㉕]。”帝无复言，顾谓让曰[㉖]：“此汝弟之罪，司隶何愆?”乃遣出之。自此诸黄门常侍皆鞠躬屏气[㉗]，休沐不敢复出宫省[㉘]。帝怪问其故，并叩头泣曰：“畏李校尉。”

是时朝庭(廷)日乱，纲纪颓阤[㉙]，膺独持风裁[㉚]，以声名自高[㉛]。士有被其容接者[㉜]，名为登龙门[㉝]。及遭党事[㉞]，当考实膺等[㉟]。案经三府[㊱]，太尉陈蕃却之[㊲]，曰：“今所考案，皆海内人誉[㊳]，忧国忠公之臣。此等犹将十世宥也[㊴]，岂有罪名不章而致收掠者乎[㊵]?”不肯平署[㊶]。帝愈怒，遂下膺等于黄门北寺狱[㊷]。膺等颇引宦官子弟[㊸]，宦官多惧，请帝以天时宜赦[㊹]，于是大赦天下。膺免归乡里，居阳城山中[㊺]，天下士大夫皆高尚其道[㊻]，而污秽朝廷[㊼]。

及陈蕃免太尉，朝野属意于膺[㊽]，荀爽恐其名高致祸[㊾]，欲令屈节以全乱世[㊿]，为书贻曰[51]：“久废过庭[52]，不闻善诱[53]，陟岵瞻望[54]，惟日为岁[55]。知以直道不容于时[56]，悦山乐水，家于阳城。道近路夷[57]，当即聘问[58]，无状婴疾[59]，阙于所仰[60]。顷闻上帝震怒[61]，贬黜鼎臣[62]，人鬼同谋[63]，以为天子当贞观二五[64]，利见大人[65]，不谓夷之初旦[66]，明而未融[67]，虹蜺扬辉[68]，弃和取同[69]。方今天地气闭[70]，大人休否[71]，智者见险[72]，投以远害[73]。虽匮人望[74]，内合私愿[75]。想甚欣然，不为恨也。愿怡神无事[76]，偃息衡门[77]，任其飞沉[78]，与时抑扬[79]。”顷之，帝崩[80]。陈蕃为太傅，与大将军窦武共秉朝政[81]，连谋诛诸宦官，故引用天下名士，乃以膺为长乐少府。及陈、窦之败，膺等复废。

后张俭事起[82]，收捕钩党，乡人谓膺曰：“可去矣。”对曰：“事不辞难[83]，罪不逃刑，臣之节也。吾年已六十，死生有命，去将安之[84]？”乃诣诏狱。考死[85]，妻子徙边，门生、故吏及其父兄，并被禁锢。时侍御史蜀郡景毅子顾为膺门徒[86]，而未有录牒[87]，故不及于谴[88]。毅乃慨然曰：“本谓膺贤，遣子师之[89]，岂可以漏夺名籍[90]，苟安而已[91]！”遂自表免归[92]，时人义之[93]。（《后汉书·党锢列传》）

【注释】

① 张让：宦官。颍川（今河南禹县）人。桓帝时为小黄门。灵帝时为中常侍，封列侯，交通货赂，父兄子弟布列州郡，所在贪残，为民蠹害。又鼓动灵帝修宫室，铸铜人，敛天下田亩税，官员迁除收取助军修宫钱等，凡此皆聚为私藏。灵帝常云：“张常侍是我公，赵（忠）常侍是我母。”灵帝死，天下乱，投河自尽。事见《后汉书·宦者列传》。野王：县名，治所在今河南沁阳市。 ② 李膺：字元礼，颍川襄城（今河南襄城县）人。初举孝廉，辟司徒胡广府，迁青州刺史、渔阳太守、蜀郡太守、乌桓校尉。以公事免官，教授常千人。鲜卑寇云中，桓帝征为度辽将军，寇望风惧服，声振远域。历河南尹、司隶校尉，遭党事入狱，赦出归乡。拜长乐少府，又废，党事再起，入狱考死。厉威严：严厉打击豪强不法。厉，振奋，勉力。 ③ 弟舍：第舍，府宅。 ④ 合柱：空心柱，由数木合成。 ⑤ 状：情状，情况。 ⑥ 率将：带领。 ⑦ 受辞：听取供词，审讯录供。 ⑧ 御：汉灵帝。临轩：不坐正殿而在殿前平台上接见臣属或办理公务。 ⑨ 诘：诘责，查问。请：请示。诛辟：杀戮。 ⑩ 晋文公：春秋五霸之一。晋君，献公子，名重耳。公元前636～前628年在位。执：捉住，逮捕。按，此节史实有不同记载。据《史记·卫康叔世家》，卫成公三年（前632年），晋文公伐卫，分其地予宋，讨前过无礼及不救宋患，卫成公亡于周，周襄王受贿替他求情，晋文公允许成公返卫为君。卫成公：卫君，文公子，名郑。公元前634～前600年在位。李贤注：“《公羊传》曰：‘晋人执卫侯，归之于京师。归之于者，执之乎天子之侧者也。罪定不定已可知矣。’何休注云：‘归之于者，决辞也。’”归：归属，听命。京师：指东周都城洛阳。 ⑪《春秋》：指《春秋公羊传》。是：肯定，赞扬。谓其身虽在外，而心不离王室。 ⑫ 公族：诸侯的同族，王公贵族。《后汉书·张酺列传》李贤注引《礼记》曰：“公族有罪，狱成，有司谳于公曰：‘某之罪在大辟

(死刑)’。公曰：‘宥之’。有司又曰：‘在大辟’。公又曰：‘宥之’。有司又曰：‘在大辟’。公又曰：‘宥之’。及三宥不对，走出，致刑于甸人(掌公族死刑者)。公又使人追之，曰：‘虽然，必宥之。’有司曰：‘无及也。’反命于公，公素服如其伦之丧也。” ⑬ 宥：宽宥，赦罪。 ⑭ 有司执宪不从：有关司法部门，亦应持守法律，不能从命赦罪。 ⑮ 司寇：西周始置官名，春秋战国时沿用。掌管刑狱纠察等事。 ⑯ 少正卯：鲁国大夫。少正氏，名卯。一说少正为官名。传说曾聚徒讲学，使孔子之门三盈三虚，孔子以其乱政而诛之。 ⑰ 一旬：十天。⑱ 稽留：拖延，迟缓。愆：过失，罪过。 ⑲ 不意：不料，没有想到。获速疾之罪：获得做事太急太快的罪名。疾，急。 ⑳ 衅责：过失，罪过。 ㉑ 死不旋踵：死日不久，很快就会被杀死。旋踵，旋转脚跟，以喻时间短暂。 ㉒ 乞留：乞请留命。 ㉓ 克殄元恶：能够铲除元凶。 ㉔ 退就鼎镬：退身再上刑场。鼎镬，本为烹饪器具，后用为酷刑之一，用鼎镬烹煮致死。 ㉕ 始生之愿：死于国事，是我最初的愿望。 ㉖ 顾：回头。 ㉗ 鞠躬屏气：弯腰屈体，屏住呼吸，一副恭敬小心的样子。 ㉘ 休沐：休息洗沐，休假。宫省：宫廷。 ㉙ 纲纪颓阤：法纪颓坏。 ㉚ 风裁：风宪，风纪。 ㉛ 以声名自高：以声望名节自我标榜。 ㉜ 容接：容纳接待，接纳。 ㉝ 登龙门：李贤注：“以鱼为喻也。龙门，河水所下之口，在今绛州龙门县(今山西河津)。辛氏《三秦记》曰：‘河津，一名龙门。水险不通，鱼鳖之属莫能上，江海大鱼薄集龙门下数千，不得上，上则为龙也。’” ㉞ 党事：指第一次党锢之祸。 ㉟ 考实：考验实情。 ㊱ 三府：指太尉府、司徒府、司空府。 ㊲ 陈蕃：字仲举，汝南平舆(今河南平舆北)人。初仕郡，举孝廉，除郎中。太尉李固荐为议郎，迁乐安太守。以拒绝大将军梁冀请托，左转修武令。拜尚书，忤左右，出为豫章太守，再征为尚书令、大鸿胪、光禄勋、尚书仆射、太中大夫。桓帝末，代杨秉为太尉。极谏李膺党事，策免。灵帝立，起为太傅，录尚书事，封高阳乡侯。与大将军窦武同心理政，天下士想望太平。二人谋诛宦官，事泄，皆被杀，其家属、宗族、门生、故吏皆迁徙罢斥禁锢。是为第二次党锢之祸。事见《后汉书·陈蕃列传》。却：拒绝，驳回。
㊳ 海内人誉：天下名士。 ㊴ 犹将十世宥也：应该赦免其子孙十代。《后汉书·耿弇列传》李贤注引《左传》：“晋范宣子之杀叔向之弟羊舌虎而囚叔向，于是祁奚闻之，见宣子曰：‘谋而鲜过，惠训不倦者，叔向有焉，犹将十世宥之，以劝能者也。’” ㊵ 章：明显，通“彰”。 ㊶ 平署：在公文上一起署名。李贤注：“犹连署也。” ㊷ 黄门北寺狱：东汉狱名。时黄门为禁廷官署名，而宦者多为黄门出身，其所在之狱故称黄门北寺狱。已见前注。 ㊸ 引：牵连，株连。 ㊹ 天时：指有天灾、天变。 ㊺ 阳城山：在河南登封市东北，为嵩山支脉。又名车岭山、马岭山。 ㊻ 高尚其道：以其道为高尚，认为他的品质节操非常高尚。

高尚，亦可作动词用，解作赞扬、肯定。 ㊼ 污秽朝廷：以朝廷为污秽，认为朝廷黑暗污浊。污秽，亦可作动词用，解作批评、谴责。 ㊽ 属（zhǔ）意：归心，倾心。 ㊾ 荀爽：字慈明，颍川颍阴（今河南许昌）人。年十二通《春秋》《论语》，耽思经书，不应征聘。桓帝末拜郎中，对策陈便宜，即弃官去。遭党锢，隐居著述，称为硕儒。献帝时，拜平原相、光禄勋、司空，历三官仅九十五日，即从迁长安。事见《后汉书·荀爽列传》。 ㊿ 屈节以全乱世：改变自己的品行操守而保全性命于乱世。 (51) 贻：致送。 (52) 久废过庭：久未拜见，久未谋面。李贤注："《论语》曰：'鲤趋而过庭。子曰：学《诗》乎？曰：未也。'又曰：'孔子恂恂然善诱人。'《诗》曰：'陟彼岵兮，瞻望父兮。'又曰：'一日不见，如三岁兮。'爽致敬于膺，故以父为喻也。" (53) 不闻善诱：未闻教导。 (54) 陟岵（zhì hù）瞻望：思念仰望之极。陟岵，登山。原见《诗经·魏风·陟岵》。 (55) 惟日为岁：度日如年。惟，介词，以。 (56) 直道：正道。不容于时：不能被时人所容纳。 (57) 夷：平坦。 (58) 当即聘问：本应及时问候拜访。 (59) 无状婴疾：突然患病。无状，没有什么症状。 (60) 阙于所仰：失礼于所敬仰之人。阙，通"缺"。 (61) 顷闻：近闻。上帝：指汉灵帝。 (62) 鼎臣：台鼎之臣，大臣，指太尉陈蕃。 (63) 人鬼同谋：谓与众人商议谋划。《易·系辞下》："人谋鬼谋，百姓与能。"王弼注："人谋，况议于众以定失得也。"孔颖达《疏》："谓圣人欲举事之时，先与人众谋图，以定得失。" (64) 贞观：谓以正道示人。贞，正，常。观，示。《易·系辞下》："天地之道，贞观者也。"二五：指《易·乾卦》所载第二爻和第五爻。李贤注："《乾》九二、九五并曰'利见大人'也。"王弼注："利见大人，唯二五焉。"按，《易·乾》："九二：见龙在田，利见大人。""九五：飞龙在天，利见大人。"这一句大意是说，从《易经》的系辞和卦象来看，天子位当龙象，有龙德，应当秉持人间正义。 (65) 利见大人：如果是这样，国家利益才会显现给君主。 (66) 不谓夷之初旦：不料伤之拂晓，没想到朝日刚初升就受到损伤。夷，伤。初旦，拂晓。 (67) 明而未融：虽然有些亮光，但始终不够清朗明亮。融，朗。 (68) 虹蜺扬辉：朝日之不明朗，定是被虹蜺迷乱混浊的色彩所掩蔽。虹蜺，彩虹，以其气色之不正，古时或以之比喻邪乱淫奔。 (69) 弃和取同：贬斥君子，任用小人。李贤注："《春秋考异邮》曰：'虹蜺出，乱惑弃和。'谓弃君子，同小人也。《论语》曰'君子和而不同，小人同而不和'也。" (70) 天地气闭：天地之正气闭塞不通。李贤注："《易·文言》曰：'天地闭，贤人隐。'《否·九五》曰：'大人休否。'休否，谓休废而否塞。" (71) 大人休否（pǐ）：贤人废弃遭厄运。休，息。否，谓天地不交而万物不通，六十四卦之一，与"泰"之天地交而万物通相对。 (72) 智者见险：明智的人看见有危险。 (73) 投以远害：弃官辞职而远避祸害。李贤注："见险难，故投身以远害也。《易》曰：'君子以俭德避难，不可荣以禄。'"按，以上从"人鬼同谋"

至此，凡十一句，皆杂引《易》传之语，蝉联而下，意思固然有些晦涩难懂，而其规劝李膺的深厚用心和迫于险恶时政的无奈，却不难体会出来。这在荀爽，是著名儒家学者，是硕儒大师，搬弄典故，本是信手拈来；这在后代读者，却凭空增添了不少阅读的难度。 ⑭ 虽匮人望：辞官退隐，虽然会减损一些声望。匮，乏，少。 ⑮ 内合私愿：却合乎保全自身的私愿。 ⑯ 愿怡神无事：希望你能怡养心神，不要招惹事端。 ⑰ 偃息衡门：掩闭柴门，不通世务。衡门，横木为门，简陋的房屋。 ⑱ 任其飞沉：听任世事的起伏变化。 ⑲ 与时抑扬：随俗俯仰，随波逐流。 ⑳ 帝：指汉桓帝刘志。永康元年(167 年)十二月，崩于德阳前殿，年三十六。 ㉑ 窦武：字游平，扶风平陵(今陕西咸阳西北)人。少以经行著称，常教授大泽中，不交时事，名显关西。桓帝末，长女选入掖庭为贵人，武拜郎中。其冬，贵人立为皇后，迁越骑校尉，封槐里侯。拜城门校尉，多辟贤士，清身疾恶，不通贿赂，又把两宫赏赐悉数散与太学诸生。疏谏时政之失，桓帝遂赦免李膺、杜密等党人。与众臣立灵帝，辅政专权，拜大将军，更封闻喜侯。与陈蕃等谋诛宦官，事泄，被杀。事见《后汉书·窦武列传》。 ㉒ 张俭：字元节，山阳高平(今山东鱼台东北)人。举茂才，桓帝末为东部督邮。请诛宦官侯览，被告结党，刊章讨捕，亡命遁走。灵帝末年，党禁解，还乡里。公府辟，拜少府，皆不就。献帝初，征为卫尉。事见《后汉书·党锢列传》。 ㉓ 事不辞难：事君不避灾难。李贤注：“《左传》曰：晋侯之弟杨干乱行于曲梁，魏绛戮其仆。晋侯怒，谓羊舌赤曰：‘合诸侯以为荣也。杨干为戮，何辱如之？必杀魏绛，无失也。’对曰：‘绛无贰志，事君不避难，有罪不逃刑，其将来辞，何辱命焉！’” ㉔ 安之：何往，到什么地方去？ ㉕ 考死：拷问至死。 ㉖ 蜀郡：治所在今四川成都市。 ㉗ 未有录牒：未入名册。 ㉘ 谴：谴责，责问，禁锢。 ㉙ 师：从师就学。作动词用。 ㉚ 漏夺名籍：漏写名册。 ㉛ 苟安：苟且偷安，苟且活命。 ㉜ 自表免归：自上表章请求免官归乡，亦即上表辞官而去。 ㉝ 义之：以之为义，认为他的言行是忠义之举。

【参考资料】

宋·王安石《读后汉书》：“党锢纷纷果是非，当时高士见精微。可怜窦武陈蕃辈，欲与天争汉鼎归。”

清·述古斋主人《史论汇函》甲编所录清章邦元《读通鉴札记》“部党二百余人”一文：“尝论汉之党人与明代异。汉之气节，由人主培养而成者也；明之气节，由人主激厉而成者也。汉之党人，主持清议；明之党人，力争朝权。汉之党人，由于征辟，好自立名；明之党人，由于科举，好为夤缘。汉之党人，以君子而攻小人；明之党人，以不在位，而攻在位者。汉之党人，朝野合，而共树一帜；明之党人，朝野分，而各立门户。汉之党人，托穷经而聚于太学；明之党人，托穷理而聚于东林。是以汉之党人，主于扶持善类。虽以在位之李膺、陈蕃，而甘与同徇；明之党人，主于倾排异己，虽以顾、高诸君子，不免为小人所愚。”又有“杀陈蕃窦武”一文：“自古小人之害君子也易，而君子之诛小人也难。非君子之才不逮小人也。陈蕃、窦武既以宦寺当除，诛而后奏，一司隶事耳。惟其顾瞻名义，恐犯擅诛之嫌，是以迟疑不决，卒至自罹于祸。若曹节、王甫，挟天子而迁太后，无所忌惮，所以能杀忠良于顷刻也。”

又，《史论汇函》甲编所录清方宗诚《读史杂记》“李膺党祸”一文：“张成善说风角，推占当赦，遂教子杀人。李膺时为河南尹，督促收捕，既而逢宥获免，膺竟案杀之。成弟子牢修因上书诬告膺等共为部党，诽讪朝廷，疑乱风俗，辞所连及二百余人，党祸实始于此。案，膺此举犯圣人已甚之戒。既已逢宥，是王命也，何必竟案杀之？但疏论不可赦，以听命于上可也。此所以孔子言好刚好勇，必加以好学，而后可与观。陈恒弑君，孔子请讨之，不能，则亦已矣，断不抗君命而自遂也。”

明·张燧《千百年眼》卷六“李膺已甚”一文：“呜呼！人臣挟简亢之风，致令天子倖侍之弟逃命柱中，可谓威望已极。而必欲杀之，膺于是有死道矣。文帝时，申屠嘉为相，亢直何减膺？邓通以小臣戏殿上，亦已令之免冠徒跣，叩头流血而已，未尝必杀之，乃为快也。使膺处此，当复求进于是矣。噫！天下之事，所贵君子通时达变，毋徒苛求已甚。酿成祸端，亦不得不分其责矣。”

自同寒蝉乃罪人

杜密字周甫，颍川阳城人也[①]。为人沉质[②]，少有厉俗志[③]。为司徒胡广所辟[④]，稍迁代郡太守。征，三迁太山太守、北海相[⑤]。其宦官子弟为令长有奸恶者[⑥]，辄捕案之。行春到高密县[⑦]，见郑玄为乡佐[⑧]，知其异器[⑨]，即召署郡职[⑩]，遂遣就学[⑪]。后密去官还家[⑫]，每谒守令，多所陈托[⑬]。同郡刘胜[⑭]，亦自蜀郡告归乡里[⑮]，闭门扫轨[⑯]，无所干及[⑰]。太守王昱谓密曰[⑱]：“刘季陵清高士，公卿多举之者[⑲]。”密知昱激己[⑳]，对曰：“刘胜位为大夫，见礼上宾[㉑]，而知善不荐，闻恶无言，隐情惜己[㉒]，自同寒蝉[㉓]，此罪人也。今志义力行之贤而密达之[㉔]，违道失节之士而密纠之[㉕]，使明府赏刑得中[㉖]，令问休扬[㉗]，不亦万分之一乎[㉘]？”昱惭服，待之弥厚[㉙]。（《后汉书·党锢列传》）

【注释】

① 阳城：县名，治所在今河南登封东南。 ② 沉质：沉静质朴。 ③ 厉俗志：矫厉、改变世俗之志。 ④ 胡广：字伯始，南郡华容(今湖北监利北)人。少孤贫，有雅才，学究五经，入郡为散吏，察孝廉。安帝时拜尚书郎，五迁至尚书仆射。顺帝立，出任济阴太守、汝南太守，入拜大司农。顺帝末，迁司徒，寻代李固为太尉。以定策立桓帝，封育阳安乐乡侯。告老致仕，又曾拜司空、太尉。桓帝末，梁冀诛，坐不卫宫，减死一等，夺爵土，免为庶人，寻拜司徒。灵帝即位，为太傅。在公台三十余年，历事六帝，年八十二卒。事见《后汉书·胡广列传》。 ⑤ 太山：即泰山郡，治所在奉高(今山东泰安东)。北海：西汉置郡，东汉改为国，治所在剧县(今山东昌乐西)。 ⑥ 令长：县令、县长。 ⑦ 行春：指太守在春天巡察所属各县，劝人农桑，赈济贫乏。高密县：治所在今山东高密西南。 ⑧ 郑玄：字康成，北海高密人。少为乡啬夫，造太学受业，师事第五元先、张恭祖，又西入关，师事马融。十余年归乡，教授门徒。党事起，遭禁锢。灵帝末，党禁解，大将军何进辟之，不受朝服，以幅巾见，一宿逃去，仍以教授为业。国相孔融为之特立郑公乡、通德门。精通诸经，所注甚多，称为纯儒，齐鲁间宗之，其影响于后世亦为深远。事见《后汉书·郑玄列传》。乡佐：即乡啬夫。 ⑨ 异器：异才，奇才。 ⑩ 署：署理，暂任，试充。 ⑪ 就学：上学，到学校读书。 ⑫ 去官：离职。 ⑬ 陈托：陈请嘱托，请人办事。 ⑭ 刘胜：字季陵，亦颍川郡人。曾任蜀郡太守。 ⑮ 告归：告老归乡。 ⑯ 闭门扫轨：紧闭大门，扫除车辙痕迹，形容其深居简出、不通世务之状。 ⑰ 无所干及：凡是官员，谁都不去干谒请托。 ⑱ 王昱：时为颍川太守。 ⑲ 举：荐。 ⑳ 激：激发，勉励。 ㉑ 见礼上宾：被上宾之礼，受上宾的礼遇。上宾，贵客，嘉宾。 ㉒ 隐情惜己：隐瞒实情，为保自身。惜，爱惜。 ㉓ 自同寒蝉：自己就像秋天的蝉一样，不鸣不叫。成语“噤若寒蝉”，本此。李贤注：“寒蝉，谓寂默也。《楚辞》曰：‘悲哉，秋之为气也，蝉寂漠而无声。’” ㉔ 志义力行之贤：有志于道义而又身体力行的贤者。李贤注：“力行，谓尽力行善也。《礼记》曰：‘好问近乎智，力行近乎仁。’”密达之：我暗中给他们帮忙出力。达，推举，显达。 ㉕ 违道失节之士：对违背道义而又改变节操的士人。密纠之：我暗中纠察揭发他们。 ㉖ 使明府赏刑得中：使太守您赏罚得当，不会走眼。 ㉗ 令问：令闻，美好的声名。问，通“闻”。休扬：显扬。 ㉘ 不亦万分之一乎：不是也为国家尽点绵薄之力吗？万分之一，极少，谦辞。 ㉙ 弥：更加。

【参考资料】

南朝宋·范晔《后汉书·党锢列传》：“后桓帝征拜尚书令，迁河南尹，转太仆。党事既起，免归本郡，与李膺俱坐，而名行相次，故时人亦称‘李杜’焉。后太傅陈蕃辅政，复为太仆。明年，坐党事被征，自杀。”李贤注：“前有李固、杜乔，故言‘亦’也。”

不忍祸连万家

夏馥字子治，陈留圉人也①。少为书生，言行质直②。同县高氏、蔡氏并皆富殖③，郡人畏而事之④，唯馥比门不与交通⑤，由是为豪姓所仇⑥。桓帝初，举直言⑦，不就⑧。馥虽不交时宦⑨，然以声名为中官所惮，遂与范滂、张俭等俱被诬陷⑩，诏下州郡，捕为党魁⑪。及俭等亡命⑫，经历之处⑬，皆被收考⑭，辞所连引⑮，布遍天下。馥乃顿足而叹曰：“孽自己作⑯，空污良善⑰，一人逃死，祸及万家，何以生为⑱！”乃自剪须变形⑲，入林虑山中⑳，隐匿姓名，为冶家佣㉑。亲突烟炭㉒，形貌毁瘁㉓，积二三年㉔，人无知者。后馥弟静，乘车马，载缣帛，追之于涅阳市中㉕。遇馥不识，闻其言声㉖，乃觉而拜之㉗。馥避不与语，静追随至客舍，共宿。夜中密呼静曰㉘：“吾以守道疾恶㉙，故为权宦所陷。且念营苟全㉚，以庇性命，弟奈何载物相求㉛，是以祸见追也㉜。”明旦㉝，别去。党禁未解而卒㉞。（《后汉书·党锢列传》）

【注释】

① 圉：县名，治所在今河南杞县西南圉镇。 ② 质直：质朴正直。 ③ 富殖：财货充足，富裕。 ④ 事：事奉，奉承。 ⑤ 比门：并门，门挨门。交通：交结，来往。 ⑥ 豪姓：大姓，富豪之家。 ⑦ 直言：直言极谏或贤良方正能直言极谏的简称，汉代察举科目名，始见晁错《举贤良对策》和《史记·孝文本纪》。 ⑧ 不就：不应征辟，不出为官。 ⑨ 时宦：当时的官宦，当时的官场人物。 ⑩ 范滂：字孟博。事详见下文。 ⑪ 党魁：党首，党人中最有影响力或被奉为首领的人物。 ⑫ 亡命：为活命而逃亡。 ⑬ 经历：路过，经过。 ⑭ 收考：拘捕拷问。 ⑮ 辞所连引：供词所牵连。 ⑯ 孽自己作：罪孽由自己造下。 ⑰ 空污良善：而却白白地污蔑陷害好人。 ⑱ 何以生为：还有什么脸面活在世上？ ⑲ 剪须变形：剪掉须发，毁损形貌。 ⑳ 林虑山：原名隆虑山，在今河南林县西。为避东汉殇帝刘隆之讳，遂改名林虑。 ㉑ 为冶家佣：做铁匠铺的雇工。冶，冶铁，打铁。 ㉒ 亲突烟炭：自己整天地被烟炭熏烤。突，

冒，冲犯。㉓形貌毁瘁：容貌损毁，身体瘦削，由书生变铁匠矣。㉔积：累积，经过。㉕涅阳：县名，治所在今河南邓州市东北。㉖闻其言声：听到他说话的声音。㉗觉：觉察，发现。㉘密：隐秘，悄悄。㉙守道疾恶：持守道义，嫉恨奸佞。㉚"且念"句：同时，我又想寻求一条苟且全身之道(即变形遁隐之路)。且，又，作副词。㉛载物相求：车载缣帛到处寻找我。㉜是以祸见追：此以祸被追，意谓此举会给我招来灾祸。㉝明旦：明早，第二天早晨。㉞卒：去世。

【参考资料】

南朝宋·范晔《后汉书·党锢列传》："论曰：李膺振拔污险之中，蕴义生风，以鼓动流俗，激素行以耻威权，立廉尚以振贵执(势)，使天下之士奋迅感慨，波荡而从之，幽深牢破室族而不顾，至于子伏其死而母欢其义。壮矣哉！子曰：'道之将废也与？命也！'"

慨然有澄清天下之志

范滂字孟博，汝南征羌人也[①]。少厉清节[②]，为州里所服，举孝廉、光禄四行[③]。时冀州饥荒，盗贼群起，乃以滂为清诏使[④]，案察之[⑤]。滂登车揽辔，慨然有澄清天下之志[⑥]。及至州境，守令自知臧污，望风解印绶去[⑦]。其所举奏[⑧]，莫不厌塞众议[⑨]。迁光禄勋主事。时陈蕃为光禄勋，滂执公仪诣蕃[⑩]，蕃不止之，滂怀恨，投版弃官而去[⑪]。郭林宗闻而让蕃曰[⑫]："若范孟博者[⑬]，岂宜以公礼格之[⑭]？今成其去就之名[⑮]，得无自取不优之议也[⑯]？"蕃乃谢焉[⑰]。

复为太尉黄琼所辟[⑱]。后诏三府掾属举谣言[⑲]，滂奏刺史、二千石权豪之党二十余人。尚书责滂所劾猥多[⑳]，疑有私故[㉑]。滂对曰："臣之所举，自非叨秽奸暴[㉒]，深为民害，岂以污简札哉[㉓]！间以会日迫促[㉔]，故先举所急，其未审者[㉕]，方更参实[㉖]。臣闻农夫去草，嘉谷必茂[㉗]；忠臣除奸，王道以清[㉘]。若臣言有贰[㉙]，甘受显戮[㉚]。"吏不能诘。滂睹时方艰[㉛]，知意不行[㉜]，因投劾去[㉝]。

太守宗资先闻其名[㉞]，请署功曹[㉟]，委任政事。滂在职，严整疾恶[㊱]。其有行违孝悌[㊲]，不轨仁义者[㊳]，皆扫迹斥逐[㊴]，不与共朝[㊵]。显荐异节[㊶]，抽拔幽陋[㊷]。滂外甥西平李颂[㊸]，公族子孙[㊹]，而为乡曲所弃[㊺]，中常侍唐衡以颂请资[㊻]，资用为吏。滂以非其人[㊼]，寝而不召[㊽]。资迁怒[㊾]，捶书佐朱零[㊿]。零仰曰："范滂清裁[51]，犹以利刃齿腐朽[52]。今日宁受笞死[53]，而滂不可违。"资乃止。郡中中人以下[54]，莫不归怨[55]，乃指滂之所用以为"范党"[56]。

后牢修诬言钩党[57]，滂坐系黄门北寺狱[58]。狱吏谓曰："凡坐系皆祭皋陶[59]。"滂曰："皋陶贤者，古之直臣。知滂无罪，将理之于帝[60]；如其有罪[61]，祭之何益[62]！"众人由此亦止。狱吏将加掠考[63]，滂以同囚多婴病[64]，乃请先就格[65]，遂与同郡袁忠争受楚毒[66]。桓帝使中常侍王甫以次辨诘[67]，滂等皆三木囊头[68]，暴于阶下[69]。余人在前[70]，或对或否[71]，滂忠于后越次而进[72]。王甫诘曰："君为人臣[73]，不惟忠国[74]，而共造部党[75]，自相褒举[76]，评论朝廷，虚构无端[77]，诸所谋结[78]，并欲何为[79]？皆以情对[80]，不得隐饰[81]。"滂对曰："臣闻仲尼之言：'见善如不及[82]，见恶如探汤[83]。'欲使善善同其清[84]，恶恶同其污[85]，谓王政之所愿闻[86]，不悟更以为党[87]。"甫曰："卿更相拔举[88]，迭为唇齿[89]，有不合者，见则排斥，其意如何[90]？"滂乃慷慨仰天曰[91]："古之循善[92]，自求多福；今之循善，身陷大戮。身死之日，愿埋滂于首阳山侧[93]，上不负皇天[94]，下不愧夷齐。"甫愍然为之改容[95]。乃得并解桎梏[96]。

滂后事释[97]，南归。始发京师，汝南、南阳士大夫迎之者数千两[98]。同囚乡人殷陶、黄穆，亦免俱归[99]，并卫侍于滂，应对宾客。滂顾谓陶等曰："今子相随，是重吾祸也[100]。"遂遁还乡里[101]。

初，滂等系狱，尚书霍谞理之[102]。及得免，到京师，往候谞而不为谢[103]。或有让滂者[104]，对曰："昔叔向婴罪[105]，祁奚救之[106]，未闻羊舌有谢恩之辞，祁老有自伐之色[107]。"竟无所言。

建宁二年[108]，遂大诛党人，诏下急捕滂等。督邮吴导至县[109]，抱诏书，闭传舍[110]，伏床而泣。滂闻之，曰："必为我也。"即自诣狱[111]。县令郭揖大惊，出解印绶，引与俱亡[112]。曰："天下大矣，子何为在此[113]？"滂曰："滂死则祸塞[114]，何敢以罪累君，又令老母流离乎！"其母就与之诀[115]。滂白母曰[116]："仲博孝敬[117]，足以供养，滂从龙舒君归黄泉[118]，存亡各得其所[119]。惟大人割不可忍之恩[120]，勿增感戚[121]。"母曰："汝今得与李杜齐名[122]，死亦何恨！既有令名[123]，复求寿考[124]，可兼得乎？"滂跪受教，再拜而辞[125]。顾谓其子曰[126]："吾欲使汝为恶[127]，则恶不可为；使汝为善，则我不为恶[128]。"行路闻之[129]，莫不流涕。时年三十三。(《后汉书·党锢列传》)

【注释】

① 征羌：东汉所置县，治所在今河南郾城东南。 ② 少厉清节：自少时便激励自己要有品格操行。厉，磨砺，砥砺。清节，清操，高尚的节操。 ③ 光禄四行：汉代察举科目名。李贤注："《汉官仪》曰：'光禄举敦厚、质朴、逊让、

节俭。'此为四行也。"由光禄勋负责举荐有四种美德的人才，是为光禄四行。④ 清诏使：清查诏令执行情况的专使，是钦差。 ⑤ 案察：查处。 ⑥ 慨然：感情激昂振奋貌。 ⑦ 望风：听到风声，见到动静。 ⑧ 举奏：举发劾奏，揭发。 ⑨ 莫不厌塞众议：无不顺应公众舆论。厌，满足，通"餍"。 ⑩ 执：执礼。公仪：公家规定的礼仪。 ⑪ 投版：投笏。笏，大臣朝拜时手中所执的狭长板子，用玉、象牙或木、竹片制成，又称手板。主要作用是记事，上朝前需要奏报之提纲，朝会所议之要点，皆须书写出来，以作提示，或者防备遗忘。事后擦掉或刮掉字迹，即可重复用之。 ⑫ 郭林宗：郭太，字林宗，太原界休(今山西介休东南)人。家贫早孤，博学多通。游学洛阳，与李膺结交，名震京师。不应公府征辟，周游郡国，闭门教授，弟子以千数。事见《后汉书·郭太列传》。让：责让，责备。 ⑬ 若：如。 ⑭ 公礼：即公仪。格：匡正，纠正，要求，限制。 ⑮"今成"句：现在你成就了他该仕则仕、该隐则隐的美名。去就，指持守道义原则的做官与辞官。 ⑯"得无"句：岂不是自讨别人的不好评论吗？得无，能不，莫非，岂不是。 ⑰ 谢：谢罪，道歉。 ⑱ 黄琼：字世英，江夏安陆(今湖北安陆西北)人。黄香之子。初，不应征辟。顺帝末，以李固劝，即应议郎，迁尚书仆射、尚书令，历魏郡太守、太常。桓帝时，迁司空、司徒、太尉，封邟乡侯。事见《后汉书·黄琼列传》。 ⑲ 举谣言：由三公主持会议，把采集到的对州郡官员的绩效评语奏报给朝廷。李贤注："《汉官仪》曰：三公听采长史臧否，人所疾苦，还条奏之，是为举谣言也。顷者举谣言，掾属令史都会殿上，主者大言，州郡行状云何，善者同声称之，不善者默尔衔枚。" ⑳ 责：指责，责备。所劾猥多：所劾奏揭发的官员太多太滥。猥，众，多。 ㉑ 私故：私心，私情。 ㉒ 自非叨秽奸暴：如果不是贪秽奸暴之人。自，假如。 ㉓ 岂以污简札哉：怎能把他的名字写入奏疏而玷污简札呢？ ㉔ 间以会日迫促：又因朝会之日太仓促。间，间或。 ㉕ 审：明悉，详知。 ㉖ 方更参实：当再查验核实。 ㉗ 嘉谷：生长茁壮的稻谷。李贤注："《左传》曰：为国家者，见恶如农夫之务去草焉。" ㉘ 王道以清：朝政才能清平。王道，儒家所倡导的以仁义治天下的政治主张，往往与"霸道"相对。 ㉙ 若臣言有贰：如果我劾奏揭发的人员有违事实。贰，异，违背。 ㉚ 甘受显戮：愿受死刑。 ㉛ 睹时方艰：看时局险恶。方，正。 ㉜ 意：指报国的心志。 ㉝ 投劾：自投其劾状而去，向朝廷投递弹劾自己的状文，是古人弃官的方式之一。 ㉞ 宗资：字叔都，南阳安乐(今河南新野县东北)人。家代为汉将相名臣。少在京师，学《孟氏易》《欧阳尚书》。举孝廉，拜议郎，补御史中丞、汝南太守，后为中郎将。 ㉟ 署：署理，代理。功曹：郡守属官分曹办事，功曹掌人事及政务。 ㊱ 严整：严厉，严格。 ㊲ 行：行为。 ㊳ 不轨：不合。轨，轨范，道德规范。 ㊴ 扫迹斥逐：

扫迹出门，赶出官场。 ㊵ 共朝：同朝。 ㊶ 显荐异节：极力举荐有奇才异节的人。 ㊷ 抽拔幽陋：提拔不知名而又贫困的人。 ㊸ 西平：县名，治所在今河南西平县西。 ㊹ 公族：贵族。 ㊺ 乡曲：乡邻，乡亲。 ㊻ 唐衡：颍川郾(今河南郾城县南)人。桓帝初为小黄门史，后与诛梁冀，迁中常侍，封汝阳侯。为宦官同日所封五侯之一。请：请托。 ㊼ 以非其人：认为他不适合为吏。㊽ 寝：寝命，把委任为吏的命令压下。寝，止息。 ㊾ 迁怒：把怒气撒到别人身上。迁，移。 ㊿ 捶：捶击，用棍棒打人。书佐：主办文书的佐吏。 (51) 清裁：清明的裁断。 (52) 齿：咬啮，砍削。形容其办事干净利索。 (53) 宁：宁可，宁愿。 (54) 中人：中等的人，常人。《论语·雍也》："中人以上，可以语上也；中人以下，不可以语上也。" (55) 莫不归怨：无不埋怨范滂。 (56) 用：任用，重用。 (57) 牢修：时方士张成交接宦官，推占当赦，遂教子杀人，河南尹李膺捕之而逢赦免归，膺感愤之余终案杀之。成弟子牢修上书诬告膺等结党诽谤，于是党锢之祸起，所牵连有二百余人。 (58) 坐系：坐罪囚禁。 (59) 皋陶(yáo)：古史传说中的贤臣，虞舜曾任之为法官，后遂被奉为狱神。 (60) 理：申诉，辩白。帝：天帝。 (61) 其：语气助词。 (62) 何益：有何益处？ (63) 掠考：拷问。(64) 婴病：患病。 (65) 格：拷打。 (66) 楚毒：指酷刑。 (67) 王甫：宦官。曾为黄门令，与曹节等共诛窦武、陈蕃，迁中常侍，封关内侯。又诬奏桓帝弟渤海王悝谋反，诛之，封冠军侯。灵帝光和中，死狱中。以次辨诘：依次审讯。(68) 三木囊头：李贤注："三木，项及手足皆有械，更以物蒙覆其头也。《前书》司马迁曰：'魏其，大将也，衣赭关三木也。'" (69) 暴(pù)：晒。 (70) 余人：他人。(71) 或对或否：有人对答，有人不答。 (72) 越次：越过原先的次序，抢先，提前。(73) 君：你。 (74) 惟：思。 (75) 共造部党：一起结党分派。 (76) 自相褒举：同党之人互相褒扬举荐。 (77) 虚构无端：编造莫须有的罪名。 (78) 诸所谋结：诸多谋划算计。 (79) 并欲何为：都想干什么？ (80) 皆以情对：都从实招供。情，实。 (81) 隐饰：隐瞒掩饰。 (82) 见善如不及：看见良善，就像赶不上似的努力追赶。按，此二句，原见《论语·季氏》。 (83) 见恶如探汤：看见邪恶，就像把手伸进沸水那样赶紧避开。李贤注："探汤，喻去疾也。" (84) 欲使善善同其清：想使良善结交良善，大家都变得清白廉正。善善，前一个"善"字作动词用。(85) 恶恶(wù è)同其污：想使世人都厌恶邪恶，而不同其污浊。恶恶，前一个"恶"字亦作动词用。按，二句即奖善嫉恶、激浊扬清的意思，同时，又似把善恶两途各分道扬镳的意思涵蕴其中。第二句似有省略，故含义有些晦涩。《荀子·强国》："彼先王之道也，一人之本也，善善恶恶之应也，治必由之，古今一也。"《史记·太史公自序》："善善恶恶，贤贤贱不肖。" (86) 王政：即朝政，朝廷。(87) 不悟：不觉悟，不料。 (88) 卿更相拔举：你等互相举荐提拔。 (89) 迭为唇齿：犹如唇齿之紧密相连。迭，叠加，相依。 ⑳ 其意如何：你们到底在想什么？ ㉑ 仰天：仰首望天。 ㉒ 循善：向善，走善道。 ㉓ 首阳山：用伯夷、叔齐事，已见前注。李贤注："伯夷、叔齐饿死首阳山，见《史记》。首阳山在洛阳东北。" ㉔ 皇天：对天及天神的尊称。 ㉕ 愍然：哀怜貌。改容：因感动而脸色有变。 ㉖ 桎梏：刑具，三木。李贤注："郑玄注《周礼》曰：木在足曰桎，在手曰梏。" ㉗ 事释：事情解决，被释放。 ㉘ 两：车辆，通"辆"。 ㉙ 免：免罪。俱归：同归。 ⑩ 重：加重。 ⑪ 遁：逃。 ⑫ 霍谞：字叔智，魏郡邺(今河北临漳县西南)人。少为诸生，明经。仕郡，举孝廉，稍迁金城太守、北海相，入为尚书仆射。历河南尹、司隶校尉、少府、廷尉，卒官。事见《后汉书·霍谞列传》。理：审理。 ⑬ 候：探望，问候。 ⑭ 让：责让，责备。 ⑮ 叔向：春秋时晋国大夫，羊舌氏，名肸。因其弟羊舌虎和栾盈同党，一度为范宣子所囚。后为太傅。李贤注："《左传》：晋讨栾盈之党，杀叔向之弟羊舌虎，并囚叔向。于是祁奚闻之，见范宣子曰：'夫谋而鲜过，惠训不倦者，叔向有焉。社稷之固也，犹将十代宥之，今一不免其身，不亦惑乎？'宣子说而免之。祁奚不见叔向而归，叔向亦不告免焉而朝。"婴罪：犯罪。 ⑯ 祁奚：晋大夫，字黄羊。任中军尉，告老前举仇人解狐以代，将立而卒，又举其子午以代，史称其外举不避仇，内举不避亲。 ⑰ 自伐：自夸，自我夸耀显白。 ⑱ 建宁二年：公元169年。建宁，汉灵帝年号。 ⑲ 督邮：官名，汉代太守的重要属官。协助郡守督察县乡，宣达教令，兼管司法狱讼、缉捕逃亡等。 ⑩ 闭传舍：紧闭传舍大门。传舍，驿舍，驿站。 ⑪ 即自诣狱：就自己跑到狱中。 ⑫ 引与俱亡：拽着他要和他一起逃亡。 ⑬ 何为在此：为何要待在此地？ ⑭ 祸塞：祸止。 ⑮ 其母就与之诀：滂母亲至监狱与他诀别。就，趋就，入。 ⑯ 白：禀告，告诉。 ⑰ 仲博：李贤注："滂弟也。" ⑱ 龙舒君：指范滂已故之父。李贤注引谢承书曰："滂父显，故龙舒侯相也。" ⑲ 存亡：生死。 ⑳ 惟：希望。割不可忍之恩：弃绝不忍割之私恩。 ㉑ 感戚：悲戚，感伤。 ㉒ 李杜：指李膺、杜密。 ㉓ 令名：美名。 ㉔ 寿考：年高，长寿。 ㉕ 再拜：跪拜了两次。 ㉖ 其子：指范滂之子。 ㉗ 为恶：学坏，做坏事。 ㉘ 则我不为恶：而我虽然被杀，却并非做坏事所致。言外之意似乎是说，向善固然有好报，而世事难料，有时向善者却可能被杀；有时会被杀，也不能弃善为恶。要之，其子年纪尚小，人世之险恶尚为懵懂也；要之，此语转折较大，显得有些晦涩，当为悲感交集之语，言外多少有对黑白颠倒、污浊不堪的世道的愤慨在。 ㉙ 行路：路人，路过者。

【参考资料】

南朝宋·范晔《后汉书·党锢列传序》："汝南太守宗资任功曹范滂，南阳太守成瑨亦委功曹岑晊，二郡又为谣曰：‘汝南太守范孟博，南阳宗资主画诺。南阳太守岑公孝，弘农成瑨但坐啸。’因此流言转入太学，诸生三万余人，郭林宗、贾伟节为其冠，并与李膺、陈蕃、王畅更相褒重。学中语曰：‘天下楷模李元礼，不畏强御陈仲举，天下俊秀王叔茂。’又渤海公族进阶、扶风魏齐卿，并危言深论，不隐豪强。自公卿以下，莫不畏其贬议，屣履到门。”

南朝宋·刘义庆《世说新语·德行》：“陈仲举(陈蕃，字仲举)言为士则，行为世范，登车揽辔，有澄清天下之志。”

后晋·刘昫《旧唐书·姚璹列传》载则天降玺书劳璹曰：“乃眷蜀中，氓俗殷杂，久缺良守，弊于侵渔，政以贿成，人无措足。是用命卿出镇，寄兹存养。果能揽辔澄清，下车整肃。吏不敢犯，奸无所容，前后纠擿，盖非一绪。贪残之伍，屏迹于列城；剽夺之俦，遁形于外境。讵劳期月，康此黎元，言念德声，良深嘉尚。宜布琅邪之化，当以豫州为法。”“则天又尝谓侍臣曰：‘凡为长官，能清自身者甚易，清得僚吏者甚难。至于姚璹，可谓兼之矣。’”

宋·欧阳修《资政殿学士户部侍郎文正范公神道碑铭》：“公(范仲淹)少有大节，于富贵贫贱毁誉欢戚不一动其心，而慨然有志于天下。”

宋·李焘《续资治通鉴长编》，太宗淳化二年：“(御史中丞王化基)尝慕范滂揽辔澄清之志，献《澄清略》，言五事云云。书奏，上嘉纳其言，即有意大用。”

元·脱脱《宋史·苏轼列传》：“程氏读东汉《范滂传》，慨然太息，轼请曰：‘轼若为滂，母许之否乎?’程氏曰：‘汝能为滂，吾顾不能为滂母邪?’”

清·龚自珍《己亥杂诗》之一〇七：“少年揽辔澄清意，倦矣应怜缩手时。今日不挥闲涕泪，渡江只怨别蛾眉。”

清·述古斋主人《史论汇函》甲编所录清章邦元《读通鉴札记》“范滂为清诏使”一文：“范滂一为诏使，便尔伉直不挠，殆孔子所谓‘恶不仁者’。夫恶不仁之人，其情性严毅，不容一毫之恶，故能如此。末俗专尚姑息，以博长厚之名。自袁安不肯举发赃污，称为长者，遂成风俗。范滂矫之，而举朝哗然。所谓用宽易，用猛难也。”

又，《史论汇函》甲编所录清方宗诚《读史杂记》“范滂执公仪诣陈蕃”一文：“范滂为光禄勋主事，时陈蕃为光禄勋，滂执公仪请蕃，蕃不止也。滂怀恨，投版弃官而去。郭林宗让蕃曰：‘范孟博岂可以公礼格之?’蕃乃谢焉。窃谓蕃固于待贤之礼未尽，滂亦未合义也。公仪定自朝廷，岂得以己贤而可不守？非所谓奈(?)后而行之道也。《易》曰：‘君子以辨上下，定民志。’孔子当事有官职，以其官召之则往，何谓邪？孟博气节之士，未知以义理养其心，故能高而不能下，能伸而不能屈。所以君子贵审义以处中，克己以复礼也。”

望门投止

张俭字元节，山阳高平人，赵王张耳之后也①。父成，江夏太守。俭初举茂才，以刺史非其人②，谢病不起③。延熹八年④，太守翟超请为东部督邮⑤。时中常侍侯览家在防东，残暴百姓，所为不轨⑥。俭举劾览及其母罪恶，请诛之。览遏绝章表⑦，并不得通⑧，由是结仇。乡人朱并，素性佞邪⑨，为俭所弃，并怀怨恚，遂上书告俭与同郡二十四人为党，于是刊章讨捕⑩。俭得亡命⑪，困迫遁走⑫，望门投止⑬，莫不重其名行，破家相容。后流转东莱，止李笃家。外黄令毛钦操兵到门⑭，笃引钦谓曰⑮：“张俭知名天下，而亡非其罪。纵俭可得，宁忍执之乎⑯？”钦因起抚笃曰⑰：“蘧伯玉耻独为君子，足下如何自专仁义⑱？”笃曰：“笃虽好义，明廷今日载其半矣⑲。”钦叹息而去。笃因缘送俭出塞⑳，以故得免。其所经历，伏重诛者以十数㉑，宗亲并皆殄灭㉒，郡县为之残破。

中平元年㉓，党事解，乃还乡里。大将军、三公并辟，又举敦朴，公车特征，起家拜少府㉔，皆不就。献帝初，百姓饥荒，而俭资计差温㉕，乃倾竭财产，与邑里共之，赖其存者以百数。(《后汉书·党锢列传》)

【注释】

① 张耳：汉初诸侯王。李贤注：“大梁人也。高祖立为赵王。” ② 以刺史非其人：认为刺史不是称职的官员。 ③ 谢病不起：托病不仕。 ④ 延熹八年：公元165年。延熹，汉桓帝年号。 ⑤ 翟超：时为山阳太守。亦为汉末反对宦官的名士，与张俭、刘表、岑晊等皆为所谓“八及”之成员。党狱起，与范滂等百余人皆死狱中。东部督邮：汉代一郡往往分部巡察，大郡有分两部、四部、五部者，每部皆设一督邮。 ⑥ 所为不轨：所干的事大多违法。 ⑦ 遏绝章表：把张俭揭发他的章表扣下。遏绝，断绝，阻断。 ⑧ 并不得通：都不能上达朝廷。⑨ 素性：本性，生性。 ⑩ 刊章讨捕：李贤注：“刊，削。不欲宣露(朱)并名，故削除之，而直捕(张)俭等。” ⑪ 亡命：逃亡保命。 ⑫ 困迫遁走：狼狈出逃。困迫，窘迫。 ⑬ 望门投止：看见有人家就去投宿躲藏。 ⑭ 外黄：县名，治所在今河南民权县西北。操兵：手持兵器。 ⑮ 引：拉，拽。 ⑯ 宁忍执之乎：怎能忍心抓他呢？ ⑰ 起：起身。抚：抚慰，安慰。 ⑱ 足下：你。敬辞，称对方。如何自专仁义：怎能独行仁义之举？言下之意，我也是君子，也会有仁义

之举动，你未免小瞧我了。自专，独占，独擅。⑲明廷：李贤注："犹明府。言不执(张)俭，得义之半也。"今日载其半：今天如果放走张俭，你便承担了仁义的一半，你也是好义之人。载，承受，担负，分担。⑳因缘：托关系，找门路。㉑伏重诛者：伏重罪者，被杀头的人。㉒殄灭：灭绝。㉓中平元年：公元184年。中平，汉灵帝年号。㉔起家：应征起身离家去做官。㉕资计：资财，资产。计，经济力量。差温：比较富裕。差，略微。温，丰足。

【参考资料】

南朝宋·范晔《后汉书·党锢列传》："论曰：昔魏齐违(避)死，虞卿解印；季布逃亡，朱家甘罪。而张俭见怒时王，颠沛假命，天下闻其风者，莫不怜其壮志，而争为之主。至乃捐城委爵，破族屠身，盖数十百所，岂不贤哉！然俭以区区一掌，而欲独堙(塞)江河，终婴疾甚之乱，多见其不知量也。"李贤注："《史记》：魏齐，魏之诸公子也。虞卿，赵相也。范睢入秦，为昭王相，昭王乃遗赵王书曰：'魏齐，范睢之仇也，急持其头来。'赵王乃围齐，齐急亡，见虞卿。卿度(估计)赵王不可说，乃解其印，与齐往信陵君所。信陵君初闻之疑，后乃出迎。齐闻信陵初疑，遂自刎。赵王持其头遗秦也。"又注："季布，楚人。为项羽将，数窘汉王。羽败，汉购求布千金，敢舍匿，罪三族。布匿濮阳周氏，髡钳布，之(至)鲁朱家所卖之。朱家心知是季布也，买置田舍。乃往洛阳，见汝阴侯灌婴，说之曰：'季布何罪？臣各为主用，职耳。'汝阴侯言于高帝，帝乃赦之。拜郎中，后为河东守也。"

清·述古斋主人《史论汇函》甲编所录清方宗诚《读史杂记》"张俭岑晊讦直求名"一文："吾读《党锢传》，独不满于张俭、岑晊二人。既欲讦直以求义勇之名，祸至则避之，而使他人被其害，党锢诸君子无此也。其殆小人之尤者欤？后见吕新吾先生，亦有此论。"

清·谭嗣同《狱中题壁》："望门投止思张俭，忍死须臾待杜根。我自横刀向天笑，去留肝胆两昆仑。"

竟诛富贾

岑晊字公孝，南阳棘阳人也[①]。父豫，为南郡太守[②]，以贪叨诛死[③]。晊年少未知名，往候同郡宗慈[④]，慈方以有道见征[⑤]，宾客满门，以晊非良家子[⑥]，不肯见。晊留门下数日，晚乃引入。慈与语，大奇之，遂将俱至洛阳⑦，因诣太学受业。

晊有高才，郭林宗、朱公叔等皆为友⑧，李膺、王畅称其有干国器⑨，虽在闾里⑩，慨然有董正天下之志⑪。太守弘农成瑨下车⑫，欲振威严，闻晊高名，请为功曹，又以张牧为中贼曹吏⑬。瑨委心晊、牧⑭，褒善纠违，肃清朝府⑮。宛有富贾张汎者⑯，桓帝美人之外亲⑰，善巧雕镂玩好之物，颇以赂遗中官⑱，以此并得显位，恃其伎巧⑲，用执纵横⑳。晊与牧劝瑨收捕汎等，既而遇赦，晊竟诛之，并收其宗族宾客，杀二百余人，后乃奏闻。于是中常侍侯览使汎妻上书讼其冤。帝大震怒，征瑨，下狱死。晊与牧亡匿齐鲁之间㉑。会赦出。后州郡察举，三府交辟㉒，并不就。及李杜之诛，因复逃窜，终于江夏山中云㉓。(《后汉书·党锢列传》)

【注释】

① 棘阳：县名，治所在今河南南阳市南。 ② 南郡：治所在今湖北江陵县。③ 贪叨：贪残。 ④ 候：问候，探望。宗慈：字孝初，南阳安众(今南阳市西南)人。举孝廉，九辟公府，有道征，皆不就。后为修武令，以太守出自权豪，多取货赂，遂弃官去。事见《后汉书·党锢列传》 ⑤ 有道：汉代察举科目之一，有才艺或有道德者。见征：被征。 ⑥ 非良家子：岑晊父亲以贪叨被诛，是贪官的儿子，故称。 ⑦ 将：带领。俱：同。 ⑧ 朱公叔：朱穆，字公叔，南阳宛(今河南南阳市)人。晖孙頡子。少有英才，学明五经。初举孝廉，大将军梁冀辟之。桓帝即位，为侍御史。感时浇薄，慕尚敦笃，作《崇厚论》《绝交论》，以矫世俗之弊。数谏梁冀之骄暴，不听。擢冀州刺史，奏劾权贵，下狱，输作左校。太学生数千人上书救之，赦出居家。多荐之者，征拜尚书。志除宦官，屡谏，中官诋毁之，愤懑发疽卒。事见《后汉书·朱晖列传》。 ⑨ 干国器：治国才干。⑩ 闾里：乡里，乡间。 ⑪ 董正：督察整顿。 ⑫ 成瑨：字幼平，弘农(今河南灵宝东北)人。少修仁义，笃学，举孝廉，拜郎中，迁南阳太守。以收纠宦官外戚，下狱死。 ⑬ 中贼曹：郡守属官之一，主逐捕盗贼事。 ⑭ 委心：倾心，托心。 ⑮ 朝府：府朝，官署。 ⑯ 宛：县名，治所即今南阳市。 ⑰ 美人：妃嫔称号之一，位在贵人之下。外亲：外戚。 ⑱ 赂遗中官：贿赂赠送宦官。⑲ 恃其伎巧：倚赖着他制作的精美奇巧的艺术品。 ⑳ 用执：用势，弄权。㉑ 亡匿：逃亡藏匿。 ㉒ 三府交辟：太尉府、司徒府、司空府交互征辟。㉓ 终：终老，老死。

【参考资料】

南朝宋·范晔《后汉书·党锢列传》载贾彪事："先是，岑晊以党事逃亡，亲友多匿焉，彪独闭门不纳，时人望(怨)之。彪曰：‘《传》(《左传》)言：相(视)时而动，无累后人。公孝以要君致衅，自遗其咎，吾以不能奋戈相待，反可容隐之乎?’于是咸服其裁正。”

贾父所长

贾彪字伟节，颍川定陵人也①。少游京师，志节慷慨，与同郡荀爽齐名。初仕州郡，举孝廉，补新息长②。小民困贫，多不养子，彪严为其制③，与杀人同罪。城南有盗劫害人者，北有妇人杀子者，彪出案发④，而掾吏欲引南⑤。彪怒曰：“贼寇害人，此则常理；母子相残，逆天违道。”遂驱车北行，案验其罪。城南贼闻之，亦面缚自首⑥。数年间，人养子者千数，佥曰⑦：“贾父所长⑧”。生男名为“贾子⑨”，生女名为“贾女”。(《后汉书·党锢列传》)

【注释】

① 定陵：县名，汉代治所在今河南舞阳县北。 ② 新息：县名，汉代治所在今河南息县西南。 ③ 严为其制：规定了严格的养子制度。 ④ 案发：到案件发生地查验。李贤注：“就发处案验之。” ⑤ 欲引南：想引导他到城南去。⑥ 面缚：双手反绑于背而面向前。古人用以表示投降请罪。 ⑦ 佥：都，皆。⑧ 长：成长，抚育。 ⑨ 名：起名，称作。

【参考资料】

南朝宋·范晔《后汉书·党锢列传》：“(桓帝)延熹九年，党事起，太尉陈蕃争之不能得，朝廷寒心，莫敢复言。彪谓同志曰：‘吾不西行，大祸不解。’乃入洛阳，说城门校尉窦武、尚书霍谞，武等讼之，桓帝以此大赦党人。李膺出，曰：‘吾得免此，贾生之谋也。’(略)以党禁锢，卒于家。初，彪兄弟三人，并有高名，而彪最优，故天下称曰‘贾氏三虎，伟节最怒’。”

施政莫不合于物宜

卫飒字子产，河内修武人也[①]。家贫好学问，随师无粮[②]，常佣以自给[③]。王莽时，仕郡历州宰[④]。建武二年[⑤]，辟大司徒邓禹府[⑥]。举能案剧[⑦]，除侍御史、襄城令[⑧]。政有名迹[⑨]，迁桂阳太守[⑩]。郡与交州接境，颇染其俗，不知礼则[⑪]。飒下车，修庠序之教[⑫]，设婚姻之礼。期年间[⑬]，邦俗从化[⑭]。

先是含洭、浈阳、曲江三县[⑮]，越之故地[⑯]，武帝平之，内属桂阳。民居深山，滨溪谷[⑰]，习其风土，不出田租。去郡远者，或且千里。吏事往来，辄发民乘船[⑱]，名曰"传役[⑲]"。每一吏出，徭及数家，百姓苦之。飒乃凿山通道五百余里，列亭传[⑳]，置邮驿[㉑]。于是役省劳息，奸吏杜绝。流民稍还[㉒]，渐成聚邑[㉓]，使输租赋[㉔]，同之平民。又耒阳县出铁石[㉕]，佗郡民庶常依因聚会[㉖]，私为冶铸[㉗]，遂招来亡命[㉘]，多致奸盗。飒乃上起铁官[㉙]，罢斥私铸，岁所增入五百余万。飒理恤民事[㉚]，居官如家，其所施政，莫不合于物宜[㉛]。视事十年，郡内清理[㉜]。(《后汉书·循吏列传》)

【注释】

① 修武：县名，秦汉治所在今河南获嘉县。 ② 随师：从师，就师学习。 ③ 佣以自给：自己给人做雇工来挣钱买粮。给，供给。 ④ 历州宰：做过州刺史。 ⑤ 建武二年：公元 26 年。建武，光武帝年号。 ⑥ 邓禹：字仲华，南阳新野(今河南新野县)人。东汉开国功臣之一。已见前注。 ⑦ 举能案剧：因为能处理繁重的政务而被人举荐。剧，繁杂，繁难。 ⑧ 襄城：县名，治所在今河南襄城县。 ⑨ 名迹：名声与业绩。 ⑩ 桂阳：郡名，汉代治所在今湖南郴州市，当时与交州刺史部所辖之两广地区毗邻。 ⑪ 礼则：礼法，礼仪。 ⑫ 修庠序之教：修建学校。庠序，古代学校名。《汉书·儒林传序》："乡里有教，夏曰校，殷曰庠，周曰序。" ⑬ 期(jī)年间：一年左右。期，满一年。 ⑭ 邦俗从化：民俗改变。 ⑮ 含洭：县治在今广东英德市西北浛洸。浈阳：县治在今广东英德市东翁水北。曲江：县治在今广东韶关市东南莲花岭下。 ⑯ 越之故地：春秋时越国的旧地。 ⑰ 滨：通"濒"，濒临，靠近。 ⑱ 发：征发，征调。 ⑲ 传役：徭役的一种。吏事往来，无代价地征用民船。乘船：驾船。 ⑳ 列亭传：设置供旅客和传递公文的人歇宿的处所。列，排列，设置。

㉑ 邮驿：驿站。 ㉒ 流民稍还：流亡外地的人逐渐回来。 ㉓ 聚邑：人众聚居的乡镇。 ㉔ 输：上缴。 ㉕ 耒阳县：秦汉治所即今湖南耒阳县。李贤注："《续汉志》：耒阳县有铁官也。" ㉖ 佗：同"他"。依因聚会：借此地利而聚集。依因，顺应，利用。 ㉗ 私为冶铸：私自炼铁。 ㉘ 招来亡命：收罗招揽逃亡在外的罪犯。 ㉙ 上：上奏朝廷。起：立，设立。 ㉚ 理恤：体恤，顾恤。 ㉛ 莫不合于物宜：无不切合当地风土人情的需求。 ㉜ 清理：得到彻底治理。

【参考资料】

南朝宋・范晔《后汉书・循吏列传》："南阳茨充代(卫)飒为桂阳，亦善其政，教民种殖桑柘麻纻之属，劝令养蚕织履，民得利益焉。"

忠臣不私

建武初，(任)延上书愿乞骸骨[①]，归拜王庭[②]。诏征为九真太守[③]。光武引见[④]，赐马、杂缯，令妻子留洛阳。九真俗以射猎为业，不知牛耕，民常告籴交阯[⑤]，每致困乏。延乃令铸作田器[⑥]，教之垦辟。田畴岁岁开广[⑦]，百姓充给[⑧]。又骆越之民无嫁娶礼法[⑨]，各因淫好[⑩]，无适对匹[⑪]，不识父子之性[⑫]，夫妇之道[⑬]。延乃移书属县，各使男年二十至五十，女年十五至四十，皆以年齿相配[⑭]。其贫无礼聘[⑮]，令长吏以下各省俸禄以赈助之[⑯]。同时相娶者二千余人。是岁风雨顺节[⑰]，谷稼丰衍。其产子者，始知种姓[⑱]。咸曰[⑲]："使我有是子者[⑳]，任君也"。多名子为"任"。于是徼外蛮夷夜郎等慕义保塞[㉑]，延遂止罢侦候戍卒[㉒]。

初，平帝时[㉓]，汉中锡光为交阯太守[㉔]，教导民夷，渐以礼义[㉕]，化声侔于延[㉖]。王莽末，闭境拒守。建武初，遣使贡献，封盐水侯。领南华风[㉗]，始于二守焉[㉘]。

延视事四年，征诣洛阳。以病稽留[㉙]，左转睢阳令[㉚]，九真吏人生为立祠[㉛]。拜武威太守[㉜]，帝亲见，戒之曰："善事上官[㉝]，无失名誉。"延对曰："臣闻忠臣不私[㉞]，私臣不忠。履正奉公，臣子之节。上下雷同，非陛下之福。善事上官，臣不敢奉诏。"帝叹息曰："卿言是也。"既之武威[㉟]，时将兵长史田绀[㊱]，郡之大姓，其子弟宾客为人暴害[㊲]。延收绀系之，父子宾客伏法者五六人。绀少子尚乃聚会轻薄数百人[㊳]，自号将军，夜来攻郡。延即发兵破之。自是威行境内，吏民累息[㊴]。(《后汉书・循吏列传》)

【注释】

① 任延：字长孙，南阳宛(今河南南阳市)人。少显名太学，人称“任圣童”。天下乱，避兵陇西。更始中，拜会稽都尉。光武即位，历九真太守、睢阳令、武威太守，以擅诛羌不先上奏左转召陵令。明帝时拜颍川太守、河内太守。② 归拜王庭：任延曾接受更始帝所授会稽都尉一职，更始死，光武立，自当归拜新朝。这里所谓“王庭”，即指刘秀新建之朝廷。③ 九真：西汉所置郡名，治所在胥浦县(今越南清化省清化西北东山县)。④ 引见：接见，指皇帝接见臣下或宾客时由有关大臣引导入见。⑤ 告籴(dí)：请粮，买粮。籴，买进粮食。⑥ 铸作田器：制造各种农具。⑦ 田畴：田野，田地。岁岁开广：年年有开垦扩大。⑧ 充给：供给充足。⑨ 骆越：古代种族名。居于今云南、贵州、广西之间。⑩ 淫好：指淫欲、私爱。⑪ 无适对匹：很少见到符合礼法的夫妻婚配。对，配偶。匹，匹配。⑫ 父子之性：指儒家所宣扬的父为子纲等伦理规范。性，性质。⑬ 夫妇之道：指儒家所谓的夫为妻纲。道，道理。⑭ 年齿：年龄。⑮ 无礼聘：没有财礼聘娶。⑯ 省：节省。赈助：以财物帮助。⑰ 风雨顺节：刮风下雨皆顺应时节，亦即风调雨顺之意。⑱ 种姓：指宗族、族属。⑲ 咸：全，都。⑳ 是子：此子。㉑ 徼外：塞外，边境外。夜郎：汉代西南地区小国。在今贵州西北部及云南、四川二省部分地区。《史记》《汉书》《后汉书》皆列入《西南夷传》。慕义保塞：向慕其仁义举动而甘愿居边守塞。㉒ 止罢：撤掉。侦候：侦察，侦探。㉓ 平帝：汉平帝刘衎，西汉末年在位。后经汉孺子婴、新王莽、更始皇帝刘玄，共二十余年，东汉建立。㉔ 锡光：汉中人。西汉末、东汉初皆为交阯太守，一度割据自守。岑彭伐南方，与江夏、武陵、桂阳、苍梧等郡守相遣使贡献，悉封为列侯。㉕ 渐：熏染，浸润，影响。㉖ 化声侔于延：教化百姓的声誉与任延大体相同。侔，相等。㉗ 领南：即岭南。华风：指汉人重视礼义教化的风气。㉘ 二守：指交阯太守锡光和九真太守任延。㉙ 稽留：停留。㉚ 左转：降官，贬职。睢阳：县名，秦汉治所在今河南商丘市南。㉛ 生为立祠：为活人修建祠堂。㉜ 武威：郡名，汉代治所在姑臧县(今甘肃武威县)。㉝ 善事上官：好好事奉上司。㉞ 不私：无私，没有私心。㉟ 之：往，到。㊱ 将兵：统兵，带兵。㊲ 为人暴害：为民祸害，是当地百姓的祸害。㊳ 轻薄：轻佻浮薄的人。㊴ 累息：因恐惧而呼吸急促，畏惧。

【参考资料】

南朝宋·范晔《后汉书·循吏列传》：“(武威)郡北当匈奴，南接种羌，民畏寇抄，多废田业。(任)延到，选集武略之士千人，明其赏罚，令将(率领)杂种胡骑休屠、黄石屯据要害，其有警急，逆击追讨。虏恒多残伤，遂绝不敢出。河西旧少雨泽，乃为置水官吏，修理沟渠，皆蒙其利。又造立校(学)官，自掾史子孙，皆令诣学受业，复(免)其徭役。章句既通，悉显拔荣进之。郡遂有儒雅之士。”

民庶迎丧

永元十五年[①]，(王涣)从驾南巡[②]，还为洛阳令[③]。以平正居身[④]，得宽猛之宜。其冤嫌久讼[⑤]，历政所不断[⑥]，法理所难平者[⑦]，莫不曲尽情诈[⑧]，压塞群疑[⑨]。又能以谲数发擿奸伏[⑩]，京师称叹，以为涣有神算[⑪]。元兴元年[⑫]，病卒，百姓市道莫不咨嗟[⑬]。男女老壮皆相与赋敛致奠[⑭]，醊以千数[⑮]。

涣丧西归，道经弘农，民庶皆设槃案于路[⑯]。吏问其故，咸言平常持米到洛，为卒司所钞[⑰]，恒亡其半[⑱]。自王君在事[⑲]，不见侵枉[⑳]，故来报恩。其政化怀物如此[㉑]。民思其德，为立祠安阳亭西[㉒]，每食辄弦歌而荐之[㉓]。

永初二年[㉔]，邓太后诏曰[㉕]：“夫忠良之吏，国家所以为理也[㉖]。求之甚勤，得之至寡。故孔子曰：‘才难不其然乎[㉗]！’昔大司农朱邑、右扶风尹翁归[㉘]，政迹茂异[㉙]，令名显闻[㉚]，孝宣皇帝嘉叹愍惜[㉛]，而以黄金百斤策赐其子[㉜]。故洛阳令王涣[㉝]，秉清修之节[㉞]，蹈羔羊之义[㉟]，尽心奉公，务在惠民，功业未遂，不幸早世，百姓追思，为之立祠。自非忠爱之至[㊱]，孰能若斯者乎[㊲]！今以涣子石为郎中，以劝劳勤[㊳]。”延熹中[㊴]，桓帝事黄老道[㊵]，悉毁诸房祀[㊶]，唯特诏密县存故太傅卓茂庙[㊷]，洛阳留王涣祠焉。(《后汉书·循吏列传》)

【注释】

① 永元十五年：公元 103 年。永元，汉和帝年号。 ② 王涣：字稚子，广汉郪(今四川中江县东南)人。少好侠，晚而改节，敦儒学，习《尚书》，读律令。初为郡守功曹，举茂才，除温令，迁兖州刺史，拜侍御史、洛阳令。 ③ 还：回来，还京。 ④ 以平正居身：以公平正直立身，为官公平正直。 ⑤ 冤嫌久讼：久拖不决的冤案。 ⑥ 历政所不断：历任官员不能了断的案子。 ⑦ 法理所难平者：依照法律条文也难以做到公平的。 ⑧ 莫不曲尽情诈：全都曲折深入地将其真伪情状揭示出来。 ⑨ 压塞群疑：消释化解各种疑问。 ⑩ 谲数：

诈术。发擿奸伏：即发奸擿伏，揭露隐蔽的坏人坏事。 ⑪ 神算：李贤注："智算若神也。" ⑫ 元兴元年：公元 105 年。元兴，和帝年号。 ⑬ 市道：集市、道途。咨嗟：叹息。 ⑭ 相与赋敛：大家互相凑钱，出份子。致奠：进行祭奠。⑮ 醊：以酒酹地表示祭祀。 ⑯ 民庶：民众。槃桉：盛放祭品的木盘和放置祭品槃的几案。 ⑰ 卒司：疑为兵站、检查岗之类。司，官署。钞：掠。 ⑱ 恒亡其半：经常损失一半。 ⑲ 在事：任职，做洛阳令。 ⑳ 侵枉：侵害而使之受冤枉，略同于侵凌、侵犯、侵吞、侵尅等。 ㉑ 政化怀物：力行政治教化而使民众怀念不已。怀物，也可以解作怀柔安抚民众。 ㉒ 安阳亭：其地未详，当在洛阳、弘农之间。《后汉书·郡国志》载亭甚多，而未录安阳亭。 ㉓ 弦歌：依琴瑟而咏歌。荐：献供祭祀。 ㉔ 永初二年：公元 108 年。永初，汉安帝刘祜年号。 ㉕ 邓太后：名绥，太傅邓禹之孙，护羌校尉训之女。汉和帝永元中入宫为贵人，及阴皇后以巫蛊事废，遂被立为皇后。帝崩，迎立殇帝，被尊为皇太后，临朝。殇帝崩，又定策立安帝，犹临朝政。在位二十年。事见《后汉书·皇后纪》。 ㉖ 所以为理：所赖以为治。 ㉗"才难"句：人才难得，难道不是这样吗？原见《论语·泰伯》。 ㉘ 朱邑：事详见前"子孙祭我不如桐乡民"条。尹翁归：李贤注："《前书》云：翁归，字子况，河东平阳人。拜东海太守，以高第入守右扶风。元康四年卒。宣帝制诏：'御史右扶风翁归，廉平向正，早夭不遂，朕甚怜之。其赐翁归子黄金百斤，以奉其祭祀。'"事详见《汉书·尹翁归列传》。㉙ 政迹茂异：政绩卓异。 ㉚ 令名：美名。 ㉛ 嘉叹愍惜：赞叹怜惜。 ㉜ 策赐：策赠，用策书封赠赏赐。 ㉝ 故：前，原。 ㉞ 秉清修之节：具有清美的节操。 ㉟ 蹈羔羊之义：践行君子的品行。《诗经·召南·羔羊》："羔羊之皮，素丝五紽。"朱熹《诗集传》："南国化文王之政，在位皆节俭正直。"李贤注引《韩诗》："素喻洁白，丝喻屈柔。紽，数名也。诗人贤，仕为大夫者，言其德能，称有洁白之性，屈柔之行，进退有度数也。" ㊱ 自非：如果不是。 ㊲ 孰能若斯者乎：谁能像他这样深得民心呢！ ㊳ 劝：劝勉，激励。 ㊴ 延熹：桓帝年号。公元 158～167 年。 ㊵ 事黄老道：敬奉道教。黄，黄帝。老，老子。 ㊶ 悉毁：尽毁。诸房祀：各地的祠堂庙宇。诸，众。房祀，房祠。 ㊷ 密县：治所在今河南密县东南。卓茂：字子康，南阳宛人。元帝时求学长安，称为通儒。尝为密令，视民如子，吏民亲爱而不忍欺之。数年，教化大行，道不拾遗。平帝时，天下大蝗，河南二十余县皆受灾，独不入密县界。迁京部丞，密人老少皆涕泣随送。王莽、更始时，皆以老病不出。光武立，特征为太傅，封褒德侯。事见《后汉书·卓茂列传》。

【参考资料】

南朝宋·范晔《后汉书·循吏列传》李贤注："《古乐府歌》曰：'孝和帝在时，

洛阳令王君。本自益州，广汉蜀人。少行宦学，通五经论。明知法令，历代衣冠。从温补洛阳令，化行致贤。外行猛政，内怀慈仁。移恶子姓名五，篇著里端。无妄发赋，念在理冤。清身苦体，夙夜劳勤。化有能名，远近所闻。天年不遂，早就奄昏。为君作祠，安阳亭西。欲令后代，莫不称传。'”

共割财产为三分

许荆字少张，会稽阳羡人也①。祖父武，太守第五伦举为孝廉②。武以二弟晏、普未显，欲令成名，乃请之曰："礼有分异之义③，家有别居之道④。"于是共割财产以为三分，武自取肥田广宅奴婢强者，二弟所得并悉劣少⑤。乡人皆称弟克让而鄙武贪婪⑥，晏等以此并得选举。武乃会宗亲，泣曰："吾为兄不肖，盗声窃位⑦，二弟年长⑧，未豫荣禄⑨，所以求得分财，自取大讥。今理产所增⑩，三倍于前，悉以推二弟⑪，一无所留。"于是郡中翕然⑫，远近称之。位至长乐少府。(《后汉书·循吏列传》)

【注释】

① 阳羡：县名，秦汉治所在今江苏宜兴市南。 ② 第五伦：事详见前"或问公有私乎"条。 ③ 礼有分异之义：传统礼法中有兄弟分家的训示。李贤注："《仪礼》曰：'父子一体也，夫妇一体也，昆弟一体也。故父子手足也，夫妇判合也，昆弟四体也。昆弟之义无分焉，而有分者，则避子之私也。子不私其父，则不成为子。故有东宫，有西宫，有南宫，有北宫。异居而同财，有余则归之宗，不足则资之宗也。'" ④ 家有别居之道：一个大家庭亦有分别居住的说法。 ⑤ 劣少：质劣量少。 ⑥ 克让：能够谦让。鄙：鄙视。 ⑦ 盗声窃位：空有兄长的名分而无其实。 ⑧ 年长：年岁渐长。 ⑨ 未豫荣禄：未得功名利禄。 ⑩ 理产：治理财产。 ⑪ 推：推让。 ⑫ 翕然：一致称赞貌。

【参考资料】

南朝宋·范晔《后汉书·循吏列传》："(许)荆少为郡吏，兄子世尝报雠杀人，怨者操兵攻之。荆闻，乃出门逆(迎)怨者，跪而言曰：'世前无状相犯，咎皆在荆不能训导。兄既早没(死)，一子为嗣，如令死者伤其灭绝，愿杀身代之。'怨家扶荆起，曰：'许掾郡中称贤，吾何敢相侵?'因遂委去。荆名誉益著。太守黄竞举孝廉。和帝时，稍迁桂阳太守。郡滨南州，风俗脆薄，不识学义。荆为设丧纪婚姻制度，使知礼禁。尝行春到耒阳县，人有蒋均者，兄弟争财，互相言讼。荆对之叹曰：‘吾荷国重任，而教化不行，咎在太守。’乃顾使吏上书陈状，乞诣廷尉。均兄弟感悔，各求受罪。在事十二年，父老称歌。以病自上，征拜谏议大夫，卒于官。桂阳人为立庙树碑。”

为寡妇申冤

孟尝字伯周，会稽上虞人也①。其先三世为郡吏，并伏节死难②。尝少修操行，仕郡为户曹史③。上虞有寡妇至孝养姑④。姑年老寿终，夫女弟先怀嫌忌⑤，乃诬妇厌苦供养⑥，加鸩其母⑦，列讼县庭⑧。郡不加寻察⑨，遂结竟其罪⑩。尝先知枉状⑪，备言之于太守⑫，太守不为理⑬。尝哀泣外门，因谢病去⑭，妇竟冤死。自是郡中连旱二年，祷请无所获⑮。后太守殷丹到官⑯，访问其故，尝诣府具陈寡妇冤诬之事⑰。因曰："昔东海孝妇⑱，感天致旱，于公一言，甘泽时降⑲。宜戮讼者，以谢冤魂⑳，庶幽枉获申㉑，时雨可期㉒。"丹从之，即刑讼女而祭妇墓㉓，天应澍雨㉔，谷稼以登㉕。

尝后策孝廉，举茂才，拜徐令㉖。州郡表其能㉗，迁合浦太守㉘。郡不产谷实㉙，而海出珠宝，与交阯比境㉚，常通商贩，贸籴粮食㉛。先时宰守并多贪秽㉜，诡人采求㉝，不知纪极㉞，珠遂渐徙于交阯郡界。于是行旅不至㉟，人物无资㊱，贫者饿死于道。尝到官，革易前敝㊲，求民病利㊳。曾未逾岁㊴，去珠复还，百姓皆反其业㊵，商货流通，称为神明。

以病自上㊶，被征当还㊷，吏民攀车请之㊸。尝既不得进，乃载乡民船夜遁去㊹。隐处穷泽㊺，身自耕佣㊻。邻县士民慕其德，就居止者百余家㊼。（《后汉书·循吏列传》）

【注释】

① 上虞：县名，汉代治所在今浙江上虞市。 ② 伏节死难：为国殉节而死于危难之中。 ③ 户曹史：郡守属官，掌管民户、祠祀、农桑等。 ④ 姑：婆婆，公婆。 ⑤ 夫女弟：丈夫的妹妹，小姑子。 ⑥ 厌苦：厌烦以为苦事，厌烦。 ⑦ 加鸩：下毒药死。鸩毒，以毒药、毒酒害人。 ⑧ 列讼：陈状，告状。 ⑨ 寻察：查究考察。 ⑩ 结竟其罪：判结其案。竟，终。 ⑪ 枉状：屈枉情

状，冤情。 ⑫ 备：全，尽。 ⑬ 理：审理。 ⑭ 谢病：托病辞官。 ⑮ 祷请：祷天请雨。 ⑯ 殷丹：他事未详。 ⑰ 具陈：备述。 ⑱ 东海孝妇：见前“东海孝妇”条。 ⑲ 甘泽时降：好雨适时降下。 ⑳ 谢：谢罪。 ㉑ 庶：庶几，也许。幽枉获申：沉冤获得申理。 ㉒ 期：期许，企盼。 ㉓ 刑：杀。㉔ 天应澍雨：老天爷应时降雨。 ㉕ 登：丰收。 ㉖ 徐：县名，治所在今江苏泗洪县南。 ㉗ 表：显扬，表彰。 ㉘ 合浦：郡名，东汉时治所在合浦县(今广西合浦县东北)。 ㉙ 谷实：稻谷，粮食。 ㉚ 比：并，连。 ㉛ 贸籴粮食：通过交易而买进粮食。 ㉜ 宰守：太守。 ㉝ 诡：责成，要求。 ㉞ 不知纪极：没有限度，过度采求，以致资源匮乏。 ㉟ 行旅：行人。 ㊱ 人物无资：百姓缺乏生活必需的资财。 ㊲ 革易：革除。 ㊳ 病利：觉得苦痛不堪和欲得惠利之事。李贤注：“人所病苦及利益之事也。” ㊴ 曾未逾岁：乃未超过一年。㊵ 反其业：重操旧业。 ㊶ 以病自上：因病自己上书请辞。 ㊷ 还：还朝。㊸ 攀车请之：登车请他留下。 ㊹ 载：乘坐。遁去：逃走。 ㊺ 隐处穷泽：隐居在荒僻的山泽。 ㊻ 身自耕佣：自己耕地，给人做帮工。 ㊼ 就居止者：迁来同住的人。居止，住所。

【参考资料】

南朝宋·范晔《后汉书·循吏列传》：“桓帝时，尚书同郡杨乔上书荐尝曰：‘臣前后七表言故合浦太守孟尝，而身轻言微，终不蒙察。区区破心，徒然而已。尝安仁弘义，耽乐道德，清行出俗，能干绝群。前更守宰，移风改政，去珠复还，饥民蒙活。且南海多珍，财产易积，掌握之内，价盈兼金，而尝单身谢病，躬耕垅次，匿景藏采，不扬华藻。实羽翮之美用，非徒腹背之毛也。而沉沦草莽，好爵莫及，廊庙之宝，弃于沟渠。且年岁有讫，桑榆行尽，而忠贞之节，永谢圣时。臣诚伤心，私用流涕。夫物以远至为珍，士以稀见为贵。槃木朽株，为万乘用者，左右为之容耳。王者取士，宜拔众之所贵。臣以斗筲之资，趋走日月(人君)之侧。思立微节，不敢苟私乡曲。窃感禽息，亡身进贤。’尝竟不见用。年七十，卒于家。”李贤注：“禽息，秦大夫，荐百里奚而不见纳。缪公出，当车以头击闑，脑乃播出，曰：‘臣生无补于国，不如死也。’缪公感寤，而用百里奚，秦以大化。见《韩诗外传》。”

乐以一身救百姓

第五访字仲谋，京兆长陵人[①]，司空伦之族孙也[②]。少孤贫，常佣耕以养兄嫂。有闲暇，则以学文[③]。仕郡为功曹，察孝廉，补新都令[④]。政平化行[⑤]，三年之间，邻县归之[⑥]，户口十倍。迁张掖太守[⑦]。岁饥，粟石数千[⑧]，访乃开仓赈给以救其敝[⑨]。吏惧谴[⑩]，争欲上言[⑪]。访曰："若上须报[⑫]，是弃民也。太守乐以一身救百姓！"遂出谷赋人[⑬]。顺帝玺书嘉之[⑭]。由是一郡得全[⑮]。岁余，官民并丰[⑯]，界无奸盗[⑰]。(《后汉书·循吏列传》)

【注释】

① 长陵：县名，治所在今陕西咸阳市东北。 ② 伦：第五伦。见前"或问公有私乎"条。 ③ 文：泛指。李贤注："文，谓道艺者也。" ④ 新都：县名，治所在今四川新都区西。 ⑤ 政平化行：治理公平，教化大行。 ⑥ 邻县归之：邻县的百姓都来依附他。 ⑦ 张掖：郡名，汉代治所在觻得县(今甘肃张掖市西北)。 ⑧ 石(dàn)：每石。石，容量单位，十斗为一石。 ⑨ 赈给(jǐ)：救济施与。敝：指饥荒。 ⑩ 谴：谴责，批评。 ⑪ 上言：向上司请示。 ⑫ 若上须报：如果上报，等待批复。须，待。 ⑬ 赋：赋予，给予。 ⑭ 玺书：诏书。嘉：赞扬，表彰。 ⑮ 全：保全，全活。 ⑯ 丰：丰裕。 ⑰ 界：境，郡界之内。

【参考资料】

南朝宋·范晔《后汉书·循吏列传》："(访)迁南阳太守，去官。拜护羌校尉，边境服其威信。卒于官。"

劝民罢讼

刘矩字叔方，沛国萧人也[①]。叔父光[②]，顺帝时为司徒。矩少有高节，以父叔辽未得仕进[3]，遂绝州郡之命[4]。太尉朱宠、太傅桓焉嘉其志义[5]，故叔辽以此为诸公所辟，拜议郎，矩乃举孝廉。

稍迁雍丘令[6]，以礼让化之[7]，其无孝义者，皆感悟自革[8]。民有争讼，矩常引之于前，提耳训告[9]，以为忿恚可忍[10]，县官不可入[11]，使归更寻思[12]。讼者感之，辄各罢去。其有路得遗者，皆推寻其主[13]。在县四年，以母忧去官[14]。（《后汉书·循吏列传》）

【注释】

① 萧：县名，秦汉时治所在今安徽萧县西北。 ② 光：刘光。顺帝时曾任尚书令、太常、太尉、司徒。 ③ 叔辽：人名，刘叔辽。未得仕进：尚未取得官职。 ④ 绝：拒绝，辞绝。命：任命。 ⑤ 朱宠：字仲威，京兆人。笃行好学，从桓荣受《尚书》。曾任北军中候，屯边孟津。后历大司农、太尉。桓焉：字叔元，沛郡龙亢人。桓荣之孙，桓郁之子。能传其家学，有名称，先后教授安帝、顺帝，官至太傅、太尉。嘉：嘉许，赞赏。 ⑥ 雍丘：县名，秦汉治所在今河南杞县。 ⑦ 以礼让化之：以礼义谦让等道德规范教化民众。 ⑧ 革：改变。 ⑨ 提耳训告：即耳提面命、耳提面训，谓教诲殷切，要求严格。《诗经·大雅·抑》："匪面命之，言提其耳。"孔颖达《疏》："非但对面命语之，我又亲提撕其耳，庶其志而不忘。" ⑩ 忿恚可忍：愤怒与怨恨可以隐忍。 ⑪ 县官不可入：不可轻易到官府打官司。 ⑫ 更寻思：再考虑一下。 ⑬ 推寻其主：推究寻找失主。 ⑭ 母忧：母亲的丧事。父忧，则指父丧。丁忧与丁艰，则指遭遇父母之丧。旧时，凡遇父母丧事，皆要辞掉官职，居家守孝，称作守制、守孝、守服。

【参考资料】

南朝宋·范晔《后汉书·循吏列传》："后太尉胡广举(刘)矩贤良方正，四迁为尚书令。矩性亮直，不能谐附贵执(势)，以是失大将军梁冀意，出为常山相，以疾去官。时冀妻兄孙祉为沛相，矩惧为所害，不敢还乡里，乃投彭城友人家。岁余，冀意少悟，乃止。补从事中郎，复为尚书令，迁宗正、太常。延熹四年，代黄琼为太尉，琼复为司空，矩与琼及司徒种暠同心辅政，号为贤相。"

人选一大钱受之

(刘)宠少受父业[①]，以明经举孝廉，除东平陵令[②]，以仁惠为吏民所爱。母疾，弃官去，百姓将送塞道，车不得进，乃轻服遁归[③]。后四迁为豫章太守[④]，又三迁拜会稽太守。山民愿朴[⑤]，乃有白首不入市井者[⑥]，颇为官吏所扰。宠简除烦苛[⑦]，禁察非法，郡中大化。征为将作大匠[⑧]。山阴县有五六老叟[⑨]，龙眉皓发[⑩]，自若邪山谷间出[⑪]，人赍百钱以送宠[⑫]。宠劳之曰[⑬]："父老何自苦[⑭]？"对曰："山谷鄙生[⑮]，未尝识郡朝[⑯]。它守时吏发求民间[⑰]，至夜不绝，或狗吠竟夕[⑱]，民不得安。自明府下车以来[⑲]，狗不夜吠，民不见吏。年老遭值圣明[⑳]，今闻当见弃去[㉑]，故自扶奉送[㉒]。"宠曰："吾政何能及公言邪[㉓]？勤苦父老[㉔]！"为人选一大钱受之[㉕]。(《后汉书·循吏列传》)

【注释】

① 刘宠：字祖荣，东莱牟平(今山东福山县西北)人。举孝廉，除东平陵令，历豫章太守、会稽太守、将作大匠、宗正、大鸿胪。延熹四年，代黄琼为司空，复为将作大匠、宗正。灵帝时，又历司空、司徒、太尉。 ② 东平陵：县名，汉代治所在今山东章丘市西。 ③ 轻服：常服，便服。 ④ 豫章：郡名，治所在南昌县(今江西南昌市)。 ⑤ 愿朴：朴实敦厚。 ⑥ 市井：集镇，城市。 ⑦ 简除烦苛：减免废除烦琐苛刻的政令。 ⑧ 将作大匠：官名。掌修作宗庙、路寝、宫室、陵园土木工程，兼管道侧植树。秩二千石。 ⑨ 山阴县：治所在今浙江绍兴市。 ⑩ 龙(máng)眉皓发：眉发花白。龙，杂色。李贤注："老者，眉杂白黑也。" ⑪ 若邪：山名，在今浙江绍兴市南。 ⑫ 赍(jī)：以物送人。 ⑬ 劳(lào)：慰劳。 ⑭ 父老：对老年人的尊称。何自苦：何必自找辛苦。 ⑮ 鄙生：乡野儒生。 ⑯ 郡朝：郡守。顾炎武《日知录·上下通称》："汉人有以郡守之尊称为本朝者，亦谓之郡朝，亦谓之府朝，亦有以县令而称朝。" ⑰ 它守时吏：其他太守时的官吏。发求：征求，征收，索取。 ⑱ 竟夕：终夜，整夜。 ⑲ 明府：对郡守的尊称。 ⑳ 圣明：治世，明时，清明政治。 ㉑ 见弃：被遗弃。 ㉒ 自扶：自己扶杖。 ㉓"吾政"句：我在会稽的施政举措怎能如您所说的那样好呢？言下之意自己的政绩并不突出。 ㉔ 勤苦：辛苦。 ㉕ 人：每人。大钱：指分量较足、成色较纯、面值较大的钱币，与此相应的小

钱，则铸造质量低劣或分量不足。

【参考资料】

南朝宋·范晔《后汉书·循吏列传》："宠前后历宰二郡，累登卿相，而清约省素，家无货积。尝出京师，欲息亭舍，亭吏止之，曰：'整顿洒扫，以待刘公（即刘宠，亭吏不识之，故有此言），不可得止。'宠无言而去，时人称其长者。以老病卒于家。"

劝民母子和好

仇览字季智，一名香，陈留考城人也[1]。少为书生淳默[2]，乡里无知者。年四十，县召补吏，选为蒲亭长[3]。劝人生业[4]，为制科令[5]，至于果菜为限[6]，鸡豕有数，农事既毕[7]，乃令子弟群居，还就黉学[8]。其剽轻游恣者[9]，皆役以田桑[10]，严设科罚[11]。躬助丧事[12]，赈恤穷寡[13]。期年称大化[14]。览初到亭，人有陈元者，独与母居，而母诣览告元不孝[15]。览惊曰："吾近日过舍[16]，庐落整顿[17]，耕耘以时[18]。此非恶人，当是教化未及至耳[19]。母守寡养孤，苦身投老[20]，奈何肆忿于一朝[21]，欲致子以不义乎[22]？"母闻感悔，涕泣而去。览乃亲到元家，与其母子饮，因为陈人伦孝行[23]，譬以祸福之言[24]。元卒成孝子[25]。乡邑为之谚曰[26]："父母何在在我庭，化我鸤枭哺所生[27]。"

时考城令河内王涣[28]，政尚严猛[29]，闻览以德化人，署为主簿[30]。谓览曰："主簿闻陈元之过，不罪而化之[31]，得无少鹰鹯之志邪[32]？"览曰："以为鹰鹯，不若鸾凤[33]。"涣谢遣曰[34]："枳棘非鸾凤所栖，百里岂大贤之路[35]？今日太学曳长裾[36]，飞名誉[37]，皆主簿后耳[38]。以一月奉为资[39]，勉卒景行[40]。"

览入太学。时诸生同郡符融有高名[41]，与览比宇[42]，宾客盈室。览常自守[43]，不与融言。融观其容止[44]，心独奇之，乃谓曰："与先生同郡壤[45]，邻房牖[46]。今京师英雄四集，志士交结之秋[47]，虽务经学[48]，守之何固[49]？"览乃正色曰[50]："天子修设太学[51]，岂但使人游谈其中[52]！"高揖而去[53]，不复与言。后融以告郭林宗，林宗因与融赍刺就房谒之[54]，遂请留宿。林宗嗟叹，下床为拜。

览学毕归乡里，州郡并请，皆以疾辞。虽在宴居[55]，必以礼自整[56]。妻子有过，辄免冠自责。妻子庭谢[57]，候览冠[58]，乃敢升堂[59]。家人莫见喜怒声色之异[60]。后征方正[61]，遇疾而卒。（《后汉书·循吏列传》）

【注释】

① 考城：县名，东汉治所在今河南民权县东北。 ② 淳默：敦厚寡言。 ③ 蒲亭：地名，时属考城县。 ④ 生业：从事某种产业。 ⑤ 为制科令：并因此制定了若干条例法规。 ⑥ 果菜为限：种多少水果蔬菜皆有限定。 ⑦ 农事既毕：农忙季节过去。 ⑧ 黉(hóng)学：学校。 ⑨ 其剽轻游恣者：那些轻浮游荡的人。 ⑩ 役：差遣，役使。 ⑪ 严设科罚：制定了严格的处罚规定。设，设置。 ⑫ 躬：亲自。 ⑬ 赈恤：救济。 ⑭ 期(jī)年：满一年。大化：广远深入的教化，大治。 ⑮ 诣：至，前往。 ⑯ 过舍：路过你家。 ⑰ 庐落：院落。李贤注："《广雅》曰：'落，居也。'案，今人谓院为落也。" ⑱ 以时：随时，按照季节。 ⑲ 教化未及至：教育训导没有及时跟上。 ⑳ 苦身投老：身心劳苦，又临老年。 ㉑ 奈何肆忿于一朝：为何逞怒于一时。 ㉒ 致：陷，导致。不义：不孝。 ㉓ 陈：陈说，讲述。 ㉔ 譬：晓谕，劝导。 ㉕ 卒：终。 ㉖ 谚：民谣。 ㉗ 鸱枭：即鸱枭、鸱鸮，俗称猫头鹰。常用以比喻邪恶小人。《诗经·豳风·鸱鸮》："鸱鸮鸱鸮，既取我子，无毁我室。恩斯勤斯，鬻(养)子之闵斯。"朱熹《诗集传》："(周)公乃作此诗以贻(成)王。托为鸟之爱巢者，呼鸱鸮而谓之曰：鸱鸮鸱鸮，尔既取我之子矣，无更毁我之室也。以我情爱之心、笃厚之意，鬻养此子，诚可怜悯。今既取之，其毒甚矣，况又毁我室乎？以比武庚既败管蔡，不可更毁我王室也。"按，这两句民谣的大意是说，父母不仅辛苦地哺育喂养所生，还有化育教诲那些不成器的孩子的责任。 ㉘ 王涣：此王涣不是前"民庶迎丧"条所记之四川广汉之王涣，此系河内郡人。 ㉙ 尚：崇尚，推崇。 ㉚ 署：代理，暂任。 ㉛ 不罪：不定罪。 ㉜ 得无：岂不是，恐怕。少鹰鹯之志：缺少鹰鹯追逐燕雀那样的刚猛严厉之气。鹰鹯，鹰与鹯。鹯，亦猛禽名。似鹞，以鸠鸽燕雀为食。李贤注："《左传》：季孙行父曰：'见无礼于君者诛之，如鹰鹯之逐鸟雀。'" ㉝ 不若：不如。 ㉞ 谢：谢罪，道歉。遣：派遣。 ㉟ 百里：一县之政不过治理百里的地方。李贤注："时涣为县令，故自称百里也。" ㊱ 太学：古代设于京城的最高学府。西周已有太学之名，至汉武帝元朔五年(前124年)立五经博士，弟子五十人，是为西汉置太学之始。东汉太学发展规模甚大，顺帝时有二百四十房，一千八百五十室。质帝时在学生员有三万人。魏晋到明清，或设太学，或设国子学(国子监)，或两者同时设立，名称不一，制度亦稍有变化，但均为传授儒家经典的全国最高学府。曳长裾：拖着很长的衣襟。 ㊲ 飞：扬。 ㊳ 皆主簿后：其才干都在主簿之后。 ㊴ 为资：作生活资本，为助学金。 ㊵ 勉卒景行：尽情展露大才。勉，勉力。卒，终。景行，大路，大才。《诗经·小雅·车舝》："高山仰止，景行行止。"朱熹《诗集传》："景行，大道

也。""高山则可仰，景行则可行。" ㊶ 诸生：众弟子，在学就读的学生。符融：字伟明，陈留浚仪(今河南开封市)人。少游太学，师事李膺，与郭林宗为友，由是知名。州郡礼请，举孝廉，公府连辟，皆不应。遭党事，禁锢。后优游寿终。事见《后汉书·符融列传》。 ㊷ 比宇：邻舍。 ㊸ 自守：自我持守，自律，自己把握自己。 ㊹ 容止：仪容举止。 ㊺ 同郡壤：即同郡，同乡。 ㊻ 邻房牖：邻窗。 ㊼ 交结之秋：结交之时。 ㊽ 务：勉力从事，学习钻研。 ㊾ 守之何固：持守践行经学，又何必这么固执? ㊿ 正色：谓神色庄重，态度严肃。 51 修设：修建。 52 岂：难道。但：只，仅。 53 高揖：双手抱拳高举过头作揖。古代作为辞别时的礼节，后亦指辞谢告退。 54 赍刺就房谒之：手持名片到宿舍来拜访他。赍，备，携带。 55 宴居：闲居。 56 以礼自整：遵照礼仪规定来检点约束自己。 57 庭谢：当庭谢罪。 58 候览冠：待仇览戴好冠帽。 59 升堂：登上厅堂。 60 莫见：未见。 61 方正：即贤良方正。

【参考资料】

南朝宋·范晔《后汉书·循吏列传》李贤注引谢承书曰："(仇)览为县阳遂亭长，好行教化。人羊元凶恶不孝，其母诣览言元。览呼元，诮责元以子道，与一卷《孝经》，使诵读之。元深改悔，到母床下，谢罪曰：'元少孤，为母所骄。谚曰：孤犊触乳，骄子骂母。乞今自改。'母子更相向泣，于是元遂修孝道，后成佳士也。"

咒　虎

(童)恢少仕州郡为吏[①]，司徒杨赐闻其执法廉平[②]，乃辟之。及赐被劾当免，掾属悉投刺去[③]，恢独诣阙争之[④]。及得理[⑤]，掾属悉归府[⑥]，恢杖策而逝[⑦]。由是论者归美。复辟公府，除不其令[⑧]。吏人有犯违禁法，辄随方晓示[⑨]。若吏称其职，人行善事者，皆赐以酒肴之礼，以劝励之。耕织种收，皆有条章[⑩]。一境清静，牢狱连年无囚。比县流人归化[⑪]，徙居二万余户[⑫]。民尝为虎所害，乃设槛捕之，生获二虎。恢闻而出，咒虎曰[⑬]："天生万物，唯人为贵。虎狼当食六畜[⑭]，而残暴于人。王法杀人者死，伤人则论法[⑮]。汝若是杀人者，当垂头服罪；自知非者[⑯]，当号呼称冤。"一虎低头闭目，状如震惧[⑰]，即时杀之。其一视恢鸣吼，踊跃自奋[⑱]，遂令放释。吏人为之歌颂。青州举尤异[⑲]，迁丹阳太守[⑳]，暴疾而卒[㉑]。(《后汉书·循吏列传》)

【注释】

① 童恢：字汉宗，琅琊姑幕（今山东诸城市西北）人。初为州郡小吏，连辟公府，除不其令、丹阳太守。 ② 杨赐：字伯献，杨震之孙，杨秉之子。少传家学，隐居教授。后辟梁冀府，除陈仓令，再迁侍中、越骑校尉。侍讲灵帝，历少府、光禄勋、司空、司徒、太尉。事见《后汉书·杨震列传》。 ③ 投刺：留下名帖，表示解职告退。 ④ 阙：宫阙，朝廷。 ⑤ 理：治，审理。 ⑥ 悉归府：又都回到司徒府。 ⑦ 杖策而逝：策马而行。杖策，持鞭。若解作"拄杖"，则似与童恢初仕之年纪不太吻合。 ⑧ 不其：县名，治所在今山东崂山县西北。 ⑨ 随方：依据情势。晓示：开导，告诫。 ⑩ 条章：条例规章。 ⑪ 比县：邻县。流人：流亡在外的百姓。归化：归心向化，归附。 ⑫ 徙居：移居。 ⑬ 咒：祷告，祝告。 ⑭ 六畜：李贤注："杜预注《左传》云：'六畜，马牛羊豕犬鸡也。'" ⑮ 论法：依法处置。 ⑯ 自知非者：自认为没有杀人的。 ⑰ 状如震惧：其情状好像十分恐惧。 ⑱ 踊跃自奋：情绪高涨振奋貌。 ⑲ 青州：十三刺史部之一，东汉治所在临菑县（今山东淄博市东北）。 ⑳ 丹阳：郡名，汉代治所在宛陵县（今安徽宣州市）。东汉末年，孙权则移郡治建业县（今江苏南京市）。 ㉑ 暴疾：暴病，突然发病。

【参考资料】

南朝宋·范晔《后汉书·循吏列传》："（童恢）父仲玉，遭世凶荒，倾家赈恤，九族乡里赖全者以百数。仲玉早卒。"又载："弟翊，字汉文，名高于恢，宰府先辟之。翊阳喑（假作喑哑）不肯仕，及恢被命，乃就孝廉，除须昌长。化有异政，吏人生为立碑。闻举将丧，弃官归。后举茂才，不就。卒于家。"

下车先问大姓主名

（周）纡廉洁无资[①]，常筑墼以自给[②]。肃宗闻而怜之[③]，复以为郎，再迁召陵侯相[④]。廷掾惮纡严明[⑤]，欲损其威，乃晨取死人断手足，立寺门[⑥]。纡闻，便往至死人边，若与死人共语状[⑦]。阴察视口眼有稻芒[⑧]，乃密问守门人曰："悉谁载藁入城者[⑨]？"门者对："唯有廷掾耳。"又问铃下[⑩]："外颇有疑令与死人语者不[⑪]？"对曰："廷掾疑君。"乃收廷掾考问[⑫]，具服[⑬]："不杀人，取道边死人。"后人莫敢欺者。

征拜洛阳令。下车，先问大姓主名⑭，吏数闾里豪强以对⑮。纡厉声怒曰："本问贵戚若马窦等辈⑯，岂能知此卖菜佣乎⑰？"于是部吏望风旨⑱，争以激切为事⑲。贵戚跼蹐⑳，京师肃清。皇后弟黄门郎窦笃从宫中归㉑，夜至止奸亭㉒，亭长霍延遮止笃㉓，笃苍头与争㉔，延遂拔剑拟笃㉕，而肆詈恣口㉖。笃以表闻㉗。诏召司隶校尉、河南尹诣尚书谴问㉘，遣剑戟士收纡送廷尉诏狱。数日贳出㉙。帝知纡奉法疾奸㉚，不事贵戚㉛，然苛惨失中㉜，数为有司所奏㉝，八年㉞，遂免官。后为御史中丞。和帝即位㉟，太傅邓彪奏纡在任过酷㊱，不宜典司京辇㊲，免归田里。后窦氏贵盛，笃兄弟秉权㊳，睚眦宿怨㊴，无不僵仆㊵。纡自谓无全㊶，乃柴门自守，以待其祸。然笃等以纡公正，而怨隙有素㊷，遂不敢害。(《后汉书·酷吏列传》)

【注释】

① 周纡：字文通，下邳徐(今江苏泗洪县南)人。少为廷尉史，汉明帝时补南行唐长，迁博平令、齐相，以坐杀无辜，复左转博平令。章帝即位，拜渤海太守，以不行赦令免归。复为郎，再迁召陵侯相、洛阳令，又以肃清贵戚，下廷尉狱，赦出，免官。后为御史中丞。和帝初以在任苛酷免归。复征为御史中丞、司隶校尉、将作大匠。无资：没有钱财。 ② 筑墼(jī)：用砖头筑城垣。 ③ 肃宗：汉章帝刘炟的庙号。 ④ 召陵：诸侯国名，治在今河南郾城县东。 ⑤ 廷掾：县令属官。李贤注："《续汉志》：每郡有五官掾，县为廷掾也。" ⑥ 寺：衙署，官舍。《左传》隐公七年"发币于公卿"，孔颖达《疏》："自汉以来，三公所居谓之府，九卿所居谓之寺。"王士禛《香祖笔记》卷十一："今九卿自大理、太常已下官署皆名曰寺，沿东汉之旧也。" ⑦ 若与死人共语状：做出和死人说话的样子。若，如，像。 ⑧ 阴察视：暗中观察。稻芒：稻谷种子壳上的芒刺。 ⑨"悉谁"句：都有谁运稻草入城了？李贤注："悉，犹知也。"亦通。 ⑩ 铃下：县令属官。李贤注："《汉官仪》曰：铃下、侍阁、辟车，此皆以名自定者也。" ⑪ 令：县令。不：同"否"。 ⑫ 考问：拷问。 ⑬ 具服：完全服罪，全部招认。 ⑭ 大姓主名：指当朝皇亲贵戚的姓名。 ⑮ 数：查点，数说。闾里豪强：指街里的富商豪侠之类。 ⑯ 马窦等辈：按，伏波将军马援之女为汉明帝皇后，明帝死，章帝即位，尊马后为皇太后，封三舅廖、防、光为列侯。又，大司空窦融之曾孙、窦勋之女为汉章帝皇后，其妹则为贵人。窦后专宠后宫，其兄即追击匈奴至燕然山之车骑将军窦宪，还朝则为大将军。章帝死，和帝即位，尊窦后为皇太后，临朝。据《后汉书·窦融列传》，窦氏一公、两侯、三公主、四二千石，相与并时。自祖及孙，官府邸第相望京邑，奴婢以千数，于亲戚、功臣中莫与为比。 ⑰ 卖菜佣：卖蔬菜者，小商贩。 ⑱ 部吏：所部之吏，部下，属官。望

风旨：望风承旨，谓见机迎合其意旨。 ⑲ 激切：激烈急切。事：能力，政绩。 ⑳ 踽踳：局促不安，谨慎小心。 ㉑ 窦笃：窦皇后兄宪，弟笃、景，皆为显贵，擅威权，后遂密谋不轨。和帝永元四年，发觉被诛。 ㉒ 止奸亭：顾炎武《历代宅京记·洛阳》引蔡质《汉官仪》曰："洛阳二十四街，街一亭。十二城门，门一亭。"止奸亭，或为其一。 ㉓ 遮止：拦住。 ㉔ 苍头：奴仆。 ㉕ 拟：比划，指向。 ㉖ 肆詈恣口：骂不绝口。詈，责骂。 ㉗ 以表闻：写章表上奏。 ㉘ 谴问：责问。 ㉙ 贳出：赦出。 ㉚ 帝：汉章帝。疾：厌恶，憎恨。 ㉛ 不事：不谄事，不奉承。 ㉜ 苛惨失中：苛刻残酷过分。惨，虐。失中，过度。 ㉝ 数：多次。 ㉞ 八年：汉章帝建初八年(公元 83 年)。 ㉟ 和帝：刘肇，汉章帝第四子。母梁贵人，为窦皇后所谮，忧死，窦后遂养之以为己子。建初七年，立为皇太子。章帝死，即位，年十岁，是为汉和帝。窦太后临朝。公元 89～105 年在位。事见《后汉书·孝和帝纪》。 ㊱ 邓彪：字智伯，南阳新野(今河南新野县)人。父邯，中兴初以功封鄳侯，仕至渤海太守。彪少励志，修孝行，父卒，让国于异母弟。初仕州郡，辟公府，五迁桂阳太守。明帝末，入为太仆。历奉车都尉、大司农、太尉。和帝即位，为太傅，录尚书事，赐爵关内侯。事见《后汉书·邓彪列传》。 ㊲ 典司京辇：主管京师。李贤注："《汉官仪》曰：'御史中丞，外督部刺史，内领侍御史，纠察百司。'故云典司京辇。" ㊳ 秉权：秉持权柄，掌权。 ㊴ 睚眦(yá zì)：瞋目怒视，瞪眼看人，借指微小的怨恨。 ㊵ 僵仆：倒下，跌倒，死亡。借指迫害死亡。 ㊶ 自谓无全：自认为不会躲过这场灾难。无全，不得保全。 ㊷ 怨隙有素：怨仇自有始因。

【参考资料】

南朝宋·范晔《后汉书·酷吏列传》："论曰：古者敦庬(敦厚)，善恶易分。至于画衣冠(犯人的衣服样式或颜色异于常人)，异服色，而莫之犯。叔世(末世)偷薄，上下相蒙，德义不足以相洽，化导不能以惩违，遂乃严刑痛杀，随而绳之，致刻深之吏，以暴理(治)奸，倚疾邪之公直，济忍苛之虐情。汉世所谓酷能者，盖有闻也。皆以敢捍精敏，巧附文理，风行霜烈，威誉喧赫。与夫断断(专心)守道之吏，何工否之殊乎！故严君蚩(嗤)黄霸之术(严延年为河南太守严刑峻法，黄霸为颍川太守以宽恕为化)，密人笑卓茂之政，(威)猛既穷矣，而犹或未胜。然朱邑不以笞辱加物，袁安未尝鞫人臧罪，而滑恶自禁，人不欺犯。何者？以为威辟(刑法)既用，而苟免之行兴(起)；仁信道孚(大信)，故感被(感化)之情(显)著。苟免者威隙(钻刑法空隙)则奸起，感被者人亡而思存。由一邦以言天下，则刑讼繁措(烦琐错杂)，可得而求乎！"

附　录

一、历代《循吏列传》序赞

编者按：自《史记》始，专门为循吏立传，历代沿之，至近代所谓“二十五史”之中，只有《三国志》《陈书》《周书》《旧五代史》《新五代史》等五种典籍音信阙如。揆其迹象，五书所涉时代皆为乱世，战乱频仍，朝廷纷替，南北割裂，修史所据之原始文献自然残缺不整。修史者概从简略，求诸备体，亦甚难焉；换言之，天下纷争，君主皆为枭雄，急功近利，崇尚武力，固为一代风习。曹操所谓“治平尚德行，有事赏功能”，所谓“若必廉士而后可用，则齐桓其何以称霸”，所谓“负污辱之名，见笑之行，或不仁不孝，而有治国用兵之术，其各举所知，无有所遗”。是为乱世君主择人委任之唯一标的。后代修史诸君，睹此情状，莫不拊膺而叹焉。欧阳修所谓“予于五代得全节之士三，死事之臣十有五，而怪士之被服儒者以学古自名，而享人之禄、任人之国者多矣，然使忠义之节，独出于武夫战卒，岂于儒者果无其人哉？岂非高节之士恶时之乱，薄其世而不肯出欤？抑君天下者不足顾，而莫能致之欤”？（《新五代史·杂传序》）时势如此，儒士无耻，欲觅所谓廉洁耿介视民如子之人，岂不亦甚难焉！

兹录“二十五史”中已有之《循吏列传》序赞，以备有心者查考。

太史公曰：法令所以导民也，刑罚所以禁奸也。文武不备，良民惧然身修者，官未曾乱也。奉职循理，亦可以为治，何必威严哉？（司马迁《史记·循吏列传》序）

太史公曰：孙叔敖出一言，郢市复。子产病死，郑民号哭。公仪子见好布而家妇逐。石奢纵父而死，楚昭名立。李离过杀而伏剑，晋文以正国法。（司马迁《史记·循吏列传》赞）

奉职循理，为政之先。恤人体国，良史述焉。叔孙、郑产，自昔称贤。拔葵一利，赦父非愆。李离伏剑，为法而然。（司马迁《史记·循吏列传》，司马贞《索隐·述赞》）

奉法循理之吏，不伐功矜能，百姓无称（无不称赞），亦无过行。作《循吏列传》第五十九。（司马迁《史记·太史公自序》）

汉兴之初，反秦之敝，与民休息，凡事简易，禁罔疏阔，而相国萧、曹以宽厚清静为天下帅，民作“画一”之歌。孝惠垂拱，高后女主，不出房闼，而天下晏然，民务稼穑，衣食滋殖。至于文、景，遂移风易俗。是时循吏如河南守吴公、蜀守文翁之属，皆谨身帅先，居以廉平，不至于严，而民从化。孝武之世，外攘四夷，内改法度，民用凋敝，奸轨不禁。时少能以化治称者，惟江都相董仲舒、内史公孙弘、兒宽，居官可纪。三人皆儒者，通于世务，明习文法，以经术润饰吏事，天子器之。仲舒数谢病去，弘、宽至三公。孝昭幼冲，霍光秉政，承奢侈师旅之后，海内虚耗，光因循守职，无所改作。至于始元、元凤之间，匈奴乡化，百姓益富，举贤良文学，问民所疾苦，于是罢酒榷而议盐铁矣。

及至孝宣，由仄陋而登至尊，兴于闾阎，知民事之艰难。自霍光薨后始躬万机，厉精为治，五日一听事，自丞相已下各奉职而进。及拜刺史守相，辄亲见问，观其所由，退而考察所行以质其言，有名实不相应，必知其所以然。常称曰：“庶民所以安其田里而亡叹息愁恨之心者，政平讼理也。与我共此者，其唯良二千石乎！”以为太守，吏民之本也，数变易则下不安，民知其将久，不可欺罔，乃服从其教化。故二千石有治理效，辄以玺书勉厉，增秩赐金，或爵至关内侯，公卿缺则选诸所表以次用之。是故汉世良吏，于是为盛，称中兴焉。若赵广汉、韩延寿、尹翁归、严延年、张敞之属，皆称其位，然任刑罚，或抵罪诛。王成、黄霸、朱邑、龚遂、郑弘、召信臣等，所居民富，所去见思，生有荣号，死见奉祀，此廪廪庶几德让君子之遗风矣。（班固《汉书·循吏传》序）

谁毁谁誉，誉其有试（言人之从政，可试而知）。泯泯群黎，化成良吏（言群众无知，从吏之化而成俗也）。淑人君子，时同功异。没世遗爱，民有余思。述《循吏传》第五十九。（班固《汉书·叙传》）

初，光武长于民间，颇达情伪，见稼穑艰难，百姓病害，至天下已定，务用安静，解王莽之繁密，还汉世之轻法。身衣大练，色无重彩，耳不听郑卫之音，手不持珠玉之玩，宫房无私爱，左右无偏恩。建武十三年，异国有献名马者，日行千里，又进宝剑，贾兼百金，诏以马驾鼓车，剑赐骑士。损上林池籞之官，废骋望弋猎之事。其以手迹赐方国者，皆一札十行，细书成文。勤约之风，行于上下。数引公卿郎将，列于禁坐。广求民瘼，观纳风谣。故能内外匪懈，百姓款息。自临宰邦邑者，竞能其官。若杜诗守南阳，号为“杜母”，任延、锡光移变边俗，斯其绩用之最章章者也。又第五伦、宋均之徒，亦足有可称谈。然建武、永平之间，吏事刻深，亟以谣言单辞，转易守长。故朱浮数上谏书，箴切峻政，钟离意等亦规讽殷勤，以长者为言，而不能得也。所以中兴之美，盖未尽焉。自章和以后，其有善绩者，往往不绝。如鲁恭、吴祐、刘宽及颍川四长，并以仁信笃诚，使人不欺；王堂、陈宠委任贤良，而职事自理。斯皆可以感物而行化也。边凤、延笃先后为京兆尹，时人以辈前世赵、张。又王涣、任峻之为洛阳令，明发奸伏，吏端禁止，然导德齐礼，有所未充，亦一时之良能也。今缀集殊闻显迹，以为《循吏篇》云。（范晔《后汉书·循吏列传》序）

赞曰：政畏张急（理国者譬若张琴然，大弦急则小弦绝矣），理善亨鲜。推忠以及，众瘼自蠲（推忠恕以及于人，则众病自蠲除）。一夫得情，千室鸣弦（一夫，谓守长也。千室，谓黎庶。言上得化下之情，则其下鸣弦而安乐也）。怀我风爱，永载遗贤。（范晔《后汉书·循吏列传》赞）

汉宣帝有言："百姓所以安其田里而无叹息愁恨之心者，政平讼理也。与我共此者，其唯良二千石乎！"此则长吏之官实为抚导之本。是以东里相郑，西门宰邺，颍川黄霸，蜀郡文翁，或吏不敢欺，或人怀其惠，或教移齐鲁，或政务宽和，斯并惇史播其徽音，良吏以为准的。有晋肇兹王业，光启霸图，授方任能，经文纬武。泰始受禅，改物君临，纂三叶之鸿基，膺百王之大宝，劳心庶绩，垂意黎元，申敕守宰之司，屡发忧矜之诏，辞旨恳切，诲谕殷勤，欲使直道正身，抑末敦本。当此时也，可谓农安其业，吏尽其能者欤！而帝宽厚足以君人，明威未能厉俗，政刑以之私谒，贿赂于此公行，结绶者以放浊为通，弹冠者以苟得为贵，流遁忘反，寖以为常。刘毅抗卖官之言，当时以为矫枉，察其风俗，岂虚也哉！爰及惠、怀，中州鼎沸，逮于江左，晋政多门，元帝比少康之隆，处仲为梗；海西微昌邑之罪，元子乱常。既权逼是忧，故羁縻成俗。莅职者为身择利，铨综者为人择官，下僚多英俊之才，势位必高门之胄，遂使良能之绩仅有存焉。虽复茂弘以明允赞经纶，安石以时宗镇雅俗，然外虞孔炽，内难方殷，而匡救弥缝，方免倾覆，弘风革弊，彼则未遑。今采其政绩可称者，以为《良吏传》。（房玄龄等《晋书·良吏列传》序）

史臣曰：鲁芝等建旟剖竹，布政宣条，存树威恩，没留遗爱，咸见知明主，流誉当年。若伯武之洁己克勤，颜远之申冤缓狱，邓攸赢粮以述职，吴隐酌水以厉清，晋代良能，此焉为最。而攸弃子存侄，以义断恩，若力所不能，自可割情忍痛，何至预加徽纆，绝其奔走者乎！斯岂慈父仁人之所用心也？卒以绝嗣，宜哉！勿谓天道无知，此乃有知矣。世英尽节曹氏，犯门斩关，宣帝收雷霆之威，奖忠贞之烈，岂非既已在我，欲其骂人者欤！赞曰：

猗欤良宰，嗣美前贤。威同御黠，静若烹鲜。唯尝吴水，但挹贪泉。人风既偃，俗化斯迁。（房玄龄等《晋书·良吏列传》赞）

高祖起自匹庶，知民事艰难。及登庸作宰，留心吏职，而王略外举，未遑内务，奉师之费，日耗千金。播兹宽简，虽所未暇，而绌华屏欲，以俭抑身，左右无幸谒之私，闺房无文绮之饰，故能戎车岁驾，邦甸不扰。太祖幼而宽仁，入纂大业，及难兴陕方，六戎薄伐，命将动师，经略司兖，费由府实，役不及民。自此区宇晏安，方内无事，三十年间，氓庶蕃息，奉上供徭，止于岁赋，晨出莫归，自事而已。守宰之职，以六期为断，虽没世不徙，未及曩时，而民有所系，吏无苟得，家给人足。即事虽难，转死沟渠，于时可免。凡百户之乡有市，之邑歌谣舞蹈，触处成群，盖宋世之极盛也。暨元嘉二十七年，北狄南侵，戎役大起，倾资扫蓄，犹有未供，于是深赋厚敛，天下骚动。自兹至于孝建，兵连不息，以区区之江东，地方不至数千里，户不盈百万，荐之以师旅，因之以凶荒，宋氏之盛，自此衰矣。晋世诸帝，多处内房，朝宴所临，东西二堂而已，孝武末年，清暑方构。高祖受命，无所改作，所居唯称西殿，不制嘉名。太祖因之，亦有合殿之称。及世祖承统，制度奢广，犬马余菽粟，土木衣绨绣，追陋前规，更造正光、玉烛、紫极诸殿，雕栾绮节，珠窗网户，嬖女幸臣，赐倾府藏，竭四海不供其欲，单民命，未快其心。太宗继阼，弥笃浮侈，恩不恤下，以至横流。莅民之官，迁变岁属，灶不得黔，席未暇暖，蒲密之化，事未易阶。岂徒吏不及古，民伪于昔，盖由为上所扰，致治莫从。今采其风迹粗著者，以为《良吏篇》云。（沈约《宋书·良吏列传》序）

史臣曰：夫善政之于民，犹良工之于埴也，用功寡而成器多。汉世户口殷盛，刑务简阔，郡县治民，无所横扰。劝赏威刑，事多专断，尺一诏书，希经邦邑，龚、黄之化，易以有成。降及晚代，情伪繁起，民减昔时，务多前世，立绩垂风，艰易百倍。若以上古之化，治此世之民，今吏之良，抚前代之俗，则武城弦歌，将有未暇。淮阳卧治，如或可勉，未必今才陋古，盖化有淳薄也。（沈约《宋书·良吏列传》赞）

太祖承宋氏奢纵风移，百城辅立幼主，思振民瘼，为政未期，擢山阴令。傅琰为益州刺史，乃损华反朴，恭己南面，导民以躬，意存勿扰。以山阴大邑，狱讼繁滋。建元三年，别置狱丞，与建康为比。永明继运，垂心治术，杖威善断，犹多漏网。长吏犯法，封刃行诛，郡县居职，以三周为小满。水旱之灾，辄加赈恤。明帝自在布衣，晓达吏事，君临亿兆，专务刀笔，未尝枉法申恩，守宰以之肃震。永明之世，十许年中，百姓无鸡鸣犬吠之警，都邑之盛，士女富逸，歌声舞节，袨服华妆，桃花绿水之间，秋月春风之下，盖以百数。及建武之兴，虏难猋急，征役连岁，不遑启居，军国糜耗，从此衰矣。齐世善政，著名表绩无几焉。位次迁，并非直止乎城邑。今取其清察有迹者，余则随以附焉。（萧子显《南齐书·良政列传》序）

赞曰：蒸蒸小民，吏职长亲。棼乱须理，恤隐归仁。枉直交瞀，宽猛代陈。伊何导物，贵在清身。（萧子显《南齐书·良政列传》赞）

昔汉宣帝以为："政平讼理，其惟良二千石乎！"前史亦云："今之郡守，古之诸侯也。故长吏之职，号为亲民。是以导德齐礼，移风易俗，咸必由之。"齐末昏乱，政移群小，赋调云起，徭役无度，守宰多倚附权门，互长贪虐，掊克聚敛，侵愁细民，天下摇动，无所厝其手足。高祖在田，知民疾苦，及梁台建，仍下宽大之书，昏时杂调，咸悉除省。于是四海之内，始得息肩。逮践皇极，躬览庶事，日昃听政，求民之瘼。乃命輶轩以省方俗，置肺石以达穷民，务加隐恤，舒其急病。元年，始去人赀计丁为布，身服浣濯之衣，御府无文饰，宫掖不过绫采，无珠玑锦绣。太官撤牢馔，每日膳菜蔬，饮酒不过三盏，以俭先海内。每选长吏，务简廉平，皆召见御前，亲勖治道。始擢尚书殿中郎到溉为建安内史，左民侍郎刘鬷为晋安太守，溉等居官并以廉洁著。又著令小县有能迁为大县，大县有能迁为二千石。于是山阴令丘仲孚治有异绩，以为长沙内史。武康令何远清公，以为宣城太守。剖符为吏者，往往承风焉。若新野庾荜诸任职者，以经术润饰吏政，或所居流惠，或去后见思，盖后来之良吏也。缀为《良吏篇》云。（姚思廉《梁书·良吏列传》序）

陈吏部尚书姚察曰：前史有循吏，何哉？世使然也。汉武役繁奸起，循平不能，故有苛酷诛戮以胜之，亦多怨滥矣。梁兴，破觚为圆，斫雕为朴，教民以孝悌，劝之以农桑，于是桀黠化为由余，轻薄变为忠厚，淳风已洽，民自知禁，尧舜之民比屋，可封信矣。若夫酷吏，于梁无取焉。（姚思廉《梁书·良吏列传》赞）

罢侯置守，历年永久。统以方牧，仍世相循。所以宽猛为用，庇民调俗。但廉平常迹，声问难高。适时应物，招响必速。是故搏击为侯，起不旋踵。儒弱贻咎，录用无时。此则已然于前世矣。后之为吏，与世沉浮。叔季浇漓，奸巧多绪。所以蒲密无为之化，难见其人。有魏初拓中州，兼并疆域。河南关右，遗黎未纯。拥节分符，多出丰沛。政术治风，未能咸允。虽动贻大戮，而贪虐未悛。亦由网漏吞舟，时挂一目。高祖肃明纲纪，赏罚必行。肇革旧轨，时多奉法。世宗优游而治，宽政遂往。太和之风，颇以陵替。肃宗驭运，天下淆然。其于移风革俗之美，浮虎还珠之政，九州百郡，无所闻焉。且书其为时所称者，以著《良吏》云尔。（魏收《魏书·良吏列传》序）

先王疆理天下，司牧黎元，刑法以禁其奸，礼教以防其欲，故分职命官，共理天下。《书》云：知人则哲，能官人安人则惠。睿哲之君，必致清明之臣。昏乱之朝，多有贪残之吏。高祖拨乱反正，以恤隐为怀，故守令之徒才多称职。仍以战功诸将出牧外藩，不识治体，无闻政术，非唯暗于前言往行，乃至始学依判付曹，聚敛无厌，淫虐不已，虽或直绳，终无悛革。於戏，此朝廷之大失！太宁以后，风雅俱缺，卖官鬻狱，上下相蒙，降及末年，黩货滋甚。齐氏循良，如辛术之徒非一，多以官爵通显，别有列传。如房仲干之属，在武平之末，能卓尔不群，斯固弥可嘉也。今掇张华原等列于《循吏》云。（李百药《北齐书·循吏列传》序）

按，唐李延寿所撰《南史》，亦有《循吏列传》，其序赞两文，则杂录南朝宋、齐、梁各史相关文字凑合成篇。以无参考价值，故略去。

李延寿又撰有《北史》，其《循吏列传》序，亦捏合北魏、北齐及隋各史文字而成。兹录其文末赞语：

论曰：为政之道，宽猛相济，犹寒暑迭代，俱成岁功者也。然存夫简久，必藉宽平，大则致鼓腹之欢，小则有息肩之惠。故《诗》曰："虽无德与汝，式歌且舞。"张膺等皆有宽仁之心，至诚待物，化行所属，爱结人心，故得所去见思，所居而化。《诗》所谓"恺悌君子，人之父母"，岂徒然哉！

古之善牧人者，养之以仁，使之以义，教之以礼。随其所便而处之，因其所欲而与之，从其所好而劝之。如父母之爱子，如兄之爱弟，闻其饥寒为之哀，见其劳苦为之悲，故人敬而悦之，爱而亲之。若子产之理郑国，子贱之居单父，贾琮之牧冀州，文翁之为蜀郡，皆可以恤其灾患，导以忠厚，因而利之，惠而不费。其辉映千祀，声芳不绝，夫何为哉？用此道也。然则五帝三王不易人而化，皆在所由化之而已。故有无能之吏，无不可化之人。高祖膺运抚图，除凶静乱，日旰忘食，思迈前王，然不敦《诗》《书》，不尚道德，专任法令，严察临下，吏存苟免，罕闻宽惠，乘时射利者，多以一切求名。暨炀帝嗣兴，志存远略，车辙马迹，将遍天下，纲纪弛紊，四维不张。

其或善于侵渔，强于剥割，绝亿兆之命，遂一人之求者，谓之奉公，即时升擢；其或顾名节，存纲纪，抑夺攘之心，以从百姓之欲者，则谓之附下，旋及诛夷。夫吏之侵渔，得其所欲，虽重其禁，犹或为之；吏之清平，失其所欲，虽崇其赏，犹或不为。况于上赏其奸，下得其欲，求其廉洁，不亦难乎！彦光等立严察之朝，属昏狂之主，执心平允，终行仁恕，余风遗爱，没而不忘。宽惠之音，足以传于来叶。故列其行事，以系《循吏》之篇尔。（魏征等《隋书·循吏列传》序）

史臣曰：古语云：善为水者引之使平，善化人者抚之使静。水平则无损于堤防，人静则不犯于宪章。然则易俗移风，服教从义，不资于明察，必藉于循良者也。彦光等皆内怀直道，至诚待物，故得所居而化，所去见思。至于景茂之遏恶扬善，公义之抚视疾病，刘旷之化行所部，德深之爱结人心，虽信臣、杜诗、郑浑、朱邑不能继也。《诗》云："恺悌君子，人之父母。"岂徒言哉！恭懿所在尤异，屡简帝，心追既往之一眚，遂流亡于道路。惜乎柳俭去官，妻子不赡；赵轨秩满，酌水饯离。清矣！（魏征等《隋书·循吏列传》赞）

汉宣帝曰："使政平讼息，民无愁叹，与我共理，其惟良二千石乎！"故汉代命官，重外轻内，郎官出宰百里，郡守入作三公。世祖中兴，尤深吏术，慎选名儒为辅相，不以吏事责功臣，政优则增秩赐金，绩负则论输左校。选任之道，皇汉其优。隋政不纲，彝伦斯紊，天子事巡游而务征伐，具僚逞侧媚而窃恩权。是时朝廷无正人，方岳无廉吏。跨州连郡，莫非豺虎之流；佩紫怀黄，悉奋爪牙之毒。以至土崩不救，旋踵而亡。武德之初，余风未殄。太宗皇帝削平乱迹，湔洗污风，唯思稼穑之艰，不以珠玑为宝，以是人知耻格，俗尚贞修，太平之基，率由兹道。洎天后、玄宗之代，贞元、长庆之间，或以卿士大夫莅方州，或以御史、郎官宰畿甸，行古道也，所病不能。自武德已还，历年三百，其间岳牧，不乏循良。今录其政术有闻，为之立传，所冀表吏师而儆不恪也。（刘昫等《旧唐书·良吏列传》序）

赞曰：圣人造世，才杰济时。在理致治，无为而为。坑隍非议，简易从规。乐只君子，邦家之基。（刘昫等《旧唐书·良吏列传》赞）

治者，君也；求所以治者，民也；推君之治而济之民，吏也。故吏良，则法平政成；不良，则王道弛而败矣。在尧舜时，曰"九德咸事"也，"百工惟时"也；在周文武时，曰"《棫朴》，能官人也""《南山有台》，乐得贤也"。是循吏之效也。尧舜五帝之盛帝，文武三王之显王，不能去是而治，后世可乎哉？

唐兴，承隋乱离，铲祓荒荼，始择用州刺史、县令。太宗尝曰："朕思天下事，丙夜不安枕，永惟治人之本，莫重刺史，故录姓名于屏风，卧兴对之，得才否状，辄疏之下方，以拟废置。"又诏内外官五品以上举任县令者。于是官得其人，民去叹愁、就妥安。都督、刺史，其职察州县。间遣使者循行天下，劾举不职。始，都督、刺史皆天子临轩册授。后不复册，然犹受命日对便殿，赐衣物，乃遣。玄宗开元时，已辞，仍诣侧门候进止，所以光宠守臣，以责其功。初，刺史准京官得佩鱼，品卑者假绯、鱼。开元中，又锢废酷吏，惩无良，群臣化之，革苛娆之风，争以惠利显。复诏：三省侍郎缺，择尝任刺史者；郎官缺，择尝任县令者。至宰相名臣，莫不孜孜言长人不可轻授亟易。是以授受之间，虽不能皆善，而所得十五。故叶气嘉生，薰为太平，垂祀三百，与汉相埒。致之之术，非循吏谓何？故条次治宜，以著厥庸。若将相大臣兼以勋阀著者，各见本篇，不列于兹。（欧阳修、宋祁《新唐书·循吏列传》序）

宋法有可以得循吏者三：太祖之世，牧守令录，躬自召见，问以政事，然后遣行，简择之道精矣；监司察郡守，郡守察县令，各以时上其殿最，又命朝臣专督治之，考课之方密矣；吏犯赃遇赦不原，防闲之令严矣。

承平之世，州县吏谨守法度以修其职业者，实多其人。其间必有绝异之绩，然后别于赏令，或自州县善最，他日遂为名臣，则抚字之长又不足以尽其平生，故始终三百余年，循吏载诸简策者十二人。作《循吏传》。（脱脱等《宋史·循吏列传》序）

汉以玺书赐二千石，唐疏刺史、县令于屏，以示奖率，故二史有《循吏》《良吏》之传。辽自太祖创业，太宗抚有燕蓟，任贤使能之道，亦略备矣。然惟朝廷参置国官吏，州县者，多遵唐制。历世既久，选举益严，时又分遣重臣巡行境内，察贤否而进退之。是以治民理财，决狱弭盗，各有其人。考其德政，虽未足以与诸循良之列，抑亦可谓能吏矣。作《能吏传》。（脱脱等《辽史·能吏列传》序）

金自穆宗号令诸部，不得称都孛堇，于是诸部始列于统属。太祖命三百户为谋克，十谋克为猛安，一如郡县置吏之法。太宗既有中原，申画封疆，分建守令。熙宗遣廉察之使循行四方。世宗承海陵凋陵之余，休养生息，迄于明昌、承安之间，民物滋殖，循吏迭出焉。泰和用兵，郡县多故，吏治衰矣。宣宗尚刀笔之习，严考核之法，能吏不乏，而岂(恺)弟(悌)之政，罕见称述焉。金百余年，吏治始终可考，于是作《循吏传》。(脱脱等《金史·循吏列传》序)

自古国家上有宽厚之君，然后为政者得以尽其爱民之术，而良吏兴焉。班固有曰："汉兴，与民休息，凡事简易，禁罔疏阔，以宽厚清静为天下先，故文、景以后，循吏辈出。"其言盖识当时之治体矣。

元初风气质实，与汉初相似。世祖始立各道劝农使，又用五事课守令，以劝农系其衔。故当是时，良吏班班可见，亦宽厚之效也。然自中世以后，循良之政，史氏缺于纪载。今据其事迹之可取者，作《良吏传》。(宋濂等《元史·良吏列传》序)

明太祖惩元季吏治纵弛，民生凋敝，重绳贪吏，置之严典。府州县吏来朝陛辞，谕曰："天下新定，百姓财力俱困，如鸟初飞，木初植，勿拔其羽，勿撼其根。然惟廉者能约己而爱人，贪者必朘人以肥己。尔等戒之！"洪武五年，下诏有司，考课首学校农桑诸实政。日照知县马亮善督运，无课农兴士效，立命黜之。一时守令畏法，洁己爱民，以当上指，吏治焕然丕变矣。下逮仁宣，抚循休息，民人安乐，吏治澄清者百余年。英武之际，内外多故，而民心无土崩瓦解之虞者，亦由吏鲜贪残，故祸乱易弭也。嘉隆以后，资格既重甲科，县令多以廉卓被征，梯取台省，而龚黄之治，或未之觏焉。神宗末年，征发频仍，矿税四出，海内骚然烦费，郡县不克修举厥职，而庙堂考课，一切以虚文从事，不复加意循良之选。吏治既以日偷，民生由之益蹙，仁宣之盛，邈乎不可复追，而太祖之法蔑如矣。重内轻外，实政不修，谓非在上者不加之意使然乎？汉史丞相黄霸，唐史节度使韦丹，皆入《循吏传》中，今自守令超擢至公卿，有勋德者事，皆别见，故采其终于庶僚，政绩可纪者，作《循吏传》。(张廷玉等《明史·循吏列传》序)

清初，以武功定天下，日不暇给。世祖亲政，始课吏治，诏严举劾，树之风声。圣祖平定三藩之后，与民休息，拔擢廉吏，如于成龙、彭鹏、陈瑸、郭琇、赵申乔、陈鹏年等，皆由县令洊历部院，封疆治理，蒸蒸于斯为盛。世宗综核名实，人知奉法。乾隆初政，循而勿失，国家丰亨豫大之休，盖数十年，吏治修明之效也。及后权相用事，政以贿成，蠹国病民，乱萌以作。仁宗矫之，冀涤瑕秽。道咸以来，军事兴而吏治疏。同治中兴，疆吏贤者犹能激扬清浊，以弥缝其间。然保举冒滥，捐例大开，猥杂不易爬梳。末造财政紊乱，新令繁兴，簿书期会，救过之不遑。又迁调不时，虽有洁己爱民者，亦不易自举其职。论者谓有清一代，治民宽而治吏严。其敝也，奉行故事，实政不修，吏道婾而民生益蹙。迨纪纲渐隳，康雍澄清之治，邈焉不可见。观此，诚得失之林也。《明史》所载，以官至监司为限，今从之，尤以亲民为重，其非由守令起家者，不与焉。（赵尔巽等《清史稿·循吏列传》序）

二、戒石铭之沿革

编者按：戒石铭，始创于北宋初期，延续至有清一代，屹立千年，始终未废，其警戒人心、整肃吏治的执政传统，由此可见一斑。惩前毖后，治病救人。衙前堂前，座右案边，立此一石，功莫大焉！

（广政）四年五月，（孟）昶著官箴，颁于郡国，曰："朕念赤子，旰食宵衣。托之令长，抚养安绥。政在三异，道在七丝。驱鸡为理，留犊为规。宽猛得所，风俗可移。无令侵削，毋使疮痍。下民易虐，上天难欺。赋舆是切，军国是资。朕之爵赏，固不逾时。尔俸尔禄，民膏民脂。为人父母，罔不仁慈。特为尔戒，体朕深思。"（北宋张唐英《蜀梼杌》卷四《后蜀后主》）

"尔俸尔禄，民膏民脂。下民易虐，上天难欺。"太宗皇帝书此，以赐郡国，立于厅事之南，谓之《戒石铭》。按，成都人景焕有《野人闲话》一书，乾德三年所作。其首篇《颁令箴》，载蜀王孟昶为文颁诸邑云。（文略）凡二十四句。昶区区爱民之心，在五季诸僭伪之君为可称也，但语言皆不工，唯经表出者，词简理尽，遂成王言，盖诗家所谓夺胎换骨法也。（南宋洪迈《容斋续笔》卷一）

（绍兴六年）癸巳，颁黄庭坚所书太宗御制《戒石铭》于郡县，命长吏刻之庭石，置之座右，以为晨夕之戒。原注：中兴圣政臣留正等曰："古者盘盂有铭，几杖有诫，其意盖谓夫不忘乎目，则不忘乎心；不忘乎心，则不忘乎设施措置之间。此内外交相养之道，而亦其理之必然者也。是铭也，以虐民欺天为戒，其说甚明，使人人服而行之，敢不悉心于爱民乎？惟其蔽而莫之知，故弃而莫之恤。今斯铭日在其目，则必能隐惕于其心，而见诸行事矣。此太宗皇帝制铭之意，而太上皇帝复俾刻诸庭石，置之座右之深旨也。为守为令者，可不念哉！"（南宋李心传《建炎以来系年要录》卷五十五）

泰陵书《戒石铭》赐郡国曰："尔俸尔禄，民膏民脂。下民易虐，上天难欺。"用《蜀梼杌》中所载孟王昶文。(略)凡二十四句，昶亦可称。后熙陵表出，言简理尽，遂成王言。(南宋张端义《贵耳集》卷上)

尔俸尔禄民膏脂，下民易虐天难欺。圣训昭昭日月垂，刻石于庭励官师。臣(黄)庭坚字尤瑰奇，光尧宸翰增光辉。坤维门户州名夔，庭前戒石□□□(原文缺失，编者注，下同。)。笔画微茫观者疑，太岁在酉嘉平时。吉日丁亥刑□□，命工举石少高之。一新栏槛严护持，银钩照眼光陆离。天威咫尺颜不违，虐民之事焉可为。勿谓苍苍不吾知，与尔同僚共孜孜。(《全宋诗》第36册所录南宋王十朋《州县有戒石饬官吏》)按，作者时知夔州。又，此诗题目与正文皆有阙文。

戒石重刊照眼明，良辰又遇腊嘉平。黄堂坐处天威近，一点欺心事莫萌。(同上《重刊戒石铭》)按，原诗自注："夔州以腊日修戒石。"

淫浸秋潦坏垂成，忍听闾阎愁叹声。抚字催科劳更拙，欲逃吏责负斯铭。(同上《重刊戒石铭》)

《戒石箴》，汉唐以来，未之有也。五代时，孟昶始颁于诸邑，句凡二十四，字凡九十有六云云。宋太祖删烦就简，摘其中四句，颁行天下。至高宗绍兴间，复以黄庭坚所书，命州县刻石座右。至元三十年癸巳，浙西廉访司移治钱塘，参政容斋徐公琰改书曰："天有昭鉴，国有明法。尔畏尔谨，以中刑罚。"今府州县甬道中有戒石亭，南面刻"公生明"三大字，北面刻宋太祖所约之十六字，而徐改者今不存，民常曰"公生明亭"云。(王文才等《蜀梼杌校笺》所引明人余永麟《北窗琐语》云)按，《荀子·不苟》："公生明，偏生暗。"当为三大字所出。

我朝立石于府州县甬道中，作亭覆之，名曰《戒石》。镌二大字于其前，其阴刻"尔俸尔禄，民膏民脂。下民易虐，上天难欺。"十六字。此盖作于蜀主孟昶，其文尚多，乃删取于宋太宗者。初用黄廷坚所书。对面警省者能有几人？殊不知，上天固难欺，而下民亦难虐也。民虽至愚，虐甚则变。欲安其上，复可得乎？戒之，戒之！(明田艺蘅《留青日札摘抄》卷二《戒石》)

今州县大堂有《戒石箴》曰："尔俸尔禄，民膏民脂。下民易虐，上天难欺。"人但知为宋高宗语也。后读张端义《贵耳集》，方知是蜀主孟昶语。本二十四句，而高宗摘取之。犹云"清慎勤"三字，今奉为圣经贤传，而不知司马昭训长史之言。见《三国志》。(清袁枚《随园诗话补遗》卷三)

国朝朱象贤《闻见偶录》云：今凡府州县衙署于大堂之前，正中，俱立一石，南向刻“公生明”三字，北向刻“尔俸尔禄，民脂民膏。下民易虐，上天难欺。”十六字。官每升堂，即对此石也。或恶其中立，出入必须旁行，意欲去之，而不敢擅动，欲驾言禀于上台，又难措词。曾见易以牌坊者，南北两向，照依石刻字样书写，以代立石。按，此知公生明坊，旧时本是立石，犹有古人中庭立碑之遗制，今则无不易以牌坊，无复有立石者矣。非观此，几不知旧制之为立石也。宋马永卿《懒真子》云：温公私第，在县宇之西北数十里，诸处榜额，皆公染指书，字亦尺许大，如世所见“公生明”字。然则官署“公生明”三字，宋时已有之。（清人俞樾《茶香室丛钞》卷六“公生明坊旧是立石”条）

三、张养浩《为政忠告》选录

编者按：世人只知张养浩为著名散曲作家，不知其竟为有元一代名臣。一生自东平学正、堂邑县令，仕至监察御史、礼部尚书。忠君爱民，勇于担当，又直言敢谏，不避权贵，因而先后罢官辞官，几经沉浮。晚年以陕西行台中丞赈济灾民，积劳成疾，病死任上。

在其生前，张养浩曾将自己的仕宦经历和人生感悟编辑成书，名之为《牧民忠告》《风宪忠告》《庙堂忠告》，后人则总合三书，称之为《为政忠告》。元刊本宣城贡师泰《序》说：“呜呼！数年以来，州郡多故，黎民疮痍，每思一贤守令以安靖吾民而不可得，乃知《忠告》之有补于世教也深矣。使天下之为守令者，家藏一书，遵而行之，虽单父武城之化不外是矣，奚汉循吏之足论哉！”近代海盐张元济刻本《跋》谓：“是书分为三编，各就其居官所得，剀切指陈，欲凡从政者知所法戒。”

今据《四部丛刊三编》本《为政忠告》，择录若干。

命下之日，则拊心自省：有何勋阀行能，膺兹异数？苟要其廪禄，假其威权，惟济己私，靡思报国，天监伊迩，将不汝容。夫受人直而怠其工，偿人爵而旷其事，已则逸矣，如公道何？如百姓何？（《牧民忠告·省己》）

普天率土，生人无穷也。然受国宠，灵而为民司牧者，能几何人？既受命以牧斯民矣，而不能守公廉之心，是自不爱也，宁不为世所诮耶？况一身之微，所享能几？厥心溪壑，适以自贼，一或罪及，上孤国恩，中贻亲辱，下使乡邻朋友蒙垢包羞，虽任累千金，不足以偿一夕缧绁之苦。与其戚于已败，曷若严于未然？嗟尔有官，所宜深戒。（《牧民忠告·戒贪》）

赤子之生，无有知识，然母之者常先意得其所欲焉。其理无他，诚然而已矣。诚生爱，爱生智。惟其诚，故爱无不周；惟其爱，故智无不及。吏之于民，与是奚异哉！诚有子民之心，则不患其才智之不及矣。（《牧民忠告·心诚爱民智无不及》）

居官所以不能清白者，率由家人喜奢好侈使然也。中既不给，其势必当取于人。或营利以侵民，或因讼而纳贿，或名假贷，或托姻属，宴馈征逐，通室无禁，以致动相掣肘，威无所施。己虽日昌，民则日瘁；己虽日欢，民则日怨。由是而坐败辱者，盖骈首骊踵也。呜呼！使为妻妾而为之，则妻妾不能我救也；使为子孙而为之，则子孙不能我救也；使为朋友而为之，则朋友不能我救也。妻妾子孙朋友皆不能我救也，曷若廉勤乃职，而自为之为愈也哉？盖自为，虽阖门恒淡泊而安荣，及子孙为，人虽欢然如可乐，而祸患生几席也。二者之间，非真知深悟者，未易与言。有官君子，其审择焉。（《牧民忠告·禁家人侵渔》）

民之有讼如己有讼，民之流亡如己流亡，民在缧绁如己在缧绁，民陷水火如己陷水火。凡民疾苦皆如己疾苦也，虽欲因仍，可得乎？（《牧民忠告·民病如己病》）

吏佐官治事，其人不可缺，而其势最亲。惟其亲，故久而必至无所畏；惟其不可缺，故久而必至为奸。此当今之通病也。欲其有所畏，则莫若自严；欲其不为奸，则莫若详视其案也。所谓自严者，非厉声色也，绝其馈遗而已矣；所谓详视其案者，非吹毛求疵也，理其纲领而已矣。盖天下之事，无有巨细，皆资案牍以行焉，少不经心，则奸伪随出。大抵使不忍欺为上，不能欺次之，不敢欺又次之。夫以善感人者，非圣人不能，故前辈谓不忍欺在德，不能欺在明，不敢欺在威。于斯三者，度己所能而处之，庶不为彼所侮矣。（《牧民忠告·御吏》）

古之为政者，身任其劳，而贻百姓以安；今之为政者，身享其安，而贻百姓以劳。己劳，则民逸；己逸，则民劳。此必然之理也。惮一己之劳，而使阖境之民不靖，仁人君子，其忍尔乎？昔子路问政，而圣人告以先之劳之无倦。呜呼！此真万世为政之格言也欤？（《牧民忠告·先劳》）

凡在官者，当知荣与辱相倚伏，得与失相胜负，成与败相循环。古今未有荣而无辱，得而无失，成而无败之理也。虽天地之运阴阳、之化物理人事，莫不皆然。处之不以道，则纤毫之宠必摇，而一唾之辱必斗矣。故君子于外物重轻皆所不恤，顾其在我者何如尔。使其有可辱，虽不加谴，而君子恒以为不足；使其无可辱，虽置之死地，而君子恒以为有余。历观自昔大圣大贤，不幸横罹祸患，恬然不易其素者，灼乎此而已矣。苟惟能处荣，而不能处辱，惟能安顺境，而逆境则不能一朝居，欲望其临政有余，为难矣。呜

呼！善观人者，其于此焉察之。(《牧民忠告·处患难》)

其在政也，民被德泽，讼清盗息，豪强消沮，同僚悦服，则去之之日，虽弊车羸马，行橐萧然，其乐有不翅万金获而千驷受者。前辈由外官而至执政者，论济人之功，皆自以为不及为县远甚。呜呼！有志及物者，其勿薄州县而不屑为也。(《牧民忠告·完归》)

士当求进于己，而不可求进于人也。所谓求进于己者，道业学术之精是已；所谓求进于人者，富贵利达之荣是已。盖富贵利达在天而不可求，道业学术在我而不可不求也。况古之人不以富贵利达为心也，其所以从仕者，宜假此以行道也。道不行而富贵利达者，古人以为耻而不以为荣。呜呼！非诚有致君泽民之心者，其孰能与于此？(《牧民忠告·求进于己》)

名节之于人，不金币而富，不轩冕而贵。士无名节，犹女不贞，则何暴不从，何炎不附？虽有他美，亦不足赎也。故前辈谓爵禄易得，名节难保。爵禄或失，有时而再来；名节一亏，终身不复矣。呜呼！士而居闲者，能以此言铭其心，庶不易所守而趋势要哉！(《牧民忠告·风节》)

前辈谓仕官而至将相，为人情之所荣，是不知荣也者，辱之基也。惟善自修者，则能保其荣；不善自修者，适足速其辱。所谓善自修者何？廉以律身，忠以事上，正以处事，恭慎以率百僚。如是则令名随焉，舆论归焉，鬼神福焉，虽欲辞其荣不可得也。所谓不善自修者何？徇私忘公，贪无纪极，不式覆车，靡思报国，如是则恶名随焉，众毁归焉，鬼神祸焉，虽欲避其辱，亦不可得也。於戏！身为宰相，何善不可行，何功不可立？顾乃为区区之利蛊惑而妄行，岂不深可惜哉！且自古居相位者，未闻死于冻饿，而死于财于酒于色于逸乐者无代无之。昔诸葛孔明为丞相二十年，无尺寸之增，于家未尝忧其贫，竟以劳于王事而卒，至今其名之荣，尝若世享万钟而不绝者。唐元载为相，惟利是嗜，及其败也，籍没其家，胡椒八百斛，其名之秽，常若蒙不洁而播臭无穷者。呜呼！夫人以百年之身，天假以年不过八十、九十，姑以八十为率计，其得志不过三四十年而已，岂有三四十年之间，能食胡椒八百斛之理？古人谓利令人智昏，兹明验矣。呜呼！凡为相者，能以诸葛孔明为法，唐之元载为式，虽台鼎终身，又何悔吝之有？(《庙堂忠告·修身》)

四、陈宏谋《五种遗规》选录

编者按：陈宏谋，字汝咨。广西临桂人。雍正进士。乾隆年间，历官两广总督、兵部尚书、吏部尚书、东阁大学士兼工部尚书等。外任三十余年，历行省十二，官无久暂，必究人心风俗之得失，及民间利病，当兴革者，次第举行。乾隆初年，便先后刻书五种，分别名之为《养正遗规》《教女遗规》《训俗遗规》《从政遗规》《在官法戒录》。所收嘉言懿行，皆从古人成书中摘录，其目的总在益民善俗，戒惕人心，既自勉，亦自勉人。其《从政遗规序》尝谓："苏子云：'药虽进于医手，方多传于古人。'自古及今，此心同，此理同，故以古人之方，医后人之病，而无不立效。"斯有感于世道人心之日益浇薄，遂缀缉此书之深厚意旨，则似呼之欲出矣。《清史稿·陈宏谋列传》亦谓其书："尚名教，厚风俗，亲切而详备。"

今就民国十七年商务印书馆所刻《五种遗规》中择录《从政遗规》若干，以飨读者。

当官之法，唯有三事，曰清曰慎曰勤。知此三者，则知所以持身矣。然世之仕者，临财当事，不能自克，常自以为不必败。持不必败之意，则无不为矣。然事常至于败，而不能自已，故设心处事，戒之在初，不可不察。借使役用权智，百端补治，幸而得免，所损已多，不若初不为之为愈也。司马子微《坐忘论》云：'与其巧持于末，孰若拙戒于初。'此当官处事之大法，用力寡而见功多。无如此言者，人能思之，岂复有悔吝耶？（《从政遗规》卷上《吕东莱官箴》）按，吕东莱，即南宋吕祖谦。官至著作郎、直秘阁。

士大夫喜言风俗不好，风俗是谁做来？身便是风俗，不自去做，如何得会好？（同上）

惟俭足以养廉。盖费广则用窘，盼盼然每怀不足，则所守必不固，虽未至有非义之举，苟念虑纷扰，已不克以廉靖自居矣。（《从政遗规》卷上《何西畴常言》）按，何西畴，名坦，南宋人。官至宝谟阁直学士。

士能寡欲，安于清淡，不为富贵所淫，则其视外物也轻，自然进退不失其正。（同上）

富儿因求官倾赀，污吏以黩货失职，初皆起于慊其所无，而卒至于丧其所有也。各泯其贪心，而安分守节，则何夺禄败家之有？（同上）

《化书》曰："奢者富不足，俭者贫有余；奢者心常贫，俭者心常富。"李元衡《俭说》曰："贪饕以招辱，不若俭而守廉；干请以犯义，不若俭而全节；侵牟以聚仇，不若俭而养福；放肆以逐欲，不若俭而安性。"皆要言也。（《从政遗规》卷上《王伯厚〈困学纪闻〉》）按，王伯厚，名应麟。南宋人。官至礼部尚书兼给事中。

人之子孙，富贵贫贱，莫不各有一定之命。世之人不明诸此，往往于仕宦中昧冒礼法，取不义之财，欲为子孙计。殊不知子孙诚有富贵之命，今虽无立锥之地以遗之，他日之富贵将自至；使其无富贵之命，虽积金如山，亦将荡然不能保矣。况不义而入者，又有悖出之祸乎！（《从政遗规》卷上《薛文清公要语》)按，薛文清公，名瑄。明人。官至礼部侍郎。

人所以千病万病，只为有己。为有己，故计较万端，惟欲己富，惟欲己贵，惟欲己安，惟欲己乐，惟欲己生，惟欲己寿，而人之贫贱危苦死亡，一切不恤。由是生意不属，天理灭绝，虽曰有人之形，其实与禽兽奚以异？若能克去有己之病，廓然大公，富贵贫贱，安乐生寿，皆与人共之，则生意贯彻，彼此各得分愿，而天理之盛，有不可得而胜用者矣。(同上)

爱民而民不亲者，皆爱之不至也。《书》曰："如保赤子。"诚能以保赤子之心爱民，则民岂有不亲者哉！(同上)

正以处心，廉以律己，忠以事君，恭以事长，信以接物，宽以待下，敬以处事，居官之七要也。(同上)

士君子无济人利物之心，则希清华，慕通显，总之无益于苍生，听其求富贵可也。苟平生怀救民利物之心，欲朝兴一利，而朝即泽被闾阎，夕除一害，而夕即仁流市井，随事推恩，听我自便，因心出治，惟我施行，则莫妙于知州知县矣。夫朝廷设官，自公卿以至驿递，中外职衔，不啻百矣，而惟牧令，人称之曰父母。父母云者，生我养我者也。(略)使四境之内，无一事不得其宜，无一民不得其所。深山穷谷之中，无隐弗达。妇人孺子之情，无微不照。是谓知此州，是谓知此县。俾一郡邑，爱戴吾身，如坐慈母之怀，如含慈母之乳，一时不可离，一日不可少。是洞其弊原，酌其治法。日积月累，责效观成，自初仕以至去任，光景改观几何，民愁苏醒几何，政事修举几何，或享利于目前，或垂恩于永久，俾士民得数其事而称之。吾于临去，亦自点检之曰：吾于地方兴得某利，除得某害。如此治民，即是良医治病，何快如之？倘到任时，地方是这般景象，离任时，地方依旧是这般景象，如此等官，虚享数年俸薪，无益百姓毫厘。试一省察，称职废职？两院之奖荐，有愧无愧？戒劾有屈无屈？自有一点不死之真心在，又何暇计较考语优劣，归咎他人诬陷哉？贤者必不谓吾言过激云。(《从政遗规》卷上《吕新吾明职》)按，吕新吾，名坤。明人。官至侍郎、巡抚。

张文节公知白，仁宗朝在相位，自奉如河阳掌书记时。或言公自奉若此，外人颇有公孙布被之讥。公叹曰："吾今日虽举家华衣美食，何患不能？顾人情由俭入奢易，由奢入俭难。吾俸岂能常有，身岂能常存？一旦异于今日，家人习奢已久，不能顿俭，必至失所，岂若吾居位去位，身存身亡，如一日乎？"(《从政遗规》卷上《李九我〈宋贤事汇〉》)按，李九我，名廷机。明人。官至大学士。

司马温公光曰："先公为郡牧判官，客至未尝不置酒，或三行，或五行，不过七行。酒沽于市，果止梨栗枣柿，肴止脯醢菜羹，器用磁漆，当时士大夫皆然。会数而礼勤，物薄而情厚。近日士大夫家，酒非内法，果非珍异，食非多品，不敢会宾友。尝累日营聚，然后发书，苟或不然，人争非之，以为鄙吝。嗟乎，风俗颓弊如是，居位者虽不能禁，忍助之乎?”(同上)

有货玉带于王文正公，其弟以呈公，曰："甚佳。”公命系之，曰："还见佳否?”弟曰："系之安得自见?”公曰："自负重而使观者称好，无乃劳乎!”故平生所服止赐带。(同上)

孙侍读公甫，人尝馈一砚，直三十千。公曰："何贵也?”客曰："砚以石润为贵。此石，呵之水流。”公曰："京师一担水，才直三钱。要此何用?”竟不受。(同上)按，陈宏谋评语："二条可为爱古董玩器者唤醒。”

孙莘老觉知福州，民欠官税钱系狱者甚众。适有富人出钱五百万葺佛殿，请于莘老，莘老徐曰："汝辈所以施钱，何也?”众曰："愿得福耳。”莘老曰："佛殿未甚坏，佛无露坐者，孰若为狱囚偿官，使数百人释缧绁之苦，得福岂不多乎?”富人从之，囹圄遂空。(同上)

凡嗜酒、嗜淫、嗜财，皆起于纵意成习。习已成时，肝肠为换，舍死以徇，不自管其有用无用也。有初筮仕时，犹能矜持，至老境即低回就之者，只缘渐渐以官为家，以财为性命耳。(《从政遗规》卷下《颜光衷官鉴》)按，颜光衷，名茂猷。明人。崇祯会元。

吴下盗风日炽。由于地方官虑处分严切，遇有被盗，便与失主为仇，逼令隐匿不报。其盗情重大，势不可掩者，逼令改强为窃，甚至昧却良心，辄拿家属妇女审询，坐以是奸非盗，敲搒并行，以故失主畏其苦累，不得不隐忍缄默。即申报矣，奉文勒缉，往来解比，差役盘费，悉出失主，盗之所余，不尽不止。其意总要失主有不敢不讳之势，而后官长得安然遂其讳盗之心。既助盗以虐民，实驱民而为盗，是官长实盗魁也！如此作官，惟知有自己功名，不知有良民身家性命，不但上负朝廷，抑且绝灭天理。每日坐堂开衙，乘舆张盖，何面目与斯民相对乎?(《从政遗规》卷下《汤子遗书》)按，汤子，即清初汤斌。顺治进士，官至礼部尚书。陈宏谋注谓："此数语唤醒俗吏多矣!”

本都院抚吴二载，一饮一食，何莫非百姓脂膏！而地方刑名钱谷，簿书鞅掌，昼夜拮据，未尝暇逸，心虽无穷，力实有限。今蒙圣恩优擢，尔百姓念本都院爱民有心，忘本都院救民无术，罢市挽留，数日聚集院署，哀号之声，至不忍闻。本都院与尔百姓，一体相关，岂忍因本都院之行，遂使尔等士废读书，农废耒耜，商废贸易。本都院为之寝食不安。本都院于地方利弊，民生疾苦，知之颇真，入朝之后，或至尊顾问，或因事敷陈，当尽力凿凿言之。况圣主眷念财赋重地，必简公忠清惠、才德兼全之大臣，十倍于本都院者，来抚兹土，尔百姓何用多虑？本都院平日告诫尔百姓之言，历历具在，朔望率尔百姓叩拜龙亭，讲解乡约，亦欲使尔百姓知君臣大义，朝廷恩德。自今以后，愿尔百姓，孝亲敬长，教子训孙，忠信勤俭，公平谦让。事要忍耐，勿得妄兴词讼。心要慈和，勿得轻起斗争。勿赌博，勿淫佚，勿听邪诞师巫之说，复兴淫祠。蚤完国课，共享天和。此本都院惓惓望于尔百姓者。本都院身在京华，此心当往来此地。本都院见尔百姓如此情状，既愧平日救民之道未尽，又不忍遽恝然而去。但君命不敢留，惟尔士归书舍，农归田畴，商归市肆，使本都院之心稍安，无复纷纷扰乱可也。(同上)按，陈宏谋注："临行晓谕士民。"

士大夫不负所学，不负天子者何事？亦惟是省躬治物，勿之有欺耳。勿欺于人，有何不可告人之心？勿欺于天，有何不敢告天之事？既不敢告人，复不敢告天，必恣吾威福，为所欲为，视官途为垄断，以人命为草菅。冀得富贵世世享之，未几而祸及其身，或及其子孙。始欲徼倖微功，忏悔重过，噬脐何及哉！(《从政遗规》卷下《魏环溪〈寒松堂集〉》)按，魏环溪，即魏象枢。顺治进士，官至刑部尚书。

功令森严，身名为重；内外情面，概宜谢绝。然后以处女之自爱者爱身，以严父之教子者教士，士风文运，实嘉赖之。(同上)

执事廉介自持，肝肠如雪。尝言生平所见居官之家，祖父丧心取钱，欲为子孙百世之计。而子孙荡费，只如粪土，不旋踵而大祸随之。此执事自爱爱人之格言也，尤当书绅，以志不忘。(同上)

俭，美德也。余谓仕路诸君子，崇尚尤急。数椽可以蔽风雨，不必广厦大庭也；痴奴可以应门户，不必舞女歌童也；绳床可以安梦魂，不必花梨螺钿也；竹椅可以延宾客，不必理石金漆也；新磁可以供饮食，不必成窑宣窑也；五簋可以叙间阔，不必盛席优觞也；经史可以悦耳目，不必名瑟古画也。去一分奢侈，便少一分罪过；省一分经营，便多一分道义。慎之哉！(同上)

今人见科目仕路中人，谓某某有功名矣。余不敢信，问客，客曰："列高榜，登甲第，得显官，居要路，非功名而何？"余始知今人之功名，异于古人也。古人之功，或在社稷，或在封疆，或在匡君，或在养民。古人之名，或在尸祝，或在口碑，或在文教，或在史传。一代之有功名者，不数人；一人之有功名者，不数事也。何今人功名之多也？(同上)陈宏谋注："功名二字得此阐发，与世俗所云有义利之分，真是同床各梦。"

偶见水与油，而得君子小人之情状焉。水，君子也。其性凉，其质白，其味冲。其为用也，可以浣不洁者而使洁。即沸汤中投以油，亦自分别而不相混。诚哉，君子也！油，小人也。其性滑，其质腻，其味浓。其为用也，可以污洁者而使不洁。倘滚油中投以水，必至激搏而不相容。诚哉，小人也！（同上）陈宏谋注："形容尽致，推勘入微。明此，可以立身，可以观人。"

朝廷设官分职，皆为治民，而与民最亲，莫如州县。近来积弊成习，亲民者反以累民，甚有不知廉耻为何物，而天理人心四字，置之高阁不问矣。噫，吏治日坏，如倒狂澜，何时止乎？（《从政遗规》卷下《于清端亲民官自省六戒》）按，于清端，名成龙，字北溪。清人。官至兵部尚书。

一曰绝贿赂：为贫而仕，虽乘田委吏，止为禄养，未尝于禄养之外，有别径也。若舍此而外，多求便利，即为暮夜杨伯起之四知，言之已可凛矣。昔人云："士大夫若爱一文，不值一文。"又云："从来有名士，不用无名钱。"诚思长吏于民，论到钱处，亦何项为有名乎？夫受人钱而不与干事，则鬼神呵责，必为犬马报人；受人财而替人枉法，则法律森严，定当妻孥连累。清夜自省，不禁汗流，是不可不戒。（同上）

颜光衷曰：居官者岂不知廉洁足尚，第习见营官还债，馈遗荐拔，非此不行，积久日滋，性情已为芬羶所中。且人心何厌？至百金则思千金，至千金必思万金。甚则权势薰赫，财帛充栋，而犹未足也。大都为子孙计久远，不知多少痴豪子弟而灭门，多少清白穷汉而发迹。矧福禄有数，多得不义之财，留冤债与子孙偿，非所云福也。（《从政遗规》卷下《熊勉庵〈宝善堂居官格言〉》）按，陈宏谋注："先生名宏备，淮安人。"

一人可以日行万善者，莫捷于居官。（同上）

士大夫居家，能思居官之时，则不至干请把持，而挠时政；居官能思居家之时，则不至刚愎暴恣，而贻人怨。（同上）

亲民的官，最要仔细。夹棍板子，最怕手滑。我只开口一声，衙役便加力几倍；我只动手一摸，百姓便去血几多，去肉几块。一般皮肉，我疼，他宁不疼？他疼，我又何忍？若是情真罪当，打他也不枉然；若还非罪非辜，于我，宁无损福？（同上）

利在一身，勿谋也。利在天下者谋之；利在一时，勿谋也。利在万世者谋之。（同上）

凡人到富贵，不独天道忌盈，即一身受享太过，亦减子孙福泽。至若专权怙宠，多行不义，一时非不烜赫，而一败即涂地矣！（《从政遗规》卷下《王朗川言行汇纂》）按，陈宏谋注："先生名之钦。"

居官不可作受用之想。天之生我，异于众人，与以治世之职，是造福于世之人，非享福之人也。乃不念造福之理，事事为享福计，官署必欲华美，器用必欲精工，衣服必欲艳丽，饮食必欲甘美。甚且不但为自己享福计，且为子孙享福计，良田欲得万亩，大厦欲构千间，珍玩必求全备，百计搜索横财，以供享福之用。噫，误矣！上天生尔为造福之人，今反为造殃之人。清夜自思，上天岂肯宽贷也！（同上）陈宏谋注："造福、享福二念，居官者人鬼关头。"

五、嘉言懿行录

编者按：激浊扬清，吏治清明，是两汉所构建的官场文化的主流，也是嗣后历代仕宦人物所承奉的优良传统，而受限于学识的仄陋和述作的篇幅，我们不可能如选汉吏一般地把"二十五史"中所收录的所有廉洁官吏都仔细爬梳一遍，从而进行择录和注解。我们能做到的是就人所共知的一些佳篇杰作和脍炙人口的片段事例稍作网罗，从而适当延展廉吏文化的传承历史，也为今人的研究借鉴提供一些基本资料。

有司空公子，富贵不齿，盛服而游京邑。驻驾（停车）乎市里，顾见綦毋先生，班白而徒行。公子曰："嘻！子年已长矣，徒行空手，将何之乎？"先生曰："欲之（前往）贵人。"公子曰："学《诗》乎？"曰："学矣。""学《礼》乎？"曰："学矣。""学《易》乎？"曰："学矣。"公子曰："《诗》不云乎：'币帛筐篚，以将其厚意，然后忠臣嘉宾得尽其心。'《礼》不云乎：'男贽玉帛禽鸟，女贽榛栗枣修。'《易》不云乎：'随时之义大矣哉！'吾视子所以（为），观子所由（行），岂随世哉！虽曰已学，吾必谓之未也。"先生曰："吾将以清谈为筐篚，以机神为币帛，所谓《礼》云《礼》云，玉帛云乎哉者已！"

公子抚髀大笑曰："固（迂）哉，子之云也！既不知古，又不知今。当今之急，何用清谈？时易世变，古今异俗，富者荣贵，贫者贱辱，而子尚质，而子守实，无异于遗剑刻船，胶柱调瑟。贫不离于身，名誉不出乎家室，固其宜也。昔神农氏没，黄帝、尧、舜教民农桑，以币帛为本。上智先觉，变通之，乃掘铜山，俯视仰观，铸而为钱。故使内方象地，外员象天，钱之为体，有乾有坤。其积如山，其流如川，动静有时，行藏有节，市井便易，不患耗折。难朽象寿，不匮象道，故能长久，为世神宝。亲爱如兄，字曰孔方。失之则贫弱，得之则富强。无翼而飞，无足而走，解严毅之颜，开难发之口。钱多者处前，钱少者居后。《诗》云：'哿矣富人，哀此茕独。'岂是之谓乎？

"钱之为言（语言文字），泉也。百姓日用，其源不匮。无远不往，无深不至。京邑衣冠，疲劳讲肆，厌闻清谈，对之睡寐。见我家兄，莫不惊视。

钱之所祐，吉无不利，何必读书然后富贵！由是论之，可谓神物。无位而尊，无势而热。排朱门，入紫闼，钱之所在，危可使安，死可使活。钱之所去，贵可使贱，生可使杀。是故忿诤辩讼，非钱不胜；孤弱幽滞，非钱不拔；怨仇嫌恨，非钱不解；令问笑谈，非钱不发。谚曰：‘钱无耳，可暗使。’岂虚也哉！又曰：‘有钱可使鬼。’而况于人乎！子夏云：‘死生有命，富贵在天。’吾以死生无命，富贵在钱。何以明之？钱能转祸为福，因败为成。危者得安，死者得生。性命长短，相禄贵贱，皆在乎钱，天何与焉？天有所短，钱有所长。四时行焉，百物生焉，钱不如天；达穷开塞，振贫济乏，天不如钱。若臧武仲之智，卞庄子之勇，冉求之艺，文之以成人矣。今之成人者何必然，唯孔方而已！

“夫钱，穷者使通达，富者能使温暖，贫者能使勇悍。故曰君无财则士不来，君无赏则士不往。谚曰：‘官无中人(在朝之人)，不如归田。’虽有中人，而无家兄，何异无足而欲行，无翼而欲翔！使才如颜子，容如子张，空手掉臂，何所希望？不如早归，广修农商，舟车上下，役使孔方。凡百君子，同尘和光，上交下接，名誉益彰。”(唐·欧阳询《艺文类聚》卷六十六所载晋鲁褒《钱神论》)

按，明人袁宏道《读〈钱神论〉》诗云：“闲来偶读《钱神论》，始识人情今益(超过)古。古时孔方比阿兄，今日阿兄比阿父。”

清心为治本，直道是身谋。秀干终成栋，精钢不作钩。仓充鼠雀喜，草尽狐兔愁。史册有遗训，无贻来者羞。(宋·包拯《书端州郡斋壁》)

后世子孙仕宦有犯赃滥者，不得放归本家；亡殁之后，不得葬于大茔之中。不从吾志，非吾子孙。仰珙刊石，竖于堂屋东壁，以诏后世。(宋·包拯《家训》)

拯立朝刚毅，贵戚宦官为之敛手，闻者皆惮之。人以包拯笑比黄河清，童稚妇女，亦知其名，呼曰“包待制”。京师为之语曰：“关节不到，有阎罗、包老。”(元·脱脱等《宋史·包拯列传》)

考功郎中姚坦为益王府翊善，坦好直谏。王尝作假山，所费甚广。既成，召僚属，置酒共观之，众皆褒叹其美，坦独俯首不视。王强使视之，坦曰：“但见血山，安得假山！”王惊问其故，对曰：“坦在田舍时，见州县督税，上下相急以剥民。里胥临门，捕人父子兄弟，送县鞭笞，血流满身，愁苦不聊生。此假山皆民租赋所出，非血山而何?”时上(太宗)亦为假山，未成。有以坦言告于上者，上曰：“伤民如此，何用山为!”命亟毁之。(宋·李

焘《续资治通鉴长编》太宗淳化五年)

(宋)太宗手诏戒诸子曰:“朕持俭素,外绝畋游之乐,内却声色之娱,真实之言,故无虚饰。汝等生于富贵,长自深宫,民庶艰难,人之善恶,必恐未晓,略说其本,岂尽余怀。夫帝子亲王,先须克己励精,听卑纳谏。每著一衣,则悯蚕妇;每餐一食,则念耕夫。至于听断之间,勿先恣其喜怒。朕每亲临庶政,岂敢惮于焦劳;礼接群臣,无非求于启沃。汝等勿鄙人短,勿恃己长,乃可永守富贵而保终吉。先贤有言曰:‘逆吾者是吾师,顺吾者是吾贼。’此不可以不察也。”(宋·李焘《续资治通鉴长编》太宗端拱元年)

惟清献公(赵抃)擢自御史。是时(宋仁宗时)将用谏官御史,必取天下第一流,非学术才行备具为一世所高者不与。用之至重,故言行计从有不十年而为近臣者;言不当,有不旋踵而黜者。是非明辨,而赏罚必信,故士居其官者少妄,而天子穆然无为,坐视其成,奸宄消亡,而忠良全安。此则清献公与其僚之功也。(略)曾公亮为翰林学士,未识公,而以台官荐,召为殿中侍御史。弹劾不避权幸,京师号公“铁面御史”。其言常欲朝廷别白君子小人。以谓小人虽小过,当力排而绝之,后乃无患;君子不幸而有诖误,当保持爱惜,以成就其德。故言事虽切,而人不厌。(宋·苏轼《赵清献公神道碑》)

(赵抃)平生不治赀业,不畜声妓,嫁兄弟之女十数,他孤女二十余人,施德茕贫,盖不可胜数。日所为事,入夜必衣冠露香以告于天,不可告,则不敢为也。(元·脱脱等《宋史·赵抃列传》)

予尝求古仁人之心,或异二者之为,何哉?不以物喜,不以己悲。居庙堂之高,则忧其民;处江湖之远,则忧其君。是进亦忧,退亦忧,然则何时而乐耶?其必曰:先天下之忧而忧,后天下之乐而乐欤!噫,微斯人,吾谁与归?(宋·范仲淹《岳阳楼记》)

公少有大节,于富贵贫贱毁誉欢戚,不一动其心,而慨然有志于天下。常自诵曰:“士当先天下之忧而忧,后天下之乐而乐也。”其事上遇人,一以自信,不择利害为趋舍。其所有为,必尽其力,曰:“为之自我者当如是,其成与否,有不在我者。虽圣贤不能必,吾岂苟哉!”(宋·欧阳修《资政殿学士户部侍郎文正范公神道碑铭并序》)

公(范仲淹)子纯仁娶妇将归,或传妇以罗为帷幔,公闻之不悦,曰:“罗绮岂帷幔之物耶!吾家素清俭,安得乱吾家法。敢持归吾家,当火于庭!”(《四部丛刊初编》本《范文正公集·言行拾遗事录》卷一)

公遇夜就寝，即自计一日食饮奉养之费，及所为之事。果自奉之费与所为之事相称，则鼾鼻熟寐，或不然，则终夕不能安眠，明日必求所以称之者。（同上）

老子曰："名与身孰亲？"庄子曰："为善无近名。"此皆道家之训，使人薄于名而保其真。斯人之徒，非爵禄可加、赏罚可动，岂为国家之用哉！我先王以名为教，使天下自劝。汤解网，文王葬枯骨，天下诸侯闻而归之，是三代人君已因名而重也；太公直钓以邀文王，夷齐饿死于西山，仲尼聘七十国以求行道，是圣贤之流无不涉乎名也。孔子作《春秋》，即名教之书也。善者褒之，不善者贬之，使后世君臣爱令名而劝，畏恶名而慎矣。夫子曰："疾没世而名不称。"《易》曰："善不积，不足以成名。"然则为善近名，岂无伪邪？臣请辩之。《孟子》曰："尧舜性之也（性本仁义），三王身之也（躬行仁义），五霸假之也（假仁义而求名）。"后之诸侯，逆天暴物，杀人盗国，不复爱其名者也。人臣亦然。有性本忠孝者，上也；行忠孝者，次也；假忠孝而求名者，又次也。至若简贤附势，反道败德，弑父叛君，惟欲是从，不复爱其名者，下也。人不爱名，则虽有刑法干戈，不可止其恶也。武王克商，式商容之闾，释箕子之囚，封比干之墓，是圣人敦奖名教，以激劝天下。如取道家之言，不使近名，则岂复有忠臣烈士为国家之用哉！（宋·范仲淹《近名论》）

吾本寒家，世以清白相承。吾性不喜华靡，自为乳儿，长者加以金银华美之服，辄羞赧弃去之。二十忝科名，闻喜宴独不戴花。同年曰："君赐不可违也。"乃簪一花。平生衣取蔽寒，食取充腹，亦不敢服垢弊，以矫俗干名，但顺吾性而已。

众人皆以奢靡为荣，吾心独以俭素为美。人皆嗤吾固陋，吾不以为病，应之曰："孔子称'与其不逊也宁固（与其骄奢，宁可固陋）。'又曰：'以约失之者鲜矣。'又曰：'士志于道，而耻恶衣恶食者，未足与议也（不值一提）。'古人以俭为美德，今人乃以俭相诟病。嘻，异哉！"

近岁风俗，尤为侈靡。走卒类士服，农夫蹑丝履。吾记天圣中，先公为群牧判官，客至，未尝不置酒，或三行五行，多不过七行。酒酤于市，果止于梨栗枣柿之类，肴止于脯醢菜羹，器用磁漆。当时士大夫家皆然，人不相非也。会数而礼勤，物薄而情厚。近日士大夫家，酒非内法，果肴非远方珍异，食非多品，器皿非满案，不敢会宾友。常数月营聚，然后敢发书（请柬）。苟或不然，人争非之，以为鄙吝。故不随俗靡者，盖鲜矣。嗟乎！风俗颓弊如是，居位者虽不能禁，忍助之乎！

又闻昔李文靖公为相，治居第于封丘门内，厅事前仅容旋马。或言其太隘，公笑曰："居第当传子孙，此为宰相厅事诚隘，为太祝、奉礼厅事已宽矣。"参政鲁公为谏官，真宗遣使急召之，得于酒家。既入，问其所来，以实对。(真宗)曰："卿为清望官，奈何饮于酒肆?"对曰："臣家贫，客至无器皿、肴果，故就酒家觞之。"上以无隐，益重之。张文节为相，自奉养如为河阳掌书记时。所亲或规之曰："公今受俸不少，而自奉若此，公虽自信清约，外人颇有公孙布被之讥。公宜少从众。"公叹曰："吾今日之俸，虽举家锦衣玉食，何患不能？顾人之常情，由俭入奢易，由奢入俭难。吾今日之俸，岂能常存？一旦异于今日，家人习奢已久，不能顿俭，必致失所。岂若吾居位去位、身在身亡，常如一日乎！"呜呼！大贤之深谋远虑，岂庸人所及哉！

御孙(春秋时鲁国大夫)曰："俭，德之共也；侈，恶之大也。"共，同也，言有德者，皆由俭来也。夫俭则寡欲，君子寡欲则不役于物，可以直道而行，小人寡欲则能谨身节用、远罪丰家。故曰："俭，德之共也。"侈则多欲，君子多欲则贪慕富贵，枉道速祸，小人多欲则多求妄用，败家丧身。是以居官必贿，居乡必盗。故曰："侈，恶之大也。"(略)(宋·司马光《训俭示康》)

事有六者，本归一焉。各以廉而为首，盖尚德以求全。官继条分，虽等差而立制；吏功旌别，皆清慎以居先。器尔众才，由吾先圣。人各有能，我官其任；人各有德，我目其行。是故分为六事，悉本廉而作程；用启庶官，俾厉节而为政。善者善立事，能者能制宜。或靖恭而不懈，或正直而不随。法则不失，辨别不疑。第其课兮，事区别矣；举其要兮，廉一贯之。(略)乃知功废于贪，行成于廉。苟务渎货(贪污)，都忘餍厌(饱足)。若是则善与能者为汗而为滥(汗滥，欲壑无边)，恭且正者为诐而为憸(诐憸，谗佞奸邪)。法焉不能守节，辨焉不能明贤。故圣人恶(憎恶)彼败官，虽百能而莫赎；上(尚)兹洁行，在六计以相兼。此盖周公差次(制定等级)之，小宰(官名，掌刑罚)分掌者。考课则以是黜陟，大比(每三年一次考核)则以为用舍。彼六条四曰洁，晋法有所亏焉；四善二为清，唐制未之得也。(略)噫，绩效皆烦(繁多)，清名至美。故先责其立操(操行)，然后褒其善理(治理)。是以古者之治，必简而明，其术由此。(宋·苏轼《六事廉为本赋》)原注："先圣之贵廉也如此。"

按，苏轼所谓"六事"，亦即"六条"。原为汉代各州刺史奉诏考核二千石郡守绩效的六条标准。班固《汉书·百官公卿表》："武帝元封五年，初置部刺史，掌奉诏条察州。"颜师古注引《汉官典职仪》："刺史班宣，周行郡国，省察治状，黜陟能否，断治冤狱，以六条问事，非条所问，即不省。一条，强宗豪右田宅逾制，以强凌弱，以众暴寡。二条，二千石不奉诏书遵承典制，倍(背)公向私，旁(傍)诏守利(谋利)，侵渔百姓，聚敛为奸。三条，二千石不恤疑狱，风厉(暴虐)杀人，怒则任刑，喜则淫赏，烦扰刻暴，剥截黎元(盘剥百姓)，为百姓所疾(恨)，山崩石裂，祆祥讹言。四条，二千石选署不平，苟阿所爱，蔽贤宠顽。五条，二千石子弟恃怙荣势，请托所监。六条，二千(石)违公下比(庇护)，阿附豪强，通行货赂，割损正(政)令也。”

千锤万击出深山，烈火焚烧若等闲。粉身碎骨全不怕，要留清白在人间。(明·于谦《石灰吟》)

凿开混沌得乌金，藏蓄阳和意最深。爝火燃回春浩浩，烘炉照破夜沉沉。鼎彝元赖生成力，铁石犹存死后心。但愿苍生俱饱暖，不辞辛苦出山林。(明·于谦《咏煤炭》)

(于)谦既在官久，威惠流闻，尝轻骑自河内历太行，而盗有窥者，谦厉声叱之，皆大惊散走，曰：“不知为我公也。”当入朝议事，人谓：“即不橐金往，宁无一二土物充交际耶?”谦笑而两举其袖曰：“吾惟有清风而已。”因赋诗见志。(明·李贽《续藏书》卷十五《经济名臣·太傅于忠肃公谦》)

时世宗享国日久，不视朝，深居西苑，专意斋醮，督抚大吏争上符瑞，礼官辄表贺。廷臣自杨最、杨爵得罪后，无敢言时政者。(嘉靖)四十五年二月，(海)瑞独上疏。(略)帝得疏大怒，抵之地，顾左右曰：“趣(急)执之，无使得遁!”宦官黄锦在侧，曰：“此人素有痴名。闻其上疏时，自知触忤当死，市一棺，诀妻子，待罪于朝，僮仆亦奔散无留者。是不遁也!”帝默然，少顷，复取读之，日再三，为感动太息，留中者数月。尝曰：“此人可方比干，第朕非纣耳!”会帝有疾，烦懑不乐，召阁臣徐阶议内禅，因曰：“海瑞言俱是。朕今病久，安能视事?”又曰：“朕不自谨惜，致此疾困。使朕能出御便殿，岂受此人诟詈耶!”遂逮瑞下诏狱，究主使者。寻移刑部，论死，狱上，仍留中。户部司务何以尚者，揣帝无杀瑞意，疏请释之。帝怒，命锦衣卫杖之百，锢诏狱，昼夜榜讯。越二月，帝崩，穆宗立，两人并获释。帝初崩，外庭多未知，提牢主事闻状，以瑞且见用，设酒馔款之。瑞自疑当赴西市，恣饮啖不顾。主事因附耳语宫车适晏驾，先生今即出大用矣。瑞曰：“信然乎?”即大恸，尽呕出所饮食，陨绝于地，终夜哭不绝声。(略)三年夏，以右佥都御史巡抚应天十府。属吏惮其威，墨者多自免去。有势家朱丹其门，闻瑞至黝之。中人监织造者，为减舆从。瑞锐意兴革，请浚吴淞白茆通流入海，民赖其利。素疾大户兼并，力摧豪强，抚穷弱贫民。田入于富室者，率夺还之。徐阶罢相里居，按问其家无少贷。下令飚发凌厉，所司惴惴奉行。豪有力者，至窜他郡以避。（略）已而给事中戴凤翔劾瑞庇奸民，鱼肉搢绅，沽名乱政，遂改督南京粮储。瑞抚吴甫半岁，小民闻当去，号泣载道，家绘像祀之（略）瑞无子，卒时佥都御史王用汲入视，葛帏敝籝，有寒士所不堪者，因泣下，醵金为敛。小民罢市，丧出江上，白衣冠送者夹岸。酹而哭者，百里不绝。（清·张廷玉等《明史·海瑞列传》）

及卒，吴人朱良诗以吊之，有曰："批鳞直夺北斗志，苦节还同孤竹清。说与傍人浑不信，山人亲见泪如倾。"一"清"字，概瑞生平矣。（明末清初·查继佐《罪惟录·海瑞列传》论）

天下官于民称父母，自县令始。其切近于民，称官（称职），则一邑之人春温；不称官，则一邑之人秋杀，亦自县令。今天下令何以哉？下民易虐，取脂膏而囊橐之，盗跖四知（即杨震所谓天知神知我知子知），口虽不明其然，心实视之。天下同风，为当然事，其不然者，狃于世俗，行己清浊间，于今为利之说，执而行之。（略）上下浑成，一团私意，心与口居之不疑，又视为当然而行之矣。贪者，此其弥缝；不尽然者，此为要誉。迁擢完全之计私厚，用财物。财物，民之脂膏，充之私厚。听乡豪武断贷（宽饶）于此，冤抑于彼。今之仕也，为己，曾有念及吾民，不暇及其他者乎？（明·海瑞《海刚峰先生文集》卷上《赠赵三山德政序》）

知县，知一县之事。一夫不获，谁辜？一民失所，予咎。所以入单父之野，而见弃鱼之俗，则知子贱之政矣；履中牟之境，而见雉驯之休，则知鲁恭之政矣。为政不同，而要不外乎敬天、勤民之念。（明·海瑞《海刚峰先生文集》卷上《知县参评》）

今人居官，且莫说大有手段为百姓兴其利，除其弊，止是不染一分一文，禁左右人不得为害，便出时套中高高者矣！（明·《海刚峰先生文集》卷下《复王七峰琼山知县》）

夫君子尽其在我而已，事久论定，从古而然；纵使不定，亦岂君子之所宜预心哉！御寒莫如重裘，止谤莫如自修。吾儒学问，其功夫止责己，不责人，诚如孟子三反，颜子不校。即媒蘖之所自，用之检吾所未周；即县（悬）空之所指，用之防吾所或蹈。是今岁因寒之裘，将之为岁岁御寒之备也。因谤而益，其益不既多乎！若曰难乎免于今之世矣，而改行以求通，得之少而丧则多，不敢为公愿之矣。（明·海瑞《海刚峰先生文集》卷下《复沈万川会昌大尹》）

大抵今人生斯长斯，多是脱不去一味功名富贵之习。见（现）在富贵，更求富贵之上；见做二品官，便为一品受用；见做三品官，便为二品受用。人欲无穷，心无纪极。若身当祸患，除去不戴纱帽员领之外，不免昔日顺境气

度，则亦与之一而已矣。（明·海瑞《海刚峰先生文集》卷下《复沈继山》）

罗仲素曰：教化者，朝廷之先务；廉耻者，士人之美节；风俗者，天下之大事。朝廷有教化，则士人有廉耻；士人有廉耻，则天下有风俗。（清·顾炎武《日知录·廉耻》）

《五代史·冯道传》论曰："'礼义廉耻，国之四维。四维不张，国乃灭亡。'善乎，管生之能言也！礼义，治人之大法；廉耻，立人之大节。盖不廉，则无所不取；不耻，则无所不为。人而如此，则祸败乱亡，亦无所不至。况为大臣，而无所不取，无所不为，则天下其有不乱，国家其有不亡者乎！"然而四者之中，耻尤为要，故夫子之论士曰："行己有耻。"孟子曰："人不可以无耻。无耻之耻，无耻矣。"又曰："耻之于人，大矣！为机变之巧者，无所用耻焉。"所以然者，人之不廉，而至于悖礼犯义，其原皆生于无耻也。故士大夫之无耻，是谓国耻。（清·顾炎武《日知录·廉耻》）

按，阎若璩注曰："今人动称廉耻，其实廉易而耻难。如公孙宏布被脱粟，不可谓不廉，而曲学阿世，何无耻也！冯道刻苦俭约，不可谓不廉，而更事四姓十君，何无耻之甚也！盖廉乃立身之一节，而耻乃根心之大德。故廉尚可矫，而耻不容伪。"

国奢，示之以俭，君子之行，宰相之事也。汉汝南许劭为郡功曹，同郡袁绍公族豪侠，去濮阳令归，车徒甚盛，入郡界，乃谢曰："吾舆服岂可使许子将见之?"遂以单车归家。晋蔡充好学有雅尚，体貌尊严，为人所惮。高平刘整车服奢丽，尝语人曰："纱縠吾服，其常耳。"遇蔡子尼在坐，而经日不自安。北齐李德林父亡时正严冬，单衰徒跣，自驾灵舆反葬博陵。崔谌休假还乡，将赴吊，从者数十骑，稍稍减留，比至德林门，才余五骑，云："不得令李生怪人熏灼。"李僧伽修整笃业，不应辟命。尚书袁叔德来候僧伽，先减仆从，然后入门，曰："见此贤，令吾羞对轩冕。"夫惟君子之能以身率物者，如此是以居官而化一邦，在朝廷而化天下。魏武帝时，毛玠为东曹掾，典选举，以俭率人，天下之士莫不以廉节自厉，虽贵宠之臣，舆服不敢过度。唐大历末，元载伏诛，拜杨绾为相，绾质性贞廉，车服俭朴，居庙堂未数日，人心自化。御史中丞崔宽，剑南西川节度使宁之弟，家富于财，有别墅在皇城之南，池馆台榭，当时第一，宽即日潜遣毁撤。中书令郭子仪在邠州行营，闻绾拜相，坐中音乐减散五分之四。京兆尹黎干，每出入驺从百余，亦即日减损，惟留十骑而已。李师古跋扈，惮杜黄裳为相，命一干吏寄钱数千缗，毡车子一乘。使者到门未敢送，伺候累日，有绿舆自宅出，从婢二人，青衣褴褛，言是相公夫人。使者遽归告师古，师古折其谋，终身不敢改节。此则禁郑人之泰侈，奚必于三年；变洛邑之矜夸，无烦乎三纪。修之身，行之家，示之乡党而已，道岂远乎哉！（清·顾炎武《日知录·俭约》）

有庸吏之贪，有才吏之贪。《唐书·牛僧孺传》，穆宗初，为御史中丞，宿州刺史李直臣坐赃当死，中贵人为之申理，帝曰："直臣有才，朕欲贷而用之。"僧孺曰："彼不才者，持禄取容耳。天子制法，所以束缚有才者。安禄山、朱泚以才过人，故乱天下。"帝是其言，乃止。今之贪纵者，大抵皆才吏也，苟使之惕于法，而以正用其才，未必非治世之能臣也。（清·顾炎武《日知录·除贪》）

《后汉书》称袁安为河南尹，政号严明，然未尝以赃罪鞫人。此近日为宽厚之论者，所持以为口实，乃余所见。数十年来，姑息之政，至于纲解纽弛，皆此言贻之敝矣。嗟乎，范文正有言："一家哭，何如一路哭邪！"（清·顾炎武《日知录·除贪》）

按，《四部丛刊初编》本《范文正公集》所载《年谱》引范公遗事曰："公为参政，与韩（琦）、富（弼）二枢并命，锐意天下之事。患诸路监司不才，更用杜杞、张昷之辈，公取班簿，视不才监司，每见一人姓名，一笔勾之，以次更易。富公素以丈事公，谓公曰：'范六丈公则是一笔，焉知一家哭矣！'公曰：'一家哭，何如一路哭耶！'遂为罢之。"

唐柳氏家法，居官不奏祥瑞，不度僧道，不贷赃吏。此今日士大夫居官者之法也。宋包拯戒子孙："有犯赃者，不得归本家，死不得葬大茔。"此今日士大夫教子孙者之法也。（清·顾炎武《日知录·除贪》）

衙斋卧听萧萧竹，疑是民间疾苦声。些小吾曹州县吏，一枝一叶总关情。（清·郑燮《潍县署中画竹呈年伯包大中丞括》）

写字作画是雅事，亦是俗事。大丈夫不能立功天地，字养生民，而以区区笔墨供人玩好，非俗事而何？东坡居士刻刻以天地万物为心，以其余闲作为枯木竹石，不害也。若王摩诘、赵子昂辈，不过唐宋间两画师耳。试看其平生诗文，可曾一句道着民间痛痒？设以房杜姚宋在前，韩范富欧阳在后，而以二子厕乎其间，吾不知其居何等而立何地矣！门馆才情，游客伎俩，只合剪树枝、造亭榭、辨古玩、斗茗茶，为扫除小吏作头目而已，何足数哉！何足数哉！愚兄少而无业，长而无成，老而穷窘，不得已亦借此笔墨为糊口觅食之资，其实可羞可贱。愿吾弟发愤自雄，勿蹈乃兄故辙也。古人云："诸葛君真名士。""名士"二字，是诸葛才当受得起。近日写字作画，满街都是名士，岂不令诸葛怀羞，高人齿冷？（清·郑燮《潍县署中与舍弟第五书》）

(于)成龙至江南，进属吏，诰诫之，革加派，剔积弊，治事尝至达旦。好微行，察知民间疾苦、属吏贤不肖。自奉简陋，日惟以粗粝蔬食自给。江南俗侈丽，相率易布衣，士大夫家为减舆从，毁丹垩，婚嫁不用音乐，豪猾率家远避。居数月，政化大行。势家惧其不利，构蜚语，明珠秉政，尤与忤。二十二年，副都御史马世济督造漕船还京，劾成龙年衰为中军副将田万侯所欺蔽，命成龙回奏，成龙引咎乞严谴。诏留任，万侯降调。二十三年，江苏巡抚余国柱入为左都御史，安徽巡抚涂国相迁湖广总督，命成龙兼摄两巡抚事，未几，卒于官。成龙历官未尝携家属，卒时，将军、都统及僚吏入视，惟笥中绨袍一袭，床头盐豉数器而已。民罢市聚哭，家绘象祀之。赐祭葬，谥清端。内阁学士锡住勘海疆还，上询成龙在官状，锡住奏："甚清廉，但因轻信，或为属员欺罔。"上曰："于成龙督江南，或言其变更素行，及卒后，始知其始终廉洁，为百姓所称。殆因素性鲠直，不肖挟仇谗害，造为此言耳。居官如成龙，能有几耶!"是年冬，上南巡至江宁，谕知府于成龙(按，此于成龙尝为通州知州，以于成龙荐，擢为江宁知府)曰："尔务效前总督于成龙正直廉清，乃为不负。"又谕大学士等曰："朕博采舆评，咸称于成龙实天下廉吏第一。"加赠太子太保，荫一子入监，复制诗褒之。雍正中，祀贤良祠。(《清史稿·于成龙列传》)

按，康熙十七年，成龙迁福建按察使，巡抚吴兴祚疏荐"为闽省廉能第一"。十九年擢直隶巡抚，二十年，入觐，召对，康熙又谕曰："尔为今时清官第一。"是其一生，尝三次荣膺廉能第一之称号矣。

(康熙二十年)寻谕日讲官曰："于成龙起家外吏，即以廉明著闻。洊陟巡抚，益励清操。凡在亲戚交游相请托者，概行峻拒。所属人员并戚友，间有馈遗，一介不取，朕甚嘉之！知其家计凉薄，特赐內帑银一千两、朕亲乘良马一匹，以示鼓励。"(《清史列传》卷八《于成龙传》)

(康熙二十三年)回銮，谕大学士等曰："国家澄叙官方，首重廉吏。其治行最著者，尤当优加异数，以示褒扬。原任江南、江西总督于成龙操守端严，始终如一。朕巡幸江南，延访吏治，博采舆评，咸称居官清正，实天下廉吏第一。应从优褒恤，为大小臣工劝。其详议以闻。"御制诗云："服官敦廉隅，抗志贵孤洁。"又云："江上见甘棠，遗爱舆人说。"(同上)

为严禁馈送陋习，以肃官方，以遵功令事，照得洁己奉公，官守之常节；存心爱物，吏治之本原。迩来习俗移人，廉隅日刓。括民财以肥己，疾苦罔闻；敲民髓以媚人，逢迎绝巧。其驭下惟货贿是视，斯奉上以献款为能。就令盈万盈千，止图此身温饱；谁知一铢一黍，尽数百姓脂膏。亦思宽一分，民受一分之赐，期于自尽吾心；若使爱一文，身受一文之污，何以无惭衾影。本都院冰蘖夙盟，各司道激扬同志。务期苞苴永杜，庶几风化日隆。诚恐属县视馈献为故常，势必小民竭疮痍以填补。虽曰交际之情，于礼不废；试思仪文之具，此物何来！将取之家乎？抑取之民乎？取之家，惧难为继；取之民，当何以堪！夫风宪固在上司，而亲民莫如守令。彼称我曰父母，我称彼曰子民。土地我为之垦，差徭我为之清。逃亡失业，我为之复；茕独无告，我为之恤。豪强侵占田宅，我为之直；盗贼劫夺财物，我为之弭；衙蠹生事扰民，我为之惩；讼师舞文害人，我为之逐。士风学政颓靡不振，我为之兴；天叙人纪循行无亏，我为之举。诸凡周知痛苦，如入赤子之室，如摩赤子之肤。斯民爱戴欢欣，如坐慈母之怀，如含慈母之乳。是谓父母，是谓子民。该有司果体此心，风行百里，何幸如之！傥贪饕成性，借馈献以邀赏，有忝官箴，难孚人望。亲民之任既不堪居，风宪之司将与有责。合行出示严禁，为此示，仰所属各郡县官员知悉。嗣后务存心爱物，洁己奉公。毋以登垅罔利之术，剥削吾民；毋以入厕堕臭之身，玷污上官。从此风清弊绝，共成大法小廉，本都院与有荣施焉。各宜仰体，毋违毋忽！（清·张伯行《正谊堂文集》卷五《禁止馈献谕江苏等七府一州示》）

按，此文，民间或作《却赠檄文》："一丝一粒，我之名节；一厘一毫，民之脂膏。宽一分，民受赐不止一分；取一文，我为人不值一文。谁云交际之常，廉耻实伤；倘非不义之财，此物何来！"又作《禁止馈送檄》："一黍一铢，尽民脂膏。宽一分，民即受一分之赐；要一文，身即受一文之污。"皆就张伯行告谕原文隐括成篇，而遂成为座右警句，广为传布。一如宋太宗戒石铭之提炼孟昶所颁令文焉。

时不可为，则亦已矣；而时之所可为者，不可不自勉。势不能为，则亦已矣；而势之所能为者，不可不尽。所谓宽得一分，民力即受一分之赐也。（清·张伯行《困学录集粹》卷六）

学者须是常存敬畏，自然日有进益。敬则恪恭谨凛，见善自勇于为；畏则戒慎恐惧，不善自不敢为。（清·张伯行《困学录集粹》卷一）

今之学者，只求做官，不求做人。盖务举业，饰文辞，博科第，拾青紫，此求做官者也；以立身行己为先，以纲常名教为重，以孝弟忠信为实修，以礼义廉耻为防检，此求做人者也。求做官，自不暇求做人；求做人，自不暇求做官。此两事也。而做人好，做官自好；做官好，必由于做人好。此又相因者也。若不求做人，只求做官，决不能为好官；不求做官，但求做人，断未有不为好人者也。学者须是急求做人，莫要急求做官。（同上）

今人皆说世上无好官，不知无好官，由于无好人也。若做得人好，做官

岂有不好的！不止做官，即做乡绅，亦无不好的。(《困学录集粹》卷六)

天下惟不欺最难，而人每易言之。须是上不欺君，下不欺民，内不欺己，外不欺人，方成得个不欺，岂易言哉！(卷一)

欲天下得治，须是慎简天下之督抚，慎选天下之学臣教官。慎简督抚，取德望素重、才守兼优者为之，必能洁己率属，综名实，公黜陟，惩贪墨，绝馈遗，则大法而小廉矣；慎选学臣，取公廉寡欲、崇尚正学、文行并茂者为之，必能整躬端范，抑奔竞，振孤寒，绝苞苴之路，开公正之门，则士气奋而士品端矣；慎选教官，取品行端方、学术醇正、操守清廉者为之，必能饬廉隅，崇实行，训礼让，广教化，则家敦孝弟之行，俗远嚣矜之风矣。(卷一)

世之学者，以名节不足检，以放纵为无碍，天下自此无人品矣。(卷一)

居今之世，当以兴廉让、抑奔竞为急务。使人皆敦本尚实，重德行，饬廉隅，俾奔竞者愧，而恬退者劝。此乃激扬天下之大权。(卷一)

布帛菽粟，衣食之原也，天生之，人成之。不以前岁已生已成，而今岁不生不成；亦不以今岁已生已成，而来岁不生不成。道德仁义，古圣贤之所已言也，前哲不以圣贤已言而不言，我又安能以前哲已言而不言！(卷六)

风俗因人为厚薄者也。有君子之人，讲明礼义以化导之，俗之薄者，可使之为厚；若无人以化导之，俗之厚者，亦趣(趋)于薄。然人又因风俗为善恶者也。俗之厚者，富人习于礼义，贫人守其勤苦；俗之薄者，富者流于放荡，贫则习而为非。是在移风易俗之君子，转移而默化之。(卷六)

陆稼书曰："今日吏胥之舞法，亦既屡申饬矣，而舞法者自若；守令之贪污，亦既屡申饬矣，而贪污者自若。岂非舞法贪污者，未必尽发觉；发觉者，未必尽加诛乎？此宜以严为贵者也。"愚谓贪污者，固当严诛，而激浊莫先于扬清，尤当旌善类，奖忠直，使正谊明道之儒、刚介端方之士，皆有以振励其志气，不至为小人所排陷，则人人将鼓舞于功名，相率为正人君子之行，而不肯流于小人之归矣。彼严以诛之者，亦不过使贪污者，有所畏而不敢为耳，与其使之有所畏而不敢为，何若使之有所耻而不肯为！(卷二)

居官者，以国事当家事做，决无有不忠者。(卷二)

居官者自立莫若廉，养廉莫若俭。若奢侈相尚，靡费不经，又安能供其用乎？是以贪婪夤缘，皆为奢侈二字所误。何若淡薄明志，反觉趣味悠长！(卷二)

蒋西章曰："人能舍得官爵，舍得性命，才做得忠臣。诸凡孝子节妇义士，都止要舍人之所不能舍，才能行人之所不能行。今人触处都不肯舍，舍不得，便是人欲胜过天理；舍得，便是天理胜过人欲。"此真阅历有得之言。

（卷三）

居官以廉为本，故见理明，则不妄取；爱名节，则不苟取；畏法律，则不敢取。虽有安勉之不同，皆可以谓之廉。（卷四）

诸葛武侯曰："鞠躬尽瘁，死而后已。至于成败利钝，非臣之明所能逆睹。"范文正公曰："为之自我者，当如是，其成与否，虽圣贤，亦有不能必。"同一公尔忘私、国尔忘家之念。（卷四）

古之时，衣食足而礼让兴，故多为善；今之时，衣食足而骄奢生，故多为恶。古人礼义生于富足，今人骄奢生于富足，古今人之不相及如此！（卷四）

迁善改过，如撑上水船，一篙一篙要随时用力。非如下九层坂，不知不觉便到底。（卷五）

朱子曰："今之人，大率习为软美之态、依阿之言，以不分是非、不辨曲直为得计。下之事上，固不敢少拂其意。上之御下，亦不敢少咈其情。惟其私意之所在，则千途万辙，经营计较，必欲得而后已。甚至以金珠为脯醢，以契券为诗文，宰相可啖，则啖宰相，近习可通，则通近习，惟得之求，无复廉耻。一有刚毅正直、守道循理之士，出乎其间，则群议众排，指为道学，而加以矫激之罪。十数年来，以此二字，禁锢天下之贤人君子。复如崇、宣之间，所谓元祐学术者，排摈诋辱，必使无所容其身而后已。呜呼，此岂治世之事，而尚复忍言之哉！"愚观小人排击君子，无可指摘，故假道学以为名，不知道者，尧舜禹汤文武周公之道也；学者，孔曾思孟周程张朱之学也。道不绝于世，学日在于人，人不学道，将学非道乎？为此言者，必将使是非邪正、公私曲直、君子小人，漫无分别而后可也！（卷五）

今之居官者，行非礼之事，取不义之财，莫不曰为子孙计也。岂知富贵在天，子孙若无富贵之命，虽黄金高如北斗，岂能保乎？《大学》曰："货悖而入者，亦悖而出。"奈何只知今日悖入之乐，不思后日悖出之苦？（卷五）

草野之中，要使元气常足；朝廷之上，要使正气常伸。（卷五）

一介寒儒，偶然得志，置身通显，而即暴殄天物，侈用无节，亦思从何处得来乎？滥用者，必滥取，何可不戒！（卷五）

不欺心，而后可以不欺君、不欺亲、不欺友。（卷五）

人于一日十二时中，须是要知道此身此心安顿在何处。溺于利欲，与溺于意见，俱不可与入道。（卷五）

持己以廉，朗朗然如秋月之当空；待人以和，蔼蔼然如春阳之润物。其为学也，希圣希贤，非徒记诵词章，为邀利禄、博青紫之计；其出仕也，致君泽民，非徒富贵利达，为肥身家、饱妻子之谋。能如是也，斯可不愧于心，而为君子儒矣！（卷五）

君子之心，不敢邀福于天，而惟尽其在己。故其为善必力，不以小善为无益而不为；其去恶必勇，不以小恶为无伤而不去。小善必为，则无善之不为矣；小恶必去，则无恶之不去矣！（卷六）

居官者，不以建功立业、兴利除害为事，惟奉行文书，则一吏人足矣，何以官为！（卷六）

珠玉，贵也。粟米，贱也。然珠玉不可以救饥，粟米则可以救饥；锦绣，贵也。布帛，贱也。然锦绣不可以御寒，布帛则可以御寒。故圣人轻珠玉锦绣，而重粟米布帛。盖无珠玉，于人故无损也，无粟米，则饥而死矣；无锦绣，于人故无伤也，无布帛，则冻而死矣。然粟米布帛，所以养身也；仁义道德，所以养心也。身无衣食，则身死矣；心无义理，则心死矣。人畏身之死，思所以救之，至于心之死，不知所以救之，亦独何哉？（卷六）

（康熙五十一年）上切责张鹏翮、赫寿掩饰和解，命尚书穆和伦、张廷枢再往严审。九月，复奏噶礼无罪，（张）伯行畏缩不出洋，反诬陷船埠张元隆通盗，又诬奏督臣，应革职。九卿等议如所拟。上曰：“张伯行居官清正，天下之人无不尽知，但才不如守；噶礼虽才具有余，而性喜生事，未闻有清正之名。朕于满汉诸臣毫无异视，一以公正处之。噶礼屡次具折参张伯行，朕以张伯行操守为天下清官第一，断不可参，手批不准。此所议是非颠倒，著九卿、詹事、科道会同矢公据实再议。”翌日，召九卿等入，谕曰：“张伯行居官清廉，其家亦殷实，人所共知。噶礼操守朕不能信，若无张伯行，则江南地方必受其朘削一半矣！此互参一案，初次遣官往审，为噶礼所制，不能审出；及再遣往审，与前无异。尔等能体朕保全清官之意，使为正人者无所疑惧，则海宇长享升平之福矣！”遂命革噶礼职，伯行复原任。（《清史列传》卷十二《张伯行传》）